T0306533

LIDERAZGO

LO QUE TODO LÍDER NECESITA SABER

JOHN C. MAXWELL

LIDERAZGO

LO QUE TODO LÍDER NECESITA SABER

COLECCIÓN COMPLETA

GRUPO NELSON
Una división de Thomas Nelson Publishers
Desde 1798

NASHVILLE   MÉXICO DF.   RÍO DE JANEIRO

Título en inglés: *The Complete 101 Collection*
© 2010 por John C. Maxwell
Publicado por Thomas Nelson
Publicado en asociación con Yates & Yates, www.yates2.com

Porciones de este libro se han publicado anteriormente en los siguientes libros: *Las 17 cualidades esenciales de un jugador de equipo*, *Las 17 leyes incuestionables del trabajo en equipo*, *Las 21 cualidades indispensables de un líder*, *Las 21 leyes irrefutables del liderazgo*, *Líder de 360°*, *Seamos personas de influencia*, *Desarrolle los líderes que están alrededor de usted*, *Desarrolle el líder que está en usted*, *El lado positivo del fracaso*, *El mapa para alcanzar el éxito*, *Actitud de vencedor*, *Cómo ganarse a la gente*, *El talento nunca es suficiente* y *Liderazgo, principios de oro*.

Editora en Jefe: *Graciela Lelli*
Adaptación del diseño al español: *Grupo Nivel Uno, Inc.*

ISBN: 978-0-71802-143-6

Impreso en Estados Unidos de América

23 24 25 26 27 LBC 15 14 13 12 11

CONTENIDO

PREFACIO

H e sentido una gran pasión por el crecimiento personal la mayor parte de mi vida. De hecho, ¡he creado y logrado un plan de crecimiento para cada año durante los últimos cuarenta! La gente dice que la sabiduría viene con la edad. Yo no creo que eso sea cierto. Algunas veces la edad viene sola. No hubiera logrado ninguno de mis sueños si no me hubiera dedicado al mejoramiento continuo. Si desea crecer y llegar a ser lo mejor de usted, debe tener la intención de lograrlo.

Al mismo tiempo, la vida es ajetreada y compleja. La mayoría de la gente no tiene tiempo para terminar su lista de pendientes del día, y tratar de completar todo en cada área de la vida puede ser un reto. ¿Sabía que se ha producido más información nueva en los últimos treinta años que en los cinco mil anteriores? Una edición de cualquier día de la semana del *New York Times* contiene más información que la mayoría de la gente en Inglaterra en el siglo XVII podía encontrar en toda su vida.

Es por eso que hemos desarrollado la serie de libros 101. Hemos elegido cuidadosamente los temas básicos en liderazgo, actitud, relaciones, trabajo en equipo y ser mentor, y los hemos puesto en un formato que se puede leer en una sentada. Y ahora, por primera vez, hemos combinado los seis libros 101 en un solo volumen.

En muchos de mis libros más grandes, trato cada tema en mayor detalle; lo hago porque creo que a menudo es la mejor manera de dar un valor agregado a la gente. Pero la serie 101 es diferente. Cada libro 101 es una introducción a un tema, no el «curso avanzado». Creo que las versiones concentradas le ayudarán en su camino de crecimiento en áreas específicas de su vida. Espero que disfrute este volumen, y oro para que le ayude mientras usted busca mejorar su vida y realizar sus sueños.

ACTITUD 101

LO QUE TODO LÍDER NECESITA SABER

Editora en Jefe: *Graciela Lelli*
Traducción: *Ricardo Acosta*

ISBN: 978-0-88113-765-1

CONTENIDO

PARTE I

LA INFLUENCIA DE LA ACTITUD

I

¿CÓMO INFLUYE LA ACTITUD EN EL LIDERAZGO?

La actitud es siempre un «jugador» de su equipo.

A medida que crecía me gustaba el basquetbol. Todo se inició para mí en cuarto grado, cuando presencié por primera vez un partido de basquetbol colegial. Me fascinó. Después de eso, por lo general me encontraba practicando mis tiros y mejorando mi estilo en el pequeño patio de mi casa.

Cuando llegué a la secundaria, ya me había convertido en un jugador bastante bueno. Me inicié en el equipo juvenil como novato, y cuando estaba en segundo año nuestro equipo juvenil tenía un récord de 153, que era mejor que el del equipo de estudiantes de último año. Estábamos orgullosos de nuestro desempeño... quizás demasiado orgullosos.

Al año siguiente los críticos que seguían el basquetbol colegial en Ohio pensaron que nuestro equipo tenía posibilidades de ganar el campeonato estatal de nuestra división. Imagino que examinaron a los jugadores que volvían del equipo universitario del año anterior, vieron el talento que surgía de los juveniles, y se imaginaron que seríamos una potencia. En realidad teníamos mucho talento. ¿Cuántos equipos colegiales de finales de la década del 1960 podían decir que, a excepción de dos, todos los jugadores del equipo podían clavar la pelota sobre la canasta? Sin embargo, la temporada resultó muy diferente de las expectativas de todo el mundo.

De mal en peor

El equipo tuvo problemas desde el inicio de la temporada. Dos de los juveniles teníamos talento de iniciadores para el equipo: John Thomas, que era el mejor rebotador del equipo, y yo, el mejor encestador. Pensábamos que el tiempo de juego se debía basar estrictamente en la habilidad, e imaginábamos que merecíamos nuestro lugar en el equipo. Los estudiantes de último año, que el año anterior se habían sentado detrás de los de último año, pensaban que debíamos pagar el precio y esperar en la banca.

Lo que el año anterior comenzó como una rivalidad entre juveniles y universitarios se convirtió en una guerra entre los de segundo año y los de último año. En las escaramuzas de los entrenamientos jugábamos unos contra otros. Durante los partidos, los mayores no hacían pases a los juveniles y viceversa. Las batallas se volvieron tan feroces, que al poco tiempo ni juveniles ni universitarios podían trabajar juntos en la cancha durante los partidos. Nuestro entrenador, Don Neff, debió separarnos. Los de último año iniciaban el partido, y cuando era necesario hacer un cambio no ponía a jugar a uno de segundo año sino a cinco. Nos convertimos en dos equipos en una lista.

No recuerdo exactamente quién empezó la rivalidad que dividió a nuestro equipo, pero sí recuerdo que John Thomas y yo la adoptamos desde el principio. Siempre he sido un líder, e hice mi parte al influir en otros miembros del equipo. Lamentablemente debo confesar que llevé a los juveniles en la dirección equivocada.

Lo que empezó como una mala actitud en uno o dos jugadores convirtió la situación en un desastre para todos. Cuando llegamos a lo más reñido de la programación, incluso los jugadores que no querían tomar parte en la rivalidad ya estaban afectados. La temporada fue un desastre. Al final quedamos con un pésimo récord y ni siquiera estuvimos cerca de alcanzar nuestro potencial. Con esto quiero mostrar que las actitudes pésimas arruinan a un equipo.

El talento no basta

De mi experiencia del colegio aprendí que el talento no es suficiente para darle el triunfo al equipo. Por supuesto, el talento es necesario. Mi amigo Lou Holtz, el extraordinario entrenador de fútbol universitario, observó: «Para ganar tienes que tener grandes atletas... No puedes ganar sin buenos atletas, pero puedes perder con ellos». Sin embargo, para ganar también se necesita mucho más que personas talentosas.

Mis compañeros de la secundaria estaban llenos de talento, y si eso hubiera sido suficiente habríamos sido campeones estatales. Pero también estábamos llenos de actitudes dañinas. Usted sabe quién ganó al final la batalla entre el talento y la actitud. Quizás por eso hasta el día de hoy comprendo la importancia de una actitud positiva, y he puesto un gran énfasis en ella para mí mismo, para mis hijos mientras crecían, y para los equipos que dirijo.

Hace años escribí algo acerca de la actitud en mi libro *Actitud de vencedor*. Me gustaría compartirlo con usted.

> Actitud...
> Es la «promotora» de nuestro verdadero yo.
> Sus raíces son internas pero su fruto es externo.
> Es nuestra mejor amiga o nuestra peor enemiga.
> Es más honesta y más consecuente que nuestras palabras.
> Es una apariencia exterior basada en nuestras experiencias pasadas.
> Es algo que atrae o repele a la gente de nosotros.
> No está satisfecha hasta que no se expresa.
> Es la bibliotecaria de nuestro pasado.
> Es la oradora de nuestro presente.
> Es la profetiza de nuestro futuro.[1]

Las buenas actitudes entre los jugadores no garantizan el triunfo de un equipo, pero las malas actitudes sí garantizan su fracaso. Las cinco verdades siguientes acerca de las actitudes clarifican cómo estas afectan tanto al trabajo de equipo como al equipo mismo:

1. LAS ACTITUDES TIENEN EL PODER DE LEVANTAR O DERRIBAR UN EQUIPO

Denis Waitley declaró en *The Winner's Edge* [La ventaja del ganador]: «Los verdaderos líderes de negocios, de la comunidad profesional, la educación, el gobierno y el hogar también parecen acercarse a una talla especial que los separa del resto de la sociedad. La talla especial no está en una noble cuna, en un elevado coeficiente intelectual, o en el talento; está en la actitud, no en la aptitud».[2]

Creo que por desgracia muchas personas se oponen a este concepto. Quieren creer que el talento por sí solo (o talento con experiencia) es suficiente. Sin embargo, muchos equipos repletos de talentos nunca llegan a nada debido a las actitudes de sus jugadores.

Varias actitudes podrían impactar a un equipo formado por jugadores talentosos:

Habilidades	+	Actitudes	=	Resultados
Gran talento	+	Actitudes pésimas	=	Equipo malo
Gran talento	+	Actitudes malas	=	Equipo promedio
Gran talento	+	Actitudes promedio	=	Equipo bueno
Gran talento	+	Actitudes buenas	=	Equipo excelente

Si usted quiere resultados excepcionales necesita gente buena con gran talento y actitudes fabulosas. Cuando las actitudes mejoran, también mejora el potencial del equipo. Cuando las actitudes empeoran, el potencial del equipo empeora con ellas.

2. UNA ACTITUD SE ACRECIENTA CUANDO SE EXPONE ANTE OTROS

En un equipo hay varias cosas que no son contagiosas: talento, experiencia y buena disposición. Pero usted puede estar seguro de algo: la actitud es contagiosa. Cuando un miembro del equipo es dócil y su humildad se recompensa con superación, es muy probable que los demás exhiban características similares. Cuando un líder es optimista frente a circunstancias desalentadoras, los demás admiran esa cualidad y quieren ser como él. Cuando un miembro del equipo muestra una fuerte labor ética y comienza a tener impacto positivo, los demás lo imitan. La gente se inspira por sus compañeros. Las personas tienden a adoptar las actitudes de aquellos con quienes pasan tiempo... se apropian de su modo de pensar, sus creencias y sus enfoques ante los desafíos.

La historia de Roger Bannister es un ejemplo inspirador del modo en que las actitudes a menudo «se acrecientan». Durante la primera mitad del siglo veinte muchos expertos deportivos creían que ningún atleta correría una milla (1,6 kilómetros) en menos de cuatro minutos. Por mucho tiempo tuvieron razón. Pero entonces el 6 de mayo de 1954 el atleta y estudiante universitario británico Roger Bannister corrió una milla en tres minutos, cincuenta y nueve segundos y cuatro décimas durante un encuentro en Oxford. Menos de dos meses después, otro atleta, el australiano John Landy, también superó la barrera de los cuatro minutos. Entonces de repente docenas y luego millares más la superaron. ¿Por qué? Porque cambió la actitud de los mejores atletas. Ellos empezaron a adoptar los modos de pensar y las creencias de sus compañeros.

La actitud y las acciones de Bannister se incrementaron cuando las expuso ante los demás. Su actitud se extendió. Hoy día todo atleta de talla mundial que compite en esa distancia puede correr una milla en menos de cuatro minutos. ¡Las actitudes son contagiosas!

3. Las malas actitudes aumentan más rápido que las buenas

Solo hay una cosa más contagiosa que una buena actitud: una mala actitud. Por algún motivo muchas personas creen que ser negativas es estar a la moda. Sospecho que piensan que esto las hace parecer más inteligentes o importantes. Pero lo cierto es que una actitud negativa es más lo que hiere que lo que ayuda a la persona que la tiene. Además, también hiere a la gente que la rodea.

Para ver cuán rápido y fácilmente se extiende una mala actitud o un mal modo de pensar, simplemente piense en esta historia de Norman Cousins: una vez durante un partido de fútbol americano, un médico del puesto de primeros auxilios trató a cinco personas de lo que sospechó que podría ser envenenamiento por alimentos. Pronto descubrió que las cinco habían comprado bebidas en una caseta concesionada del estadio.

El médico pidió al anunciador que avisara al público del estadio que evitara comprar bebidas de ese vendedor en particular, debido a la posibilidad de envenenamiento. Al poco tiempo más de doscientas personas mostraron síntomas de envenenamiento. Casi la mitad de los síntomas eran tan graves que estas personas fueron llevadas al hospital.

Sin embargo, la historia no termina allí. Después de un poco más de trabajo detectivesco se descubrió que las cinco víctimas originales habían comido ensalada de papas contaminada en una charcutería particular en el camino al estadio. Cuando los demás «afectados» descubrieron que las bebidas en el estadio eran buenas, experimentaron recuperaciones milagrosas. Con esto sencillamente deseo mostrarle que una actitud se esparce muy rápidamente.

4. LAS ACTITUDES SON SUBJETIVAS, ASÍ QUE PUEDE SER DIFÍCIL IDENTIFICAR UNA MALA ACTITUD

¿Se ha relacionado usted alguna vez con alguien por primera vez y ha sospechado que la actitud de esa persona era mala, sin embargo fue incapaz de identificar exactamente lo que estaba mal? Creo que mucha gente ha tenido esa experiencia.

> LA ACTITUD EN REALIDAD TIENE QUE VER CON CÓMO
> ES UNA PERSONA. ESO SE EXTIENDE A CÓMO ACTÚA.

La razón de que las personas duden de sus observaciones acerca de las actitudes de otros es que las actitudes son subjetivas. Alguien con una mala actitud quizás no esté haciendo algo ilegal o inmoral, pero de todas maneras su actitud podría arrumar al equipo.

La gente siempre proyecta hacia afuera lo que siente por dentro. La actitud en realidad tiene que ver con cómo es una persona. Eso se extiende a cómo actúa. Déjeme mostrarle las pésimas actitudes comunes que arruman a un equipo para que cuando las vea pueda reconocerlas por lo que son.

Incapacidad de admitir equivocaciones. ¿Ha estado con personas que nunca admiten estar equivocadas? Es doloroso. Nadie es perfecto, pero alguien que piensa que lo es no constituye un compañero ideal de equipo. Su actitud errónea siempre creará conflictos.

Falta de perdón. Se cuenta que a Clara Barton, la fundadora de la enfermería moderna, se le animó una vez a lamentarse de un acto cruel que le infligieron en su infancia, pero ella no mordió el anzuelo.

—¿No recuerdas el mal que te hicieron? —la acosó una amiga.

—No —contestó Barton—, recuerdo perfectamente haber olvidado ese asunto.

Guardar rencor no es positivo ni adecuado. Todos los integrantes del equipo salen lastimados cuando hay falta de perdón entre sus compañeros.

Envidia insignificante. Una actitud que funciona de veras contra las personas es el deseo de igualdad que alimenta envidias triviales. Por algún motivo la gente con esta actitud cree que todo el mundo merece igual trato, sin considerar el talento, el rendimiento o la influencia. Pero nada puede estar más lejos de la verdad. Cada uno de nosotros está creado de modo excepcional y actúa de manea diferente; por tanto, deberíamos ser tratados como tales.

La enfermedad del yo. El entrenador de éxito extraordinario de la NBA, Pat Riley, escribe en su libro *The Winner Within* [El ganador interior] acerca de la «enfermedad del yo». Dice que los miembros del equipo que la padecen «desarrollan una creencia irresistible en su propia importancia. Sus acciones prácticamente afirman a gritos: "Soy excepcional"». Riley afirma que esta enfermedad siempre tiene la misma consecuencia inevitable: «Nuestra derrota».[3]

Un espíritu crítico. Alfredo y Martha conducían a casa después de una reunión de la iglesia.

—Alfredo —inquirió Martha—, ¿notaste que el sermón del pastor estuvo algo flojo hoy?

—No, de veras no lo noté —respondió Alfredo.

—Bueno, ¿escuchaste lo desafinado que estaba el coro?

—No, no me di cuenta —respondió él.

—Pues bien, seguramente habrás notado esa pareja joven y sus hijos que estaban frente a nosotros, ¡con todo el ruido y el alboroto que formaron en toda la reunión!

—Lo siento mi amor, pero no, no los observé.

—En verdad, Alfredo —dijo finalmente Martha—, no sé por qué te molestas en ir a la iglesia.

Cuando un miembro del equipo tiene un espíritu crítico, todo el mundo lo sabe, porque nadie en el equipo logra hacer lo correcto.

Un deseo de monopolizar todo el crédito. Otra mala actitud que lastima al equipo es parecida a la «enfermedad del yo». Pero aunque el individuo con este mal puede fermentar en el fondo y crear disensión, el que monopoliza el crédito sale continuamente al escenario para recibir una reverencia... sea que la haya ganado o no. Su actitud es contraria a la del jugador de centro Bill Russell del Salón de la Fama de la NBA, quien dijo de su tiempo en la cancha: «La medida más importante de cuan bien jugué un partido era cuan mejor hice jugar a mis compañeros de equipo».

Seguramente hay otras actitudes negativas que no he nombrado, pero mi intención no es enumerar todas las malas actitudes, solo algunas de las más comunes. En resumen, la mayoría de las malas actitudes son consecuencia del egoísmo. Si uno de sus compañeros de equipo menosprecia a los demás, sabotea al equipo, o da a entender que es más importante que el equipo, entonces usted puede estar seguro de que ha encontrado a alguien con mala actitud.

5. LAS PÉSIMAS ACTITUDES QUE NO SE TRATAN ARRUINAN TODO

Las malas actitudes se deben tratar. Puede estar seguro de que siempre ocasionarán disensión, resentimiento, pelea y división en el equipo. Además, nunca se irán por sí solas si se les deja sin tratar. Simplemente se enconan y arruinan al equipo... junto con sus posibilidades de alcanzar su potencial.

Puesto que es muy difícil tratar con personas que tienen malas actitudes y debido a que éstas son subjetivas, usted podría dudar de su reacción instintiva cuando encuentra a alguien con una mala actitud. Después de todo, si es solo su opinión de que tal individuo tiene una mala actitud, entonces no tiene derecho de tratarla, ¿verdad? No será así si a usted le importa el equipo. Las pésimas actitudes arruinan al equipo. Eso siempre es cierto. Si usted deja una manzana podrida en una caja de manzanas buenas, finalmente terminará con una caja de manzanas podridas. Las actitudes siempre influyen en la eficacia de un líder.

El presidente Tomás Jefferson observó: «Nada puede impedir que el hombre con correcta actitud mental logre su meta; nada en la tierra puede ayudar al hombre con actitud mental incorrecta». Si le importa su equipo, y está comprometido a ayudar a todos los jugadores, no puede hacer caso omiso de una mala actitud.

Tratar con una persona cuya actitud es mala puede ser algo muy difícil. Antes de enfrentar el asunto usted se podría beneficiar de una mirada más cercana a las actitudes y cómo afectan a un individuo.

2

¿CÓMO INFLUYE LA ACTITUD
EN UN INDIVIDUO?

Su actitud y su potencial van de la mano.

¿Qué es una actitud? ¿Cómo la identifica usted con precisión? Pues bien, la actitud es un sentimiento interior expresado por el comportamiento. Por eso una actitud se puede ver sin necesidad de palabras. ¿Ha observado usted «la mueca» del malhumorado, o la «mandíbula prominente» del determinado? De todo lo que usamos, la expresión es lo más importante.

Algunas veces nuestra actitud se puede enmascarar exteriormente, y engañamos a quienes nos ven. Pero por lo general las máscaras no duran mucho tiempo. Vemos esa constante lucha a medida que la actitud intenta salir contorneándose.

A mi padre le encanta narrar la historia del niño de cuatro años que tenía uno de esos días llenos de problemas. Después de reprenderlo, finalmente la madre le dijo: «Hijo, ¡anda ahora mismo a esa silla y siéntate en ella!». El muchachito fue a la silla, se sentó y dijo: «Mamá, por fuera estoy sentado, pero por dentro estoy de pie».

El psicólogo y filósofo James Allen declara: «Una persona no puede viajar a su interior y permanecer quieto por fuera». Lo que sucede dentro de nosotros afecta rápidamente lo que pasa afuera. Una actitud endurecida es una enfermedad aterradora. Ocasiona una mente estrecha y un futuro negro. Cuando nuestra actitud es positiva y propicia para crecer, la mente se expande y empieza el progreso.

LA ACTITUD DETERMINA EL ÉXITO O EL FRACASO

Mientras dictaba una conferencia en Carolina del Sur hice el siguiente experimento. Pregunté a la audiencia: «¿Qué palabra describe lo que determina nuestra felicidad, aceptación, paz y éxito?». La audiencia comenzó a decir palabras *como trabajo, educación, dinero, tiempo*. Finalmente alguien dijo *actitud*. Un área tan importante de sus vidas constituía un pensamiento secundario para ellos. Nuestra actitud es la fuerza principal que determinará si triunfamos o fracasamos.

Para algunos la actitud representa una dificultad en cada oportunidad; para otros representa una oportunidad en cada dificultad. Algunos triunfan con una actitud positiva, mientras otros fracasan con una perspectiva negativa. El mismo hecho de que la actitud «prepara a unos» mientras «destroza a otros» es lo suficientemente significativo para que exploremos su importancia. He aquí siete axiomas acerca de la actitud que le ayudarán a comprender cómo influye en la vida de una persona:

AXIOMA #1 DE LA ACTITUD: NUESTRA ACTITUD DETERMINA NUESTRO ENFOQUE HACIA LA VIDA

Nuestra actitud nos dice qué esperamos de la vida. Igual que un avión, si nuestra «nariz» señala hacia arriba, estamos despegando; si señala hacia abajo, nos podríamos estar dirigiendo a una catástrofe.

Una de mis historias favoritas trata de un abuelo y una abuela que visitaron a sus nietos. En las tardes el abuelo dormía una siesta. Un día, a modo de broma, los muchachos decidieron poner queso derretido en su bigote. Al poco tiempo despertó olfateando. «Vaya, este cuarto apesta», exclamó mientras se levantaba y decidía ir a la cocina. No había pasado mucho tiempo cuando decidió que la cocina también olía mal, así que salió de la casa para respirar aire fresco. Para su gran sorpresa, el aire libre no le daba alivio, y proclamó: «¡Todo el mundo apesta!».

¡Cuán cierto es eso en la vida! Cuando tenemos «queso derretido» en nuestras actitudes, el mundo entero huele mal. Individualmente somos responsables por nuestra visión de la vida. Esa verdad se ha conocido por siglos y está contenida en la Biblia: «Todo lo que el hombre sembrare, eso también segará».[1] Nuestra actitud y nuestras acciones hacia la vida ayudan a determinar lo que nos sucede.

Sería imposible calcular la cantidad de empleos perdidos, el número de ascensos no concedidos, el total de ventas no realizadas y la cantidad de matrimonios arrumados debido a malas actitudes. Sin embargo, casi a diario somos testigos de trabajos que se tienen pero que se detestan y de matrimonios que se toleran pero que son infelices. Esto sucede porque las personas esperan que otros cambien, o que cambie el mundo, en vez de darse cuenta de que ellas son responsables de su propio comportamiento.

AXIOMA #2 DE LA ACTITUD: NUESTRA ACTITUD DETERMINA NUESTRA RELACIÓN CON LA GENTE

Nuestras relaciones con la gente influyen en todo en la vida; no obstante, es difícil establecer relaciones. Usted no puede llevarse bien con algunas personas, y no puede arreglárselas sin ellas. Por eso es esencial edificar relaciones adecuadas con otros en nuestro mundo lleno de gente.

El Instituto Stanford de Investigación dice que el dinero que usted gana por cualquier medio está determinado por solo 12,5% de conocimiento y 87,5% de capacidad para tratar con la gente.

87,5% de conocimiento de la gente + 12,5% de conocimiento del producto = Éxito

Por eso Teddy Roosevelt dijo: «El ingrediente más importante para la fórmula del éxito es saber cómo llevarse bien con la gente». También por eso John D. Rockefeller dijo: «Pagaré más por la habilidad de tratar con la gente que por cualquier otra habilidad bajo el sol».

Cuando la actitud que tenemos coloca primero a otros, y vemos a las personas con importancia, entonces nuestra perspectiva reflejará el punto de vista de ellas, no el nuestro. A menos que nos pongamos en el lugar de la otra persona, y veamos la vida a través de los ojos de otros, seremos como el hombre que se baja enfadado de su auto después de un choque con otro vehículo. «¿Por qué la gente no ve por dónde maneja?», gritó como un energúmeno. «¡El suyo es el cuarto auto con que choco hoy!».

Por lo general la persona que asciende dentro de una organización tiene una buena actitud. Los ascensos no le provocan a ese individuo una actitud destacada, pero una actitud destacada trae ascensos como consecuencia.

AXIOMA #3 DE LA ACTITUD: FRECUENTEMENTE NUESTRA ACTITUD ES LA ÚNICA DIFERENCIA ENTRE EL ÉXITO Y EL FRACASO

Los logros más grandes en la historia los han efectuado hombres que en sus campos solo se destacaron levemente sobre muchos otros. A esto se le podría llamar el principio de la ventaja insignificante. Muchas veces esa diferencia insignificante fue la actitud. La ex primera ministra de Israel Golda Meir resaltó esta verdad en una de sus entrevistas: «Todo lo que mi nación tiene es espíritu. No tenemos dólares petroleros. No tenemos minas de gran valor en la tierra. No tenemos el apoyo de una opinión pública mundial que nos mire de modo favorable. Lo único que tiene Israel es el espíritu de su gente. Y si la gente perdiera su espíritu, ni siquiera Estados Unidos de América nos podrían salvar».

Por supuesto que la aptitud es importante para nuestro éxito en la vida. Sin embargo, el éxito o el fracaso en cualquier empresa lo ocasiona más la actitud mental que la sola capacidad mental. Recuerdo ocasiones en que mi esposa Margaret llegaba a casa frustrada después de dictar clases en el colegio, debido al énfasis de la educación moderna en las aptitudes en vez de las actitudes. Ella quería que se examinara en los muchachos el «coeficiente de actitud» en vez del «coeficiente intelectual». Margaret hablaba de chicos cuyos coeficientes intelectuales eran altos pero su desempeño era bajo. Había otros cuyos coeficientes intelectuales eran bajos pero su desempeño era alto.

Como padre espero que mis hijos tengan mentes excelentes y actitudes excepcionales. Pero si tuviera que escoger en una situación de «uno u otro», sin duda me gustaría que sus coeficientes de actitud fueran elevados.

Un presidente de la Universidad de Yale dio hace años un consejo similar a un expresidente del Estado de Ohio: «Sé siempre amable con tus estudiantes de "A" y "B". Algún día uno de ellos volverá a tu recinto universitario como un buen profesor. Además, sé amable con tus estudiantes de "C". Algún día uno de ellos regresará y construirá un laboratorio de ciencias de dos millones de dólares».

Hay muy poca diferencia en la gente, pero esa pequeña diferencia es determinante. La pequeña diferencia es la actitud. La gran diferencia está en que sea positiva o negativa.

Axioma #4 de la actitud: nuestra actitud al principio de una tarea afectará su resultado más que cualquier otra cosa

Los entrenadores entienden la importancia de que sus equipos tengan la actitud correcta antes de enfrentar a un adversario difícil. Los cirujanos quieren ver a sus pacientes preparados mentalmente antes de entrar a cirugía. Cuando solicitan un trabajo, quienes buscan empleo saben que su posible patrón está buscando algo más que capacidades. Los oradores públicos quieren un ambiente propicio antes de comunicarse con su audiencia. ¿Por qué? Porque la actitud correcta al principio asegura el éxito al final. Usted conoce el dicho: «Lo que bien comienza bien termina». Esa es la verdad.

La mayoría de los proyectos triunfan o fracasan antes de que empiecen. Un joven montañista y un guía experimentado estaban ascendiendo un elevado pico de las Sierras. Una mañana temprano el joven escalador fue despertado súbitamente por un ruido ensordecedor. Estaba convencido de que se trataba del fin del mundo. El guía respondió: «No es el fin del mundo, solo el amanecer de un nuevo día». Sencillamente mientras el sol subía daba de lleno contra el hielo y lo derretía.

Muchas veces hemos sido culpables de ver nuestros retos futuros como el ocaso de la vida, en vez de verlos como el amanecer de una oportunidad nueva y brillante.

Como ejemplo está la historia de dos vendedores de zapatos a quienes enviaron a una isla a vender zapatos. Después de llegar, el primer vendedor quedó pasmado al ver que nadie usaba calzado. De inmediato envió un telegrama a su oficina central en Chicago diciendo: «Volveré a casa mañana. Aquí nadie usa zapatos».

El segundo vendedor se emocionó al ver la misma realidad. Inmediatamente telegrafió a su casa matriz en Chicago diciendo: «Por favor, envíenme diez mil pares de zapatos. Todos aquí los necesitan».

Axioma #5 de la actitud: nuestra actitud puede convertir nuestros problemas en bendiciones

J. Sidlow Baxter escribió en *Awake, My Heart* [Despierta, corazón]: «¿Cuál es la diferencia entre un obstáculo y una oportunidad? Nuestra actitud. Toda oportunidad tiene una dificultad, y toda dificultad tiene una oportunidad».[2]

Si tiene una actitud excepcional, una persona que enfrenta una situación difícil logra lo mejor, aunque se encuentre con lo peor. La vida se puede comparar con una rueda de molino. Depende de lo que usted está hecho para que ésta lo muela o lo pula.

Mientras asistía a una conferencia de líderes jóvenes oí esta declaración: «Ninguna sociedad ha desarrollado alguna vez hombres fuertes en tiempos de paz». La adversidad es prosperidad para quienes poseen una gran actitud. Las cometas no se elevan a favor del viento sino en contra. Cuando sople el viento adverso de la crítica, permita usted que ésta sea lo que la ráfaga de viento es para la cometa: una fuerza en contra que la levanta más alto. Una cometa no volará a menos que tenga la tensión controlada de la cuerda para atraerla hacia la tierra. Así también es en la vida. Considere los siguientes éxitos que fueron logrados por medio de una actitud positiva.

SI TIENE UNA ACTITUD EXCEPCIONAL, UNA PERSONA QUE ENFRENTA UNA SITUACIÓN DIFÍCIL LOGRA LO MEJOR, AUNQUE SE ENCUENTRE CON LO PEOR.

Cuando los compañeros de colegio de Napoleón ostentaban ante él debido a su origen humilde y a su pobreza, él se dedicó por completo a sus libros. Rápidamente los sobrepasó en rendimiento escolar y obtuvo el respeto de ellos. Pronto fue considerado como el más brillante de la clase.

Pocas personas conocían a Abraham Lincoln hasta que el gran peso de la guerra civil mostró su carácter.

Robinson Crusoe fue escrito en prisión. John Bunyan escribió *El progreso del peregrino* en la cárcel Bedford. Sir Walter Raleigh escribió *La historia del mundo* durante trece años de prisión. Lutero tradujo la Biblia mientras estaba confinado en el castillo de Wartburg. Por diez años Dante, escritor de *La divina comedia*, trabajó en el exilio y bajo sentencia de muerte. Beethoven estaba casi totalmente sordo y abrumado por la tristeza cuando produjo sus más grandes obras.

Cuando Dios quiere educar a alguien, no lo envía a la escuela de la gracia sino a la de las necesidades. Cuando surgen crisis se levantan grandes líderes. En la vida de individuos que consiguen logros leemos una y otra vez cómo los problemas los obligaron a levantarse por sobre lo común. No solo encuentran las respuestas sino que también descubren un tremendo poder dentro de sí mismos. Como una corriente lejana en el océano, esta fuerza interior explota en una poderosa ola cuando las circunstancias parecen vencer. Entonces surge el atleta, el escritor, el estadista, el científico o el empresario. David Sarnoff dijo: «Hay mucha seguridad en el cementerio; prefiero la oportunidad».

Axioma #6 de la actitud: Nuestra actitud puede darnos una perspectiva singularmente positiva

Una perspectiva singularmente positiva puede ayudarnos a cumplir algunas metas poco comunes. He observado con entusiasmo los diferentes enfoques y resultados logrados tanto por un pensador positivo como por una persona llena de temor y ansiedad. Por ejemplo, en el antiguo Israel, cuando Goliat se enfrentó a los hebreos, todos los soldados pensaron: *Es tan grande que nunca lo mataremos.* David miró al mismo gigante y pensó: *Es tan grande que no puedo fallar.*

George Sweeting, expresidente del Instituto Bíblico Moody, cuenta una historia acerca de un escocés que era un trabajador muy exigente, y esperaba que todos sus subordinados fueran iguales. Sus hombres se burlaron de él: «Escocés, ¿no sabes que Roma no fue construida en un día?». «Sí», respondió. «Lo sé. Pero yo no era capataz en esa obra».

No siempre se comprende a aquellos cuyas actitudes hicieron enfocar la vida desde una perspectiva totalmente positiva. Ellos son lo que algunos llamarían «gente sin límites». En otras palabras, no aceptan las limitaciones normales de la vida, como hace la mayoría. No están dispuestos a admitir «lo aceptado» solo porque es aceptado. Su respuesta a las condiciones de limitación propia probablemente sea «¿por qué?», en vez de «está bien». Por supuesto, tienen sus limitaciones. Sus dones no son tan abundantes como para que no puedan fracasar. Sin embargo, están decididos a caminar hasta el borde mismo de su potencial y del potencial de sus metas, antes de aceptar la derrota.

Estos sujetos son como los abejorros. Según una teoría de la aerodinámica demostrada por medio de pruebas en túneles de viento, el abejorro debería ser incapaz de volar. Debido al tamaño, peso y forma de su cuerpo

en relación a la envergadura total de las alas, volar es científicamente imposible. El abejorro, que ignora la teoría científica, sigue adelante y vuela de
todos modos, produciendo miel todos los días.

El futuro no solo parece brillante cuando la actitud es correcta, sino
también el presente es mucho más agradable. La persona positiva comprende que el viaje al éxito es tan placentero como el lugar de destino. Al
preguntársele cuál de sus obras seleccionaría como su obra maestra, a los
ochenta y tres años de edad, el arquitecto Frank Lloyd Wright, replicó: «La
próxima».

Un amigo mío en Ohio conducía camiones de remolque para una
compañía de transporte terrestre. Sabiendo los centenares de kilómetros
que conducía semanalmente, una vez le pregunté cómo evitaba cansarse
demasiado. «Todo está en tu actitud», replicó. «Algunos choferes "van a
trabajar" en la mañana, pero yo "voy a dar una vuelta por el campo"». Esa
clase de perspectiva positiva le proporciona la «ventaja» en la vida.

AXIOMA #7 DE LA ACTITUD: SU ACTITUD NO ES AUTOMÁTICAMENTE BUENA PORQUE USTED SEA UNA PERSONA RELIGIOSA

Vale la pena notar que los siete pecados capitales (orgullo, codicia,
lujuria, envidia, ira, glotonería y pereza) son todos asuntos de actitud,
espíritu interior y motivos. Lamentablemente, muchas personas de fe
cargan problemas espirituales internos. Son como el hermano mayor de
la parábola del hijo pródigo, que creen que hacen todo bien. Mientras
el hermano menor salió de casa para llevar una vida disipada, el hermano mayor decidió quedarse en casa con su padre. ¡Él no iría a perder su
tiempo en travesuras juveniles! Sin embargo, cuando el hermano menor
regresó a casa, comenzaron a emerger algunas de las actitudes malas del
hermano mayor.

Primero fue un sentimiento de importancia propia. El hermano mayor
estaba en el campo haciendo lo que debía hacer, pero se puso furioso cuando comenzó la fiesta en casa... ¡su padre nunca le habría dejado tener una
fiesta para él!

A eso le siguió un sentimiento de autocompasión. El hermano mayor
dijo: «He aquí, tantos años te sirvo, no habiéndote desobedecido jamás,
y nunca me has dado ni un cabrito para gozarme con mis amigos. Pero

cuando vino este tu hijo, que ha consumido tus bienes con rameras, has hecho matar para él el becerro gordo».[3]

A menudo las personas pasan por alto el verdadero significado de la historia del hijo pródigo. Olvidan que existe no uno, sino dos hijos pródigos. El hermano menor es culpable de los pecados de la carne, mientras que el mayor es culpable de los pecados del espíritu. Su problema está en su actitud. Al final de la parábola es el hermano mayor, el segundo pródigo, quien se encuentra fuera de la casa del padre.

Esa es además una buena lección que todos debemos recordar. Una mala actitud nos llevará a lugares a los que no queremos ir. A veces hasta puede sacarlo a usted completamente del juego. Por otra parte, una buena actitud lo pone en un lugar de gran potencial.

Quizás usted no está seguro si su actitud está donde debería estar. O tal vez está dirigiendo a alguien cuya actitud no es tan positiva como debería ser. ¿Cómo enfrentar eso? Primero, usted debe saber cómo se forma una actitud en una persona. Ese es el tema del próximo capítulo.

PARTE II

FORMACIÓN DE LA ACTITUD

3

¿QUÉ FORMA LA ACTITUD EN UNA PERSONA?

Mucho entra en una actitud... ¡pero mucho más sale de ella!

Las actitudes no se forman en un vacío. Las personas nacen con ciertas características, las cuales influyen en sus actitudes. Pero muchos otros factores juegan un papel más preponderante en las vidas de las personas y en la formación de sus actitudes. Aunque estos factores influyen continuamente en la gente, en general, hacen su mayor impresión durante las siguientes etapas de la vida:

ETAPAS	FACTORES
PRENATAL:	Personalidad y temperamento inherentes
NACIMIENTO:	Ambiente
1–6 AÑOS:	Expresión verbal
	Aceptación *y* afirmación de los adultos
6–10 AÑOS:	Imagen de sí mismo
	Exposición a nuevas experiencias
11–21 AÑOS:	Contemporáneos, apariencia física
21–61 AÑOS:	Matrimonio, familia, empleo, éxito
	Ajustes, evaluación de vida

PERSONALIDAD: QUIÉN SOY

Todas las personas nacen como individuos diferentes. Incluso dos niños con los mismos padres, el mismo ambiente y la misma capacitación son totalmente distintos entre sí. Estas diferencias contribuyen al «condimento de la vida» que todos disfrutamos. Si todos tuviéramos personalidades similares, como extensiones parecidas del hogar, nuestro viaje por la vida seguramente sería aburrido.

POR LO GENERAL LAS PERSONAS CON CIERTOS TEMPERAMENTOS DESARROLLAN ACTITUDES ESPECÍFICAS COMUNES A ESE TEMPERAMENTO.

Me gusta la historia de dos hombres que salen a pescar y empiezan a analizar a sus esposas. Uno dijo: «Si todos los hombres fueran como yo, todos querrían estar casados con mi esposa». El otro replicó rápidamente: «Si todos fueran como yo, ninguno querría estar casado con ella».

Una serie de actitudes acompaña a cada clase de personalidad. Por lo general las personas con ciertos temperamentos desarrollan actitudes específicas comunes a ese temperamento. Hace unos años Tim LaHaye, coautor de las populares novelas «Dejados Atrás», dio conferencias y escribió acerca de los cuatro temperamentos básicos. Por medio de la observación he notado que una persona con lo que él llama una personalidad *colérica* exhibe a menudo actitudes de perseverancia y agresividad. Una persona *sanguínea* es por lo general positiva y ve el lado brillante de la vida. Alguien *melancólico* a veces puede ser negativo, mientras un *flemático* tiende a decir: «Qué más da». Cada personalidad individual está compuesta de una mezcla de estos temperamentos y hay excepciones a estas generalizaciones. Sin embargo, un temperamento sigue normalmente un sendero que puede identificarse al rastrear las actitudes de un individuo.

AMBIENTE: LO QUE HAY A MI ALREDEDOR

Creo que el ambiente es un factor de control más importante en el desarrollo de nuestra actitud que nuestra personalidad u otra característica heredada. Antes de que mi esposa Margaret y yo comenzáramos nuestra familia decidimos adoptar nuestros hijos. Quisimos darle a un niño, que normalmente no tendría el beneficio de un hogar afectuoso y lleno de fe, la oportunidad de vivir en ese ambiente. Aunque nuestros hijos tal vez no se parecen a nosotros, seguramente han sido moldeados por el ambiente en que los hemos criado.

El ambiente de la tierna infancia desarrolla un «sistema de creencias» del individuo. De su ambiente los niños constantemente toman prioridades, actitudes, intereses y filosofías. ¡Está comprobado que lo que realmente creo afecta mi actitud! Sin embargo, lo que creo quizás no sea cierto. Lo que creo tal vez no sea saludable. Incluso podría lastimar a otros y destruirme. Pero una actitud está reforzada por una creencia... sea ésta correcta o errónea.

El ambiente es lo que primero influye en nuestro sistema de creencias. Por consiguiente, la base de una actitud yace en el ambiente en que nacemos. Este se vuelve aun más importante cuando nos damos cuenta de que las actitudes iniciales son las más difíciles de cambiar.

EXPRESIÓN VERBAL: LO QUE OIGO

Existe un antiguo dicho en el idioma inglés que tal vez usted pudiera haber escuchado: «Palos y piedras podrían romperme los huesos, pero las palabras nunca me harán daño». ¡No crea eso! Es más, después de que hayan desaparecido los moretones y se haya ido el dolor físico, permanece el dolor interior de las palabras hirientes.

Años atrás cuando yo dirigía una iglesia, durante una de nuestras reuniones de personal pedí a pastores, secretarias y guardianes que levantaran la mano si podían recordar una experiencia infantil que los hirió profundamente debido a las palabras de alguien. Todos levantaron la mano. Un pastor recordó la ocasión en que se sentó en un círculo de lectura en la escuela. (¿Recuerda cuan intimidantes eran esas sesiones?) Cuando le llegó el turno de leer pronunció mal la palabra *fotografía*. La leyó «foto-grafia» en vez de «fo-to-gra-fía». El maestro le corrigió y la clase se rio. El aún lo recuerda... cuarenta años después. Una consecuencia positiva de tal experiencia fue su deseo de pronunciar correctamente las palabras a partir de ese momento. Una de las razones de que hoy día se destaque como orador se debe a esa determinación.

ACEPTACIÓN Y AFIRMACIÓN DE LOS
ADULTOS: LO QUE SIENTO

A menudo cuando me dirijo a líderes les hablo de la importancia de aceptar y afirmar a quienes ellos lideran. ¡La verdad es que a las personas no les importa mucho cuánto sabe usted hasta que averiguan cuánto le importan a usted!

Recuerde su época escolar. ¿Quién era su maestro favorito? Ahora piense por qué. Quizás sus más cálidos recuerdos son de alguien que lo aceptó y afirmó. Rara vez recordamos lo que nuestro maestro nos dijo, pero sí recordamos cuánto nos quiso. Mucho antes de entender la enseñanza, nos extendemos en busca de comprensión. Mucho después de haber olvidado las enseñanzas, recordamos la sensación de aceptación o rechazo.

Muchas veces pregunto a la iglesia si disfrutaron el sermón que les predicó su pastor la semana anterior. Después de una respuesta positiva pregunto: «¿Cuál fue el tema?». Setenta y cinco por ciento de las veces no me pueden decir el título del sermón. No recuerdan el tema exacto, pero sí recuerdan el ambiente y la actitud en que se predicó.

> A LAS PERSONAS NO LES IMPORTA MUCHO CUÁNTO
> SABE USTED HASTA QUE AVERIGUAN
> CUÁNTO LE IMPORTAN A USTED.

Mis maestros favoritos de la escuela dominical en mi infancia son ejemplos hermosos de esta verdad. Primero fue Katie, mi maestra de segundo grado. Cuando me enfermaba y perdía sus clases, ella me visitaba el lunes. Me preguntaba cómo me sentía y me daba una baratija de cinco centavos que valía un millón de dólares para mí. Katie me decía: «Johnny, siempre enseño mejor cuando estás en la clase. Cuando vayas el próximo domingo, ¿podrías levantar la mano para que yo pueda ver que estás ahí? Entonces enseñaré mejor».

Aún recuerdo cómo levantaba la mano y veía que Katie me sonreía desde el frente de la clase. También recuerdo a otros muchachos que los domingos levantaban su mano cuando Katie comenzaba a enseñar; su clase creció rápidamente. Ese año el superintendente quiso dividir la clase e iniciar una nueva al otro lado del pasillo. Pidió voluntarios para la nueva clase y nadie levantó la mano. ¿Por qué? Ningún chico quería ir con un nuevo maestro ni perderse la continua demostración de amor de Katie.

Otro maestro que recuerdo es Glen Leatherwood. Él dictaba clases a todos los muchachos de tercer año escolar en la iglesia donde me crie. ¿Dio usted clases alguna vez a un grupo de muchachos que se contonean diez veces por minuto? ¡Por lo general esos maestros salen de dictar esa clase directamente a su recompensa celestial! Pero no Glen. Él dio clases a muchachos de tercer año por otros treinta años. Los doce meses que pasé en su clase hicieron un gran impacto en mi fe y en la obra de mi vida.

También fui privilegiado al crecer en una familia afirmadora. Nunca cuestioné el amor y la aceptación de mis padres. Constantemente afirmaban su amor por medio de acciones y palabras. Cuando nuestros niños estaban creciendo, Margaret y yo intentamos crearles el mismo ambiente. Creo que nuestros chicos vieron o sintieron nuestra aceptación y afirmación al menos treinta veces diarias. Hoy día puedo asegurar que nuestros nietos reciben por lo menos el doble. ¡Eso no es demasiado! ¿Le han dicho a usted alguna vez de muchas maneras que es importante, que lo aman y lo aprecian? Recuerde, a las personas no les importa mucho cuánto sabe usted hasta que averiguan cuánto le importan a usted.

IMAGEN DE NOSOTROS MISMOS: CÓMO ME VEO

Es imposible actuar bien si nos vemos mal. En otras palabras, por lo general actuamos en respuesta directa a la imagen que tenemos de nosotros mismos. Nada es más difícil de lograr que cambiar acciones externas sin cambiar sentimientos internos.

Una de las mejores formas de mejorar esas sensaciones internas es tener algún «éxito» en su haber. Mi hija Elizabeth tiene la tendencia de ser tímida y quiere frenarse ante nuevas experiencias. Pero una vez que se ha animado en una situación, «¡se pone a todo vapor!». Cuando estaba en primer grado hubo una venta de caramelos en su escuela. A cada niño le dieron treinta caramelos y lo desafiaron a venderlos todos. Cuando recogí a Elizabeth en la escuela ella sostenía su «desafío» y necesitaba algún estímulo positivo. Era hora de una charla de ventas con mi nueva niña vendedora.

Todo el camino a casa le enseñé a Elizabeth a vender caramelos. En-marqué cada punto de la enseñanza con media docena de frases «puedes hacerlo, tu sonrisa los conquistará, creo en ti». Al final de nuestro viaje de quince minutos, la joven dama sentada a mi lado se había convertido en una vendedora encantadora y comprometida. Se fue por el vecindario con su hermanito Joel comiéndose uno de los caramelos y declarando que ver-daderamente era el mejor dulce que había devorado alguna vez.

Al final del día Elizabeth había vendido los treinta caramelos y se sentía fabulosa. Nunca olvidaré las palabras que oró esa noche cuando la metí entre las cobijas: «Ah, Dios, gracias por la venta de caramelos en la escuela. Es fantástica. También Señor ¡ayúdame a ser una ganadora! Amén».

La oración de Elizabeth refleja el deseo del corazón de todo ser humano. Todos queremos ser ganadores. Seguro, Elizabeth llegó a casa al día siguien-te con otra caja de caramelos. ¡Ahora era la gran prueba! Había agotado la provisión de vecinos amigables y fue lanzada al mundo cruel del comprador desconocido. Elizabeth admitió tener miedo cuando fuimos a un centro comercial para vender nuestra mercancía. De nuevo le di ánimos, algunos consejos más de ventas, más ánimo, la adecuada ubicación, más ánimo. Y lo logró. La experiencia significó dos días de ventas, dos experiencias de agotar existencias, dos personas felices y una imagen confiada de sí misma.

El modo en que nos vemos refleja cómo nos ven los demás. Si nos gustamos, esto aumenta las posibilidades de gustar a otros. La imagen pro-pia establece los parámetros para construir nuestras actitudes. Actuamos en respuesta al modo en que nos vemos. Nunca traspasaremos los límites que mantienen cercados nuestros verdaderos sentimientos acerca de nosotros. Esos «nuevos territorios» solo se pueden explorar cuando nuestra imagen de nosotros mismos sea lo suficientemente fuerte para darnos permiso de ir hacia allá.

EXPOSICIÓN A NUEVAS EXPERIENCIAS: OPORTUNIDADES DE CRECER

El filósofo francés François Voltaire comparó la vida con un juego de cartas. Cada jugador debe aceptar las cartas que le han dado. Pero una vez que esas cartas están en sus manos, solo él decide cómo jugarlas para ganar la partida.

Siempre tenemos muchas oportunidades en nuestra mano y debemos decidir si tomamos el riesgo y las utilizamos. Nada en la vida nos ocasiona más estrés, pero al mismo tiempo nos da más oportunidad de crecer que las experiencias nuevas.

Si usted es padre descubrirá que es imposible proteger a sus hijos de nuevas experiencias que podrían ser negativas. Por lo tanto, es esencial preparar encuentros positivos que edifiquen una imagen de sí mismos y de confianza. Tanto las experiencias positivas como las negativas se pueden utilizar como herramientas al preparar a los niños para la vida.

Los niños necesitan consuelo y elogio constante cuando sus experiencias nuevas son menos que positivas. Es más, mientras más mala la experiencia, más ánimo necesitan. Pero a veces nos desanimamos cuando ellos se desaniman. Esta es una buena fórmula para adoptar:

Nuevas experiencias + aplicación de enseñanzas x amor = crecimiento

ASOCIACIÓN CON CONTEMPORÁNEOS: QUIÉN INFLUYE EN MÍ

Lo que los demás señalan acerca de sus percepciones de nosotros afecta el modo en que nos percibimos. Por lo general reaccionamos a las expectativas de otros. Esta verdad se hace evidente para los padres cuando los hijos van a la escuela. Ya no pueden controlar el ambiente de los hijos.

Mis padres entendieron que otros podían ejercer un considerable control sobre el comportamiento de sus hijos, por eso decidieron vigilar y controlar hasta donde fuera posible nuestras relaciones con los compañeros. Su estrategia: ofrecer en el hogar Maxwell un ambiente atractivo para los amigos de sus dos hijos. Esto significaba sacrificio de tiempo y dinero. Nos dieron un juego de cartas, una mesa de ping pong, una mesa de billar, una máquina de juegos electrónicos, un juego de química, una cancha de basquetbol y todos los equipos imaginables de deportes. También teníamos una madre que era espectadora, arbitro, consejera, referí y aficionada.

Los muchachos llegaban a casa, a menudo de veinte a veinticinco a la vez. De todo tamaño, forma y color. Todos se divertían y mis padres observaban a nuestros amigos. A veces, después que la pandilla se había ido, mis padres hacían preguntas acerca de uno de nuestros amigos. Analizaban francamente su lenguaje o sus actitudes y nos animaban a no actuar o pensar de ese modo. Ahora me doy cuenta de que la mayoría de mis grandes decisiones de joven estaban influidas por las enseñanzas de mis padres y por la observación de mis amistades.

Casey Stengel, quien fue un exitoso entrenador de los Yanquis de Nueva York, entendía el poder de la relaciones en la actitud de un jugador. Le dio a Billy Martin algunos consejos cuando éste era un entrenador novato. Martin recuerda: «Casey dijo que habría quince jugadores en tu equipo que traspasarían un muro por ti, cinco que te odiarían, y cinco que estarían indecisos. Cuando hagas tu lista de habitaciones, siempre pon juntos a los perdedores. Nunca pongas en una misma habitación a un buen elemento con uno malo. Esos perdedores que permanecen juntos culparán de todo al entrenador, pero no esparcirán el chisme si los mantienes aislados».

Charles «Formidable» Jones, autor de *Life Is Tremendous* [La vida es formidable], dice: «Lo que llegarás a ser en cinco años se determinará por lo que lees y con quién te relacionas». Es bueno para todos nosotros recordar eso.

APARIENCIA FÍSICA: CÓMO LUCIMOS ANTE OTROS

Nuestra imagen juega un papel importante en la interpretación de nuestras actitudes. Se ejerce una increíble presión sobre la gente para que tenga la «apariencia de moda» la cual parece ser la norma de aceptación. La próxima vez que usted vea televisión, observe lo mucho que los comerciales resaltan la apariencia. Note el porcentaje de anuncios de ropa, dieta, ejercicio y sobre todo atractivo físico. Hollywood dice: «Lo insulso se descarta y lo hermoso está de moda». Esto influye en la percepción de nuestra valía.

Lo que puede hacer el asunto aun más difícil es comprender que otros también juzgan nuestra valía por nuestra apariencia. Hace poco leí un artículo comercial que afirmaba: «Nuestro atractivo ayuda a determinar nuestros ingresos». Por ejemplo, la investigación divulgada en ese artículo mostraba las discrepancias entre los salarios de hombres de 1,85 metros y los de 1,75. Los hombres más altos reciben constantemente salarios más elevados. Gástele o no, la apariencia física (y la percepción que se tenga de ella) impacta en la actitud del individuo.

Matrimonio, familia y empleo:
nuestra seguridad y posición

A medida que nos acercamos a la mitad de nuestra tercera década de vida nuevas influencias empiezan a afectar nuestra actitud. Es durante esta época que la mayoría de las personas empiezan a desarrollar una profesión. A menudo también se casan. Eso significa que otra persona influye en nuestra perspectiva.

Cuando hablo sobre actitudes siempre resalto la necesidad de rodearnos de gente positiva. Uno de los comentarios más tristes que frecuentemente oigo viene de alguien que me dice que su cónyuge es negativo y que no quiere cambiar. Hasta cierto punto, cuando el compañero negativo no quiere cambiar, el positivo está prisionero por el negativismo. En tales situaciones les aconsejo que recuerden a su cónyuge como la persona que amaron cuando eran novios. Su matrimonio mejorará si no se resaltan las debilidades del otro. Pero muchos terminan en la corte de divorcio porque se ignoraron las fortalezas. Los cónyuges pasan de esperar lo mejor a esperar lo peor, de edificar sobre fortalezas a enfocarse en debilidades.

Todos los factores que he mencionado entran en la «mezcla» de la actitud. Ellos han influido en quién es usted y quiénes son aquellos que dirige. Pero recuerde esto: sea que usted tenga once, cuarenta y dos, o sesenta y cinco años, su actitud hacia la vida *aún* está desarrollándose. Nunca es demasiado tarde para que una persona cambie su actitud. Ese es el tema del próximo capítulo.

4

¿PUEDE CAMBIAR UNA ACTITUD?

La clave para tener una buena actitud es la disposición de cambiar.

Somos amos o víctimas de nuestras actitudes. Es un asunto de decisión personal. Quienes somos hoy es la consecuencia de las decisiones que tomamos ayer. Mañana seremos lo que decidamos hoy. Cambiar significa escoger el cambio.

Me han dicho que en el norte de Canadá solo hay dos estaciones: invierno y julio. Cuando las carreteras secundarias empiezan a derretirse se cubren de barro. Los vehículos que van a los campos dejan huellas profundas que se congelan cuando regresa el clima frío. Quienes se internan en las regiones remotas durante los meses de invierno ven letreros que dicen: «Conductor, escoja con mucho cuidado la huella que ha de seguir, porque estará en ella durante los próximos treinta kilómetros».

Algunas personas parecen sentirse atascadas en sus actitudes actuales, como un auto en una huella de treinta kilómetros. Sin embargo, la actitud no es permanente. Si usted no es feliz con su actitud, sepa que puede cambiar. Si alguien a quien dirige tiene una mala actitud, entonces puede ayudarle a cambiar, pero solo si verdaderamente esa persona *quiere* cambiar. Si realmente lo desea, cualquiera puede convertirse en la clase de persona positiva para quien la vida es una dicha y cada día está lleno de potencial.

Si quiere tener una actitud fabulosa, entonces tome las siguientes decisiones:

DECISIÓN #1: EVALÚE SU ACTITUD ACTUAL

El proceso empieza al saber por dónde comenzar. Evaluar su actitud actual le llevará algún tiempo. Si es posible, intente separarse de su actitud. El objetivo de este ejercicio no es ver el «usted malo» sino ver una «actitud mala» que le impide ser una persona más realizada. Usted puede hacer cambios claves solo cuando identifica el problema.

Cuando el leñador profesional ve un embotellamiento de troncos en el río, trepa a un árbol alto y localiza un tronco clave, lo libera de un golpe y deja que la corriente haga el resto. Un principiante empezaría en el borde del embotellamiento, movería todos los troncos y finalmente golpearía al tronco clave. Es obvio que ambos métodos harán que los troncos se muevan, pero el profesional hace su trabajo con más rapidez y eficacia.

Para encontrar los «troncos» claves en su actitud, utilice el siguiente proceso de evaluación (y escriba sus respuestas en un diario o en algún lugar al que más tarde pueda referirse):

Identifique los sentimientos difíciles: ¿qué actitudes le hacen sentir más negativo con respecto a usted mismo? Por lo general se tienen sentimientos antes de clarificar el problema.

Identifique los comportamientos difíciles: ¿qué actitudes le ocasionan más problemas cuando trata con los demás?

Identifique los pensamientos difíciles: somos la suma de nuestros pensamientos. «Cual es su pensamiento [del hombre] en su corazón, tal es él».[1] ¿Qué pensamientos controlan constantemente su mente? Aunque este es el paso inicial para corregir problemas de actitudes, esta dificultad no es tan fácil de identificar como las dos primeras.

Clarifique la verdad: para saber cómo cambiar usted debe examinar sus sentimientos a la luz de la verdad. Si es una persona de fe, entonces utilice las Escrituras. ¿Qué le dicen acerca de cómo debería ser su actitud?

Comprométase: en esta etapa la frase «¿qué debo hacer para cambiar?» se convierte en «debo cambiar». Recuerde que la decisión de cambiar es la única que se debe tomar y solo usted lo puede hacer.

Planifique y cumpla su decisión: actúe inmediata y reiteradamente en su decisión.

DECISIÓN #2: COMPRENDA QUE LA FE ES MÁS FUERTE QUE EL TEMOR

Lo único que garantiza el éxito en una dificultad o indecisión es tener fe desde el principio en que usted puede hacerlo. El filósofo William James manifestó: «El más grande descubrimiento de mi generación es que las personas pueden alterar sus vidas si alteran sus actitudes mentales». El cambio depende de su estado de ánimo. Crea que usted puede cambiar. Pida a sus amigos y compañeros que lo animen en toda oportunidad. Y si es una persona de fe, pida ayuda a Dios. El conoce sus problemas, está dispuesto y puede ayudarle a vencerlos.

DECISIÓN #3: ESCRIBA UNA DECLARACIÓN DE PROPÓSITO

Cuando yo era niño mi padre decidió construir una cancha de basquetbol para mi hermano y para mí. Hizo una entrada para autos, puso un tablero en el garaje, y estaba a punto de poner la canasta cuando lo llamaron de urgencia. Prometió poner el aro cuando regresara. *No hay problema,* pensé. *Tengo un nuevo balón Spalding y una nueva entrada en la cual driblar.* Por algunos minutos hice rebotar el balón en el cemento. Eso pronto se volvió aburrido, por lo que tomé el balón y lo lancé contra el tablero... una vez. Dejé correr el balón por la cancha y no lo tomé de nuevo hasta que papá regresó a poner el aro. ¿Por qué? No es divertido jugar basquetbol sin canasta. Lo bueno es tener algo a qué apuntar.

Para divertirse y tener dirección en el cambio de su actitud debe establecer claramente una meta fija. Esta meta debe ser tan específica como sea posible, escrita y firmada, con un plazo de tiempo fijado. La declaración de propósito se debe colocar en un sitio visible donde usted la vea varias veces al día y la refuerce.

Usted obtendrá esta meta si cada día hace tres cosas:

1. ESCRIBA ESPECÍFICAMENTE LO QUE DESEA LOGRAR CADA DÍA

La historia bíblica del encuentro de David con Goliat es una buena ilustración de fe y de cómo se pueden vencer posibilidades insalvables con recursos aparentemente insuficientes. Pero algo me dejó perplejo cuando comencé a estudiar la vida de David. ¿Por qué tomó cinco piedras para su honda al ir a enfrentar a Goliat? Mientras más me preguntaba, más perplejo quedaba. ¿Por qué cinco piedras? Solo había un gigante. Escoger cinco piedras parecía ser una falla en su fe. ¿Pensó que iba a errar y que tendría cuatro oportunidades más? Algún tiempo después estaba leyendo 2 Samuel y obtuve la respuesta. Goliat tenía cuatro hijos, lo que significa que había cinco gigantes. ¡En los cálculos de David había una piedra por gigante! Eso es lo que quiero decir ahora acerca de ser específicos en nuestra fe.

¿Cuáles son los gigantes a los que usted debe dar muerte para hacer de su actitud lo que debe ser? ¿Qué recursos necesitará? No se sienta abrumado por la frustración cuando vea el problema. Enfrente un gigante a la vez. Los estrategas militares enseñan a sus ejércitos a luchar en un frente a la vez. Resuelva qué actitud quiere abordar en este momento. Escríbala. A medida que empiece satisfactoriamente a ganar batallas, escríbalas. Y pase tiempo leyendo acerca de victorias pasadas, porque esto lo animará.

2. EXPRÉSELE VERBALMENTE A UN AMIGO ALENTADOR LO QUE USTED DESEA LOGRAR CADA DÍA

Creencia es convicción interior; fe es acción exterior. Usted recibe ánimo y responsabilidad cuando expresa verbalmente sus intenciones. Una de las maneras en que las personas resuelven un conflicto es hablando de él a sí mismas o a los demás. Esta práctica también es vital para alcanzar las actitudes deseadas.

Conozco vendedores prósperos que repiten esta frase en voz alta cincuenta veces cada mañana y cincuenta veces cada noche: «Puedo lograrlo». Repetir afirmaciones positivas una y otra vez les ayuda a creer en ellos mismos y los obliga a actuar de acuerdo con tal creencia. Comience este procedimiento cambiando su vocabulario. He aquí algunas sugerencias:

ELIMINE POR COMPLETO ESTAS EXPRESIONES	HAGA DE ESTAS PALABRAS UNA PARTE DE SU VOCABULARIO
1. No puedo	1. Puedo
2. Si es que	2. Lo haré
3. Dudo que	3. Espero lo mejor
4. No pienso que	4. Sé que
5. No tengo tiempo	5. Sacaré el tiempo
6. Quizás	6. Positivamente
7. Temo que	7. Tengo confianza
8. No creo que	8. Creo
9. Yo (minimizado)	9. Tu (resaltado)
10. Es imposible	10. Todo es posible

3. ACTÚE EN SU META TODOS LOS DÍAS

La diferencia entre un sabio y un necio es su respuesta a lo que ya sabe: un sabio investiga lo que oye, mientras un necio sabe pero no actúa. Para cambiar, usted debe actuar. Y mientras lo hace, haga también algo positivo por alguien más. Nada mejora la actitud de una persona como un servicio desinteresado hacia alguien que tenga una necesidad mayor que la suya.

DECISIÓN #4: TENGA EL DESEO DE CAMBIAR

Ninguna decisión determinará más el éxito de su cambio de actitud que desear ese cambio. Cuando todo lo demás falla, el solo deseo puede ayudarle a dirigirse en la dirección correcta. Muchas personas han vencido obstáculos insuperables para volverse mejores cuando se dan cuenta de que el cambio es posible si lo desean de todo corazón. Permítame ilustrarlo.

Mientras daba saltos un día, una rana se resbaló en un enorme bache de una carretera rural. Todos sus intentos de salir saltando fueron en vano. Pronto un conejo se encontró con la rana atrapada en el hoyo y ofreció ayudarla a salir. También fracasó. Después de que varios animales hicieran tres o cuatro intentos de ayudar a sacar a la pobre rana, finalmente renunciaron.

—Regresaremos y te traeremos algo de comer —le dijeron—. Parece que vas a estar aquí bastante tiempo.

Sin embargo, al poco tiempo de salir a traer comida oyeron a la rana saltando tras ellos. ¡No lo podían creer!

—Creíamos que no podías salir —exclamaron.

—Ah, no podía —replicó la rana—. Pero miren, un enorme camión venía exactamente hacia mí y tuve que hacerlo.

ENAMÓRESE DEL DESAFÍO DE CAMBIAR Y VEA
CÓMO CRECE EL DESEO DE CAMBIAR.

Cambiamos cuando «tenemos que salir de los hoyos de la vida». Mientras tengamos opciones aceptables, no cambiaremos. La verdad es que la mayoría de las personas están más cómodas con problemas antiguos que con soluciones nuevas. Responden a sus necesidades para dar un vuelco en la vida como el duque de Cambridge, quien dijera una vez: «Lo lamentable es que haya algún cambio, en algún tiempo, por alguna razón». Quienes creen que no se debe hacer nada por primera vez nunca ven nada hecho.

Las personas pueden cambiar y esa es la motivación más grande de todas. Nada despierta más el fuego del deseo que la súbita comprensión de que usted no debe permanecer igual. Enamórese del desafío de cambiar y vea cómo crece el deseo de cambiar. Eso es lo que le sucedió a Aleida Huissen, de setenta y ocho años, de Rotterdam, en los Países Bajos. Había sido fumadora por cincuenta años y durante todos ellos intentó dejar el hábito. Pero no tuvo éxito. Entonces Leo Jensen, de setenta y nueve, le propuso matrimonio y se negó a realizar la boda hasta que Aleida dejara de fumar. Ella dice: «La fuerza de voluntad no era suficiente para dejar de fumar. El amor si lo fue».

Mi vida está dedicada a ayudar a otros a alcanzar su potencial. Le sugiero a usted que siga el consejo de Mark Twain, quien dijo: «Descarga tu mente de vez en cuando y salta sobre ella. Se te está endureciendo». Esa era su manera de decir: «Sal de ese estancamiento». Muchas veces nos acostumbramos a una forma de pensar y aceptamos las limitaciones que no necesitamos que nos pongan. Adopte el cambio y este lo cambiará a usted.

DECISIÓN #5: VIVA UN DÍA A LA VEZ

Cualquiera puede luchar la batalla de un solo día. Solo temblamos cuando usted y yo juntamos las cargas de esas dos tremendas eternidades: ayer y mañana. No son las experiencias de hoy lo que lleva a la gente a la distracción, sino el remordimiento o la amargura por algo que ocurrió ayer y el pavor por lo que podría traer el mañana. Por consiguiente, vivamos solo un día a la vez: ¡hoy!

DECISIÓN #6: CAMBIE SUS PATRONES DE PENSAMIENTO

Lo que capta nuestra atención determina nuestras acciones. Estamos donde estamos y somos lo que somos debido a los pensamientos dominantes que ocupan nuestra mente. Observe este silogismo que resalta el poder de nuestra vida de pensamiento:

Premisa principal: Podemos controlar nuestros pensamientos.

Premisa secundaria: Nuestros sentimientos provienen de nuestros pensamientos.

Conclusión: Podemos controlar nuestros sentimientos si aprendemos a cambiar el modo de pensar.

Es así de sencillo. Nuestros sentimientos provienen de nuestros pensamientos. Por tanto, podemos cambiarlos al cambiar nuestros patrones de pensamiento.

Nuestra vida de pensamiento, no nuestras circunstancias, determina nuestra felicidad. A menudo veo personas convencidas de que serán felices cuando logren cierta meta. Muchas veces cuando alcanzan la meta no hallan la satisfacción que anticipaban. ¿Cuál es el secreto de mantener la estabilidad? Llene su mente con buenos pensamientos. El apóstol Pablo aconsejó: «Todo lo que es verdadero, todo lo honesto... todo lo que es de buen nombre; si hay virtud alguna, si algo digno de alabanza, en esto pensad».[2] El comprendió que lo que capta nuestra atención determina nuestras acciones.

DECISIÓN #7: DESARROLLE BUENOS HÁBITOS

Una actitud no es más que un hábito de pensamiento. El proceso de desarrollar hábitos (buenos o malos) es el mismo. Es tan fácil formar el hábito de triunfar como sucumbir al hábito de fracasar.

Los hábitos no son instintos; son acciones o reacciones adquiridas. No ocurren simplemente; se ocasionan. Una vez determinada la causa original de un hábito, está dentro de usted el poder de aceptarlo o rechazarlo. La mayoría de las personas dejan que sus hábitos las gobiernen. Cuando esos hábitos son perjudiciales impactan de modo negativo en sus actitudes.

Los pasos siguientes le ayudarán a cambiar malos hábitos en buenos:

Paso #1:	Haga una lista de sus hábitos malos.
Paso #2:	¿Cuál es la causa original?
Paso #3:	¿Cuáles son las causas secundarias?
Paso #4:	Determine un hábito positivo para reemplazar al malo.
Paso #5:	Piense en el buen hábito, en sus beneficios y consecuencias.
Paso #6:	Tome medidas para desarrollar este hábito.
Paso #7:	Actúe a diario en el refuerzo de este hábito.
Paso #8:	Prémiese al observar uno de los beneficios del buen hábito.

DECISIÓN #8: ESCOJA CONTINUAMENTE TENER UNA ACTITUD CORRECTA

El trabajo apenas comienza cuando usted toma la decisión de tener una buena actitud. Después de eso viene una vida de decisión constante para crecer y mantener la perspectiva correcta. Las actitudes tienden a volver a sus patrones originales si no se vigilan y cultivan con sumo cuidado.

Mientras usted trabaja en mejorar su actitud o en ayudar a la actitud de alguien a quien dirige, reconozca que hay tres etapas de cambio donde una persona debe escoger deliberadamente la actitud adecuada:

Etapa inicial: los primeros días son siempre los más difíciles. No es fácil romper viejos hábitos. Usted debe estar continuamente en guardia mental para tomar la acción correcta.

Etapa media: en el momento en que los buenos hábitos empiezan a enraizarse se abren las opciones que provocan nuevos desafíos. Durante esta etapa se formarán nuevos hábitos que pueden ser buenos o malos. La buena noticia es que mientras más decisiones y buenos hábitos desarrolle usted, es más probable que se formen otros buenos hábitos.

Etapa posterior: el enemigo en esta etapa es la autocomplacencia. Todos conocemos a alguien (quizás nosotros) que perdió peso solo para caer en antiguos hábitos y volverlo a ganar. No baje su guardia a menos que el cambio esté completo. Aun entonces, esté vigilante y asegúrese de no caer en hábitos negativos.

Usted es el único que puede decidir qué ha de pensar y cómo actuará. Eso significa que puede hacer de su actitud lo que quiere que sea. Sin embargo, aunque triunfe y se convierta en una persona positiva, eso no lo protegerá de experiencias negativas. ¿Cómo enfrenta los obstáculos una persona positiva y cómo sigue siendo optimista? Para encontrar la respuesta a esa pregunta, lea el siguiente capítulo.

¿Pueden de verdad los obstáculos mejorar una actitud?

La batalla más grande contra el fracaso
ocurre en el interior, no en el exterior.

Los artistas activos David Bayles y Ted Orland narran una historia sobre un profesor de arte que experimentó con un sistema de calificación para dos grupos de estudiantes. Es una parábola sobre los beneficios del fracaso. He aquí lo que sucedió:

Un profesor de cerámica anunció al comienzo de un día que iba a dividir la clase en dos grupos. A los del lado izquierdo del estudio los calificaría exclusivamente por la cantidad de obras que produjeran y a todos los de la derecha únicamente por su calidad. Su procedimiento era sencillo: al final del día de clase llevaba su bascula de baño y pesaba el trabajo del grupo de «cantidad»: calificaba cincuenta libras de vasijas con una «A», cuarenta libras con una «B» y así sucesivamente. Sin embargo, los que calificaba basado en la «calidad» solo debían hacer una vasija (aunque perfecta) para obtener una «A». Pues bien, llegado el momento de calificar surgió un hecho curioso: las obras de más calidad eran las producidas por el grupo al que se le calificaba por la «cantidad». Parece que mientras este grupo producía afanosamente montones de trabajo (y aprendía de sus equivocaciones), el grupo de «calidad» se había sentado a teorizar acerca de la perfección y al final tenía poco más que mostrar por sus esfuerzos que teorías grandiosas y un montón de arcilla seca.[1]

No importa si los objetivos que usted tiene están en el campo del arte, los negocios, el ministerio, los deportes o las relaciones. La única forma de salir adelante es fallar al principio, fallar a menudo y fallar después.

HAGA EL VIAJE

Enseño liderazgo a miles de personas cada año en numerosas conferencias. Una de mis mayores preocupaciones es siempre que algunos individuos saldrán del evento sin ningún cambio en sus vidas. Les encanta el «espectáculo» pero fallan en implementar cualquiera de las ideas presentadas. Una y otra vez le digo a la gente: sobreestimamos el evento y subestimamos el proceso. Toda realización de un sueño que alguien tuvo llegó por la dedicación a un proceso. (Esa es una de las razones por las que escribo libros y creo programas de audio; para que la gente pueda comprometerse en el proceso continuo de crecimiento).

Las personas tienden naturalmente a la inercia. Por eso mejorar es una lucha. Pero también por eso la adversidad yace en el corazón de todo éxito. El proceso de logro es el resultado de repetidos fracasos y una lucha constante para subir a un nivel más alto.

PARA LOGRAR SUS SUEÑOS USTED DEBE ABRAZAR LA ADVERSIDAD Y HACER DEL FRACASO UNA PARTE REGULAR DE SU VIDA. SI NO ESTÁ FRACASANDO, LO MÁS PROBABLE ES QUE NO ESTÉ AVANZANDO DE VERAS.

Cuando de enfrentar el fracaso se trata, la mayoría de las personas reconocen a regañadientes que cualquiera debe pasar por alguna adversidad para poder triunfar. Ellas reconocerán que usted debe experimentar contratiempos ocasionales para progresar. Sin embargo, creo que el éxito llega solo si usted lleva ese pensamiento un paso más adelante. Para lograr sus sueños debe adoptar la adversidad y hacer del fracaso parte regular de su vida. Si no está fracasando, lo más probable es que no esté avanzando de veras.

BENEFICIOS DE LA ADVERSIDAD

La psicóloga doctora Joyce Brothers afirma: «La persona interesada en triunfar debe aprender a ver el fracaso como parte saludable e inevitable del proceso de llegar a la cumbre». En el proceso de triunfo no solo se deben esperar adversidades y fracasos que a menudo llegan como resultado; se les debe ver rotundamente como parte crítica de este proceso. Es más, los beneficios de la adversidad son muchos. Observe algunas de las razones claves para abrazar la adversidad y perseverar a través de ella:

I. LA ADVERSIDAD PRODUCE CAPACIDAD DE RECUPERACIÓN

Nada en la vida genera la capacidad de recuperación como la adversidad y el fracaso. Un estudio de la revista *Time* de mediados de los ochenta describió la increíble capacidad de recuperación de un grupo de personas que habían perdido tres veces sus empleos debido al cierre de plantas. Los psicólogos esperaban que estuvieran desanimadas pero estaban sorprendentemente optimistas. En realidad su adversidad había creado una ventaja. Puesto que ya habían perdido un empleo y encontraron uno nuevo al menos dos veces, estaban mejor capacitadas para soportar la adversidad que quienes habían trabajado para una sola empresa y se vieron desempleadas.

2. LA ADVERSIDAD DESARROLLA MADUREZ

La adversidad puede hacer de usted alguien mejor si no permite que lo amargue. ¿Por qué? Porque la adversidad fomenta la sabiduría y la madurez. El novelista estadounidense William Saroyan dijo: «Las buenas personas son buenas porque han llegado a la sabiduría por medio del fracaso. Como ves, del éxito obtenemos muy poca sabiduría».

Mientras el mundo siga cambiando a un ritmo más y más veloz, aumenta la importancia de la madurez con flexibilidad. Estas cualidades llegan de las dificultades que nos curten. El profesor del instituto de negocios de Harvard, John Kotter, dice: «Puedo imaginar a un grupo de ejecutivos de hace veinte años analizando a un candidato para un empleo importante y diciendo: "Este tipo tuvo un gran fracaso cuando tenía treinta y dos años". Todos dirían: "Sí, así es, esa es una mala señal". Me imagino ese mismo grupo considerando hoy día un candidato y diciendo: "Lo que me preocupa de este tipo es que nunca ha fracasado"».[2] Los problemas que enfrentamos y vencemos nos preparan para las dificultades futuras.

3. LA ADVERSIDAD ABRE EL SOBRE DEL RENDIMIENTO ACEPTADO

Lloyd Ogilvie dice que un amigo suyo, quien trabajó en un circo en su juventud, describió de este modo su experiencia de aprender a trabajar en el trapecio:

Una vez que sabes que la red debajo de ti te atrapará, deja de preocuparte que falles, ¡y en realidad aprendes a caer triunfalmente! Eso significa que puedes concentrarte en llegar hasta el trapecio que se balancea hacia ti y no en caer, porque las fallas repetidas del pasado te han convencido de que la red es firme y confiable cuando caes... El resultado de caer y ser atrapado por la red es una confianza misteriosa y atrevida en el trapecio. Fallas menos. Cada caída te capacita para arriesgar más.[3]

A menos que una persona aprenda por experiencia personal que puede pasar por adversidades, estará renuente a rebelarse contra la absurda tradición, a cubrir el rendimiento empresarial, o a desafiarse a presionar sus límites físicos. El fracaso ayuda a la gente a reconsiderar el statu quo.

4. LA ADVERSIDAD OFRECE MAYORES OPORTUNIDADES

Creo que eliminar problemas limita nuestro potencial. Casi todo empresario exitoso que he conocido tiene numerosas historias de adversidades y contratiempos que les abrieron las puertas a mayores oportunidades. Por ejemplo, en 1978 Bernie Marcus, hijo de un pobre fabricante ruso de vitrinas en Newark, New Jersey, fue despedido de Handy Dan, una ferretería minorista de bricolaje. Eso motivó a Marcus a unirse con Arthur Blank para iniciar su propio negocio. En 1979 abrieron su primer almacén en Atlanta, Georgia. Lo llamaron Home Depot. Hoy día, Home Depot tiene más de 760 almacenes en los que emplean a más de 157.000 personas; han expandido el negocio incluso a operaciones en el extranjero; y cada año venden más de treinta mil millones de dólares.

Estoy seguro que a Bernie Marcus no le gustó mucho que lo despidieran de su empleo en Handy Dan. Pero si eso no hubiera ocurrido, quién sabe si habría logrado el éxito que tiene hoy.

5. La adversidad provoca innovación

A principios del siglo veinte un muchacho cuya familia había emigrado de Suecia a Illinois envió veinticinco centavos a una editorial por un libro sobre fotografía. En vez de eso lo que recibió fue un libro de ventriloquia. ¿Qué hizo él? Se adaptó y aprendió ventriloquia. Se trataba de Edgar Bergen, quien por cuarenta años entretuvo audiencias con la ayuda de un muñeco de madera llamado Charlie McCarthy.

La capacidad de innovar está en el centro de la creatividad y es un componente vital del éxito. El profesor de la Universidad de Houston, Jack Matson, reconoció ese hecho y desarrolló un curso que sus estudiantes llaman «Fracaso IOI». En él, Matson hace que los alumnos construyan modelos de productos que nadie compraría. Su objetivo es hacer que los estudiantes equiparen el fracaso con la innovación, no con la derrota. De ese modo se liberan para hacer cosas nuevas. «Aprenden a recargar y a alistarse para un nuevo disparo», dice Matson. Si usted quiere triunfar debe aprender a hacer ajustes al modo en que hace las cosas e intentar de nuevo. La adversidad ayuda a desarrollar esa habilidad.

6. La adversidad trae beneficios inesperados

El individuo promedio comete una equivocación y automáticamente piensa que es un fracaso. Pero algunas de las historias más grandes de éxito se pueden encontrar en los beneficios inesperados de las equivocaciones. Por ejemplo, la mayoría de las personas conocen la historia de Edison y el fonógrafo: lo descubrió mientras trataba de inventar algo totalmente distinto. Pero, ¿sabía usted también que el Corn Flakes de Kellogg's fue el resultado de dejar trigo hervido en un molde para hornear pan toda la noche? ¿O que el jabón Ivory flota porque un lote se quedó en la mezcladora mucho tiempo y le entró una gran cantidad de aire? ¿O que las toallas Scott aparecieron cuando una máquina de papel higiénico unió demasiadas capas de papel?

«LAS EQUIVOCACIONES EN LA CIENCIA SIEMPRE
ANTECEDEN A LA VERDAD».
—HORACE WALPOLE

Horace Walpole dijo que «las equivocaciones en la ciencia siempre anteceden a la verdad». Eso fue lo que ocurrió al químico suizoalemán Christian Friedrich Schönbein. Un día estaba trabajando en la cocina (lo cual su esposa le había prohibido estrictamente) y experimentaba con ácido sulfúrico y ácido nítrico. Cuando por accidente derramó algo de la mezcla sobre la mesa de la cocina pensó que estaba en problemas. (¡Sabía que sufriría una «desgracia» cuando su esposa lo descubriera!) Rápidamente agarró un delantal de algodón, limpió el desastre y colgó el delantal cerca del fuego para que el calor lo secara.

De repente hubo una violenta explosión. Evidentemente la celulosa en el algodón sufrió un proceso llamado «nitración». Sin darse cuenta, Schönbein había inventado la nitrocelulosa, a la que se llamó pólvora sin humo o pistola de algodón. Llevó su invento al mercado y ganó mucho dinero.

7. LA ADVERSIDAD MOTIVA

Hace años cuando Bear Bryant entrenaba al equipo de fútbol americano de la Universidad de Alabama, el Crimson Tide, su equipo ganaba por solo seis puntos en un partido con menos de dos minutos restantes en el último cuarto. Bryant envió a su mariscal de campo con instrucciones de jugar a la segura y matar el tiempo.

El mariscal de campo dijo al equipo: «El entrenador dice que juguemos a la segura, pero eso es lo que ellos están esperando. Démosles una sorpresa». Con eso motivó una jugada inesperada.

Cuando el mariscal de campo retrocedió y lanzó el pase, el defensa de la esquina, que era un campeón en carrera corta, interceptó el balón y se dirigió al final del campo esperando marcar una anotación. El mariscal de campo, que no era conocido como un buen corredor, se fue tras el defensa y lo agarró por detrás, derribándolo en la línea de las cinco yardas. Esto salvó el partido.

Una vez concluido el partido, el entrenador opositor se acercó a Bear Bryant y le dijo: «¿Cómo que tu mariscal de campo no era corredor? ¡Agarró por detrás a mi jugador más veloz!».

Bryant respondió: «Tu hombre corría por seis puntos; el mío corría por su vida».

Nada puede motivar a una persona como la adversidad. El buceador olímpico Pat McCormick dijo: «Creo que el fracaso es uno de los grandes motivadores. Después de mi estrecha pérdida en las pruebas de 1948 supe cuan bueno podría ser de verdad. Fue la derrota lo que enfocó mi concentración en mi entrenamiento y mis metas». McCormick siguió adelante y ganó ese año dos medallas en las Olimpiadas de Londres y otras dos en Helsinki cuatro años después.

Si usted puede retroceder y mirar con objetividad las circunstancias negativas que enfrenta en la vida, podrá descubrir que hay beneficios positivos para sus experiencias negativas. Eso casi siempre es cierto, simplemente debe estar dispuesto a ver esos beneficios... y a no tomar muy a pecho la adversidad que experimenta.

Por lo tanto, si pierde su empleo, piense en la capacidad de recuperación que está desarrollando. Si intenta algo osado y sobrevive, piense en lo que aprendió de usted mismo... y cómo esto le ayudará a tomar nuevos desafíos. Si en un restaurante le entienden mal su pedido, imagine que es una oportunidad para probar un nuevo plato. Y si sufre una ruina en su carrera, piense en la madurez que esto está desarrollando en usted. Además, Bill Vaughan dice: «En el juego de la vida es bueno sufrir al principio algunas pérdidas, lo cual libera la presión de tratar de mantener una temporada invicta». Mida siempre un obstáculo con la magnitud del sueño que está persiguiendo. Todo está en cómo usted lo ve. Intente y podrá encontrar lo bueno en toda experiencia mala.

¿QUÉ PODRÍA SER PEOR?

Una de las historias más increíbles de vencer la adversidad y tener éxito es la de José, de los hebreos antiguos. Usted conoce la historia. El era el undécimo de doce hijos de una acaudalada familia del Oriente Medio cuyo negocio era criar ganado. De adolescente José se distanció de sus hermanos: primero, era el favorito de su padre, aun cuando era casi el menor. Segundo, solía decirle a su padre que sus hermanos no hacían adecuadamente su trabajo con las ovejas. Tercero, cometió la equivocación de decir a sus hermanos que un día los gobernaría. Al principio un grupo de sus hermanos quería matarlo, pero el mayor, Rubén, evitó que hicieran eso. Por lo tanto, cuando Rubén no estaba cerca, los demás lo vendieron como esclavo.

José terminó en Egipto trabajando en la casa del capitán de la guardia, un hombre llamado Potifar. Debido a sus habilidades de líder y administrador, José subió rápidamente de categoría y al poco tiempo administraba toda la casa. Estaba sacando lo mejor de una situación adversa. Pero las cosas empeoraron. La esposa de su amo intentó persuadirlo de que durmiera con ella. Al negarse, ella lo acusó de insinuársele, e hizo que Potifar lo lanzara en la cárcel.

DE ESCLAVO A PRISIONERO

En ese momento José se encontraba en una posición muy difícil. Estaba separado de su familia. Vivía lejos de casa en una tierra extraña. Era esclavo. Y estaba en prisión. Pero por otra parte sacó lo mejor de una situación difícil. Al poco tiempo el guardián de la prisión lo puso a cargo de los prisioneros y de todas las actividades diarias de la prisión.

Estando en prisión, José tuvo la oportunidad de conocer a un preso que había sido funcionario de la corte de Faraón: el jefe de los coperos. José le hizo un favor al interpretar un sueño que el hombre tuvo. Cuando *vio* que el funcionario estaba agradecido, José le hizo una petición a cambio.

«Acuérdate, pues, de mí cuando tengas ese bien», pidió José, «y te ruego que uses conmigo de misericordia, y hagas mención de mí a Faraón, y me saques de esta casa. Porque fui hurtado de la tierra de los hebreos; y tampoco he hecho aquí por qué me pusiesen en la cárcel».[4]

José tuvo una gran esperanza unos días después cuando el funcionario fue devuelto a la corte y obtuvo gracia del monarca. Esperó en todo momento recibir el mensaje de que Faraón lo ponía en libertad. Pero esperó; y esperó. Dos años pasaron antes que el copero recordara a José, y lo hizo porque Faraón quería que alguien interpretara uno de sus sueños.

FINALMENTE... VALIÓ LA PENA

Al final José pudo interpretar los sueños de Faraón. Y debido a que el hebreo mostró gran sabiduría, el gobernador egipcio lo puso a cargo de todo el reino. Como consecuencia del liderazgo, la planificación y el sistema de almacenar alimentos de José, cuando el hambre golpeó el Oriente Medio siete años después, sobrevivieron muchos miles de personas que de otro modo habrían muerto... entre ellas su propia familia. Cuando sus hermanos viajaron a Egipto para mitigar el hambre (veinte años después de haberlo vendido como esclavo) descubrieron que su hermano José no solo estaba *vivo* sino que era el segundo al mando del reino más poderoso del mundo.

Pocas personas recibirían con agrado la adversidad de trece años de esclavitud y prisión. Pero hasta donde sabemos, José nunca renunció a la esperanza y no perdió su perspectiva. Tampoco guardó rencor a sus hermanos. Después de la muerte de su padre, les dijo: «Vosotros pensasteis mal contra mí, mas Dios lo encaminó a bien, para hacer lo que vemos hoy, para mantener en vida a mucho pueblo».

José descubrió los beneficios positivos en sus experiencias negativas. Y si él lo pudo hacer, nosotros también. Para ayudarle a lograrlo, usted debe dar el próximo paso relacionado con la actitud. Debe ser capaz de tratar positivamente con el fracaso.

PARTE III

EL FUTURO CON LA ACTITUD ADECUADA

6

¿QUÉ ES EL FRACASO?

Toda persona de éxito es alguien que fracasó,
pero que no se consideró un fracaso.

Hace años en una entrevista David Brinkley preguntó a la columnista Ann Landers qué preguntas recibía con más frecuencia de los lectores. Esta fue su respuesta: «¿Qué hay de malo conmigo?».

La respuesta de Landers revela mucho acerca de la naturaleza humana. Muchas personas luchan con sentimientos de fracaso, siendo los más perjudiciales los pensamientos dudosos acerca de sí mismas. En el centro de esas dudas y sentimientos hay una pregunta central: ¿soy un fracaso? Y eso es un problema, porque creo que es casi imposible para cualquiera creer que es un fracaso y triunfar al mismo tiempo. Al contrario, usted debe enfrentar el fracaso con la actitud correcta y decidirse a continuar a pesar del error.

Parece que columnistas que aconsejan (como la finada Ann Landers) y escritores humoristas reconocen que mantener una buena actitud acerca de sí mismos es importante para vencer la adversidad y las equivocaciones. La finada Erma Bombeck, quien escribía una columna humorística semanal publicada en muchos periódicos del país hasta semanas antes de su muerte en 1996, tenía una firme convicción de lo que significaba perseverar y fracasar sin tomar muy personalmente el fracaso.

DE COPIADORA DE PERIÓDICO A LA
PORTADA DE LA REVISTA *TIME*

Erma Bombeck transitó un camino lleno de adversidad, comenzando por su profesión. Fue atraída al periodismo temprano en su vida. Su primer trabajo fue como copiadora en el *Dayton Journal-Herald* cuando era adolescente. Pero cuando fue a la Universidad de Ohio, un guía asesor le aconsejó: «Olvídate de escribir». Ella se negó. Después fue trasladada a la Universidad de Dayton y en 1949 se graduó con un título en inglés. Poco después comenzó a trabajar como escritora... para la columna de obituarios y la página femenina.

Ese año la adversidad llegó a su vida personal. Cuando se casó, uno de sus anhelos más profundos era llegar a ser madre. Pero para su consternación, los médicos le dijeron que no podía tener hijos. ¿Consideró eso un fracaso? No, ella y su esposo exploraron la posibilidad de la adopción y luego adoptaron una hija.

Dos años después una sorprendida Erma quedó embarazada. Pero eso le trajo más dificultades. En cuatro años experimentó cuatro embarazos, pero solo dos de los bebés sobrevivieron.

En 1964 Erma logró convencer al editor de un pequeño periódico local, el *Kettering-Oakwood Times,* para que la dejara escribir una columna semanal humorística. Se mantuvo escribiendo, a pesar de los lastimosos tres dólares por artículo que le pagaban. Eso le abrió una puerta. Al año siguiente le ofrecieron la oportunidad de escribir una columna tres veces por semana para su antiguo empleador, el *Dayton Journal-Herald.* En 1967 su columna se publicaba en más de novecientos periódicos de todo el país.

Erma escribió su columna humorística por poco más de treinta años. Durante ese tiempo publicó quince libros, fue reconocida como una de las veinticinco mujeres más influyentes de Estados Unidos, apareció frecuentemente en el show de televisión *Buenos Días América,* salió en la portada de la revista *Time,* recibió innumerables honores (como la Medalla de Honor de la Sociedad Estadounidense del Cáncer) y fue condecorada con quince títulos honoríficos.

MÁS QUE HABLAR DE SUS PROBLEMAS

Sin embargo, durante ese tiempo Erma Bombeck también experimentó increíbles problemas y sufrimientos, incluyendo cáncer de mama, una mastectomía, e insuficiencia renal. Además no le avergonzaba hablar de su perspectiva sobre sus experiencias de la vida:

> Hablo en las ceremonias de graduación en la universidad y les digo a todos que yo estoy aquí arriba y ellos allá abajo, no debido a mis triunfos, sino a mis fracasos. Entonces procedo a narrar todos mis descalabros: un álbum humorístico grabado del que se vendieron dos copias en Beirut... una comedia que duraba tanto como un bizcocho en nuestra casa... una representación de Broadway que nunca vio Broadway... libros de canto que atrajeron a dos personas: una que quería indicaciones para ir al baño y la otra que quería comprar el escritorio.
>
> Lo que tienes que decir de ti es: «No soy un fracaso. Fracasé al hacer algo». Hay una gran diferencia... Personalmente y en lo que respecta a la profesión, ha sido un camino escabroso. He enterrado bebés, he perdido padres, he tenido cáncer y me he preocupado por los niños. El truco es ponerlo todo en perspectiva... y eso es lo que hago para vivir.[1]

Esa actitud ganadora mantuvo a Erma Bombeck con los pies sobre la tierra. (A ella le gustaba referirse a sí misma como «madre tutora y antigua escritora de obituarios»). Esto también la mantuvo andando (y escribiendo) a través de las desilusiones, el dolor, las cirugías y la diálisis renal diaria hasta su muerte a los sesenta y nueve años.

TODO GENIO PUDO HABER SIDO UN «FRACASO»

Cada persona de éxito es alguien que fracasó, pero que no se consideró un fracaso. Por ejemplo, a Wolfgang Mozart, uno de los genios de la composición musical, el emperador Ferdinand le dijo que su ópera *La boda de Fígaro* era «demasiado ruidosa» y que contenía «muchas notas». El artista Vincent van Gogh, cuyas pinturas establecen ahora récords por las cantidades que dejan en las subastas, vendió solo una pintura en su vida. De Thomas Edison, el inventor más prolífico de la historia, se decía cuando era joven que era ineducable. A Albert Einstein, el más grande pensador de nuestro tiempo, le dijo un maestro de escuela que «nunca llegaría a nada».

Creo que es confiable decir que a todos los que han obtenido grandes logros les han dado muchas razones para que crean que son fracasados. Pero a pesar de eso permanecieron positivos y perseveraron. Frente a la adversidad, el rechazo y los fracasos continuaron creyendo en sí mismos y se negaron a considerarse fracasados. Eligieron desarrollar la actitud correcta acerca del fracaso.

AVANZAR A PESAR DEL FRACASO NO ES FALSA AUTOESTIMA

Doy un gran valor a elogiar a la gente, especialmente a los niños. Es más, creo que las personas viven al nivel de expectativa que se les dé. Sin embargo, también creo que usted debe cimentar sus elogios en la verdad. Usted no inventa cosas agradables para decir acerca de otros. He aquí el enfoque que utilizo para animar y dirigir a otros:

Apreciar a las personas.
Elogiar el esfuerzo.
Recompensar el desempeño.

Uso este método con todo el mundo. Utilizo incluso una forma de él en mí mismo. Cuando estoy trabajando no me doy una recompensa hasta después de terminado el trabajo. Cuando enfoco una tarea o proyecto doy lo mejor de mí, y sin importar los resultados tengo una clara conciencia. No tengo problemas de sueño en la noche. Y no importa dónde falle o cuántos errores cometa, no dejo que esto devalúe mi valor como persona. Como dice el dicho: «Dios usa personas que fallan, porque no hay otra clase de gente alrededor».

Es posible cultivar una actitud positiva acerca de usted mismo, a pesar de las circunstancias que enfrente o del tipo de historia que tenga.

SIETE HABILIDADES NECESARIAS PARA
AVANZAR A PESAR DEL FRACASO

He aquí siete habilidades que permiten a los triunfadores aprender del fracaso, a no tomar el fracaso personalmente, y a seguir adelante:

1. NO ACEPTE EL RECHAZO

El escritor James Allen afirma: «Un hombre es prácticamente lo que cree, siendo su carácter la suma de todos sus pensamientos». Por eso es importante asegurarse de que su pensamiento esté en el sendero correcto.

Los individuos que no se dan por vencidos se mantienen intentando, porque no basan su valor propio en su desempeño. Al contrario, tienen una imagen de sí mismos basada en su interior. En vez de decir: «Soy un fracaso», dicen: «Fallé esta vez», o «cometí una equivocación».

El psicólogo Martin E. Seligman cree que tenemos dos alternativas cuando fallamos: podemos interiorizar o exteriorizar nuestro fracaso. «La gente que se culpa cuando falla... piensa que no tiene valor, talento ni afecto», dice Seligman. «Quienes culpan a los acontecimientos externos no pierden la imagen de sí mismos cuando llegan las catástrofes».[2] Para mantener la perspectiva correcta, responsabilícese de sus acciones, pero no se tome el fracaso como algo personal.

2. VEA EL FRACASO COMO ALGO TEMPORAL

Las personas que personalizan el fracaso ven un problema como un hoyo en el que están permanentemente atascadas. Pero quienes logran resultados positivos ven cualquier aprieto como algo temporal. Por ejemplo, tome el caso del presidente de Estados Unidos, Harry S. Truman. En 1922 tenía treinta y ocho años de edad, estaba endeudado y no tenía trabajo. En 1945 fue el líder más poderoso del mundo libre, ocupando el puesto más alto en el mundo. Si se hubiera visto como un fracaso permanente se habría estancado y no se habría mantenido intentando y creyendo en su potencial.

3. VEA LOS FRACASOS COMO INCIDENTES AISLADOS

El escritor Leo Buscaglia hablaba una vez acerca de su admiración por la experta en cocina Julia Child: «Me encanta su actitud. Ella dice: "¡Esta noche haremos un soufflé!". Entonces bate esto y agrega aquello, derrama cosas en el piso... y hace todas estas cosas humanas maravillosas. Luego toma el soufflé, lo pone en el horno y habla con usted mientras tanto. Finalmente dice: "¡Está listo!". Pero cuando abre el horno, el soufflé sencillamente está tan plano como una tortilla. Sin embargo, ¿se llena ella de pánico o se pone a llorar? ¡No! Sonríe y dice: "Bueno no puedes ganarlas todas. ¡Buen apetito!"».

Cuando los que obtienen logros fallan, ven su fracaso como un suceso momentáneo, no como una epidemia de por vida. No es personal. Si usted quiere triunfar, no permita que algún sencillo incidente empañe su opinión de usted mismo.

4. MANTENGA EXPECTATIVAS REALISTAS

Mientras más grande sea la hazaña que desea lograr, mayor la preparación mental requerida para vencer los obstáculos y perseverar a largo plazo. Si usted quiere dar una vuelta por su vecindario puede esperar razonablemente tener pocos problemas, si es que los hubiera. Pero ese no es el caso si intenta subir al Monte Everest.

Se necesita tiempo, esfuerzo y capacidad para vencer contratiempos. Usted debe enfocarse cada día en expectativas razonables y no permitir que se lastimen sus sentimientos cuando no todo salga a la perfección.

Algo que sucedió en el día inaugural de la temporada de béisbol en 1954 ilustra bien el asunto. Jugaban los Bravos de Milwakee y los Rojos de Cincinnati, un novato en cada equipo hacía su debut en las grandes ligas durante ese partido. El novato que jugaba para los Rojos golpeó cuatro dobles y ayudó a su equipo a ganar por marcador de 98. El novato de los Bravos se fue 0 de 5. El jugador de los Rojos era Jim Greengrass, un nombre que quizás usted no había oído. El otro tipo, que no logró una anotación, podría ser más conocido para usted. Su nombre era Hank Aaron, el jugador que se convirtió en el mejor anotador de jonrones en la historia del béisbol.

¿Qué hubiera pasado si las expectativas de Aaron para el primer partido no hubieran sido realistas? Quizás habría abandonado el béisbol. Con seguridad que ese día no estuvo feliz con su desempeño, pero no pensó en sí mismo como un fracaso. Había trabajado muy duro por mucho tiempo. No iba a darse fácilmente por vencido.

5. Enfóquese en las fortalezas

Otra manera en que evitan personalizar el fracaso quienes consiguen logros es enfocándose en sus fortalezas. A Bob Butera, expresidente del equipo de jockey los Diablos de New Jersey, le preguntaron qué hace ganador a un equipo. Respondió: «Lo que distingue a los ganadores de los perdedores es que los primeros se concentran en todo momento en lo que pueden hacer, no en lo que no pueden hacer. Si un tipo es un gran tirador pero no un gran patinador, le decimos que piense solo en el disparo, el disparo, el disparo... no en algún otro rival que lo saque del patinaje. La idea es recordar sus éxitos».

Si una debilidad es asunto de carácter, se le debe prestar mucha atención. Enfóquese en ella hasta que la apuntale. De otro modo, lo mejor que se puede hacer para aprender de un fracaso es desarrollar y potenciar al máximo sus fortalezas.

6. Varíe los enfoques hacia el logro

Brian Tracy escribe en *The Psychology of Achievement* [La psicología del logro] acerca de cuatro millonarios que hicieron sus fortunas a los treinta y cinco años de edad. Participaron en un promedio de diecisiete negocios antes de encontrar el que los llevaría a la cumbre. Se mantuvieron tratando y cambiando hasta encontrar algo que diera buen resultado.

Quienes alcanzan logros están dispuestos a variar sus enfoques a los problemas. Eso es importante en cada aspecto de la vida, no solo en los negocios. Por ejemplo, si usted es admirador de pruebas de atletismo, sin duda ha disfrutado viendo a los atletas competir en salto alto. Siempre me asombraron las alturas logradas por hombres y mujeres en esa prueba. Lo interesante realmente es que en la década de los sesenta el deporte pasó por un cambio importante de técnica, que permitió a los atletas romper antiguas marcas y elevarlas a nuevos niveles.

La persona responsable de ese cambio fue Dick Fosbury. Mientras los atletas de antes usaban el método de sentarse a horcajadas en el salto de altura, en el cual pasaban de frente sobre la barra con una pierna y un brazo hacia delante, Fosbury desarrolló una técnica en que pasaba primero la cabeza con la espalda sobre la barra. Se le llamó la caída de Fosbury.

El desarrollo de una nueva técnica de salto de altura era una cosa. Lograr que otros la aceptaran era otro asunto. Fosbury observó: «Se me dijo una y otra vez que nunca tendría éxito, que no iba a ser competitivo y que la técnica simplemente no funcionaría. Lo único que podía hacer era encogerme de hombros y decir: "Simplemente lo veremos"».

Y la gente lo vio. Fosbury ganó la medalla de oro en los Juegos Olímpicos de Ciudad de México en 1968, haciendo añicos el récord anterior y estableciendo un nuevo récord mundial en el proceso. Desde entonces casi todo atleta de talla mundial en salto de altura ha usado esta técnica. Para lograr sus metas, Fosbury varió su enfoque del salto de altura y mantuvo una actitud positiva al no permitir que los comentarios de otros lo hicieran sentir como un fracasado.

7. RECUPÉRESE

Todos los que obtienen logros poseen en común la capacidad de recuperarse después de un error, una equivocación o un fracaso. El psicólogo Simone Caruthers dice: «La vida es una serie de resultados. A veces el resultado es lo que deseas. Destaca lo que hiciste bien. A veces el resultado no es lo que deseas. Muy bien. Destaca lo que hiciste para no volver a hacerlo».[3] La clave para recuperarse se encuentra en su actitud hacia el resultado.

Los que obtienen logros pueden seguir adelante sin importarles lo que suceda. Eso se hace posible porque recuerdan que fracasar no los convierte en fracasos. Nadie debería tomar las equivocaciones como algo personal. Esa es la mejor manera de levantarse después de un fracaso y continuar con una actitud positiva. Una vez que usted haga esto se encontrará listo para el éxito, el cual es el tema del próximo capítulo.

7

¿QUÉ ES EL ÉXITO?

La actitud determina cuán lejos puede usted
llegar en el viaje al éxito.

¿Quiere usted tener éxito? El problema para la mayoría de los individuos que desean triunfar *no* es que no puedan tener éxito. El obstáculo principal para ellos es que interpretan mal el éxito. No tienen la *actitud* adecuada al respecto. Maltbie D. Babcock dijo: «Uno de los errores más comunes y más costosos es pensar que el éxito se debe a algún genio, a algo mágico, a alguna persona o cosa que no tenemos».

¿Qué es el éxito? ¿A qué se parece? La mayoría de las personas tienen una imagen imprecisa de lo que significa ser un triunfador, que podría parecerse a:

La riqueza de Bill Gates,
el físico de Arnold Schwarzenegger,
(o de Tyra Banks),
la inteligencia de Albert Einstein,
la capacidad atlética de Michael Jordan,
las habilidades comerciales de Donald Trump,

el garbo social y la desenvoltura de Jackie Kennedy,
la imaginación de Walt Disney, y
el corazón de la Madre Teresa.

Eso parece absurdo, pero está más cerca de la verdad de lo que nos gustaría admitir. Muchos de nosotros representamos el éxito como si fuera alguien distinto de quienes somos. Ese es el modo erróneo de pensar en él. Si usted tratara de llegar a ser como una de esas personas, no tendría éxito. Sería una mala imitación de ella y eliminaría la posibilidad de convertirse en quien se supone que debe ser.

LA ACTITUD INCORRECTA
ACERCA DEL ÉXITO

Aunque usted evitara la trampa de pensar que el éxito significa ser como alguien más, aún podría tener una actitud equivocada hacia el éxito. Muchas personas equiparan incorrectamente al éxito con alguna clase de logro, con la llegada a un destino o con la obtención de una meta. He aquí algunos de los errores más comunes acerca del éxito:

RIQUEZA

Quizás el malentendido más común acerca del éxito es que es igual a tener dinero. Muchas personas creen que triunfarán si acumulan riquezas. Pero la riqueza no elimina los problemas comunes y provoca muchos otros. Si usted no cree eso, vea la vida de los ganadores de lotería. La riqueza no da satisfacción ni éxito.

UN SENTIMIENTO ESPECIAL

Otro error común es que la gente ha obtenido el éxito cuando se siente triunfadora o feliz. Pero tratar de *sentirse* es tal vez aun más difícil que intentar ser ricos. La búsqueda continua de la felicidad es una razón primordial de que muchas personas estén abatidas. Si usted hace de la felicidad su meta, está casi seguramente destinado al fracaso. Estará en una constante montaña rusa, yendo del éxito al fracaso con cada cambio de humor. La vida es incierta y las emociones no son estables. Sencillamente no se puede confiar en la felicidad como una medida de éxito.

POSESIONES ESPECÍFICAS Y QUE VALEN LA PENA

Piense en cuando usted era niño. Tal vez esa fue una época en que deseaba algo con toda el alma y creía que tenerlo sería decisivo en su vida. Cuando yo tenía nueve años de edad se trataba de una bicicleta Schwinn color vino y plata, la cual recibí en Navidad. Pero pronto descubrí que eso no me daba el éxito o la satisfacción duradera que había esperado.

Ese proceso se ha repetido en mi vida. Descubrí que el éxito no llegó al convertirme en un iniciador de mi equipo de basquetbol del colegio, ni cuando llegué a ser el presidente del cuerpo estudiantil en la universidad, ni cuando compré mi primera casa. El éxito nunca ha llegado como consecuencia de poseer algo que yo anhelaba. Las posesiones son a lo mejor una posición temporal. El éxito no se puede obtener ni medir de ese modo.

PODER

Charles McElroy bromeó una vez: «Por lo general el poder se reconoce como un excelente antidepresivo de poca duración». Esa afirmación contiene mucha verdad porque a menudo el poder da apariencia de éxito, pero aun así es solo temporal.

Usted quizás ha oído antes la cita del historiador inglés Lord Acton: «El poder tiende a corromper y el poder absoluto corrompe completamente». Abraham Lincoln hizo eco de tal creencia cuando dijo: «Casi todos los hombres pueden soportar la adversidad, pero si deseas probar el carácter de un hombre, dale poder». En realidad el poder es una prueba de carácter. En manos de una persona de integridad es un gran beneficio; en manos de un tirano ocasiona terrible destrucción. El poder en sí no es positivo ni negativo; y no es fuente de seguridad ni de éxito. Además, todos los dictadores, incluso los benévolos, finalmente pierden el poder.

LOGROS

Muchas personas padecen de lo que llamo «destinitis». Creen que tendrán éxito si llegan a algún lado, alcanzan una posición, logran una meta, o tienen relación con la persona adecuada. En una época yo tenía una opinión parecida del triunfo. Lo definía como la comprensión progresiva de una meta determinada que valía la pena. Sin embargo, con el tiempo me di cuenta de que la definición se quedaba corta. El éxito no es una lista de metas que se han de revisar una tras otra. No es alcanzar un destino. El éxito es un viaje.

LA ACTITUD CORRECTA ACERCA DEL ÉXITO

Si el éxito es un viaje, ¿cómo lo empieza usted? ¿Qué se necesita para ser un triunfador? Se necesitan dos cosas: la actitud correcta hacia el éxito y los principios correctos para llegar allá. Una vez que usted redefine el éxito como un viaje, puede mantener la actitud correcta hacia él. Entonces está listo para iniciar el proceso. Las consecuencias podrían ser tan exclusivas como cada individuo, pero el proceso es el mismo para todo el mundo. He aquí mi definición de éxito:

> *Éxito es...*
> *Conocer su propósito en la vida.*
> *Crecer hasta alcanzar su máximo potencial, y*
> *Sembrar semillas que beneficien a otros.*

Cuando usted piensa así del éxito comprende por qué este se debe ver como un viaje en vez de un destino. No importa cuánto tiempo viva usted o qué decida hacer en la vida, mientras tenga la actitud adecuada acerca del éxito nunca agotará su capacidad de crecer hacia su potencial, ni se quedará sin oportunidades de ayudar a otros. Cuando usted ve el éxito como un viaje no tiene el problema de tratar de «llegar» a un destino final difícil de alcanzar. Y nunca se encontrará en una posición donde haya alcanzado alguna meta final, solo para descubrir que aun está insatisfecho y en busca de algo más que hacer.

Para tener una mejor idea de estos aspectos demos una mirada a cada uno de ellos:

CONOCER SU PROPÓSITO

Usted no puede reemplazar con nada al conocimiento de su propósito. El millonario industrial Henry J. Kaiser, fundador de Aluminio Kaiser y del sistema de cuidado de la salud KaiserPermanente, dijo: «Es abrumadora la evidencia de que no puedes empezar a dar lo mejor de ti a menos que establezcas algún propósito en tu vida». Dicho de otro modo, si usted no intenta activamente descubrir su propósito es probable que pase la vida cometiendo equivocaciones.

Pienso que Dios creó a cada persona para un propósito. Según el psicólogo Víctor Frankl, «todo el mundo tiene su vocación propia o misión específica en la vida. Cada uno debe realizar una tarea concreta que demanda cumplimiento. En ese sentido no se puede reemplazar a nadie ni se puede repetir la vida de nadie. Por consiguiente, la tarea de cada uno es tan única como su oportunidad específica de ejecutarla».

Cada uno de nosotros tiene un propósito para el cual fuimos creados. Nuestra responsabilidad (y nuestra mayor alegría) es identificarlo.

He aquí algunas preguntas que usted se debe hacer para ayudarle a identificar su propósito:

¿Qué estoy buscando? Todos tenemos un fuerte deseo enterrado en nuestro corazón, algo que habla a nuestros pensamientos y sentimientos más profundos, algo que enciende nuestra alma. Usted solo necesita encontrarlo.

¿Por qué fui creado? Cada uno de nosotros es diferente. Piense en su mezcla única de capacidades, en los recursos que tiene a su disposición, en su historia personal y en las oportunidades que lo rodean. Si identifica con objetividad estos factores y descubre el anhelo de su corazón, habrá hecho mucho hacia el descubrimiento de su propósito en la vida.

¿Creo en mi potencial? Si usted no cree tener potencial nunca intentará alcanzarlo. Debería seguir el consejo del presidente Teodoro Roosevelt: «Haz lo que puedas, con lo que tengas, donde estés». ¿Qué más se puede esperar de usted si hace esto con la mira puesta en el propósito de su vida?

¿Cuándo empiezo? La respuesta a esa pregunta es AHORA.

CRECER A SU MÁXIMO POTENCIAL

El novelista H. G. Wells sostenía que riqueza, notoriedad, posición y poder no son en absoluto medidas del éxito. La única medida verdadera del éxito es la proporción entre lo que podríamos haber sido y aquello en que nos hemos convertido. En otras palabras, el éxito llega como consecuencia de crecer hasta nuestro potencial.

Tenemos un potencial casi ilimitado, pero muy pocos intentan alcanzarlo. ¿Por qué? La respuesta yace en esto: podemos hacer *cualquier cosa,* pero no podemos hacerlo *todo.* Muchas personas permiten que quienes les rodean decidan su itinerario en la vida. Por consiguiente nunca se dedican realmente a *su* propósito en la vida. Se convierten en individuos que saben un poco de todo y mucho de nada; en vez de saber bastante de pocas cosas y estar enfocados en una.

Si eso lo describe a usted más de lo que quisiera, quizás esté listo para dar pasos hacia un cambio. He aquí cuatro principios que lo encaminarán para crecer hacia su potencial:

1. CONCÉNTRESE EN UNA META PRINCIPAL

Nadie ha alcanzado su potencial si se extiende en veinte direcciones. Alcanzar su potencial requiere enfoque.

2. CONCÉNTRESE EN MEJORAR CONTINUAMENTE

A David D. Glass, presidente del comité ejecutivo de la junta directiva de WalMart, le preguntaron una vez a quién admiraba más. Respondió que a Sam Walton, el fundador de WalMart. Glass mencionó: «No ha habido un día en su vida, desde que lo conozco, que no mejorara de algún modo». Comprometerse con el mejoramiento continuo es la clave para alcanzar su potencial y ser un triunfador.

3. OLVIDE EL PASADO

Mi amigo Jack Hayford, pastor de la Iglesia en el Camino en Van Nuys, California, comentó: «El pasado es un asunto cancelado y no podemos acelerar hacia el futuro si arrastramos el pasado detrás de nosotros».

Si usted necesita inspiración, piense en otras personas que vencieron obstáculos aparentemente insuperables, como Booker T. Washington, Helen Keller y Franklin Delano Roosevelt. Cada uno de ellos venció increíbles desventajas para lograr grandes cosas. Recuerde: no importa lo que usted haya enfrentado en el pasado, tiene el *potencial* de vencerlo.

4. ENFÓQUESE EN EL FUTURO

Yogi Berra, personaje del Salón de la Fama del béisbol, declaró: «El futuro no es lo que solía ser». Aunque quizás eso sea cierto, es aun el único lugar que tenemos para ir. Su potencial está delante de usted, sea que tenga ocho, dieciocho, cuarenta y ocho, u ochenta años. Usted aún tiene espacio para mejorar. Mañana puede llegar a ser mejor de lo que es hoy. Así lo dice el proverbio español: «Quien no mira hacia adelante se queda atrás».

SIEMBRE SEMILLAS QUE BENEFICIEN A OTROS

Usted está bien encaminado hacia el éxito cuando conoce su propósito en la vida y está creciendo para alcanzar su máximo potencial. Pero hay una parte más esencial del viaje del éxito: ayudar a otros. Sin ese aspecto, el viaje puede ser una experiencia solitaria y superficial.

Se ha dicho que sobrevivimos de lo que ganamos, pero vivimos por lo que damos. El médico, teólogo y filósofo Albert Schweitzer lo afirmó de modo aun más enérgico: «El propósito de la vida humana es servir, y mostrar compasión y deseo de ayudar a otros». Para él, el viaje del éxito lo llevó a África, donde sirvió a las personas durante muchos años.

Tal vez sembrar semillas que beneficien a otros no signifique para usted viajar a otra nación con el fin de servir a los pobres... a menos que ese sea el propósito para el que nació. (De ser así, no estará satisfecho hasta que esté haciendo eso). Sin embargo, si usted es como la mayoría de las personas, ayudar a otros es algo que puede hacer donde se encuentra, ya sea pasando más tiempo con su familia, desarrollando a un empleado que muestra potencial, ayudando a la gente de la comunidad, o haciendo a un lado sus deseos por el bien de su equipo en el trabajo. La clave es encontrar su propósito y ayudar a otros mientras sigue adelante. El animador Danny Thomas insistió en que «todos nacimos por una razón, pero no todos la descubrimos. El éxito en la vida nada tiene que ver con lo que usted obtiene en ella o con lo que logra por sí mismo. Es lo que hace por los demás».

> SOBREVIVIMOS DE LO QUE GANAMOS, PERO VIVIMOS POR LO QUE DAMOS.

Tener el punto de vista correcto del éxito puede ayudarle a mantener una actitud positiva acerca de usted y de la vida, sin importar en qué clase de circunstancias se halle. Si usted puede ayudar a quienes dirige a adoptar esa misma perspectiva del éxito, puede también ayudarles a tener siempre esperanza y a volverse triunfadores. ¿Por qué? Porque todas las personas (a pesar del nivel de talento, educación o cultura) pueden conocer su propósito, crecer hasta su máximo potencial y sembrar semillas que beneficien a otros. Además, de lo que verdaderamente se trata el liderazgo es de ayudar a la gente.

Pero hay una verdad más que usted debe saber si quiere ser un líder de éxito en el campo de la actitud. La descubrirá en el último capítulo.

8

¿CÓMO PUEDE UN LÍDER MANTENERSE EN ASCENSO?

Los líderes tienen que renunciar para subir.

Hoy en día muchos individuos quieren trepar la escalera empresarial porque creen que en lo alto les espera la libertad, el poder y las recompensas. Lo que no comprenden es que la verdadera naturaleza del liderazgo es en realidad el sacrificio.

La mayoría de las personas reconocen que los sacrificios son necesarios casi desde el inicio de una carrera de liderazgo y renuncian a muchas cosas para obtener oportunidades potenciales. Por ejemplo, Tom Murphy empezó a trabajar para General Motors en 1937. Pero casi rechazó el cargo principal que le ofrecieron en la empresa porque el salario de cien dólares mensuales escasamente cubría sus gastos. A pesar de sus dudas aceptó de todos modos el empleo, pensando que valía la pena sacrificarse por la oportunidad. Tenía razón. Finalmente Murphy se convirtió en el presidente de la junta directiva.

El sacrificio es una constante en el liderazgo. Es un proceso continuo, no un pago único. Es una actitud que debe conservar cualquier líder de éxito. Cuando miro hacia atrás en mi carrera reconozco que siempre ha habido un precio involucrado para seguir adelante. Eso ha sido cierto para mí en el área financiera con cada cambio profesional que he hecho desde que tenía veintidós años de edad. En cualquier momento en que usted sepa que el paso es correcto, no dude en hacer el sacrificio.

USTED DEBE RENUNCIAR PARA SUBIR

Los líderes que desean ascender deben hacer algo más que aceptar un recorte ocasional de su pago. También tienen que renunciar a sus derechos. Mi amigo Gerald Brooks lo dice así: «Cuando te conviertes en líder pierdes el derecho a pensar en ti». La naturaleza del sacrificio puede ser distinta para cada persona. Los líderes renuncian para subir. Eso es verdad en cada líder sin tener en cuenta la profesión. Hable con cualquier de ellos y descubrirá que ha hecho sacrificios continuos. Generalmente, mientras más alto ha escalado, más sacrificios ha hecho.

MIENTRAS MÁS ALTO SUBA, MÁS ALTO SUBA, MÁS DEBE RENUNCIAR

¿Quién es el líder más poderoso del mundo? Yo diría que es el presidente de Estados Unidos. Sus acciones y palabras, más que las de cualquier otra persona, tienen impacto en la gente, no solo de nuestra nación sino de todo el mundo. Piense en todo a lo que debió renunciar para llegar a la oficina presidencial y para luego mantenerse en ella. Su tiempo ya no le pertenece. Lo escudriñan constantemente. Su familia está bajo enorme presión. Y automáticamente debe tomar decisiones que pueden costar la vida de miles. Incluso después de dejar su cargo pasará el resto de su vida en compañía de agentes del servicio secreto para su protección.

Mientras más grande es el líder, a más debe renunciar. Piense en alguien como Martin Luther King, hijo. Su esposa, Coretta Scott King, observó en *Mi vida con Martin Luther King:* «Nuestro teléfono sonaba día y noche y alguien soltaba una sarta de obscenidades… a menudo las llamadas terminaban con una amenaza de matarnos si no salíamos de la ciudad. Pero a pesar de todo el peligro y el caos de nuestras vidas privadas, me sentía inspirada y casi eufórica».

Mientras seguía el curso de su liderazgo durante el movimiento de derechos civiles, King fue arrestado y encarcelado en muchas ocasiones. Fue apedreado, apuñalado y atacado físicamente. Su casa fue bombardeada. Sin embargo, su visión (y su influencia) siguieron en ascenso. Finalmente sacrificó todo lo que tenía. Pero renunciaba a todo ello de buena gana. En su último discurso, la noche antes de su asesinato en Memphis, dijo:

No sé qué me sucederá ahora. Tenemos algunos días difíciles por delante. Pero eso no me importa ahora. Porque he estado en la cima de la montaña. No me preocuparé. Como cualquier otro, me gustaría vivir bastante. La longevidad tiene su lugar. Pero eso no me preocupa ahora. Solo quiero hacer la voluntad de Dios. Y Él me ha permitido subir la montaña. He inspeccionado y he visto la tierra prometida. Quizás no iré allá con ustedes, pero esta noche quiero que sepan que nosotros, como pueblo, iremos a la tierra prometida. Por eso esta noche estoy feliz... No tengo miedo de hombre alguno. «Mis ojos han visto la gloria de la venida del Señor».[1]

Al día siguiente King pagó el último precio del sacrificio. Su impacto fue profundo. Influyó para que millones de personas se levantaran pacíficamente contra un sistema y una sociedad que luchaba por excluirlas.

MIENTRAS MÁS ALTO ES EL NIVEL DE LIDERAZGO
QUE USTED QUIERE ALCANZAR, MAYORES SERÁN
LOS SACRIFICIOS QUE DEBERÁ HACER.

Lo que las personas exitosas descubren que es cierto se vuelve aun más claro para ellas cuando se convierten en líderes. No hay éxito sin una actitud de sacrificio. Mientras más alto es el nivel de liderazgo que usted quiere alcanzar, mayores serán los sacrificios que deberá hacer. Para ascender es necesario renunciar. Esa es la verdadera naturaleza del liderazgo. Ese es el poder de la actitud correcta.

AUTOSUPERACIÓN 101

LO QUE TODO
LÍDER
NECESITA SABER

Editora en Jefe: *Graciela Lelli*
Traducción: *Hubert Valverde*
ISBN: 978-1-60255-262-3

Edición revisada por Lidere

www.lidere.org

CONTENIDO

ESTABLECIENDO LA BASE DE LA AUTOSUPERACIÓN

I

¿QUÉ NECESITO PARA SUPERARME?

El desarrollo debe ser intencional. Nadie mejora por accidente.

El poeta Robert Browning escribió: «¿Para qué estar en la tierra si no es para crecer?». Casi todos estarían de acuerdo que el crecimiento es algo bueno, sin embargo son relativamente pocas las personas que se dedican a hacerlo. ¿Por qué? Porque requiere cambiar y la mayoría de las personas son renuentes al cambio. Pero la verdad es que sin el cambio, el desarrollo es imposible. La autora Gail Sheehy afirmó lo siguiente:

Si no cambiamos, no crecemos; y si no lo hacemos, en realidad no estamos viviendo. El desarrollo demanda una rendición temporal de la seguridad. Quizá signifique ceder patrones conocidos pero limitantes, un trabajo seguro pero sin gratificación, valores que ya no se mantienen, relaciones que han perdido su significado, etc. Tal como lo dice Dostoievski: «Dar un nuevo paso, decir una nueva palabra, es lo que la mayoría de las personas más teme hacer». En realidad, el temor debería ser lo opuesto.

No se me ocurre nada peor que vivir una vida estancada, sin ningún cambio o mejoría.

EL DESARROLLO ES UNA DECISIÓN

La mayoría de las personas se oponen al cambio, especialmente cuando les afecta de manera personal. Tal como lo dijo el novelista León Tolstoi: «Todos piensan cambiar al mundo, pero nadie piensa en cambiarse a sí mismo». Lo irónico de esto es que el cambio es inevitable. Todos tienen que bregar con ello. Por otro lado, el desarrollo es algo opcional. Usted puede decidir crecer o luchar contra ello. No obstante debe saber esto: las personas que no están dispuestas a crecer nunca lograrán obtener su potencial.

Mi amigo, Howard Hendricks, hace la siguiente pregunta en uno de sus libros: «¿En qué ha cambiado usted... últimamente? ¿Digamos, la semana pasada, o el mes pasado, o el año pasado? ¿Podría ser *más específico?*». Él sabe que las personas tienden a estancarse en lo que se refiere a crecer y cambiar. El desarrollo es una elección, una decisión que puede marcar una diferencia verdadera en la vida de una persona.

La mayoría de la gente no se da cuenta que las personas exitosas y las que no lo son, en realidad no difieren substancialmente en sus habilidades. La diferencia se encuentra en el deseo de lograr su potencial. Y no hay nada más efectivo para lograr ese potencial que el compromiso a un desarrollo personal.

PRINCIPIOS DE AUTOSUPERACIÓN

Dejar de ser un aprendiz ocasional y convertirse en alguien dedicado al desarrollo personal va contra la manera habitual en que la mayoría de las personas vive. Si usted le preguntara a cien personas cuántos libros han leído desde que salieron del colegio o la universidad, estoy seguro que serían pocos los que dirían haber leído más de uno o dos libros. Si preguntara cuántas personas escuchan lecciones en audio y asisten voluntariamente a conferencias y seminarios para autosuperación, la cantidad sería aun menor. La mayoría de las personas celebran cuando reciben su diploma o su título y se dicen a sí mismas: «Gracias a Dios que ya terminé. Solo necesito un buen trabajo. No quiero estudiar más». Desafortunadamente esa manera de pensar lo mantendrá en el mismo nivel que los demás. Si desea tener éxito, debe seguir creciendo.

Soy una persona que ha dedicado su vida al desarrollo personal y por eso me gustaría ayudarle a convertirse en una persona dedicada al desarrollo. Si desea lograr todo su potencial, ese es el camino a seguir. Además, hay otro beneficio implícito: la satisfacción. Las personas más felices que conozco se mantienen en constante desarrollo.

Observe los siguientes diez principios. Le ayudarán a desarrollarse en una persona dedicada al crecimiento personal:

1. Escoja una vida de crecimiento

Se dice que cuando el compositor y chelista español, Pablo Casals, se encontraba en los últimos años de su vida, un joven reportero le preguntó: «Señor Casals, usted tiene noventa y cinco años y es el mejor chelista que jamás haya existido. ¿Por qué entonces practica todavía seis horas al día?».

¿Cuál fue la respuesta de Casals? «Porque creo que estoy progresando». Esa es la clase de dedicación al desarrollo continuo que usted debe tener. Las personas que logran todo su potencial, sin importar cuál sea su profesión u origen, piensan en términos de superación. Si cree que puede «defenderse» y todavía llevar una jornada exitosa, está equivocado. Usted necesita tener la actitud del general George Patton. Se cuenta que una vez le dijo a sus tropas: «Hay una cosa que quiero que recuerden. No quiero escuchar mensajes que digan que estamos manteniendo nuestra posición. Quiero escuchar que estamos avanzando constantemente». El lema de Patton era: «Siempre a la ofensiva, nunca en las trincheras».

La única forma de mejorar su calidad de vida es superándose. Si desea que su organización crezca, usted debe desarrollar un líder. Si quiere tener mejores hijos, debe ser una mejor persona. Si quiere que los demás lo traten mejor, debe desarrollar mejores aptitudes para con los demás. No hay una manera segura para hacer que otras personas a su alrededor mejoren. Lo único que realmente tiene la capacidad de mejorar es a sí mismo y lo asombroso es que cuando lo hace, de pronto todo lo que está a su alrededor progresa. Así que lo importante es saber que si quiere llevar una jornada exitosa, debe vivir una vida de crecimiento. La única forma de crecer es si usted *decide* crecer.

2. Comience a desarrollarse desde hoy

Napoleón Hill dijo: «Lo que cuenta no es lo que usted va a hacer, sino lo que está haciendo». La mayoría de las personas que fracasan sufren de lo que yo llamo «la enfermedad del algún día». Ellas podrían hacer algo que les trajera beneficio a sus vidas ahora mismo, pero lo posponen diciendo que lo harán *algún día*. Su lema es «uno de estos días». Tal como lo dice el viejo proverbio inglés: «*Uno* de estos días significa *ninguno* de estos días». La mejor forma de asegurar el éxito es comenzar a desarrollarse desde hoy. No se desanime, ya que sin importar dónde comience, debe recordar que todos los que llegaron a algún lugar, lo hicieron porque comenzaron desde donde se encontraban.

¿Por qué necesita decidir comenzar a crecer hoy? Las siguientes son varias razones:

- *El crecimiento no es algo automático.* En mi libro *Breakthrough Parenting* [Paternidad que avanza], menciono que uno es joven una sola vez, pero puede mantenerse inmaduro de manera indefinida.[1] La razón es porque el crecimiento no es algo automático. El hecho de envejecer no significa crecer. Un ejemplo de ello son los crustáceos. El cangrejo o la langosta cuando envejecen, crecen y tienen que abandonar su caparazón. Sin embargo esa no es la tendencia general de las personas. El camino al siguiente nivel es cuesta arriba, y crecer requiere de esfuerzo. Entre más pronto comience, más cerca estará de lograr todo su potencial.

- *El crecimiento hoy le dará un mejor mañana.* Todo lo que hace hoy se basa en lo que hizo ayer. Ambas cosas determinan lo que ocurrirá mañana. Eso es especialmente cierto en lo que respecta al crecimiento. Oliver Wendell Holmes dijo lo siguiente: «La mente del ser humano, una vez que ha sido ampliada con nuevas ideas, no vuelve a tener su dimensión original». El crecimiento de hoy es una inversión para el mañana.

- *El crecimiento es su responsabilidad.* Cuando era niño, sus padres eran responsables de usted, aun de su desarrollo y su educación; pero ahora que es un adulto, la responsabilidad es toda suya. Si no se encarga de su desarrollo, nunca ocurrirá.

No hay mejor momento para comenzar que ahora mismo. Reconozca la importancia que el desarrollo personal tiene en el éxito y comprométase a desarrollar su potencial desde hoy.

3. ENFÓQUESE EN EL DESARROLLO PERSONAL, NO EN LA REALIZACIÓN PERSONAL

En los últimos treinta años, ha habido un cambio en el enfoque del desarrollo personal. Iniciando a finales de los sesenta y a principios de los setenta, las personas comenzaron a hablar de «encontrarse a sí mismas», lo que significaba que estaban buscando formas de autorrealización. Es como convertir a la felicidad en una meta ya que la autorrealización tiene que ver con sentirse bien.

El desarrollo personal es algo diferente. Por supuesto, la mayoría del tiempo eso le hará sentirse bien, pero esa es una consecuencia, no el objetivo principal. El desarrollo personal es algo más importante; es desarrollar su potencial de tal forma que pueda obtener el propósito para el cual fue creado. Algunas veces eso nos puede hacer sentir realizados, pero no todo el tiempo. Sin importar cómo lo haga sentirse, el desarrollo personal siempre tiene el siguiente efecto: le lleva a su destino. El rabino Samuel M. Silver enseñaba que «el mayor de los milagros es que no necesitamos ser mañana lo que somos hoy, sino más bien que podemos mejorar para utilizar el potencial que Dios ha implantado en nosotros».

4. NUNCA SE QUEDE SATISFECHO CON LOS LOGROS ACTUALES

Mi amigo Rick Warren dice: «El peor enemigo del éxito de mañana es el éxito de hoy». Y tiene razón. Pensar que uno ha «llegado» cuando se ha logrado una meta tiene el mismo efecto que creer que uno lo sabe todo. Le quita el deseo de aprender; es otra característica de la enfermedad del destino. Las personas exitosas no se sientan a descansar en sus laureles. Saben que los triunfos, al igual que las derrotas, son temporales y que deben seguir creciendo si desean seguir triunfando. Charles Handy mencionó algo notable: «Una de las paradojas del éxito es que las cosas y los caminos que lo llevaron allí, son rara vez las mismas cosas que lo mantendrán en ese sitio».

Sin importar qué tan exitoso sea usted hoy, no se muestre autocomplaciente. Siga manteniendo el hambre por el éxito. Sydney Harris insistía que «un ganador sabe lo mucho que le falta por aprender, aunque sea considerado un experto por los demás; un perdedor quiere ser considerado un experto por los demás antes de haber aprendido lo suficiente para saber que no sabe mucho». No se quede en una zona de comodidad, y no deje que el éxito se le suba a la cabeza. Disfrute del éxito brevemente, pero luego avance en busca de un crecimiento mayor.

5. Sea un aprendiz constante

La mejor forma para no quedarse satisfecho con sus logros actuales es seguir siendo un aprendiz constante. Esa clase de compromiso puede ser más difícil de lo que usted cree. Por ejemplo, un estudio realizado por la Universidad de Michigan hace varios años descubrió que una tercera parte de los doctores de Estados Unidos están tan ocupados trabajando que se encuentran retrasados dos años con respecto a los descubrimientos obtenidos en sus propias áreas de trabajo.[2]

Si quiere ser un aprendiz constante y seguir desarrollándose toda su vida, tiene que dedicar tiempo para ello. Tiene que hacer todo lo que pueda, sin importar dónde se encuentre. Tal como lo dijo Henry Ford: «He observado que la mayoría de las personas exitosas se adelantan durante el tiempo que otras personas desperdician».

Esa es una de las razones por las cuales yo siempre llevo conmigo libros y revistas cuando viajo. Durante esos ratos libres, tales como la espera de un vuelo de conexión en un aeropuerto, puedo leer y cortar artículos que me interesan. También puedo hojear un libro, aprendiendo conceptos importantes y extrayendo citas que luego podré usar. Cuando no estoy viajando, utilizo al máximo mi tiempo de aprendizaje escuchando programas instructivos en el auto.

Frank A. Clark dijo: «La mayoría de nosotros debe aprender una gran cantidad de cosas cada día para poder mantenernos a flote con lo que olvidamos». Aprender algo cada día es la esencia de ser un aprendiz constante. Usted debe superarse continuamente, no solo adquiriendo conocimiento para reemplazar lo que olvida o lo antiguo, sino construyendo sobre lo que se aprendió ayer.

6. Desarrolle un plan de crecimiento

La clave para una vida de aprendizaje y de progreso continuo yace en desarrollar un plan específico de crecimiento y llevarlo a cabo. Le recomiendo un plan que requiere una hora al día, cinco días a la semana. Utilizo ese patrón debido a una declaración que hizo Earl Nightingale: «Si una persona ocupa una hora al día aprendiendo sobre el mismo tema por cinco años, esa persona se convertirá en un experto de ese tema». ¿No le parece eso una promesa increíble? Nos muestra que tan lejos podemos llegar si tenemos la disciplina de hacer que el desarrollo sea una práctica diaria. Cuando enseño conferencias de liderazgo, les recomiendo a los participantes el siguiente plan de desarrollo:

LUNES: Dedique una hora a tener un devocional para desarrollar su vida espiritual.

MARTES: Dedique una hora a escuchar una lección de audio sobre liderazgo.

MIÉRCOLES: Dedique una hora a archivar citas y a reflexionar en el contenido de lo que escuchó el martes.

JUEVES: Dedique una hora a leer un libro sobre liderazgo.

VIERNES: Dedique media hora a leer el libro y la otra media hora a archivar y a reflexionar en él.

Entretanto que desarrolla su plan de crecimiento, comience a identificar tres a cinco áreas en las cuales usted desea crecer. Luego utilice materiales útiles tales como libros, revistas, material de audio, videos e incorpórelos en el plan. Le recomiendo que haga su meta leer doce libros y escuchar cincuenta y dos programas de audio (o artículos) cada año. La manera exacta de hacerlo no es importante, sino hacerlo diariamente. De esa forma, es más probable que lo lleve a cabo que si lo pospone de manera periódica y luego trata de recuperar el tiempo perdido.

7. PAGUE EL PRECIO

Mencioné antes que la autorrealización se enfoca en lograr que una persona sea feliz, mientras que el desarrollo personal propone ayudar a la persona a lograr su potencial. Una característica del crecimiento es que a veces es algo incómodo. Requiere disciplina. Toma tiempo que usted podría ocupar en actividades de relajación. Cuesta dinero comprar materiales. Debe enfrentar un cambio constante y tomar riesgos. Además de vez en cuando es sencillamente algo solitario. Por eso muchas personas dejan de crecer ya que se dan cuenta que el precio es alto.

Pero el crecimiento siempre vale la pena ya que la alternativa es una vida limitada con un potencial sin realizar. El éxito requiere esfuerzo y usted no podrá realizar esa jornada si sigue esperando que la vida venga y lo empuje para que mejore. El presidente Teodoro Roosevelt afirmó osadamente: «Todavía no ha existido una persona en la historia que haya vivido una vida fácil y cuyo nombre valga la pena recordarse». Esas palabras eran ciertas cuando las dijo hace casi un siglo, y todavía lo son en la actualidad.

8. ENCUENTRE LA FORMA DE APLICAR LO QUE APRENDE

Jim Rohn decía: «No deje que su aprendizaje le lleve al conocimiento. Haga que su aprendizaje le lleve a tomar acción». Lo más importante en el desarrollo personal es la acción. Si su vida no comienza a cambiar como resultado de lo que está aprendiendo, está experimentando uno de estos problemas: usted no está dedicando el suficiente tiempo y atención a su plan de desarrollo; está dedicando demasiado tiempo de su vida a las áreas equivocadas; o *no está aplicando lo que aprende.*

Las personas exitosas desarrollan hábitos diarios positivos que les ayuda a crecer y aprender. Una de las cosas que hago para asegurarme de no olvidar lo que aprendo es archivarlo. En mi oficina tengo más de mil doscientos archivos llenos de artículos e información y tengo miles y miles de citas. También me esfuerzo en aplicar la información tan pronto la aprendo. Lo hago haciéndome estas preguntas cada vez que aprendo algo nuevo:

¿Dónde puedo usarlo?
¿Cuándo puedo usarlo?
¿Quién más necesita saberlo?

Estas preguntas hacen que mi enfoque no sea solamente en adquirir conocimiento sino en aplicar lo que aprendo a mi propia vida. Trate de usarlas. Creo que le ayudarán a hacer lo mismo.

El autor y experto en liderazgo, Fred Smith, dijo algo que resume lo que significa comprometerse a un desarrollo personal. Él dijo:

Hay algo en nuestra naturaleza humana que nos tienta a quedarnos donde nos sentimos cómodos. Tratamos de encontrar un nivel estable, un lugar de descanso donde tenemos poca tensión y las finanzas son las adecuadas; donde tenemos asociaciones cómodas con las personas, y no nos sentimos intimidados de conocer a personas nuevas o entrar en situaciones extrañas.

Por supuesto que todos necesitamos tener niveles estables por un tiempo. Escalamos y luego nos estabilizamos para buscar la asimilación. Pero una vez que hemos asimilado lo que hemos aprendido, debemos escalar de nuevo. Es triste haber escalado nuestra última montaña. Escalar nuestra última montaña significa que estamos viejos, ya sea que tengamos cuarenta o que tengamos ochenta años.

Sea lo que sea que usted haga, no se quede en un lugar estable. Comprométase a escalar la montaña del potencial personal, poco a poco, durante toda su vida. Es una jornada de la cual nunca se arrepentirá. Según el novelista George Eliot: «Nunca es tarde para ser lo que pudo haber sido».

¿CÓMO PUEDO DESARROLLARME EN MI PROFESIÓN?

Sea mejor mañana de lo que es usted hoy.

Un pavo estaba conversando con un toro: «Me encantaría poder subir a la copa de ese árbol», suspiraba el pavo, «pero no tengo la energía».

El toro le respondió: «Bueno, ¿por qué no comes de mi abono? Está lleno de nutrientes».

El pavo comió un poco y se dio cuenta que tuvo la suficiente fuerza para lograr llegar a la rama más baja del árbol. Al día siguiente, después de comer más estiércol, logró alcanzar la segunda rama. Finalmente después de la cuarta noche, había logrado llegar a la copa del árbol. Desafortunadamente un cazador lo vio y lo mató de un disparo.

La moraleja de la historia: el excremento le puede hacer llegar a la cima, mas no le mantendrá allí.

DE QUÉ MANERA EL CRECIMIENTO LE AYUDA A SER UN LÍDER

He conocido muchas personas que tienen la enfermedad del destino. Piensan que han «llegado» solo por obtener una posición específica o por llegar a cierto nivel en una organización. Cuando llegan a ese lugar deseado, dejan de esforzarse y de crecer. ¡Qué desperdicio de potencial!

No hay nada malo con el deseo de progresar en su carrera, pero nunca intente «llegar». Más bien, haga que su jornada no tenga límites. La mayoría de las personas no tiene idea de hasta dónde puede llegar su vida. No miran muy lejos. Eso me sucedió al principio, no obstante, mi vida comenzó a cambiar cuando dejé de ponerme metas acerca de *dónde* quería estar y comencé a cambiar el curso para llegar a ser *quien* yo quería ser. He descubierto que para mí y para otras personas la clave del desarrollo personal es tener más una orientación de *crecimiento* que de *meta*.

No existe ninguna desventaja en hacer que el crecimiento sea su meta. Si sigue aprendiendo, será mejor mañana de lo que es hoy y eso puede lograr muchas cosas para usted.

ENTRE MEJOR SEA USTED, MÁS PERSONAS LE ESCUCHARÁN

Si le interesa el arte culinario, ¿con quién preferiría pasar una hora de su tiempo? ¿Con Mario Batali (chef, autor de libros de cocina, dueño del restaurante Babbo e Enoteca además de otros en la ciudad de Nueva York, y anfitrión de dos programas de televisión en el canal de Food Network) o con su vecino que disfruta cocinar pero lo hace «de vez en cuando»? Si usted es un estudiante de liderazgo, como yo, ¿preferiría pasar una hora con el presidente de Estados Unidos o con la persona que administra la tiendita de la esquina? No hay comparación. ¿Por qué? Porque uno respeta más y puede aprender más de aquella persona que tenga una mayor capacidad y experiencia.

La capacidad es una clave para la credibilidad y la credibilidad es la clave para influir en los demás. Si las personas le respetan, le escucharán. El presidente Abraham Lincoln dijo: «No me interesa mucho una persona que hoy no es más sabia de lo que era ayer». Al enfocarse en el crecimiento se convierte en una persona más sabia cada día.

ENTRE MEJOR SEA USTED, MAYOR SERÁ SU VALOR HOY

Si fuera a plantar árboles frutales o nueces en su patio, ¿cuándo comenzaría a cosechar? ¿Le sorprendería saber que tiene que esperar entre tres a siete años para cosechar frutas y entre cinco a quince años para cosechar nueces? Si usted quiere que un árbol produzca, primero debe dejarlo crecer. Entre más haya crecido y tenga raíces profundas que le sostengan, más podrá producir. Entre más pueda producir, mayor será su valor.

Las personas no son tan diferentes. Entre más crecen, se vuelven más valiosas porque pueden producir más. De hecho, se dice que un árbol sigue creciendo durante toda su vida. Me encantaría vivir de tal forma que lo mismo pudieran decir de mí: «Siguió creciendo hasta el día en que murió».

Me encanta citar a Elbert Hubbard: «Si lo que hizo ayer todavía le parece grande hoy, significa que no ha logrado mucho el día de hoy». Si mira sus logros del pasado, y ahora no le parecen pequeños, significa que no ha crecido mucho desde que los logró. Si mira el trabajo que tuvo hace varios años y piensa que no puede hacerlo mejor ahora, significa que no está mejorando en esa área de su vida.

Si no está creciendo continuamente, probablemente entonces está dañando su habilidad de liderazgo. Warren Bennis y Bert Nanus, autores del libro *Líderes: Estrategias para un liderazgo eficaz,* dijeron: «La capacidad de desarrollar y mejorar sus habilidades es lo que distingue a los líderes de los seguidores».[1] Si usted no está avanzando como aprendiz, entonces está retrocediendo como líder.

Entre mejor sea usted, mayor será su potencial el día de mañana

¿Quiénes son las personas más difíciles de enseñar? Las personas que nunca han intentado aprender. Hacer que acepten una nueva idea es como tratar de trasplantar una planta de tomates al cemento; aunque pudiera trasplantarla, usted sabe que no va a sobrevivir de todas maneras. Entre más aprenda y crezca, mayor será su capacidad para seguir aprendiendo, eso hace que su potencial sea mayor y que su valor sea mayor el día de mañana.

El reformador hindú Mahatma Gandhi dijo: «La diferencia entre lo que hacemos y lo que somos capaces de hacer sería suficiente para resolver la mayoría de los problemas del mundo». Imagínese que gran potencial tenemos. Todo lo que tenemos que hacer es seguir luchando para aprender más, crecer más y ser más.

Un líder que entrevisté para este libro me dijo que el jefe de su primer trabajo, se sentaba con él después de que había cometido un error y le explicaba por qué ocurrió ese error. Antes de que se fuera de cada reunión, su jefe le preguntaba: «¿Has aprendido algo de esto?» y luego le pedía que le explicara. En esa época, este líder pensaba que su jefe era muy áspero con él. Pero a medida que avanzaba en su carrera, descubrió que muchos de sus triunfos se debían a prácticas que él había adoptado como resultado de esas conversaciones. Tuvo un tremendo impacto positivo en él porque eso lo hacía ser mejor continuamente.

Si quiere influir en las personas que están por encima de usted en la organización, y seguir influyendo en ellas, entonces necesita seguir mejorando. Una inversión en su desarrollo es una inversión en su habilidad, su capacidad de adaptación y de ascender. No importa lo que cueste seguir creciendo y aprendiendo, el costo de no hacerlo es aun mayor.

CÓMO SER MEJOR MAÑANA

El padre de la nación, Benjamín Franklin dijo: «Cuando usted se supera, el mundo mejora. No tenga miedo de crecer muy lentamente. Tenga miedo solo de quedarse paralizado. Olvide sus errores, pero recuerde lo que éstos le enseñaron». Entonces, ¿cómo se puede mejorar mañana? Siendo mejor hoy. El secreto de su éxito se encuentra en su agenda diaria. Lo siguiente es lo que le sugiero para seguir creciendo y mantener el liderazgo:

1. APRENDA SU OFICIO HOY

En la pared de la oficina de una gran finca de árboles se encuentra un letrero que dice: «El mejor momento para plantar un árbol es hace veinticinco años. El segundo mejor momento es hoy». No hay mejor momento que el presente para convertirse en experto de su oficio. Quizás desearía haber comenzado antes. O tal vez desearía haber encontrado un mejor maestro o mentor hace años. Nada de eso importa. Mirar atrás y lamentarse no le ayudará a avanzar.

Un amigo del poeta Longfellow le preguntó cuál era el secreto de su continuo interés en la vida. Señalando un manzano cercano, Longfellow le dijo: «El propósito de ese manzano es desarrollar una corteza de madera cada año. Eso es lo que planeo hacer». El amigo notaría un sentimiento similar en uno de los poemas de Longfellow:

Ni el disfrute ni la tristeza
es nuestro destino o camino final;
sino es actuar para que cada mañana
nos encuentre más lejos que hoy.[2]

Quizás usted no esté donde se supone que debe estar. Puede que no sea lo que quiera ser. Usted no tiene que ser lo que solía ser. Ni tampoco tiene siquiera que llegar. Solo necesita aprender cómo ser lo mejor de sí ahora mismo. Tal como lo dijo Napoleon Hill: «Uno no puede cambiar el lugar donde empezó, pero sí la dirección en que está yendo. Lo que cuenta no es lo que va a hacer, sino lo que está haciendo ahora».

2. Hable de su oficio hoy

Cuando llegue a un grado de habilidad en su oficio, entonces una de las mejores cosas que podrá hacer será hablar de su arte con aquellas personas que se encuentran en niveles iguales o más altos que el suyo. Muchas personas hacen esto de manera natural. Los guitarristas hablan acerca de las guitarras. Los padres hablan acerca de criar niños. Los jugadores de golf hablan acerca del golf. Lo hacen porque es placentero, impulsa su pasión, les enseña nuevas habilidades y perspicacia, y les prepara para actuar.

Hablar con sus contemporáneos es algo maravilloso, pero si no se esfuerza en hablar de manera estratégica sobre su arte con aquellas personas que tienen más experiencia y habilidad, entonces está desperdiciando oportunidades de aprendizaje. Douglas Randlett se reúne normalmente con un grupo de multimillonarios jubilados de tal forma que así puede aprender de ellos. Antes de jubilarse, el jugador de las ligas mayores de béisbol, Tony Gwynn, era famoso por hablar de batazos con cualquiera que conociera al respecto. Cada vez que él veía a Ted Williams, los batazos se convertían en el centro de la conversación.

A mí me encanta hablar todo el tiempo acerca de liderazgo con buenos líderes. De hecho, me hago el propósito de tener un almuerzo de aprendizaje con personas que admiro al menos seis veces al año. Antes de hacerlo, analizo a esas personas leyendo sus libros, estudiando sus lecciones, escuchando sus discursos o cualquier otra cosa que necesite hacer. Mi objetivo es aprender lo suficiente de ellos y de su «fuerte» como para hacer las preguntas adecuadas. Si hago eso, entonces puedo aprender sobre sus puntos fuertes. Pero ese no es mi objetivo final. Mi objetivo es aprender lo que puedo transferir de sus zonas fuertes a la mía. De allí surge mi crecimiento, no de lo que están haciendo. Tengo que aplicar lo que aprendo a mi situación personal.

El secreto de una gran entrevista es saber escuchar. Es el vínculo entre aprender de ellos y aprender de usted, y ese debe ser su objetivo.

3. PRACTIQUE SU OFICIO HOY

William Osier, el médico que escribió *Principios y práctica de la medicina* en 1892, le dijo una vez a un grupo de estudiantes de medicina:

Borre el futuro. Viva solamente para el presente inmediato y el trabajo asignado en ese lapso. No piense en la cantidad que debe lograrse, las dificultades que deben vencerse o el fin que se debe obtener, más bien enfóquese en la pequeña tarea que tiene al frente, aceptando que eso será suficiente para un día; ya que con certeza nuestra actividad principal es, tal como lo dice Carlyle: «no ver lo que yace oscuramente a la distancia, sino lo que yace claramente a la mano».

La única forma de mejorar es practicar su oficio hasta que lo conozca al derecho y al revés. Al principio, usted hace lo que sabe hacer. Entre más práctica su oficio, más lo conoce. Pero entre más lo hace, también descubrirá lo que debe hacerse de manera diferente. En ese momento tiene que tomar una decisión: ¿hará lo que siempre ha hecho, o intentará hacer más de lo que cree que debe hacerse? La única manera de mejorar es salirse de la zona de comodidad e intentar cosas nuevas.

Las personas me preguntan con frecuencia: «¿Qué puedo hacer para que mi negocio crezca?» o «¿Cómo puedo mejorar mi departamento?». La respuesta es que crezca personalmente. La única forma para que su organización crezca es que los líderes que la dirigen crezcan también. Al ir mejorando, otros también lo harán. El director general ejecutivo de la compañía

General Electric y ya jubilado, Jack Welch, dijo: «Antes que usted sea un líder, el éxito consiste en desarrollarse a sí mismo. Cuando se convierte en un líder, el éxito consiste en hacer que los demás se desarrollen».[3] Y el momento de comenzar es ahora mismo.

3

¿CÓMO PUEDO MANTENER UNA ACTITUD DISPUESTA AL APRENDIZAJE?

Lo que cuenta es lo que se aprende después de saberlo todo.

Si usted es una persona altamente talentosa, tal vez tenga dificultad para dejarse enseñar. ¿Por qué? Porque las personas talentosas con frecuencia piensan que lo saben todo y eso hace que les sea difícil continuar ampliando su talento. La disposición de aprender no tiene que ver tanto con la aptitud o la capacidad mental sino más bien con la *actitud*. Es el deseo de escuchar, de aprender y de aplicar lo aprendido. Es el hambre de descubrir y de crecer. Es la buena voluntad a aprender, desaprender y volver a aprender. Me encanta la forma en que el entrenador de basquetbol del salón de la fama, John Wooden, lo dice: «Lo que cuenta es lo que se aprende después de saberlo todo».

Cuando enseño y guío a líderes, les recuerdo que si dejan de aprender, dejarán de ser líderes. Pero si se mantienen abiertos a aprender y a seguir haciéndolo, podrán seguir causando impacto como líderes. Cualquiera que sea su talento, sea el liderazgo, el conocimiento de un oficio, el empresariado, o algo más, usted lo ampliará si se mantiene esperando aprender y esforzándose en ello. Las personas talentosas con actitudes que aceptan el aprendizaje se convierten en personas extra talentosas.

Verdades del aprendizaje

Si desea aprovechar al máximo su talento y continuar con una actitud dispuesta a aprender, considere las siguientes verdades de la enseñanza:

1. Nada es interesante si usted no está interesado

Es una lástima cuando las personas caen en esa rutina y nunca salen de ella. Con frecuencia desperdician lo mejor que la vida tiene que ofrecerles. En contraste, las personas que tienen una actitud abierta al aprendizaje se comprometen totalmente con la vida. Se emocionan por las cosas. Se interesan por el descubrimiento, las conversaciones, la aplicación y el crecimiento. Hay una relación definitiva entre la pasión y el potencial.

El filósofo alemán Goethe aconsejaba: «Nunca deje que un día pase sin ver alguna obra de arte, escuchar alguna bella pieza musical y leer un extracto de un gran libro». Entre *más* involucrado esté usted en aprender, la vida será *más* interesante. Entre *más* interesado esté en explorar y aprender, mayor será su potencial de desarrollo.

2. Las personas exitosas ven el aprendizaje de manera diferente en comparación con las personas que fracasan

Después de *más* de treinta y cinco años de enseñar y capacitar a *las* personas, he llegado a darme cuenta que las que son exitosas piensan diferente en comparación con las que no lo son. Eso no significa que las que fracasan no puedan pensar de la misma forma que lo hacen las que tienen éxito. (De hecho, creo que casi todas pueden volverse a entrenar a sí mismas para pensar de manera diferente. Es por eso que escribí el libro *Piense, para obtener un cambio,* para ayudarlas a que aprendan las habilidades de pensamiento capaces de hacerlas más exitosas). Esos patrones de pensamiento de éxito pertenecen también al aprendizaje.

Las personas que desean aprender siempre están abiertas a las nuevas ideas y están dispuestas a aprender de aquellas que tienen algo que ofrecer. El periodista estadounidense Sydney J. Harris escribió: «Un ganador sabe lo mucho que le falta por aprender, aunque sea considerado un experto por los demás; un perdedor quiere ser considerado un experto por los demás antes de haber aprendido lo suficiente para saber que no sabe mucho». Todo es cuestión de actitud.

Es realmente notable todo lo que una persona tiene que aprender antes de darse cuenta que sabe muy poco. En el año 1992, escribí un libro llamado *Desarrolle el líder que está en usted*. En esa época pensé: *He tenido éxito en el liderazgo. Escribiré este libro como una contribución a los demás sobre este tema importante*. Luego puse *todo* lo que sabía acerca de liderazgo en ese libro. Pero ese libro era solo el comienzo. Haberlo escrito hizo que deseara aprender más acerca del liderazgo y mi motivación para aprender escaló otro nivel. Indagué más libros, conferencias, con personas y experiencias que me ayudaran a aprender. En la actualidad, he escrito un total de *ocho* libros sobre liderazgo. ¿He acabado con el tema? No. Todavía hay cosas por aprender y por enseñar. Mi mundo del liderazgo se está ampliando al igual que yo. El mundo es vasto y nosotros somos tan limitados. Hay tanto que podemos aprender, siempre y cuando nos mantengamos abiertos a hacerlo.

3. El aprendizaje es una búsqueda de toda la vida

Se dice que el erudito romano Cato comenzó a estudiar griego cuando tenía más de ochenta años. Cuando le preguntaron por qué estaba intentando una tarea tan difícil a su edad, respondió: «Es la edad más temprana que me queda». A diferencia de Cato, muchas personas consideran el aprendizaje un evento más que un proceso. Alguien me dijo que solo una tercera parte de todos los adultos leen un libro completo después de su graduación. ¿Por qué? Porque ven la educación como un período en la vida, ¡y no como un estilo de vida!

El aprendizaje es una actividad que no se restringe con la edad. No importa si tiene más de ochenta años, como Cato, o no ha empezado su adolescencia. El autor Julio Melara tenía solo once años cuando comenzó a aprender grandes lecciones vitales que seguirían con él en su vida adulta y que le ayudaron a enseñar a otros. Aquí están algunas de las cosas que él aprendió, extraídas de su libro *It Only Takes Everything You've Got!: Lessons for a Life of Success* [¡Solo se requiere todo lo que tiene!: lecciones para una vida de éxito].

La siguiente es una lista de todos los empleos que no encontrará en mi currículum vítae pero que son lecciones que me han durado toda la vida:

- Comencé a cortar el césped para ganar dinero a los once años de edad
  Lección aprendida: es importante que las cosas se vean profesionales y limpias.

- Dependiente de almacenaje en una tienda de abarrotes
  Lección aprendida: asegurarme de que si voy a vender algo, la mercadería necesita estar almacenada.

- Lavador de platos en un restaurante
  Lección aprendida: alguien siempre tiene que hacer el trabajo que nadie más quiere hacer. Además, la mayoría de las personas tiene mucha comida en sus platos. (No terminan lo que comienzan).

- Conserje en un edificio de oficinas
  Lección aprendida: la importancia de la limpieza con relación a su imagen.

- Cocinero en un restaurante especializado en carnes
  Lección aprendida: la importancia de la preparación y el impacto de una presentación adecuada.

- Ayudante de construcción (llevando madera y materiales de un lugar a otro)
  Lección aprendida: no quiero hacer esto por el resto de mi vida.

- Vender suscripciones de periódicos
  Lección aprendida: la labor del rechazo. Tuve que tocar más de treinta puertas antes de vender una suscripción.

- Dependiente de entregas en una bodega de plomería
  Lección aprendida: entregar un proyecto o un servicio a tiempo es tan importante como venderlo.

- Cocinero de desayunos en un restaurante de atención las veinticuatro horas del día

Lección aprendida: cómo hacer quince cosas a la vez. También aprendí las locuras que algunas personas quieren encima de sus huevos.

- Limpieza de autos
Lección aprendida: la importancia de los detalles (lavar comparado con detallar). Usted puede pagar $15 para que le laven el exterior de su auto o $150 para que le limpien el carro por dentro y por fuera así como todos los detalles incluidos. Los detalles son molestos, pero son valiosos.

- Vendedor de zapatos en una tienda al por menor
Lección aprendida: vender a los clientes lo que quieren y les gusta. También aprendí a elogiar a las personas y a ser sincero.

- Ayudante de mesero en un restaurante
Lección aprendida: las personas disfrutan que le sirvan con una sonrisa y les encanta una mesa limpia.

Cada etapa de la vida presenta lecciones que deben ser aprendidas. Podemos escoger ser abiertos a la enseñanza y continuar aprendiendo, o podemos cerrar la mente y dejar de crecer. La decisión es nuestra.

4. El orgullo es el obstáculo número uno para aprender

El autor, capacitador y conferencista, Dave Anderson, cree que la causa número uno del fracaso en la administración es el orgullo. Él escribe:

Hay muchas razones por las cuales los gerentes fracasan. Para algunos, la organización crece más rápido que ellos. Otros no cambian con los tiempos... Algunos pocos toman malas decisiones de carácter. Por un tiempo se ven bien pero con el tiempo descubren que no pueden seguir fingiendo. Hay muchos que mantienen a las personas inadecuadas por mucho tiempo ya que no quieren admitir que cometieron un error o que la pérdida de personal se convierta en un reflejo negativo para ellos. Algunos que fracasan tuvieron un brillante pasado mas comenzaron a utilizar el éxito como una licencia para desarrollar una valla alrededor de ellos en vez de seguir arriesgándose a buscar nuevas alturas. Pero todas estas causas del fracaso administrativo tienen su raíz en una causa común: el orgullo. En términos sencillos, el orgullo es devastador... el orgullo que infla su sentido de valor propio y distorsiona su perspectiva de la realidad.

Aunque la envidia es el pecado mortal que surge de los sentimientos de *inferioridad,* el pecado mortal del orgullo surge de los sentimientos de *superioridad.* Crea una arrogancia del éxito, un sentido inflado de valor propio acompañado de una perspectiva distorsionada de la realidad. Esa actitud lleva a la pérdida del deseo de aprender y a una falta de disposición de cambiar. Hace que una persona no quiera aprender.

Cómo hacer que su talento le lleve al siguiente nivel

Si usted desea ampliar su talento, debe tener una buena actitud hacia el aprendizaje. Ese es el camino al crecimiento. El autor y futurista, John Naisbitt, cree que «la habilidad más importante que debemos adquirir es aprender cómo aprender». Lo siguiente es lo que yo le sugiero hacer mientras busca el aprendizaje y se convierte en una persona extra talentosa:

1. Aprenda a escuchar

El primer paso en la apertura a la enseñanza es aprender a escuchar. El escritor y filósofo estadounidense, Henry David Thoreau, escribió: «Se necesitan dos personas para decir la verdad: una que la diga y otra que escuche». Saber escuchar nos ayuda a conocer a las personas mejor, a aprender lo que han aprendido, y a mostrarles que los valoramos como individuos.

A medida que lleve a cabo sus cosas cada día, recuerde que usted no puede aprender si siempre está hablando. Tal como lo dice el dicho: «Hay una razón por la cual tiene una boca y dos oídos». Escuche a los demás, manténgase humilde, y comenzará a aprender cosas cada día que le pueden ayudar a ampliar su talento.

2. Comprenda el proceso de aprendizaje

Así es como funciona normalmente el aprendizaje:

PASO 1: Actuar.

PASO 2: Buscar los errores y evaluarlos.

PASO 3: Buscar la forma de hacerlo mejor.

PASO 4: Regresar al paso 1.

Recuerde, el enemigo más grande del aprendizaje es el conocimiento y el objetivo de todo aprendizaje es la acción, no el conocimiento. Si lo que está haciendo no contribuye de alguna forma a lo que usted y otros están haciendo en la vida, entonces dude de su valor y prepárese a realizar cambios.

3. Busque y planee momentos de aprendizaje

Si busca oportunidades para aprender en cada situación, se convertirá en una persona extra talentosa y ampliará su talento hasta que llegue a todo su potencial. Pero también puede dar otro paso más allá: busque y planee momentos de aprendizaje. Puede hacerlo leyendo libros, visitando lugares que le inspiren, asistiendo a eventos que le hagan buscar un cambio, escuchar lecciones, y dedicar tiempo con personas que le ayuden y le expongan a experiencias nuevas.

He tenido el privilegio de pasar el tiempo con muchas personas notables y la gratificación natural ha sido la oportunidad de aprender. En mis relaciones personales, también me dirijo a personas con las que puedo aprender. Mis amigos más cercanos son personas que desafían mi manera de pensar y con frecuencia la cambian. Me elevan de muchas formas. He encontrado que con frecuencia práctico algo que el filósofo y escritor español Baltasar Gradan dijo: «Que sus amigos sean sus maestros y mezcle los placeres de la conversación con las ventajas de la instrucción». Usted puede hacer lo mismo. Cultive amistades con personas que le desafían y le añaden valor e intente hacer lo mismo con ellas. Eso cambiará su vida.

4. Haga que sus momentos de aprendizaje valgan la pena

Hasta las personas que son estratégicas en lo que respecta a buscar momentos de aprendizaje pueden pasar por alto el resultado de la experiencia. Digo esto porque por treinta años he sido conferencista realizando eventos que están diseñados a ayudar a las personas a aprender, pero he descubierto que muchas personas se van del evento y hacen muy poco con lo que escucharon después de cerrar sus cuadernos. Es similar a un diseñador de joyas que va a comprar gemas para luego guardarlas en un estante y que se llenen de polvo. ¿Qué valor tiene adquirir gemas si nunca se van a usar?

Tendemos a enfocarnos en los eventos del aprendizaje en lugar del proceso del aprendizaje. Debido a esto, trato de hacer que las personas actúen dando pasos que los ayuden a implementar lo que han aprendido. Por ejemplo, les sugiero que utilicen un código para marcar cosas que sobresalen:

La *P* indica que necesita tiempo para pensar sobre ese tema.
La C indica algo que usted necesita cambiar.
Una carita feliz ☺ signif ica que está haciendo eso particularmente bien.
La *A* indica algo que necesita aplicar en su vida.
La *T* significa que necesita transferir esa información a alguien más.

Después de la conferencia les recomiendo que hagan una lista de las cosas por hacer en base a lo que han marcado y que pongan en su agenda un momento para llevarlas a cabo.

5. Pregúntese a sí mismo: ¿realmente estoy dispuesto a aprender?

Lo he dicho antes, pero es importante repetirlo: el mejor consejo del mundo no le ayudará si usted no tiene un espíritu dispuesto a aprender. Para saber si *realmente* está abierto a nuevas ideas y a nuevas formas de hacer las cosas, responda las siguientes preguntas:

1. ¿Estoy abierto a las ideas de otras personas?
2. ¿Escucho más de lo que hablo?
3. ¿Estoy abierto a cambiar de opinión en base a una información nueva?
4. ¿Estoy listo para admitir cuando estoy equivocado?
5. ¿Observo antes de actuar en una situación?
6. ¿Hago preguntas?
7. ¿Estoy dispuesto a hacer una pregunta que expondrá mi ignorancia?
8. ¿Estoy abierto a realizar cosas en una forma que no había hecho antes?

9. ¿Estoy dispuesto a pedir instrucciones?
10. ¿Actúo de manera defensiva cuando me critican, o escucho abiertamente la verdad?

Si respondió no a una o más preguntas, significa que tiene que crecer en el área de la apertura al aprendizaje. Necesita suavizar su actitud, aprender humildad y recordar las palabras de John Wooden: «¡Todo lo que sabemos lo hemos aprendido de otra persona!».

Tomás Edison era invitado del gobernador de Carolina del Norte cuando el político lo elogiaba por su genio creativo.

«Yo no soy un gran inventor», le respondió Edison.

«Pero usted tiene más de mil patentes a su crédito», le declaró el gobernador.

«Sí, pero el único invento que realmente puedo decir que es absolutamente original, es el fonógrafo», le dijo Edison.

«Me temo que no comprendo lo que quiere decir», le dijo el gobernador.

«Bien», explicó Edison, «supongo que soy una buena esponja. Absorbo ideas de cualquier curso y luego les doy un uso práctico. Después las mejoro hasta que se convierten en algo valioso. Las ideas que uso por lo general son ideas que otras personas tienen pero que no las desarrollan».

¡Qué descripción más notable de alguien que utilizó la capacidad de aprender para ampliar su talento! Eso es lo que hace una persona extra talentosa. Eso es lo que todos nosotros debemos esforzarnos a hacer.

4

¿Qué función realizan otras personas en mi desarrollo?

¿Qué clase de actitud tiene usted en lo que respecta a aprender de los demás? Todas las personas se suscriben a una de las categorías descritas en las siguientes declaraciones:

Nadie me puede enseñar nada. Una actitud arrogante

Creo que a veces asumimos que la ignorancia es el enemigo más grande del aprendizaje. Sin embargo, eso realmente tiene muy poco que ver con el deseo de aprender. ¿No conoce a personas muy educadas y muy exitosas que no quieren escuchar las sugerencias o las opiniones de otras? ¡Algunas piensan que lo saben todo! Una persona que crea una organización grande y exitosa puede pensar que no puede aprender de quienes dirigen organizaciones más pequeñas. Alguien que tiene un doctorado quizás no sea receptivo a la instrucción de otro, ya que ahora se considera un experto. Una persona que es muy experimentada en una compañía o un departamento quizás no quiera escuchar las ideas de alguien más joven.

Individuos así no se dan cuenta del daño que se hacen. La realidad es que nadie es demasiado viejo, demasiado listo, o demasiado exitoso para aprender algo nuevo. Lo único que puede obstaculizar a una persona y su habilidad para aprender y mejorar, es una mala actitud.

ALGUIEN PUEDE ENSEÑARME TODO.
UNA ACTITUD INGENUA

Las personas que se dan cuenta que tienen espacio para crecer por lo general buscan mentores. Por lo general eso es algo bueno. Sin embargo, algunos individuos piensan ingenuamente que pueden aprenderlo todo de una sola persona. Los individuos no necesitan *un* mentor, necesitan *muchos* mentores. He aprendido tanto de tantas personas. Les Stobbe me enseñó cómo escribir. Mi hermano Larry es mi mentor de negocios. He aprendido mucho acerca de la comunicación de Andy Stanley. Tom Mullins ejemplifica las relaciones para mí. Si tratara de incluir a todos los que me han enseñado durante los años, tendría que llenar página tras página con sus nombres.

TODOS PUEDEN ENSEÑARME ALGO.
UNA ACTITUD DISPUESTA
AL APRENDIZAJE

La gente que aprende más no necesariamente es aquella que pasan tiempo con las personas más inteligentes. Más bien es aquella que tiene una actitud abierta al aprendizaje. Todos tienen algo que compartir, una lección aprendida, una observación, una experiencia en la vida. Necesitamos solo estar dispuestos a escuchar. De hecho, con frecuencia la gente nos enseña cosas cuando no está pensando en hacerlo. Pregúntele a cualquier padre y le dirá que ha aprendido cosas de sus hijos, aun cuando ellos eran bebés y no podían comunicar una sola palabra. La única vez cuando no nos pueden enseñar algo es cuando nosotros no estamos dispuestos a aprender.

No estoy diciendo que todas las personas con las que se encuentre *le van* a enseñar algo. Todo lo que estoy diciendo es que tienen el potencial para hacerlo si usted se los permite.

Cómo aprender de los demás

Si se tiene una actitud abierta hacia el aprendizaje, o está dispuesto a adoptar una, usted podrá aprender de los demás. Entonces todo lo que necesita hacer es seguir los siguientes cinco pasos:

1. Haga que el aprendizaje se convierta en su pasión
El experto en administración, Philip B. Crosby, dice:

> Existe una teoría del comportamiento humano que dice que las personas retardan, de manera subconsciente, su propio desarrollo intelectual. Llegan a confiar en los clichés y los hábitos. Una vez que llegan a la edad de su propia comodidad personal con el mundo, dejan de aprender y su mente se mantiene neutral por el resto de sus días. Pueden progresar de manera organizativa, pueden ser ambiciosas y hasta pueden trabajar noche y día. Pero no aprenden más.[1]

A veces ese es el problema con personas que reciben las *posiciones* que soñaban, que lograron las *metas que* se habían propuesto para sus organizaciones, o se ganaron los *títulos* que deseaban. En sus mentes, ellos ya llegaron a su destino. Allí se sienten cómodos.

Si desea seguir creciendo, no puede quedarse en una zona de comodidad. Necesita hacer que el aprendizaje sea su objetivo. Si lo hace nunca se quedará sin energía mentalmente, y su motivación será sólida. No se preocupe por encontrar personas que le enseñen. El filósofo griego Platón dijo: «Cuando el pupilo está listo, el maestro aparecerá».

2. Valore a las personas
En 1976, llevaba siete años en mi profesión y me sentía exitoso. En esos días, las iglesias, por lo general, se juzgaban por el éxito de sus programas de escuela dominical y la iglesia que dirigía tenía el programa de más rápido crecimiento en el estado de Ohio. Para ese entonces mi iglesia había crecido y era la más grande de mi denominación, pero todavía quería aprender. Ese año asistí a una conferencia. Había tres oradores que quería escuchar; eran mayores, más exitosos y más experimentados que yo.

Durante la conferencia, una de las sesiones era un intercambio de ideas donde cualquiera podía hablar. Pensé que iba a ser un desperdicio de tiempo y no iba a ir. Sin embargo, me ganó la curiosidad. Esa actividad me abrió los ojos. Las personas compartían lo que estaba funcionando en su organización y me senté allí apuntando notas e ideas. Tengo que decir que aprendí más durante esa sesión que en todas las otras juntas.

Eso me sorprendió, y luego descubrí por qué. Antes de esa conferencia, pensaba que solo la gente mayor y más exitosa que yo podría enseñarme algo. Había entrado en un salón pensando que los demás no tenían mucho valor. Esa era una actitud equivocada. Las personas no aprenden de aquellos a quienes no consideran valiosos. Tomé la determinación de cambiar mi manera de pensar de allí en adelante.

3. DESARROLLE RELACIONES CON POTENCIAL DE CRECIMIENTO

Es verdad que todos tienen *algo* que enseñarnos, pero eso no significa que cualquiera puede enseñarnos *todo* lo que queremos aprender. Necesitamos encontrar individuos que muy probablemente puedan ayudarnos a crecer, expertos en nuestra área, pensadores creativos que nos amplíen mentalmente, conquistadores de metas que nos inspiren a subir al siguiente nivel. El aprendizaje, con frecuencia, es la gratificación de ocupar tiempo con personas notables. Lo que son y lo que saben se contagia. Tal como Donald Clifton y Paula Nelson, autores de *Soar with Your Strengths* [Remóntese con sus puntos fuertes], lo dicen: «Las relaciones nos ayudan a definir quiénes somos y en qué nos convertimos».

4. IDENTIFIQUE LA SINGULARIDAD Y LAS FORTALEZAS DE LAS PERSONAS

El filósofo y poeta Ralph Waldo Emerson comentó: «Nunca he conocido un hombre que no fuera superior a mí en algún aspecto en particular». Las personas se desarrollan mejor en sus áreas de fortaleza y pueden aprender mucho del área de fortaleza de otra persona. Por esa razón, uno no puede elegir indiscriminadamente a la gente que uno busca para que le enseñe.

A mediados de la década de los setenta, identifiqué los diez líderes eclesiásticos más prominentes de la nación, y traté de sacar una cita para almorzar con cada uno de ellos. Hasta les ofrecí cien dólares por una hora de su tiempo, que en ese tiempo era el salario de la mitad de una semana.

Algunos estaban dispuestos a reunirse conmigo. Otros no. Estuve muy agradecido con aquellos que lo hicieron.

Mi esposa y yo no teníamos mucho dinero en ese entonces y estos líderes vivían en diferentes partes del país, así que planeamos las vacaciones por varios años en torno a esas visitas. ¿Por qué me esforzaba tanto en conocer a esas personas? Porque me moría por aprender de sus fortalezas y habilidades singulares. Esas reuniones marcaron una gran diferencia en mi vida. ¿Y sabe qué? La conexión con grandes hombres y mujeres continúa afectando mi vida. Cada mes trato de reunirme con alguien a quien admiro y de quien quiero aprender.

5. HAGA PREGUNTAS

El primer año cuando estaba en la universidad, trabajé medio tiempo en una planta procesadora en Circleville, Ohio. Era un lugar donde las vacas eran descuartizadas y su carne se almacenaba en grandes refrigeradores. Mi trabajo era remolcar la carne frescamente procesada a las áreas de refrigeración y llevar los pedidos de carne a los clientes.

Cada vez que estoy expuesto a algo nuevo, y esa era una nueva área para mí, trato de aprender acerca de ello. La mejor forma de aprender es mirando y haciendo preguntas. Llevaba trabajando alrededor de dos semanas cuando Pense, un hombre que llevaba trabajando allí varios años, se me acercó y me dijo: «Muchacho, déjame decirte algo. Haces demasiadas preguntas. He estado trabajando aquí por mucho tiempo. Mi labor es matar vacas. Eso es todo lo que hago y es todo lo que haré. Entre más sabes, más esperan de ti». Me costaba entender por qué había personas que *no* querían aprender y crecer. Obviamente él no quería cambiar.

El escritor Johann Wolfgang von Goethe creía que «uno debía, cada día al menos, escuchar una canción, leer un poema, ver alguna imagen bella y si fuera posible, hablar unas cuantas palabras razonables». Yo agregaría que uno también debería hacer preguntas para aprender algo nuevo cada día. La persona que hace las preguntas adecuadas es la que aprende más.

ESCOJA UN MENTOR QUE LE AYUDE A CRECER

Usted debe tener la actitud adecuada hacia los demás si desea crecer, pero si realmente quiere aprovechar al máximo ese progreso, necesita dar un paso más. Necesita encontrar un mentor que le sirva de ejemplo en lo que desea aprender y le ayude a crecer.

Ponga mucho cuidado a las personas que sigue porque ellas impactarán el curso de su vida. Yo he desarrollado seis preguntas que me hago antes de escoger un ejemplo a seguir. Quizás le puedan ayudar en su proceso de escoger un mentor:

¿MERECE UN SEGUIDOR LA VIDA DE ESTE MODELO?

Esa pregunta se relaciona con la calidad del carácter. Si la respuesta no es una afirmación clara, tiene que ser muy cuidadoso. Yo me convertiré en la persona que sigo y no quiero ejemplos que tengan un carácter defectuoso.

¿TIENE SEGUIDORES LA VIDA DE ESTE MODELO?

Esa pregunta se enfoca en la credibilidad. Es posible ser la primera persona en descubrir un líder que valga la pena seguirse, pero por lo general eso no sucede. Si la persona no tiene seguidores, puede que no sea alguien que valga la pena seguir.

Si la respuesta a alguna de las primeras dos preguntas es no, no me tengo que preocupar de las otras cuatro. Necesito buscar otro ejemplo a seguir.

¿CUÁL ES LA CUALIDAD PRINCIPAL QUE INFLUYE A LOS DEMÁS PARA QUE SIGAN A ESE MODELO?

¿Qué tiene que ofrecerme ese modelo? ¿Cuál es su mejor característica? También note que los líderes fuertes tienen debilidades así como cualidades. No quiero imitar inadvertidamente las debilidades.

¿PRODUCE ESE MODELO OTROS LÍDERES?

La respuesta a esta pregunta me dirá si las prioridades de liderazgo de ese modelo combinan con las mías en lo que respecta a desarrollar nuevos líderes.

¿SE PUEDE REPRODUCIR EN MI VIDA LA CUALIDAD DE ESE MODELO?

Si no puedo reproducir su cualidad en mi vida, su ejemplo no me va a beneficiar. Por ejemplo, si usted admira la habilidad de Shaquille O'Neil como central de basquetbol, pero solo mide un metro setenta centímetros y pesa 170 libras, no va a poder reproducir sus cualidades. Busque modelos apropiados... pero esfuércese por mejorar. Tampoco diga a la ligera que una cualidad no se puede reproducir. La mayoría sí. No limite su potencial.

Si la cualidad de ese ejemplo se puede reproducir en mi vida, ¿qué pasos debo tomar para desarrollar y demostrar esa fortaleza?

Debe desarrollar un plan de acción. Si solo responde las preguntas y nunca implementa un plan para desarrollar esas cualidades en sí mismo, usted solo está realizando un ejercicio intelectual.

Los modelos que escogemos pueden o no ser accesibles a nosotros de una manera personal. Algunos pueden ser figuras nacionales, tales como un presidente. Otros pueden ser personas de la historia. Ciertamente pueden beneficiarle, pero no de la misma forma en que lo hará un mentor personal.

Directrices en la relación con un mentor

Cuando encuentre a alguien que le pueda guiar como mentor, utilice estas directrices que le ayudarán a desarrollar una relación positiva con esa persona:

Aclare su nivel de expectativas

Por lo general, el objetivo de tener un mentor es progresar, no llegar a la perfección. Quizás solo pocas personas pueden ser verdaderamente excelentes, pero todos nosotros podemos mejorar.

Acepte una posición de aprendizaje subordinada

No deje que su ego se entrometa en su aprendizaje. Tratar de impresionar al mentor con su conocimiento o habilidad creará una barrera mental entre usted y él. Eso evitará que reciba lo que él le da.

Respete a su mentor, pero no lo idolatre

El respeto nos permite aceptar lo que el mentor nos enseña. Hacer del mentor un ídolo le quita la habilidad de ser objetivo y crítico, facultades que necesita para adaptarse al conocimiento y la experiencia del mentor.

PONGA EN PRÁCTICA INMEDIATAMENTE LO QUE ESTÁ APRENDIENDO

En las mejores relaciones con mentores, lo que se aprende se enfoca rápidamente con claridad. Aprenda, practique y asimile.

SEA DISCIPLINADO PARA RELACIONARSE CON SU MENTOR

Dedique bastante tiempo y sea constante, seleccione el tema con anticipación y estudie para hacer que las sesiones sean productivas.

GRATIFIQUE A SU MENTOR CON SU PROPIO PROGRESO

Si muestra aprecio pero no logra ningún progreso, el mentor considerará eso como un fracaso. Su progreso es la mejor gratificación que usted puede darle. Esfuércese por crecer, y luego comunique ese progreso.

NO AMENACE CON RENDIRSE

Hágale saber a su mentor que ha tomado la decisión de progresar y que usted es una persona persistente, un triunfador determinado. Así sabrá él que no está perdiendo su tiempo.

No hay sustituto para su propio crecimiento personal. Si no está recibiendo ni creciendo, no podrá dar nada a las personas que está tratando de desarrollar y cuidar.

Parte II

El proceso continuo de la superación

5

¿DÓNDE DEBO ENFOCAR MI TIEMPO Y ENERGÍA?

Para lograr su potencial, entre en su zona de fortaleza.

¿Puede recordar la primera lección que aprendió acerca del liderazgo? Yo sí. La obtuve de mi papá. Él solía decirle a mi hermano, a mi hermana y a mí: «Descubre lo que puedes hacer bien y sigue haciéndolo». Ese no fue solo un consejo casual. Él y mi madre se esforzaron por ayudarnos a descubrir nuestras fortalezas y por comenzar a desarrollarlas antes de que tuviéramos edad para salir de casa y vivir por nuestra cuenta.

Mi papá también reforzó ese consejo por medio de su ejemplo. Uno de sus dichos favoritos era: «Esto es lo que sé hacer». Tenía una habilidad especial para enfocarse en sus áreas de fortaleza. Eso, junto con su determinación de terminar lo que había comenzado, le sirvió durante toda su carrera y más allá. Él siempre se mantiene en su zona de fortaleza. Es una de las razones por la que siempre ha sido la inspiración más grande de mi vida.

BUSCANDO LOS PUNTOS FUERTES

Cuando comencé mi carrera, estaba comprometido a encontrar mi zona de fortaleza y esforzarme para mantenerme allí. Sin embargo, durante los primeros años me sentía frustrado. Al igual que muchos líderes sin experiencia, intenté hacer muchas cosas diferentes para descubrir lo que realmente podía hacer bien. Además, las expectativas que las personas tenían de lo que hacía y cómo dirigía no siempre iban de acuerdo con mis puntos fuertes.

Mis responsabilidades y obligaciones a veces requerían que yo realizara tareas en las cuales no poseía ningún talento o habilidad. Como resultado, frecuentemente no era eficaz. Me tomó varios años acomodarme, encontrar mi zona de fortaleza, y reclutar y desarrollar a otras personas para compensar mis debilidades.

Si usted es un líder joven y todavía no está seguro de cuáles son sus puntos fuertes, no se desanime. Sea paciente y siga esforzándose. Le puedo decir esto: sin importar si está comenzando o si ya está en la cima de su carrera, entre más se esfuerce en su zona de fortaleza, más exitoso será.

Definiendo el éxito personal

He escuchado muchas definiciones del éxito por parte de muchas personas durante muchos años. De hecho, en diferentes etapas de la vida, he acogido diferentes definiciones. Pero en los últimos quince años, he podido concentrarme en una definición que creo captura lo que es el éxito sin importar quiénes son las personas o lo que quieren hacer. Creo que el éxito es

> Conocer nuestro propósito en la vida,
> desarrollar al máximo nuestro potencial
> y sembrar semillas que beneficien a los demás.

Si puede hacer esas tres cosas, usted es una persona exitosa. Sin embargo, ninguna de ellas es posible a menos que pueda encontrar y mantener su zona de fortaleza.

Me encanta la historia de un grupo de chicos en un barrio que construyeron una casa en un árbol y formaron su propio club. Cuando los adultos oyeron de los diferentes rangos que tenían los chicos en el club, quedaron asombrados al saber que un niño de cuatro años había sido elegido presidente.

«Ese chico debe ser un líder innato», dijo uno de los padres. «¿Cómo fue que todos los chicos más grandes votaron por él?».

«Bueno, papá», respondió su hijo, «él no podía ser secretario porque no sabe leer ni escribir. Tampoco podía ser el tesorero porque no sabe contar. No puede ser sargento de armas porque es demasiado pequeño para ahuyentar a alguien. Si no le dábamos un título, se iba a sentir mal. Así que lo nombramos presidente».

En la realidad, por supuesto, las cosas no funcionan de esa forma. Uno no se convierte en un líder efectivo por falta de opciones. Uno debe ser intencional en sus actos y debe esforzarse desde sus puntos fuertes.

Cuando guío a las personas para que descubran su propósito, siempre les animo para que comiencen el proceso de descubrir sus puntos fuertes, en vez de explorar sus defectos. ¿Por qué? Porque su propósito en la vida siempre está vinculado a sus dones. Siempre es así. Usted no ha sido llamado a hacer algo para lo cual no tiene talento. Descubrirá su propósito al encontrar y mantenerse en su zona de fortaleza.

De manera similar, no puede desarrollar su máximo potencial si trabaja continuamente fuera de su zona de fortaleza. La superación siempre está relacionada con la habilidad. Entre mayor sea su habilidad natural, mayor será su potencial de superación. He conocido personas que pensaban que para lograr su potencial debían reforzar sus debilidades. Pero, ¿sabe lo que sucede cuando uno dedica todo el tiempo a trabajar en sus debilidades y no en desarrollar sus fortalezas? Aunque se esfuerce mucho, ¡solamente llegará a un nivel de mediocridad y no más allá! Nadie admira o gratifica la mediocridad.

La pieza final del rompecabezas es vivir una vida que beneficie a los demás y siempre depende de dar lo mejor de nosotros, no lo peor. Uno no puede cambiar al mundo regalando las sobras o realizando actos mediocres. Solamente lo mejor de sí añadirá valor a los demás y los elevará.

ENCONTRANDO SU ZONA DE FORTALEZA

El poeta británico y lexicógrafo, Samuel Johnson dijo: «Casi todos los hombres desperdician parte de su vida intentando mostrar cualidades que no poseen». Si tiene una imagen mental de los talentos que las personas deben tener, y usted no los posee, le será muy difícil encontrar sus verdaderos puntos fuertes. Necesita descubrir y desarrollar lo que *usted* es. Las siguientes sugerencias le ayudarán:

1. HÁGASE LA SIGUIENTE PREGUNTA: «¿QUÉ ESTOY HACIENDO BIEN?»

Las personas que logran su potencial dedican menos tiempo a preguntarse «¿Estaré haciéndolo correctamente?» y más tiempo preguntándose «¿Qué estoy haciendo bien?». La primera pregunta es una pregunta moral; la segunda es una pregunta de talento. Usted debe siempre esforzarse por hacer lo correcto, pero hacer lo correcto no le dice nada acerca de su talento.

2. SEA ESPECÍFICO

Cuando consideramos nuestros puntos fuertes, tendemos a pensar muy ampliamente. Peter Drucker, el padre de la administración moderna, escribe: «El mayor misterio no es que las personas hagan cosas mal sino que ocasionalmente hacen unas pocas cosas bien. Lo único que es universal es la incompetencia. ¡La fortaleza siempre es específica! Nadie nunca comentó, por ejemplo, que el gran violinista, Jasha Heifetz, probablemente no podía tocar bien la trompeta». Entre más específico sea usted con sus puntos fuertes, mayor será la oportunidad de encontrar su «lugar ideal». ¿Por qué estar en los límites de su zona de fortaleza cuando se tiene la oportunidad de estar en el propio centro?

3. ESCUCHE LO QUE OTROS ELOGIAN

Muchas veces damos nuestro talento por sentado. Pensamos que porque hacemos algo bien, todos los demás también pueden hacerlo. Con frecuencia eso no es cierto. ¿Cómo puede saber cuando usted está pasando por alto una habilidad o un talento? Escuche lo que otros dicen. Su zona de fortaleza captura la atención de otros y los atrae a usted. Por otro lado, cuando está trabajando en zonas de debilidad, pocas personas mostrarán interés. Si otras personas le elogian continuamente en un área en particular, comience a desarrollarla.

4. ANALICE LA COMPETENCIA

No dedique todo su tiempo a compararse con los demás; eso no es saludable. Tampoco pierda el tiempo haciendo algo que otros hacen mucho mejor. El ex director general ejecutivo de General Electric, Jack Welch, declara: «Si no tiene una ventaja competitiva, no compita». Las personas no pagan por algo promedio. Si no tiene talento para hacer algo mejor que la competencia, enfóquese en otra cosa.

Para tener una mejor perspectiva de dónde se encuentra usted en relación con la competencia, hágase las siguientes preguntas:

- ¿Hay otras personas haciendo lo que estoy haciendo?
- ¿Lo están haciendo bien?
- ¿Lo están haciendo mejor que yo?
- ¿Puedo llegar a ser mejor que ellos?
- Si me vuelvo mejor, ¿cuál será el resultado?
- Si no me vuelvo mejor, ¿cuál será el resultado?

La respuesta a la última pregunta es: usted pierde. ¿Por qué? ¡Porque la competencia está trabajando en su zona de fortaleza y usted no!

El antiguo receptor de béisbol de las Grandes Ligas, Jim Sundberg, aconsejaba: «Descubra su singularidad, y luego disciplínese a desarrollarla». Eso es lo que he intentado hacer. Hace muchos años me di cuenta que una de mis áreas fuertes era la comunicación. Las personas siempre se han sentido motivadas a escucharme hablar. Después de un tiempo recibí muchas oportunidades para hablar en eventos junto con otros conferencistas motivadores. Al principio me sentía muy intimidado porque ellos eran muy buenos. Al escucharlos, me hacía la siguiente pregunta: «¿Qué puedo hacer que me separaría de ellos?». Sentía que no iba a ser posible ser mejor que ellos, pero sí ser diferente a ellos. Con el tiempo descubrí y desarrollé esa diferencia. Me esforcé para ser un *maestro* motivador, no solo un *orador* motivador. No quería que las personas solo disfrutaran lo que yo les compartía sino que pudieran aplicar lo que les enseñaba en sus vidas. Por más de dos décadas, me he disciplinado para desarrollar esa singularidad. Ese es mi nicho, mi zona de fortaleza.

PARA SER UN LÍDER EXITOSO, DESCUBRA Y DESARROLLE LA ZONA DE FORTALEZA DE SU GENTE

Cada vez que vea personas que tienen éxito en su trabajo, usted puede estar seguro que están trabajando en su zona de fortaleza. Pero eso no es suficiente si quiere tener éxito como líder. Los buenos líderes ayudan a los demás a descubrir sus zonas de fortaleza y a capacitarlos para que trabajen en ellas. De hecho, los mejores líderes se caracterizan por la capacidad de reconocer las habilidades especiales y las limitaciones de los demás así como la capacidad de vincular a su gente con los trabajos en los cuales darán lo mejor de sí.

Tristemente, la mayoría de las personas no están trabajando en sus áreas de fortaleza y por lo tanto no está logrando todo su potencial. La organización Gallup condujo una investigación con un millón setecientas mil personas en diferentes trabajos. Según sus descubrimientos, solo el veinte por ciento de los empleados sienten que sus puntos fuertes son utilizados en su área de trabajo.[1] En mi opinión, la culpa es principalmente de sus líderes. Han fracasado en ayudar a su gente para que descubran sus áreas de fortaleza y para colocarlos en la organización donde sus puntos fuertes sean un beneficio para la compañía.

Frances Hesselbein, presidenta de la junta de gobernadores del instituto Leader to Leader [De líder a líder] fundado por Peter E. Drucker, escribió en su libro *Hesselbein on Leadership* [Hesselbein sobre el liderazgo]: «Peter Drucker nos recuerda que las organizaciones existen para hacer que las fortalezas de las personas sean efectivas y que sus debilidades sean irrelevantes. Esta es la labor de los líderes eficaces. Drucker también nos dice que quizás haya líderes innatos pero son demasiado pocos como para depender de ellos».

Si desea ser un líder efectivo, usted debe generar la habilidad de desarrollar a las personas en sus áreas de fortaleza. ¿Cómo hacer eso?

ESTUDIE Y CONOZCA A LAS PERSONAS DE SU EQUIPO

¿Cuáles son los puntos fuertes y débiles de su gente? ¿Con quién se relacionan en el equipo? ¿Están creciendo y tienen un mayor potencial de crecimiento en el área donde están laborando? ¿Su actitud es un beneficio o un peligro? ¿Disfrutan lo que hacen y lo están haciendo bien? Estas preguntas deben ser respondidas por el líder.

COMUNÍQUESE CON SU GENTE DE MANERA INDIVIDUAL Y DÍGALE A CADA UNO COMO PUEDE ENCAJAR EN EL EQUIPO

¿Cuáles son los puntos fuertes que traen a colación? ¿Existe momentos cuando su contribución será especialmente valiosa? ¿Cómo se complementan con los demás miembros del equipo? ¿Qué necesitan de los otros para poder complementar sus debilidades? Entre mejor conozcan su posición en el equipo, mejor será su deseo de aprovechar adecuadamente ese puesto y contribuir al máximo.

COMUNÍQUESE DE MANERA COLECTIVA CON EL EQUIPO MOSTRÁNDOLES EL LUGAR QUE CADA UNO TIENE

Es obvio que no puede tener un equipo triunfador sin el trabajo en equipo. Sin embargo, no todos los líderes hacen algo para ayudar a sus miembros a trabajar unidos. Si usted se comunica con todos los miembros del equipo colectivamente y les muestra su función así como los puntos fuertes que traen, ellos se valorarán y respetarán mutuamente.

ENFATICE QUE COMPLEMENTARSE MUTUAMENTE ES UN FACTOR QUE SE ENCUENTRA POR ENCIMA DE COMPETIR MUTUAMENTE

La competencia saludable entre los compañeros de un equipo es algo bueno. Los insta a ser mejores. Pero al final, los miembros del equipo necesitan trabajar unidos por el bien del equipo, no solo por ellos mismos.

Para algunos líderes, la idea de enfocarse casi enteramente en los puntos fuertes parece contraria a lo que el sentido común sugeriría. Hace varios años me encontraba con los líderes de varias compañías y uno de los temas que expuse era la importancia de mantenerse en la zona de fortaleza. Repetidamente les dije que no trataran de trabajar en aquellos puntos débiles que se relacionaban con su habilidad. Durante el tiempo de preguntas y respuestas, uno de los ejecutivos no estaba de acuerdo. Él usó como ejemplo a Tiger Woods.

«Cuando Tiger Woods no tiene un buen juego», me dijo, «se va después al campo y practica por horas. Eso quiere decir, John, que él se está enfocando en mejorar sus puntos débiles».

«No», le respondí, «él se está enfocando en sus puntos fuertes. Tiger es el mejor golfista del mundo. Él está practicando sus tiros. No está practicando contabilidad, música o baloncesto. Él está analizando sus puntos débiles dentro de su zona de fortaleza. Eso siempre producirá resultados positivos».

Analizar los puntos débiles dentro de su zona de fortaleza siempre producirá mejores resultados que analizar un punto fuerte en una zona de debilidad. Me encanta el golf, pero practicar tiros de golf, no me ayudará mucho. ¿Por qué? Porque yo soy un golfista promedio. ¡La práctica no me hará perfecto en el golf, me hará permanente en el juego! Si deseo progresar, necesito enfocarme en el liderazgo y la comunicación. Esas son mis zonas de fortaleza.

¿Cuáles son las suyas? Si se dedica a ellas, usted está invirtiendo en su éxito.

6

¿CUÁL ES LA FUNCIÓN DE LA EXPERIENCIA?

La experiencia además de un honesto examen
propio lleva a la sabiduría.

Una de las cosas más frustrantes para los líderes jóvenes es tener que esperar a que les llegue su oportunidad de brillar. Los líderes son impacientes por naturaleza y yo también lo era. Durante los primeros diez años de mi liderazgo, escuché mucho acerca de la importancia de la experiencia. En mi primera posición laboral, las personas no confiaban en mis decisiones. Decían que era muy joven y no tenía experiencia. Estaba frustrado, pero al mismo tiempo comprendía su escepticismo; solo tenía veintidós años.

Después de dirigir un par de años, las personas empezaron a ponerme atención. Vieron que tenía algo de capacidad. En mi tercer año como líder, una iglesia más grande me consideró para un puesto más alto de liderazgo. La posición significaba mayor prestigio y mejor paga. Pero poco tiempo después descubrí que ellos se habían decidido por un líder mayor y más experimentado. Una vez más, aunque me sentía decepcionado, entendía la razón.

A la edad de veinticinco años, fui nominado para ser miembro de la junta del distrito. Estaba emocionado de estar en la boleta electoral. Personas de mi edad, por lo general no eran consideradas para una posición así. La elección fue muy cerrada, me venció un veterano muy respetado de nuestra denominación.

«No te preocupes», me decían, «algún día estarás en esa junta. Solo necesitas unos años más de experiencia».

Una y otra vez, me señalaban mi juventud y mi falta de experiencia. No obstante, yo estaba dispuesto a pagar el precio, aprender mis lecciones y esperar mi turno. En tanto que estas personas más experimentadas me sobrepasaban, yo observaba sus vidas y trataba de aprender de ellas. Intentaba ver sobre qué clase de fundamento las habían construido, a qué personas de influencia conocían, y cómo se conducían. Algunas veces aprendía mucho con solo observarlos. Pero muchas veces me sentía decepcionado. Había muchas personas con años de experiencia que no tenían mucha sabiduría o habilidad.

Eso me hizo preguntarme: *¿Por qué la experiencia había ayudado a algunos líderes y a otros no?* Lentamente la confusión se fue aclarando. Lo que me habían enseñado toda la vida no era cierto: ¡la experiencia no es el mejor maestro! Algunas personas crecen y se desarrollan como resultado de su experiencia, otras personas no lo hacen. Todo el mundo tiene algún tipo de experiencia. Lo que importa es lo que usted hace con esa experiencia.

¿CÓMO LE PUEDE DISTINGUIR LA EXPERIENCIA?

Todos comenzamos nuestra vida como cuadernos nuevos. Cada día nos da la oportunidad de registrar nuevas experiencias en nuestras páginas. Con el paso de cada página, obtenemos más sabiduría y comprensión. Lo ideal es que en tanto pasamos las páginas de nuestro cuaderno, ellas se llenan de anotaciones y observaciones. El problema es que no todas las personas aprovechan al máximo sus cuadernos.

Algunas parecen mantener sus cuadernos cerrados la mayoría de sus vidas, rara vez escriben algo en ellos. Otros llenan sus páginas, pero nunca sacan el tiempo para reflexionar en ellas y obtener mayor sabiduría y comprensión. Solo unos pocos registran lo que experimentan para luego echarle un vistazo y meditar en su significado. Vuelven a leer lo que se ha escrito y reflexionan en ello. La reflexión convierte la experiencia en un consejo, de tal forma que no solo viven la experiencia sino que aprenden de ella. Comprenden que el tiempo se encuentra de su lado si utilizan el cuaderno como un recurso de aprendizaje, en lugar de un calendario. Han llegado a comprender un secreto. La experiencia no enseña nada, mas la experiencia evaluada lo enseña todo.

APROVECHANDO LA EXPERIENCIA

¿Conoce usted personas que tienen mucho conocimiento pero poca comprensión? ¿Que tienen los medios, pero no conocen el significado de algo importante? ¿Que tienen mucha destreza, pero parecen no tener mucho entendimiento? ¿Cuál es el problema con esos individuos? La experiencia de su vida no tiene reflexión ni evaluación. Pasan veinticinco años y no obtienen veinticinco años de experiencia. ¡Obtienen un año de experiencia veinticinco veces!

Si quiere aprovechar su experiencia para ser más sabio y un líder más efectivo hay algunas cosas acerca de la experiencia que necesita saber:

1. TODOS EXPERIMENTAMOS MÁS DE LO QUE COMPRENDEMOS

El jugador de béisbol, Earl Wilson, el primer lanzador afroamericano de los Red Sox de Boston decía en tono jocoso: «La experiencia nos permite reconocer un error cuando lo volvemos a cometer». Aceptémoslo: vamos a cometer errores. Muchas cosas nos pasan en la vida y no podemos comprenderlo todo. Nuestras experiencias abruman nuestra comprensión y sin importar lo listos que seamos, nuestra comprensión nunca podrá ir al mismo paso que nuestra experiencia.

¿Entonces qué es lo que debemos hacer? Aprovechar al máximo lo que *podemos* entender. Yo lo hago de dos maneras. Primero, al final de cada día trato de recordar preguntarme: «¿Qué aprendí hoy?». Eso me impulsa a «analizar la página» del cuaderno cada día. La segunda cosa que hago es apartar la última semana de cada año para dedicar tiempo a revisar los doce meses anteriores. Reflexiono en mis experiencias, mis éxitos y mis fracasos, las metas que logré y los sueños que no se cumplieron, las relaciones que formé y aquellas que perdí. De esta forma, intento cerrar, de alguna forma, la brecha entre lo que experimento y lo que comprendo.

2. NUESTRA ACTITUD HACIA LAS EXPERIENCIAS QUE NO SON PLANEADAS O PLACENTERAS DETERMINAN NUESTRO CRECIMIENTO

Steve Penny, encargado de la S4 Leadership Network en Australia, decía: «La vida está llena de desviaciones imprevistas. Surgen circunstancias que parecen acabar completamente con nuestros planes. Aprenda a convertir esas desviaciones en delicias. Mírelas como excursiones especiales y recorridos de aprendizaje. No trate de luchar con ellas o nunca aprenderá su propósito. Disfrute los momentos y pronto volverá a recuperar el curso, probablemente será más sabio y más fuerte debido a esa pequeña desviación».

Debo admitir que tener una actitud positiva con respecto a las desviaciones de la vida es una batalla constante para mí. Prefiero la ruta directa en vez de los caminos llenos de curvas. Cada vez que me encuentro en la desviación, trato de buscar la salida más rápida y no intento disfrutar el proceso. Sé que eso es irónico tratándose de quien escribió el libro *El lado positivo del fracaso,* ya que en él menciono que la diferencia entre las personas promedio y las que logran el éxito es su percepción y su reacción al fracaso. Solo porque sé que algo es cierto y me esfuerzo en practicarlo no significa que sea fácil.

En el año 2005, un amigo cercano, Rick Goad, fue diagnosticado con cáncer del páncreas. Durante un año caminé a su lado en medio de las experiencias irregulares generadas por esa enfermedad. En determinadas semanas, él se llenaba de esperanza y de temor, hacía preguntas y encontraba respuestas, tenía contratiempos y posibilidades; soportó muchos altibajos.

Esta fue una experiencia inesperada para Rick ya que era todavía un hombre joven, tenía poco más de cuarenta años. Lo observé viviendo un día a la vez durante toda su odisea, apreciando cada momento, viendo el lado positivo de las cosas, amando a sus amigos y pasando tiempo con Dios.

Más de una vez me dijo: «John, nunca hubiera escogido esto, pero tampoco lo cambiaría por nada».

El desvío de Rick terminó con su muerte en el año 2006. Fue un gran dolor, pero Rick me enseñó mucho al igual que a los que estaban con él durante ese periodo difícil. Al verlo, aprendimos cómo vivir.

3. LA FALTA DE EXPERIENCIA ES COSTOSA

Ahora tengo sesenta años y miro atrás a mi juventud sintiendo escalofríos por mi ingenuidad. Mi caja de herramientas de la experiencia tenía solo una herramienta: un martillo. Si todo lo que se tiene es un martillo, todo le parecerá un clavo. Por eso me la pasaba martillando. Luché muchas batallas que no tenía que luchar. Dirigí a personas a caminos sin salida y lo hice de manera entusiasta. Poseía la confianza que solo las personas sin experiencia poseen. No tenía ni idea de lo poco que sabía.

Harry Golden decía: «La arrogancia del joven es un resultado directo de no haber conocido muchas consecuencias. El pavo que cada día se acerca al granjero que le lanza comida no está equivocado. Lo que pasa es que nadie le advirtió acerca del Día de Acción de Gracias».[1] Cometí muchos errores cuando era un joven líder, no obstante fui bastante afortunado. Ninguno de esos errores fue desastroso. La mayoría del daño me lo hice a mí mismo y las organizaciones que dirigí nunca sufrieron consecuencias terribles debido a mi falta de experiencia.

4. La experiencia también es costosa

La falta de experiencia puede ser costosa, pero también lo es la experiencia. Es un hecho que uno no puede obtener experiencia sin pagar el precio. El gran novelista estadounidense, Mark Twain, dijo una vez: «Conozco un hombre que agarró a un gato por la cola y aprendió cuarenta por ciento más sobre los gatos que los hombres que no lo habían hecho». Uno solo tiene que esperar que el precio no sea mayor que el valor de la experiencia que se obtiene, y a veces uno no puede juzgar cuál será el precio sino hasta que se haya obtenido la experiencia.

Ted W. Engstrom, expresidente de Visión Mundial, solía contar una historia acerca de la junta directiva de un banco que eligió a un joven encantador y brillante para que tomara el puesto del presidente del banco que se estaba jubilando. El joven fue donde el anciano a pedirle ayuda.

La conversación comenzó: «Señor, ¿qué es lo principal que debo poseer para poder sucederle a usted como presidente de este banco?».

El anciano le contestó: «La habilidad de tomar decisiones, decisiones, decisiones».

«¿Y cómo puedo aprender eso?», le preguntó el joven.

«Experiencia, experiencia, experiencia», le respondió el presidente jubilado.

«¿Pero cómo puedo obtener experiencia?».

El anciano lo miró y le dijo: «Malas decisiones, malas decisiones, malas decisiones».

Tal como lo dice el antiguo dicho: la experiencia hace el examen primero y luego imparte la lección. La adquisición de la experiencia puede ser costosa. Sin embargo no es tan costosa como no obtener experiencia.

5. NO EVALUAR NI APRENDER DE LA EXPERIENCIA ES AUN MÁS COSTOSO

Es terrible pagar el precio de la experiencia y no recibir la lección. Por lo general es lo que le sucede a las personas. ¿Por qué? Porque cuando una experiencia es negativa, con frecuencia huyen de ella. Dicen apresuradamente: «¡Nunca lo volveré a hacer!».

Mark Twain dijo algo al respecto también: «Si un gato se sienta alguna vez en una estufa caliente, ese gato no se volverá a sentar en esa estufa caliente de nuevo. De hecho, tampoco se sentará en una fría». Un gato no tiene la capacidad mental para evaluar su experiencia y obtener algo de ella. Lo mejor que puede esperar es seguir su instinto de supervivencia. Si queremos obtener sabiduría y mejorar como líderes, necesitamos actuar de una mejor manera. Necesitamos escuchar las palabras del fundador del periódico *USA Today*, Alien Neuharth: «No aprenda solo algo de cada experiencia. Aprenda algo positivo».

6. LA EXPERIENCIA EVALUADA ELEVA A UNA PERSONA POR ENCIMA DE LA MULTITUD

Las personas que practican de manera regular reflexionar en sus experiencias, evaluar lo que salió bien y mal, y aprender de ellas, son raras. Pero cuando usted se encuentra con alguna, es fácil saberlo. Hay una parábola de una zorra, un lobo y un oso. Un día fueron a cazar juntos y después de cazar venados, empezaron a discutir sobre cómo dividir el botín.

El oso le preguntó al lobo que sugería. El lobo dijo que cada uno debería llevarse un venado. Súbitamente, el oso se comió al lobo.

Luego el oso le preguntó a la zorra cómo pensaba que se debía dividir el botín. La zorra le ofreció su venado y luego le dijo que también debería llevarse el venado del lobo.

«¿De dónde obtuviste tanta sabiduría?», le preguntó el oso.

«Del lobo», le respondió la zorra.

El jurista Oliver Wendell Holmes decía: «El joven conoce las reglas, pero el viejo conoce las excepciones». Eso es cierto solo cuando el viejo ha dedicado tiempo a evaluar sus experiencias y obtener sabiduría de ellas.

La escuela de la vida ofrece muchos cursos difíciles. Nos inscribimos en algunos de ellos voluntariamente. Algunos otros nos toman de sorpresa. Todos pueden enseñarnos lecciones valiosas, pero solamente si deseamos aprender y estar dispuestos a reflexionar en ellas. Si lo está, ¿cuál será el resultado? Usted puede ejemplificar el sentimiento expresado por Rudyard Kipling en su poema «Si»:

Si puedes conservar la cabeza cuando a tu alrededor
todos la pierden y te echan la culpa;
si puedes confiar en ti mismo cuando los demás dudan de ti
pero al mismo tiempo tienes en cuenta su duda;
si puedes esperar y no cansarte de la espera,
o si siendo engañado por quienes te rodean, no pagas con
mentiras, o si siendo odiado, no das cabida al odio,
y no obstante, ni ensalzas tu apariencia
ni hablas con demasiada sabiduría:

Si puedes soñar y no dejar que los sueños te dominen,
si puedes pensar y no hacer de los pensamientos tu objetivo;
si puedes encontrarte con el Triunfo y la Derrota
y tratar a estos dos impostores de la misma manera;
si puedes soportar el escuchar la verdad que has dicho
tergiversada por bribones para tender una trampa a los
necios, o contemplar las cosas destrozadas a las que dedicaste tu vida,
y agacharte y reconstruirlas con las herramientas desgastadas:

Si puedes hacer una pila con todos tus triunfos
y arriesgarlo todo de una vez en un juego de azar,
y perder, y volver a comenzar desde el principio
y no dejar escapar nunca una palabra sobre tu pérdida;
si puedes hacer que tu corazón, tus nervios y tus tendones
te respondan mucho después de que hayan perdido su
fuerza, y permanecer firmes cuando nada haya en ti
excepto la Voluntad que les dice: «¡Aguanta!».

Si puedes hablar con la multitud y conservar tu virtud,
o caminar junto a reyes sin perder el trato común,
si ni los enemigos ni los buenos amigos pueden dañarte;
si todos los hombres cuentan contigo pero ninguno demasiado;
si puedes llenar el implacable minuto
con sesenta segundos de una carrera a distancia,
tuya es la Tierra y todo lo que hay en ella,
y, lo que es más, ¡serás un hombre, hijo mío!

No solo será una persona de integridad y sabiduría, sino que también beneficiará a su gente porque usted será un mejor líder.

7

¿QUÉ ESTOY DISPUESTO A CEDER PARA PODER SEGUIR DESARROLLÁNDOME?

Uno debe ceder algo en todo lo que se gana.

¿Cuál es la clave para llegar al siguiente nivel en su desarrollo? Dicho de otra forma, ¿cuál es el mayor obstáculo que usted enfrentará una vez que comience a lograr sus metas y a saborear el éxito? Creo que es la capacidad de liberarse de lo que tiene para que pueda alcanzar algo nuevo. El obstáculo más grande que los líderes enfrentan puede ser su propio logro. En otras palabras, tal como lo dice Rick Warren: «El perjuicio más grande para el éxito de mañana es el éxito de hoy».

En 1995, enfrenté una de las decisiones más difíciles de mi vida. Ya tenía veintiséis años de una exitosa carrera como pastor. Mi posición era excelente. Tenía cuarenta y ocho años de edad y me encontraba en la cima. La iglesia que pastoreaba, Skyline Wesleyan Church, era considerada la «insignia» de mi denominación. Tenía una buena reputación a nivel nacional y mucha influencia. Mi iglesia y yo éramos muy respetados. Mi reputación con la gente valía oro. Me había dedicado más de una década al desarrollo de líderes y tenía una congregación muy sólida; estaba ubicada en San Diego, California, una de las ciudades más hermosas del país. Profesional y financieramente me encontraba en mi punto ideal. Pienso que allí podía haberme quedado hasta que me jubilara. El mayor

135

obstáculo que tenía ante mí era la reubicación del templo, algo que yo creía que podíamos haber logrado también. (El líder que me sucedió logró realizar la reubicación).

Tenía solo un problema: quería avanzar al siguiente nivel como líder, quería lograr un impacto a nivel nacional e internacional, y no lo podía lograr si me quedaba allí. Me di cuenta que la siguiente etapa de crecimiento requeriría muchos cambios difíciles y mucho más tiempo que el que podría utilizar si seguía dirigiendo la iglesia. Sabía que necesitaba contestar una pregunta vital: ¿estoy dispuesto a cederlo todo para llegar a un nuevo nivel de crecimiento?

¿Cuánto cuesta llegar al siguiente nivel?

Esa es una pregunta que toda persona debe formularse más de una vez durante una profesión exitosa. Max DePree en su libro, *Leading Without Power* [Dirigir sin el poder], escribe: «Al evitar el riesgo, realmente arriesgamos lo más importante de la vida: buscar el crecimiento, nuestro potencial y una verdadera contribución a una meta común».

Comencé a aprender esta lección del intercambio de precios cuando era niño. Mi padre con frecuencia me amonestaba diciendo: «Paga ahora, y diviértete después». De hecho, me lo decía mucho porque yo era de los que querían divertirse ¡pero *nunca* quería pagar! Lo que él me estaba tratando de enseñar era que hiciera las cosas difíciles primero para después disfrutar la vida. Aprendí de él que todos pagamos en la vida. Todo lo que obtenemos nos cuesta. La pregunta es ¿cuándo pagaremos? Entre más esperemos para pagar, más aumenta el precio; es como el interés que se acumula. Una vida exitosa es una serie de intercambios de precio. En mi profesión, una y otra vez he intercambiado la seguridad por la oportunidad. He entregado lo que muchos considerarían una posición ideal con tal de desarrollarme como líder y causar un mayor impacto.

He descubierto que entre más alto subo, más difíciles son los intercambios. ¿Por qué? Porque tenemos mucho más que arriesgar. Las personas con frecuencia hablan de los sacrificios que tuvieron que hacer al principio de sus carreras, pero la verdad es que la mayoría no tuvo que sacrificar mucho en ese momento. Lo único de valor que tenían era su propio tiempo. Entre más escalamos, obtenemos más y nos cuesta ceder lo que hemos logrado. Es por eso que muchos escalan parte de la montaña de su potencial y luego se detienen. Llegan a un lugar donde ya no están dispuestos a ceder algo para lograr lo siguiente. El resultado, se estancan, algunos para siempre.

Mientras debatía lo que tenía que intercambiar para dejar la iglesia y convertirme en un escritor, orador y motivador a tiempo completo, busqué el consejo de varios mentores confiables. Uno de ellos, el autor y asesor, Fred Smith, me ofreció los siguientes pensamientos:

> Hay algo en nuestra naturaleza humana que nos tienta a quedarnos donde nos sentimos cómodos. Tratamos de encontrar un nivel estable, un lugar de descanso donde tenemos poca tensión y las finanzas son las adecuadas, donde tenemos asociaciones cómodas con las personas, sin la intimidación de conocer a otras nuevas o de entrar en situaciones extrañas. Por supuesto que todos necesitamos tener niveles estables de vez en cuando. Escalamos y luego llegamos a esos sitios para buscar la asimilación. Pero una vez que hemos asimilado lo que hemos aprendido, debemos escalar de nuevo. Es triste haber escalado nuestra última montaña. Escalar nuestra última montaña significa que estamos viejos, ya sea que tengamos cuarenta o que tengamos ochenta años.

Eso fue lo que necesitaba. Después de eso renuncié. ¡Me esforzaría por llegar a un nuevo nivel o fracasaría intentándolo!

¿QUÉ CAMBIARÁ USTED?

Poco después de haber renunciado, reflexioné en el precio del crecimiento, y escribí una lección llamada «Diez intercambios que vale la pena hacer». Creo que las lecciones que aprendí me han servido mucho y también le pueden servir a usted.

1. INTERCAMBIE LA AFIRMACIÓN POR EL LOGRO

Ya he explicado que cuando comencé mi profesión, me gustaba complacer a las personas. Deseaba la aprobación de mis seguidores, la admiración de mis compañeros y las gratificaciones de mis superiores. Era un adicto a la afirmación. No obstante los elogios son como el humo que rápidamente se desvanece. Los premios tienden a oxidarse y las gratificaciones financieras se gastan rápidamente. Decidí que prefería, más bien, *realizar* algo en vez de solo verme bien. La decisión pavimentó el camino para la mayoría de los otros intercambios que haría en mi vida.

2. INTERCAMBIE SEGURIDAD POR TRASCENDENCIA

El éxito no significa simplemente estar ocupado. Es importante aquello por lo cual da su vida. Los grandes líderes de la historia fueron grandes no por lo que tenían o ganaban sino porque dieron su vida para lograrlo. ¡Marcaron una diferencia!

Elegí una carrera en la cual esperaba marcar una diferencia, pero eso no me eximía de arriesgarme para hacer cosas de mayor trascendencia. Lo mismo es cierto para usted, sin importar que profesión haya escogido.

3. INTERCAMBIE LA GANANCIA FINANCIERA POR UN POTENCIAL FUTURO

Una de las ironías de la vida para mí es que el dinero nunca me motivó, sin embargo, Margaret y yo acabamos financieramente bien. ¿Por qué? Porque siempre estaba dispuesto a tener como prioridad un potencial futuro por encima de la ganancia financiera.

La tentación, casi siempre, es buscar el efectivo, una vez más esto nos lleva a la idea de pagar ahora y divertirse después. Si usted está dispuesto a sacrificarse financieramente al principio por la posibilidad de un potencial más grande, casi siempre obtendrá mayores oportunidades de mejores gratificaciones, incluyendo las financieras.

4. INTERCAMBIE EL PLACER INMEDIATO POR UN CRECIMIENTO PERSONAL

Si hay algo difícil para nuestra cultura es retrasar una gratificación. Si lee las estadísticas de cuántas personas se encuentran endeudadas y lo poco que ahorran, puede darse cuenta que las personas siempre están buscando el placer inmediato.

Cuando era joven, la escuela me aburría y no veía el momento de terminarla. A mí solo me habría gustado abandonar la escuela, casarme con

Margaret, mi novia del bachillerato, y jugar basquetbol. Pero como quería tener una carrera en liderazgo, fui a la universidad, obtuve mi título y esperé hasta después de graduarme para casarme con Margaret. Fueron cuatro años *muy largos*.

Una y otra vez, Margaret y yo tuvimos que posponer o sacrificar placeres, conveniencias o lujos para poder buscar oportunidades personales de crecimiento. Nunca nos hemos arrepentido de ello.

5. INTERCAMBIE LA EXPLORACIÓN POR EL ENFOQUE

Algunas personas no se inmiscuyen demasiado en sus profesiones, de hecho, parecen disfrutar vivir así. El problema con esa clase de juego es que uno nunca se vuelve bueno en nada. Ciertamente, cuando uno está joven, debe intentar diferentes cosas para ver dónde están sus puntos fuertes y sus intereses. Pero entre más mayores seamos, debemos ser más enfocados. Especializarse en algo lo llevará muy lejos. Si estudia las vidas de los grandes hombres y mujeres, encontrará que estaban muy enfocados en lo que hacían. Una vez que encuentre el propósito para el cual fue creado, manténgase en él.

6. INTERCAMBIE CANTIDAD DE VIDA POR CALIDAD DE VIDA

Tengo que confesar que tengo una mentalidad de «más». Si uno es bueno, cuatro es mejor. Si alguien dice que puede alcanzar una meta de veinte, le estimulo para que logre alcanzar veinticinco. Cuando enseño una hora de liderazgo en un disco compacto, quiero poner tanto contenido que las personas que lo reciban tendrán que escuchar el disco compacto al menos cinco veces para poder extraer todo su mensaje.

Debido a esta inclinación natural a hacer más, con frecuencia, mi vida tiene un margen muy pequeño. Durante años, mi calendario estaba completamente lleno y ocupaba muy poco tiempo para relajarme. Recuerdo haberle dicho a mi hermano y a su esposa que vinieran a visitarme, y Larry me dijo: «No, estás demasiado ocupado. Si vamos, no te veremos».

Leí una vez que el presidente de una gran compañía editorial buscó una persona muy sabia para que lo aconsejara. Después de describirle el caos que tenía en su vida, esperó silenciosamente escuchar algo de valor del sabio. El anciano al principio no dijo nada. Sencillamente tomó una tetera y comenzó a verter té en una taza. Siguió vertiendo hasta que el té se derramó en la mesa.

«¿Qué está haciendo?», exclamó el hombre de negocios.

«Su vida», respondió el sabio, «es como una taza de té que se desborda. No hay espacio para nada nuevo. Usted necesita verter, no ingerir más».

Para mí ha sido muy difícil cambiar mi mentalidad de cantidad a calidad. Honestamente, sigo trabajando en ello. Haber tenido un ataque al corazón en 1998 realmente causó un gran impacto en mí en esta área. También lo fue tener nietos. Ahora aparto más tiempo para disfrutar las cosas verdaderamente importantes de la vida. Le sugiero que haga lo mismo.

7. Intercambie lo aceptable por lo excelente

Esta lección es tan obvia que casi no necesita explicación. Las personas no pagan por lo mediocre. No les impresionan las cosas que son simplemente aceptables. Los líderes no pueden volar en las alas de la mediocridad. Si algo vale la pena hacerse, dé lo mejor de sí o no lo haga en absoluto.

8. Intercambie la suma por la multiplicación

Cuando las personas hacen el cambio de hacedor a líder, aumentan grandemente el impacto que sus vidas pueden lograr. Ese es un salto significativo ya que, tal como lo menciono en el libro *Las 17 leyes indisputables del trabajo en equipo,* el número uno es un número muy pequeño para lograr la grandeza. Sin embargo, hay otro salto que es más difícil de dar y tiene un significado aun mucho mayor: cambiar de la suma a la multiplicación.

Los líderes que reúnen seguidores *añaden* a lo que ellos pueden lograr. Los líderes que desarrollan líderes *multiplican* su habilidad. ¿Cómo sucede eso? Por cada líder que ellos desarrollan o atraen, ganan no solo el poder de ese individuo sino el poder de toda la gente que esa persona dirige. Tiene un efecto multiplicador increíble. Todo gran líder, no importa dónde o cuándo haya dirigido, era un líder de líderes. Para ir al nivel más alto del liderazgo, usted debe aprender a ser un multiplicador.

9. Intercambie la primera mitad por la segunda mitad

En su libro, *Medio tiempo* Bob Buford dice que la mayoría de las personas que tiene éxito en la primera mitad de sus vidas trata de realizar la segunda parte de ella de la misma forma. Lo que él quiere decir es que llegan a un nivel estable y ya no están dispuestos a intercambiar lo que tienen por una nueva forma de hacer las cosas ya que es mucho más fácil quedarse con lo conocido.

Si se encuentra en la segunda mitad de su vida, probablemente ha ocupado mucho tiempo pagando el precio del éxito. No lo desperdicie. Esté dispuesto a intercambiarlo por la trascendencia. Haga cosas que perduren después que usted ya no viva. Si está en la primera mitad, siga pagando el precio para que tenga algo que ofrecer en su segunda mitad.

10. Intercambie su trabajo para Dios por un caminar con Dios

Siendo alguien que ha trabajado en el ministerio por muchos años, comprendo la profunda satisfacción de hacer un trabajo para Dios. Sin embargo, también comprendo la trampa de constantemente hacer cosas *para* Dios sin conectarse de manera continua *con* Dios.

Si no es una persona creyente, entonces esto puede que no tenga sentido para usted. Sin embargo, si es creyente, recuerde que sin importar cuánto valor tenga su trabajo, no se puede comparar con tener una relación con su creador.

¿Está dispuesto a ceder para subir?

Para lograr la excelencia, pienso que se tiene que aprender a viajar sin mucha carga. Usted debe aprender a descargar antes de intentar recargar. Tiene que deshacerse de unas cosas si desea asirse de otras. La gente por naturaleza resiste eso. Nos queremos quedar en nuestra zona de comodidad y aferramos a lo que es conocido. Algunas veces las circunstancias nos obligan a ceder algo y entonces tenemos la oportunidad de obtener algo nuevo. Por lo general, si queremos hacer intercambios positivos, tenemos que mantener la actitud correcta y estar dispuestos a ceder algunas cosas.

Durante la guerra civil, el presidente Abraham Lincoln recibió la petición de enviar 500.000 reclutas adicionales a luchar en el ejército. Los asesores políticos le recomendaron firmemente que no lo hiciera porque hacerlo quizás impediría su reelección. No obstante la decisión de Lincoln fue firme.

«No necesito volver a ser elegido», dijo, «pero es necesario que los soldados en el frente sean reforzados con 500.000 hombres más y eso voy a hacer. Si debido a eso me hundo, lo haré airosamente».

Lincoln fue uno de los presidentes más grandes de nuestro país porque estaba dispuesto a entregar todo, excepto su responsabilidad final. Esta es la clase de actitud que los líderes necesitan tener. Cada nuevo nivel de crecimiento que los líderes esperamos experimentar implica un nuevo nivel de cambio. Usted no puede tener uno sin el otro. Si quiere ser un mejor líder, prepárese para hacer algunos intercambios.

Tal como lo mencioné antes, cumplí sesenta años en febrero de 2007. Pocos meses antes de mi cumpleaños, tomé un tiempo para memorizar la siguiente oración porque quería recitarla en presencia de mi familia y amigos durante mi cumpleaños. Esta es la oración:

> Señor, al ir envejeciendo, pienso que quiero ser recordado como...
> una persona reflexiva, en vez de dotada,
> una persona amorosa, en vez de ingeniosa o brillante,
> una persona gentil, en contraste a una persona poderosa,
> una persona que sabe escuchar, más que un gran comunicador,
> una persona disponible más que un trabajador esforzado,
> una persona que se sacrifica, en vez de exitosa,
> una persona confiable, en vez de famosa,
> una persona satisfecha, más que motivada,
> una persona con dominio propio, más que una persona emocionante,
> una persona generosa, más que adinerada y
> una persona compasiva, más que competente,
> quiero ser una persona que lava los pies de los demás.

Todavía estoy esforzándome por convertirme en esa persona. Todavía sigo haciendo intercambios.

Ahora más que nunca, estoy consciente que los cumpleaños significativos de una persona pueden marcar el paso del tiempo o pueden marcar los cambios hechos en su vida para llegar a lograr su potencial y convertirse en la persona para la cual fue creada. Con cada año que pasa, quiero tomar buenas decisiones que me hagan una mejor persona, me ayuden a ser un mejor líder y causen un impacto positivo en los demás. Eso requiere una disposición a seguir haciendo intercambios, porque por cada cosa que uno obtiene, algo se tiene que ceder.

LIDERAZGO 101

LO QUE TODO
LÍDER
NECESITA SABER

Porciones de este libro se han publicado anteriormente en los siguientes libros:
*Seamos personas de influencia, Las 21 leyes irrefutables del liderazgo, Las 21 cualidades
indispensables de un líder* y *Desarrolle el líder que está en usted.*

Editora en Jefe: *Graciela Lelli*
Traducción: *Guillermo Cabrera Leyva*

ISBN: 978-0-88113-758-3

CONTENIDO

PARTE I

EL DESARROLLO DE UN LÍDER

I

¿POR QUÉ DEBO CRECER COMO LÍDER?

Cuanto más alto el liderazgo, mayor la efectividad.

Suelo iniciar mis conferencias sobre liderazgo explicando lo que yo llamo la Ley del Tope porque esta ley ayuda a las personas a entender el valor del liderazgo. Si usted puede interpretar esta ley, verá el increíble impacto del liderazgo sobre todos los aspectos de la vida. La ley dice: la capacidad de liderazgo es el tope que determina el nivel de efectividad de una persona. Cuanto más baja sea la capacidad de una persona para dirigir, más bajo será el límite sobre su potencial. Cuanto más alto es el liderazgo, mayor es la efectividad. Para darles un ejemplo, si su liderazgo tiene una puntuación de 8, su efectividad no puede nunca ser mayor que 7. Si su liderazgo tiene solo un 4, su efectividad no será mayor que 3. Su capacidad de liderazgo —para bien o para mal— siempre determina su efectividad en la vida y el impacto potencial de su organización.

Permítame hacerle una narración que ilustra la Ley del Tope. En 1930 dos jóvenes hermanos llamados Dick y Maurice se trasladaron de New Hampshire a California en busca del «sueño americano». Acababan de salir del bachillerato y veían pocas oportunidades en su medio. Así que marcharon directamente a Hollywood donde finalmente hallaron trabajo en un estudio cinematográfico.

Después de un tiempo, su espíritu empresarial y el interés en la industria del entretenimiento los impulsaron a abrir un teatro en Glendale, un pueblo unos ocho kilómetros al nordeste de Hollywood. Pero a pesar de sus esfuerzos, no pudieron hacer rentable el negocio y buscaron una mejor oportunidad.

UNA NUEVA OPORTUNIDAD

En 1937, los hermanos abrieron un pequeño restaurante en Pasadena, situado exactamente al este de Glendale donde se servía la comida en el propio automóvil. A medida que en los años treinta la gente en el sur de California dependía más del automóvil, los restaurantes de este tipo se expandieron por todas partes. Los clientes entraban con sus vehículos a un parque de estacionamiento que rodeaba un pequeño restaurante, pedían lo que deseaban a un camarero y recibían la comida en bandejas directamente en sus automóviles. La comida se servía en vajilla de loza con vasos de cristal y cubiertos de metal.

El pequeño restaurante de Dick y Maurice fue un gran éxito y en 1940 trasladaron su negocio a San Bernardino, una próspera ciudad de trabajadores ochenta kilómetros al este de Los Angeles. Allí construyeron un local más amplio y expandieron su menú de perros calientes, papas fritas y batidos, hasta incluir carne de res y de puerco en barbacoa, hamburguesas y otros comestibles. Su negocio prosperó mucho. Las ventas anuales llegaron a $200.000 y los hermanos se vieron con $50.000 mil de ganancia cada año, suma que los colocó entre la élite financiera de la ciudad.

En 1948 su intuición les indicó que los tiempos estaban cambiando, de modo que modificaron su negocio de restaurante, eliminaron el servicio de comida a los autos y comenzaron a servir solo a los clientes que entraban. Redujeron el menú y se concentraron en la venta de hamburguesas. Eliminaron los platos de loza, los vasos de cristal y los cubiertos de metal y utilizaron en su lugar productos de papel. Redujeron sus costos y bajaron los precios que cobraban a sus clientes. Crearon además, lo que llamaron Sistema de Servicio Rápido. Su cocina se convirtió en algo así como una línea de ensamblaje, donde cada persona se concentraba en el servicio con rapidez. Su objetivo era servir cada pedido en treinta segundos o menos. Y lo lograron. A mediados de la década de 1950 los ingresos anuales alcanzaron $350.000 y para ese entonces Dick y Maurice se repartían ya ganancias netas de cerca de $100.000 mil cada año.

¿Quiénes eran estos hermanos? Al frente de su pequeño restaurante colgaba un letrero en luz neón que decía simplemente McDonald's Hamburgers. Dick y Maurice McDonald se habían ganado el premio gordo americano. Y el resto, como se dice, es historia ¿verdad? Pues no es verdad. Los McDonald nunca pasaron de ahí porque su débil liderazgo colocó un tope sobre su capacidad para triunfar.

LA HISTORIA DETRÁS DE LA HISTORIA

Es cierto que los hermanos McDonald estaban bien financieramente. Su empresa de restaurante era una de las más rentables del país y su ingenio consistía en el servicio al cliente y en la organización de la cocina, que condujo a un nuevo sistema de servicio de comida y bebida. En efecto, su talento era tan bien conocido en los círculos de servicio de comida que muchas personas de todo el país deseaban aprender más sobre sus métodos. Llegó un momento en que recibían como trescientas llamadas y cartas todos los meses, lo que los llevó a la idea de comercializar el concepto McDonald.

La idea de conceder franquicias de restaurantes había venido dando vueltas por varias décadas. Para los hermanos McDonald, parecía un modo de hacer dinero sin tener que abrir otro restaurante. En 1952 trataron de hacerlo, pero su esfuerzo culminó en un fracaso. La razón era simple: carecían del liderazgo necesario para hacerlo realidad.

Dick y Maurice eran excelentes dueños de restaurantes. Sabían cómo manejar un negocio, hacer eficiente su sistema, reducir gastos y aumentar ganancias. Eran administradores eficientes. Pero no eran líderes. Su mentalidad puso freno a lo que podían hacer y llegar a ser. En la cúspide de su éxito, Dick y Maurice se hallaban frente a frente con la Ley del Tope.

LOS HERMANOS SE ASOCIAN CON UN LÍDER

En 1954 los hermanos dieron con un hombre llamado Ray Kroc, quien era un líder. Kroc había manejado una pequeña compañía fundada por él, que vendía máquinas de hacer batidos de leche. Los McDonald eran uno de sus mejores clientes y tan pronto como visitó el restaurante, tuvo una visión respecto a su potencial. En su mente pudo ver el restaurante proyectarse nacionalmente en cientos de mercados. Pronto logró un convenio con Dick y Maurice y en 1955 estableció el McDonald System, Inc. (más tarde llamado McDonald's Corporación).

Knoc inmediatamente compró los derechos de una franquicia de forma que pudiera utilizarla como modelo y prototipo para vender otras franquicias. Luego comenzó a organizar un equipo y creó una organización para hacer de McDonald's una entidad nacional.

En los primeros años, Kroc hizo grandes sacrificios. Aunque ya pasaba los cincuenta años, trabajaba largas horas exactamente igual que cuando comenzó a trabajar en los negocios treinta años atrás. Eliminó muchas cosas triviales, inclusive su membresía en el Country Club. Durante sus primeros ocho años con McDonald no cobró salario alguno. Pedía préstamos personales del banco y contra su seguro de vida para ayudar a cubrir los sueldos de unos cuantos líderes clave que deseaba tener en su equipo. Su sacrificio y su liderazgo dieron resultado. En 1961 compró de los hermanos, en $2,7 millones, los derechos exclusivos de McDonald's, y procedió a convertirlo en una institución americana y una entidad global. El «tope» en la vida y liderazgo de Ray Kroc estaba, obviamente, mucho más alto que la de sus predecesores.

Durante los años en que Dick y Maurice McDonald habían tratado de otorgar franquicias de su sistema de servicio de comidas, lograron vender la idea solo a quince compradores, de los cuales apenas diez abrieron restaurantes. Pero el límite del liderazgo en la vida de Ray Kroc estaba por las nubes. Entre 1955 y 1959, Kroc logró abrir 100 restaurantes. Cuatro años más tarde ya existían 500 McDonald's. Hoy la compañía ha abierto más de 21.000 restaurantes en no menos de 100 países.[1] La capacidad de liderazgo —o más específicamente la falta de capacidad de liderazgo— era el límite de la efectividad de los hermanos McDonald.

ÉXITO SIN LIDERAZGO

Creo que el éxito está al alcance de casi todo. Pero creo también que el éxito personal sin capacidad de liderazgo logra solo una efectividad limitada. El impacto de una persona es una fracción de lo que podría ser con un buen liderazgo. Cuanto más alto quiera usted llegar, tanto más necesita liderazgo. Cuanto mayor sea el impacto que quiera alcanzar, mayor debe ser su influencia. Todo lo que usted logre estará limitado por su capacidad de dirigir a otros.

Permítame ofrecerle un cuadro de lo que quiero decir. Digamos que cuando se trata de éxito, usted tiene un 8 (en una escala de 1 a 10). Eso es bastante bueno. Creo que se podría decir que los hermanos McDonald estaban en ese nivel. Pero déjeme decirle también que si la capacidad de liderazgo suya es solo de 1, su nivel de efectividad luciría de esta forma:

ÉXITO SIN LIDERAZGO

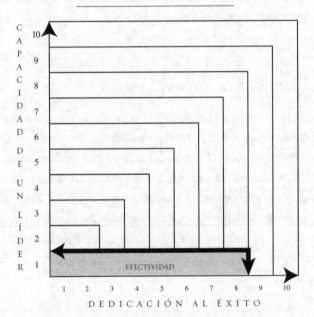

Para aumentar su nivel de efectividad, usted dispone de dos opciones. Podría trabajar muy duro para aumentar su dedicación al éxito y la excelencia, en un esfuerzo por llegar a 10.

Es posible que usted pueda llegar a ese nivel, aunque la ley del rendimiento decreciente indica que su éxito aumentará solo hasta cierto punto, después del cual deja de aumentar proporcionalmente a la cantidad de trabajo que usted le dedique. En otras palabras, el esfuerzo que se exigiría para aumentar esos dos últimos puntos podría consumir más energía que la que empleó para lograr los primeros ocho. Si usted realmente trabaja hasta el agotamiento, podría aumentar su éxito en ese veinticinco por ciento.

Pero usted tiene otra opción. Digamos que trabaja duro para aumentar su nivel de liderazgo. A través del tiempo, usted se desarrolla como líder y eventualmente su capacidad de liderazgo llega a alcanzar, digamos un 6.

¡Al aumentar su capacidad de liderazgo —sin aumentar en nada su dedicación al éxito— usted puede incrementar su efectividad original en un 500 por ciento! ¡Si usted fuera a elevar su liderazgo a 8, con la misma dedicación al éxito, aumentaría su efectividad en un 700 por ciento! El liderazgo tiene un efecto multiplicador. Yo he visto su impacto repetidas veces en toda clase de negocios e instituciones no lucrativas. Y es por eso que he enseñado liderazgo por más de veinticinco años.

PARA CAMBIAR LA DIRECCIÓN DE LA ORGANIZACIÓN, CAMBIE DE LÍDER

La capacidad de liderazgo es siempre el tope de la efectividad de la persona y la organización. Si el liderazgo es fuerte, el tope es alto. Pero si no lo es, la organización está limitada. Es por eso que en tiempos de dificultades es natural que las organizaciones busquen un nuevo liderazgo. Cuando el país está experimentando tiempos difíciles, elige un nuevo presidente. Cuando una iglesia está decayendo, ésta busca un nuevo pastor. Cuando un equipo deportivo pierde continuamente, busca un nuevo entrenador. Cuando una compañía está perdiendo dinero, contrata un nuevo presidente.

PARA LOGRAR EL MÁS ALTO NIVEL DE EFECTIVIDAD, USTED TIENE QUE ELEVAR EL TOPE DE LA CAPACIDAD DE LIDERAZGO.

Hace pocos años me reuní con Don Stephenson, presidente de Global Hospitality Resources, Inc., de San Diego, California, una firma internacional de asesoramiento y consulta hostelera. Después de un almuerzo le pregunté sobre su organización. En la actualidad, él hace primordialmente consultoría, pero anteriormente su compañía se ocupaba de la administración de hoteles y sitios de recreo que no andaban bien financieramente. Supervisaron muchas excelentes instalaciones como La Costa en el sur de California.

Don me expresó que siempre que se hacían cargo de una organización, comenzaban haciendo dos cosas: primero adiestraban a todo el personal para mejorar su nivel de servicio a los clientes y segundo, despedían al líder. Cuando me dijo eso, quedé sorprendido.

—¿Siempre lo echa? —le pregunté— ¿En todos los casos?

—Así es. En todos los casos —me dijo.

—¿No hablan primero con la persona para indagar si es un buen líder? —le dije.

—No —me respondió.

—Si hubiera sido un buen líder, la organización no estaría en el estado deplorable en que está.

Y me dije: por supuesto. Esta es la Ley del Tope. Para alcanzar el más alto nivel de efectividad se tiene que elevar el tope... de una manera u otra.

Lo bueno es que eliminar al líder no es la única manera. Tal como enseño en las conferencias que existe tope, también enseño que éste se puede elevar.

2

¿Cómo puedo crecer como líder?

El liderazgo se desarrolla día por día, no en un solo día.

Llegar a ser un líder es muy parecido a invertir exitosamente en el mercado de valores. Si uno espera hacer una fortuna en un día, no va a tener éxito. Lo que más importa es lo que uno hace día por día en su largo trayecto. Mi amigo Tag Short sostiene que «El secreto de nuestro éxito se halla en nuestra planificación del día». Si uno continuamente invierte en el desarrollo de su liderazgo y permite que sus «activos» se acumulen, el resultado inevitable es, a la larga, el crecimiento.

Cuando enseño liderazgo en las conferencias, la gente inevitablemente me pregunta si los líderes nacen. Y siempre respondo: «¡Sí, claro que nacen... No he hallado uno que haya venido al mundo de otra manera!». Todos nos reímos y entonces respondo la verdadera pregunta: si el liderazgo es algo que una persona posee o no posee.

Aunque es cierto que algunas personas nacen con más dotes naturales que otras, la capacidad de dirigir es realmente un conjunto de habilidades y casi todas pueden aprenderse y mejorarse. Pero el proceso no ocurre de un día para otro. El liderazgo es complicado. Tiene muchas facetas: respeto, experiencia, fuerza emocional, destreza, disciplina, visión, ímpetu, sentido de oportunidad, la lista continua. Como puede usted ver, muchos factores que entran en juego en el liderazgo son intangibles. Es por eso que los líderes necesitan mucha maduración para ser efectivos. Fue cuando me acercaba a los cincuenta que verdaderamente comencé a entender con claridad los muchos aspectos del liderazgo.

LAS CUATRO FASES DE CRECIMIENTO DEL LIDERAZGO

Ya sea que usted tenga o no, una gran habilidad natural para el liderazgo, su desarrollo y progreso probablemente ocurrirá de acuerdo con las siguientes cuatro fases:

FASE 1. YO NO SÉ LO QUE NO SÉ

La mayoría de las personas dejan de reconocer el valor del liderazgo. Creen que el liderazgo es solo para unos pocos: las personas al principio de la escalera corporativa. No tienen idea de las oportunidades que desaprovechan cuando no aprenden a dirigir. Este punto pude entenderlo cuando el presidente de una universidad me comentó que solo unos pocos estudiantes se enlistaron para un curso sobre liderazgo ofrecido por la escuela. ¿Por qué? Porque solo unos cuantos se consideraban a sí mismos como líderes. Si hubieran sabido que el liderazgo es influencia y que en el curso de cada día la mayoría de los individuos tratan usualmente de influir cuando menos sobre otras cuatro personas, quizá se les habría despertado el deseo de aprender más sobre el tema. Es una lástima, porque mientras una persona no sepa qué no sabe, no crece.

FASE 2. YO SÉ QUÉ NO SÉ

Por lo general en algún momento de nuestra vida, estamos situados en una posición de liderazgo solo para mirar a nuestro derredor y descubrir que nadie nos sigue. Es entonces que comprendemos que necesitamos aprender cómo dirigir. Y por supuesto, allí es cuando es posible que el proceso tenga su comienzo. El primer ministro inglés Benjamín Disraeli comentaba sabiamente: «Estar consciente de que se ignoran los datos es un gran paso hacia el conocimiento».

LOS LÍDERES EXITOSOS SIEMPRE ESTÁN APRENDIENDO. EL PROCESO DE APRENDIZAJE ES PROGRESIVO, RESULTADO DE LA AUTODISCIPLINA Y LA PERSEVERANCIA.

Eso me sucedió a mí cuando ocupé mi primera posición de liderazgo en 1969. Yo había capitaneado equipos deportivos toda mi vida y había sido presidente de la organización estudiantil en la universidad, de modo que ya me creía un líder. Pero cuando traté de dirigir a las personas en el mundo real, me encontré con la amarga verdad. Ello me movió a comenzar a reunir información y a aprender de ella. También se me ocurrió otra idea: escribí a los diez máximos líderes en mi campo y les ofrecí cien dólares por media hora de su tiempo, de modo que pudiera hacerles preguntas. (Eso era una gran cantidad de dinero para mí en 1969). Durante los años que siguieron, mi esposa Margaret y yo, planeamos ir de vacaciones a los lugares cercanos a donde esas personas vivían. Si un gran líder en Cleveland decía sí a mi solicitud, aquel año nos íbamos de vacaciones a Cleveland, de forma que pudiera reunirme con él. Y mi idea realmente dio resultado. Aquellos hombres compartieron su sabiduría conmigo y aprendí como no pude haberlo hecho de otro modo.

FASE 3. YO CREZCO Y SÉ, Y SE SABE QUE SÉ

Cuando uno reconoce su falta de capacidad y comienza a practicar cada día la disciplina de crecimiento personal en el liderazgo, comienzan a suceder cosas emocionantes.

Tiempo atrás enseñaba a un grupo de personas en Denver y en el grupo noté la presencia de un perspicaz jovencito de diecinueve años llamado Brian. Por un par de días observé cómo tomaba notas ávidamente. Hablé con él varias veces durante los intermedios. Cuando pasé a la parte del seminario donde enseñaba la Ley del Proceso, le pedí a Brian que se pusiera de pie de modo que pudiera hablarle mientras todos escuchaban. Le dije: «Brian, te he observado y estoy muy impresionado por el intenso deseo que tienes de aprender, investigar y crecer. Quiero decirte un secreto que cambiará tu vida». Todos en el auditorio parecieron inclinarse hacia adelante. «Creo que dentro de unos veinte años, vas a ser un gran líder y deseo animarte a que hagas de ti mismo un estudiante de liderazgo de por vida. Lee libros, escucha grabaciones con regularidad y sigue asistiendo a seminarios. Y siempre que te encuentres una pepita de oro de una verdad o de una cita valiosa, guárdala en tu archivo para el futuro».

«No va a ser fácil», le dije, «pero en cinco años, verás el progreso a medida que tu influencia se hace mayor. En diez años vas a desarrollar una competencia que hará tu liderazgo altamente efectivo. Y en veinte años, cuando tengas solo treinta y nueve años, si has continuado aprendiendo y creciendo, otros probablemente comenzarán a pedirte que les enseñes liderazgo. Y algunos se asombrarán. Se mirarán uno al otro y dirán: «¿Cómo llegó a ser tan sabio de pronto?».

«Brian, puedes ser un gran líder, pero esto no ocurrirá en un día. Comienza a pagar el precio ahora».

Lo que es verdad respecto de Brian, es también verdad respecto a usted. Comience a desarrollar su liderazgo hoy y algún día experimentará los efectos de la Ley del Proceso.

FASE 4. SIGO ADELANTE SENCILLAMENTE POR LO QUE SÉ

Uno puede ser bastante efectivo como líder cuando está en la fase 3, pero tiene que pensar cada paso que da.

Sin embargo, cuando llega a la fase 4, su capacidad para ser líder se vuelve casi automática. Y es entonces cuando la recompensa se vuelve inmensa. Sin embargo, la única manera de llegar allá es obedecer la Ley del Proceso y pagar el precio.

PARA LIDERAR MAÑANA, APRENDA HOY

El liderazgo se desarrolla día a día, no en un solo día. Esta es la realidad que dicta la Ley del Proceso. Lo bueno es que su capacidad de liderazgo no es estática. Independientemente de dónde ha comenzado, puede mejorar. Esto es cierto aún para las personas que se han destacado en el escenario mundial del liderazgo. Si bien la mayoría de los presidentes de Estados Unidos alcanzan la cúspide mientras están en el cargo, otros continúan creciendo y llegan a ser mejores líderes después, tal como el expresidente Jimmy Carter. Algunas personas cuestionaron su capacidad para dirigir mientras estaba en la Casa Blanca. Pero en años recientes el nivel de influencia de Carter ha aumentado continuamente. Su alta integridad y su dedicación a servir al pueblo a través de Habitat para la Humanidad y otras organizaciones han hecho crecer su influencia. La gente está ahora verdaderamente impresionada con su vida.

LA LUCHA POR ABRIRSE CAMINO

Hay un viejo adagio que dice: «Los campeones no se hacen campeones en el cuadrilátero; allí solo obtienen el reconocimiento». Es cierto. Si usted quiere ver dónde se desarrolla alguien como campeón, fíjese en su rutina diaria. El ex campeón de peso completo Joe Frazier expresó: «Se puede trazar un plan de pelea o un plan de vida. Pero cuando comienza la acción, uno depende de sus reflejos. Allí es donde se manifiesta lo que ha hecho. Si hace trampas cuando aún está oscura la mañana, se le descubrirá bajo el brillo de la luz».[1] El boxeo es una buena analogía para el desarrollo del liderazgo, porque consiste en una preparación diaria. Aún si una persona tiene talento natural, tiene que prepararse y adiestrarse para llegar a tener éxito.

Uno de los mayores líderes de este país fue un fanático del boxeo: el presidente Teodoro Roosevelt. De hecho, una de sus más famosas citas utiliza una analogía del boxeo:

> No es la crítica lo que cuenta, ni lo es quien señala cómo el fuerte se tambalea y dónde el que pega más duro pudo hacerlo mejor. El crédito corresponde al hombre que está en la arena, cuya cara está estropeada por el polvo, el sudor y la sangre; quien batalla valientemente; quien comete errores y fracasa muchas veces; quien conoce los grandes entusiasmos, las grandes devociones y se desgasta en una causa digna; quien, en el mejor de los casos conoce al final el triunfo de una gran conquista; y quien, en el peor de los casos, si fracasa, al menos fracasa habiendo hecho su mejor esfuerzo, de modo que su lugar nunca estará con las almas frías y tímidas que no saben de victorias ni de derrotas.

Roosevelt, quien era boxeador, no solo fue un eficiente líder sino el más deslumbrante de todos los presidentes de Estados Unidos.

UN HOMBRE DE ACCIÓN

TR (el apodo de Roosevelt) era conocido por su boxeo regular y sus sesiones de judo, sus atrevidos recorridos a caballo y sus largas y arduas caminatas. Un embajador de Francia que visitaba a Roosevelt solía contar acerca de la ocasión en que acompañó al Presidente en una caminata por los bosques. Cuando llegaron a la orilla de un riachuelo que era muy hondo para cruzarlo a pie, TR se despojó de sus ropas y esperaba que el dignatario hiciera lo mismo, de suerte que ambos pudieran nadar hasta la orilla del otro lado. Nada era obstáculo para Roosevelt.

Su entusiasmo y su vigor parecían no tener límites. Como candidato presidencial en 1900, pronunció 673 discursos y viajó 30.000 kilómetros haciendo campaña a favor del presidente McKinley. Y años después de su presidencia, mientras se preparaba para pronunciar un discurso en Milwaukee, Roosevelt recibió un disparo en el pecho de un presunto asesino. Con una costilla fracturada y una bala en el pecho, insistió en pronunciar su discurso de una hora antes de permitir que lo llevaran al hospital.

ROOSEVELT COMENZÓ DESPACIO

De todos los líderes que esta nación ha tenido, Roosevelt fue uno de los más fuertes, tanto física como mentalmente. Pero no fue así en sus comienzos. El presidente vaquero norteamericano nació en Manhattan en el seno de una prominente y rica familia. Cuando niño era débil y muy enfermizo. Padecía de un asma que lo debilitaba, era de muy poca vista y extremadamente delgado. Sus padres no estaban seguros de que podría sobrevivir.

A los doce años, el padre del joven Roosevelt le dijo: «Tú tienes la mente, pero no tienes el cuerpo y sin la ayuda del cuerpo la mente no puede ir tan lejos como debería. Tienes que construir el cuerpo». Y así lo hizo. TR comenzó a dedicar tiempo cada día a construir su cuerpo así como su mente y eso lo hizo por el resto de su vida. Levantaba pesas, daba caminatas, esquiaba, cazaba, remaba, montaba a caballo y boxeaba. Para la época en que TR se graduó en Harvard, ya se hallaba listo para abordar el mundo de la política.

NO HUBO ÉXITO DE LA NOCHE A LA MAÑANA

Roosevelt no llegó tampoco a ser un gran líder de un día para otro. Su camino hacia la presidencia fue de un lento y continuo crecimiento. Mientras servía en varios puestos, desde comisionado de policía en la ciudad de Nueva York hasta presidente de Estados Unidos, se mantuvo aprendiendo y creciendo. Se superó y con el tiempo llegó a ser un líder fuerte, lo cual es prueba adicional de que vivió de acuerdo con la Ley del Proceso.

La lista de los logros de Roosevelt es notable. Bajo su liderazgo, Estados Unidos surgió como potencia mundial. Ayudó a que el país desarrollara una marina de primera clase, logró que se construyera el Canal de Panamá, negoció la paz entre Rusia y Japón y ganó el Premio Nobel de la Paz en el proceso. Y aunque la gente cuestionaba el liderazgo de TR —ya que había llegado a presidente cuando asesinaron a McKinley— hizo campaña y fue reelegido por una mayoría que ningún presidente había obtenido hasta entonces.

Siempre fue el hombre de acción: cuando completó su término como presidente en 1909, inmediatamente viajó al África donde dirigió una expedición científica patrocinada por la Institución Smithsonian.

El 6 de enero de 1919, en su hogar de Nueva York, Teodoro Roosevelt murió mientras dormía. El entonces vicepresidente Marshall dijo: «La muerte tuvo que sorprenderlo durmiendo, porque si Roosevelt hubiera estado despierto, habría habido pelea». Cuando lo levantaron de la cama, hallaron un libro bajo su almohada. Hasta el último momento, TR trató de aprender y de superarse. Todavía practicaba la Ley del Proceso.

Si usted desea ser un líder, la buena noticia es que puede lograrlo. Todo el mundo tiene el potencial, pero este no se logra de un día para otro. Exige perseverancia. Y usted no puede ignorar absolutamente la Ley del Proceso. El liderazgo no se desarrolla en un día. Toma toda la vida.

Parte II

Las características de un líder

3

¿CÓMO PUEDO LLEGAR A DISCIPLINARME?

La primera persona a quien uno dirige es a uno mismo.

El camino hacia la cima es difícil. Pocas personas alcanzan la posición en la que son considerados de los mejores en su trabajo. Y aún a menos se les considera de los mejores que jamás han existido. Sin embargo, eso es lo que Jerry Rice ha logrado. Se le considera la mejor persona que ha jugado como receptor en fútbol. Y tiene pruebas para demostrarlo.

La gente que lo conoce bien dice que es la persona ideal para esa labor. Físicamente, los dones que Dios le ha dado son increíbles; sin embargo, estos por sí solos no lo han hecho grande. La verdadera clave de su éxito ha sido su autodisciplina. Trabaja y se prepara como nadie en el fútbol profesional... cada día.

Durante las prácticas en la escuela secundaria, el entrenador de Rice, Charles Davis, hacía a sus jugadores correr a toda velocidad, veinte veces, subiendo y bajando una lomita de cuarenta yardas. En un día particularmente cálido y húmedo de Mississippi, Rice estuvo a punto de parar después de once subidas y bajadas. Mientras se escabullía hacia los vestidores, comprendió lo que estaba haciendo. «No te des por vencido», se dijo. «Una vez que busques esa salida, te acostumbraras a hacerlo y vas a pensar que está bien». Regresó, terminó su ejercicio y nunca más lo ha dejado.

Como jugador profesional, se ha hecho famoso por su habilidad para escalar a toda velocidad otra altura: una escarpada senda de cuatro kilómetros en un parque de San Carlos, California, que Rice tiene como parte regular de su programa de ejercicio. Otros jugadores notables tratan de hacer lo mismo en esta práctica, pero se quedan atrás, asombrados de su resistencia. Esto es solo una parte de la rutina regular de Rice. Aún fuera de la temporada, mientras otros jugadores están de pesca o descansando, Rice realiza su ejercicio normal de rutina, que dura desde las 7:00 a.m. hasta el mediodía.

«Lo que muchos no entienden acerca de Jerry es que con él, el fútbol es cosa de doce meses», ha dicho el esquinero de la NFL, Kevin Smith. «Nació para eso, y sin embargo se esfuerza. Eso es lo que separa lo bueno de lo grande».

NO IMPORTA CUÁN DOTADO SEA UN LÍDER, SUS DOTES NUNCA ALCANZARÁN SU MÁXIMO POTENCIAL SIN LA APLICACIÓN DE LA AUTODISCIPLINA.

Rice recientemente alcanzó otro triunfo en su carrera: retornó a ella luego de una lesión devastadora. Anteriormente nunca había faltado a un juego en diecinueve temporadas de fútbol, un testimonio de su ética disciplinada de trabajo y su absoluta tenacidad. Cuando se lesionó una rodilla el 31 de agosto de 1997, la gente creyó que había puesto fin a la temporada. Era lógico, pues únicamente un jugador con un daño similar había regresado durante la misma temporada: Rod Woodson. Este se había rehabilitado en cuatro meses y medio. Rice lo hizo en tres y medio por puro coraje, determinación y autodisciplina increíbles. La gente nunca había visto antes nada igual, y puede que no lo vea otra vez. Y Rice continúa enriqueciendo su récord y su reputación mientras ayuda a su equipo a ganar.

UNA DIRECCIÓN DISCIPLINADA

Jerry Rice es un perfecto ejemplo del poder de la autodisciplina. Nadie logra y mantiene el éxito sin ella. Y no importa cuán dotado sea un líder, nunca sus dotes alcanzarán su máximo potencial sin la aplicación de la autodisciplina. Esta permite que un líder alcance el nivel más elevado y es la clave para un liderazgo duradero.

Si usted desea llegar a ser un líder para quien la autodisciplina sea una ventaja, siga estos puntos de acción:

DESAFÍE SUS EXCUSAS

Para desarrollar una vida disciplinada, una de sus primeras tareas debe ser desafiar y eliminar toda tendencia a ponerse excusas. Como dijo el escritor clásico francés Francois La Rochefoucauld: «Casi todas nuestras faltas son más perdonables que los métodos que ideamos para esconderlas». Si usted tiene algunas razones por las cuales no puede autodisciplinarse, comprenda que son solo un puñado de excusas que tiene que desafiar si desea pasar al siguiente nivel como líder.

SUPRIMA LAS RECOMPENSAS HASTA TERMINAR LA TAREA

El autor Mike Delaney afirmó sabiamente: «Todo negocio o industria que otorgue igual recompensa a sus holgazanes y a sus superactivos tarde o temprano se encontrará con más holgazanes que superactivos». Si uno carece de autodisciplina, puede haber caído en el hábito de comer el postre antes que los vegetales.

Esta narración ilustra el poder de aplazar las recompensas. Una pareja de ancianos había estado un par de días en un campamento, cuando una familia llegó al sitio contiguo al de ellos. Tan pronto como su vehículo deportivo se detuvo, los padres y sus tres muchachos saltaron del carro. Uno de los chicos bajó rápidamente las neveritas, los maletines portátiles y otros enseres, mientras los otros dos montaron sin demora las carpas. El sitio quedó listo en quince minutos.

La pareja de ancianos estaba maravillada. «Ustedes de veras que trabajan muy bien juntos», dijo con admiración el caballero entrado en años.

«Lo que se necesita es un método», contestó el padre. «Nadie puede ir al baño hasta que la tienda de campaña esté montada».

MANTÉNGASE CONCENTRADO EN LOS RESULTADOS

Siempre que usted se concentre en la dificultad del trabajo, en lugar de hacerlo en los resultados o en las compensaciones, es probable que llegue a desalentarse. Deténgase en esto demasiado tiempo y fomentará autocompasión en vez de autodisciplina. La próxima vez que se enfrente a una tarea de cumplimiento obligado, y esté pensando en hacer lo que es cómodo en lugar de pagar el precio, cambie de enfoque. Cuente los beneficios que trae el hacer lo que es correcto y láncese.

SI SABE QUE TIENE TALENTO, Y HA VISTO MUCHA ACCIÓN PERO POCOS RESULTADOS CONCRETOS, LE PUEDE ESTAR FALTANDO AUTODISCIPLINA.

El autor H. Jackson Brown dijo con agudeza: «El talento sin disciplina es como un pulpo en patines. Hay mucho movimiento, pero uno nunca sabe si es hacia adelante, hacia atrás o hacia los lados. Si usted sabe que tiene talento, y ha visto mucha acción pero pocos resultados concretos, puede estar careciendo de autodisciplina».

Vea el programa de la semana pasada. ¿Cuánto tiempo dedicó usted a actividades regulares y disciplinadas? ¿Hizo algo por crecer y mejorarse profesionalmente? ¿Participó en actividades promotoras de la buena salud? ¿Dedicó parte de sus ingresos al ahorro o a la inversión? Si ha estado omitiendo esas cosas y diciéndose que las hará más tarde, puede que necesite mejorar su autodisciplina.

4

¿A QUÉ DEBO DAR PRIORIDAD
EN MI VIDA?

La disciplina para establecer prioridades y la capacidad de trabajar
hacia una meta fijada, son esenciales para el éxito de un líder.

El éxito puede definirse como la progresiva realización de una meta pre-
determinada. Esta definición nos dice que la disciplina para establecer
las prioridades y la capacidad de trabajar hacia una meta fijada son esenciales para el éxito de un líder. En efecto, creo que esta es la clave del liderazgo.

Hace muchos años, mientras me preparaba para obtener un título en
ciencias comerciales, aprendí acerca del Principio Pareto. Se le llama comúnmente Principio 20/80. Aunque recibí poca información sobre este
principio en esa época, comencé aplicándolo a mi vida. Años después encuentro que era la herramienta más útil para determinar las prioridades en
la vida de cualquier persona o de cualquier organización.

EL PRINCIPIO PARETO: EL PRINCIPIO 20/80

Un veinte por ciento de sus prioridades le darán un ochenta por ciento de
su producción. Si usted emplea su tiempo, energía, dinero y personal en el
veinte por ciento de sus prioridades principales, ocurrirá lo que se visualiza
en la figura:

PRIORIDAD   PRODUCCIÓN

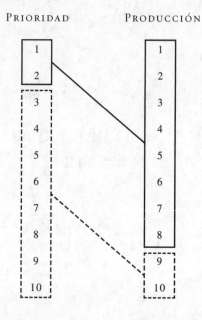

Las líneas sólidas en esta ilustración del Principio 20/80 representan a una persona u organización que invierte tiempo, energía, dinero y personal en las prioridades más importantes. El resultado es un aumento de cuatro veces en la productividad. Las líneas de puntos representan a una persona u organización que emplea tiempo, energía, dinero y personal en prioridades secundarias. El resultado es un aumento muy pequeño.

EJEMPLOS DEL PRINCIPIO PARETO

Tiempo   El veinte por ciento de nuestro tiempo produce un ochenta por ciento de los resultados.

Consejería El veinte por ciento de las personas toman el ochenta por ciento de nuestro tiempo.

Productos   El veinte por ciento de los productos originan el ochenta por ciento de las ganancias.

Lectura   El veinte por ciento de los libros contienen el ochenta por ciento del contenido.

Empleo   El veinte por ciento de nuestro trabajo nos da el ochenta por ciento de nuestra satisfacción.

Charla   El veinte por ciento de la presentación produce el ochenta por ciento del impacto.

Donaciones   El veinte por ciento de las personas dará el ochenta por ciento del dinero.

Liderazgo   El veinte por ciento de las personas hará el ochenta por ciento de las decisiones.

Excursión   El veinte por ciento de las personas se comerá el ochenta por ciento del alimento.

Todo líder necesita entender el Principio Pareto en cuanto a la atención a la gente y el liderazgo. Por ejemplo, el ochenta por ciento del éxito de la compañía se deberá al veinte por ciento de las personas en una organización. La siguiente estrategia capacitará al líder para incrementar la productividad de una organización.

1. Determine cuáles son las personas que forman el veinte por ciento que más produce.
2. Invierta el ochenta por ciento del tiempo que le va a dedicar a las personas en ese veinte por ciento que produce más.
3. Invierta el ochenta por ciento de los dólares destinados para desarrollo de su personal en el veinte por ciento que produce más.
4. Determine qué veinte por ciento del trabajo produce un ochenta por ciento del resultado y adiestre a un ayudante para realizar el ochenta por ciento del trabajo menos efectivo. Esto le da libertad a los que producen para hacer lo que mejor saben hacer.
5. Pídale al veinte por ciento principal que vaya dando adiestramiento en el propio trabajo al siguiente veinte por ciento.

Recuerde que nosotros enseñamos lo que sabemos; reproducimos lo que somos. Como nos hicieron, así concebiremos. Yo enseño este principio en conferencias sobre liderazgo, y con frecuencia se me pregunta, «¿Cómo identifica uno ese veinte por ciento de influyentes/productores en la organización?». Sugiero que haga una lista de cada uno en su compañía o departamento. Hágase usted mismo esta pregunta sobre cada individuo: «¿Si esta persona toma una acción negativa contra mí o me retira su apoyo, cómo será el impacto?». Si cree que no podría funcionar, ponga una marca junto al nombre de la persona. Si la persona puede ayudarlo o dañarlo, pero no puede afectarlo a usted en cuanto a su capacidad para lograr cosas importantes, no ponga una marca junto a ese nombre. Cuando termine de marcar los nombres, habrá marcado entre el quince o el veinte por ciento de los nombres. Estas son las relaciones vitales que necesita desarrollar y a las que debe dotarse con una suma adecuada de los recursos necesarios para el crecimiento de la organización.

ORGANICE O AGONICE

Recuerde: no es qué tan duramente usted trabaja; es qué tan inteligentemente lo hace. La capacidad de barajar con éxito tres o cuatro proyectos prioritarios es un deber primordial de todo líder.

UNA VIDA EN LA CUAL CUALQUIER COSA VIENE BIEN SERÁ AL FINAL DE CUENTAS UNA VIDA EN LA QUE NADA OCURRE.

Priorizar tareas

Alta Importancia/Gran Urgencia: Aborde estos proyectos primero.

Alta Importancia/Poca Urgencia: Establezca plazos fijos para completar los proyectos y haga que estos se incluyan en su rutina diaria.

Baja importancia/Gran Urgencia: Descubra maneras rápidas y eficientes para que su trabajo se complete sin mucha participación personal. Si es posible, delegue esto a un subalterno que pueda hacerlo.

Baja Importancia/Poca Urgencia: Este es un trabajo complicado o monótono, tal como archivar. Ordénelos en grupo y hágalo en períodos de media hora cada semana; busque a alguien para hacer esto o no lo haga. Antes de posponer hasta mañana algo que usted puede hacer hoy, estúdielo bien. Quizá puede posponerlo indefinidamente.

ESCOGER O PERDER

Cada persona es un iniciador o un seguidor cuando se trata de planear. Un ejemplo es nuestro calendario. La cuestión no es decir «¿estará llena mi agenda?»; sino «¿quién llenará mi agenda?». Si somos líderes de otros, la pregunta no es «¿veré a alguien?», sino «¿a quién veré?». Mi observación es que los líderes tienden a iniciar y los seguidores tienden a reaccionar. Nótese la diferencia:

LÍDERES	SEGUIDORES
Inician	Reaccionan
Dirigen, toman el teléfono y se ponen en contacto	Escuchan; esperan a que suene el teléfono
Emplean tiempo planeando; anticipan los problemas	Emplean tiempo viviendo «de día en día» y reaccionando ante los problemas
Invierten tiempo con las personas	Pierden tiempo con la gente
Llenan su agenda de prioridades	Llenan la agenda con solicitudes

EVALUAR O ESTANCARSE

Muchas veces las prioridades no son en blanco y negro, sino en muchos tonos de gris. Me he dado cuenta que lo que uno sabe menos es lo que debe poner primero. Las siguientes preguntas lo ayudarán en el proceso de las prioridades:

¿Qué se exige de mí? Un líder puede renunciar a todo menos a su responsabilidad final. La pregunta que siempre debe responderse antes de aceptar un nuevo empleo es «¿qué se exige de mí?». En otras palabras, ¿qué es lo que tengo que hacer, que nadie sino yo puede hacerlo? Sea lo que sea, debe ponerse en primer plano en la lista de prioridades. Dejar de hacerlo lo hará figurar entre los desempleados. Habrá muchas responsabilidades de diferentes niveles en su puesto, pero solo unas cuantas habrá que exijan que sea usted el único que las haga. Distinga entre lo que usted tiene que hacer y lo que puede delegarse a otro.

¿Qué me da el mayor rendimiento? El esfuerzo que se invierte debe estar al nivel de los resultados que se esperan. Una pregunta que debemos hacernos siempre es esta: «¿Estoy haciendo lo que sé hacer mejor y obteniendo buenos resultados para la organización?». Tres problemas comunes en muchas organizaciones son:

* Abuso. Muy pocos empleados están haciendo demasiado.
* Desuso. Demasiados empleados están haciendo demasiado poco.
* Uso indebido. Demasiados empleados están haciendo lo que no deben.

¿Qué es lo más remunerador? La vida es muy corta para que no sea divertida. Nuestro mejor trabajo lo hacemos cuando lo disfrutamos. Hace algún tiempo hablé en una conferencia de líderes donde traté de enseñar este principio. El título de mi conferencia fue «Acepte este empleo y disfrútelo». Animé al auditorio a encontrar algo que les gustara tanto hacer que se sintieran contentos de hacerlo gratis. Luego sugerí que aprendieran a hacerlo tan bien que las personas se sintieran felices de pagarles. Usted se goza porque está haciendo una contribución al mundo.

El éxito en su trabajo aumentará notablemente si las tres R —Requisito, Rendimiento y Recompensa— son similares. En otras palabras, si los requisitos de mi trabajo son iguales a las fuerzas que me dan el más alto rendimiento y el hacer estas cosas me produce gran placer, entonces tendré éxito si actúo de acuerdo a mis prioridades.

PRINCIPIOS DE LAS PRIORIDADES

LAS PRIORIDADES NUNCA SE QUEDAN EN EL MISMO LUGAR

Las prioridades continuamente cambian y exigen atención. H. Ross Perot dijo que todo lo que es excelente o digno de elogio está a cada momento en primer plano y hay que pelear por ello constantemente. Las prioridades bien establecidas siempre se basan en el «primer plano».

Para mantener las prioridades en su lugar:

- Evalúe: Cada mes revise las tres R: requisito, rendimiento y recompensa.
- Elimine: Pregúntese: «¿Qué estoy haciendo que puede hacer otro?».
- Calcule: ¿Cuáles son los proyectos principales que está realizando este mes y cuánto tiempo exigen?

NO DEBE SOBREESTIMAR LA FALTA DE IMPORTANCIA DE PRÁCTICAMENTE TODO

Me encanta este principio. Es un poco exagerado pero hay que decirlo. William James dijo que el arte de ser sabio es «el arte de conocer qué se pasó por alto». Lo insignificante y lo mundano nos roba mucho de nuestro tiempo. Demasiadas personas viven para lo que no deben vivir.

El doctor Anthony Campolo comenta sobre un estudio sociológico en el cual a cincuenta personas mayores de noventa y cinco años se les hizo una pregunta: «Si pudiera vivir su vida otra vez, ¿qué haría diferente?». Esta fue una pregunta de ilimitadas respuestas y una multiplicidad de ellas surgió de labios de aquellos ciudadanos de edad muy avanzada. Por supuesto, tres respuestas se repitieron constantemente y dominaron el resultado del estudio. Estas tres respuestas fueron:

- Si tuviera que hacerlo otra vez, reflexionaría más.
- Si tuviera que hacerlo otra vez, me arriesgaría más.
- Si tuviera que hacerlo otra vez, haría más cosas que permanecieran después de mi muerte.

A una joven violinista de concierto se le preguntó el secreto de su éxito. Respondió «negligencia deliberada». Y explicó: «Cuando estaba en la escuela, había muchas cosas que exigían mi tiempo. Cuando iba a mi cuarto después del desayuno, hacía mi cama, ordenaba mi cuarto, barría el piso y hacía cuanto venía a mi atención. Después me apresuraba a mi práctica de violín. Y me di cuenta que no progresaba como pensaba que debía, de modo que alteré el orden de mis tareas. Hasta completar el período de mi práctica, deliberadamente no abandoné todo lo demás. Creo que en parte mi éxito se debe a aquel programa de negligencia deliberada».[1]

LO BUENO ES ENEMIGO DE LO MEJOR

La mayoría de las personas pueden establecer prioridades cuando se enfrentan con asuntos correctos o erróneos. El reto surge cuando nos enfrentamos con dos buenas opciones. ¿Qué debemos hacer ahora? ¿Qué tal si ambas opciones encajan cómodamente dentro de los requisitos, el rendimiento y la recompensa de nuestro trabajo?

Cómo romper el empate entre dos buenas opciones

- Pregúntele a su capataz o a sus compañeros de trabajo cuál es la que prefieren.
- ¿Puede encomendarse una de las opciones a otra persona?
- ¿Qué opción sería más beneficiosa para el cliente? Muchísimas veces somos como el comerciante que estaba tan empeñado en

mantener la tienda limpia que nunca abría la puerta principal. ¡La verdadera razón de operar la tienda es que los clientes la visiten, no limpiarla!

- Tome su decisión basándola en el propósito de la organización.

LAS DEMASIADAS PRIORIDADES NOS PARALIZAN

Todos nosotros hemos visto nuestro escritorio lleno de recordatorios y papeles, hemos escuchado sonar el teléfono y hemos visto que se abre la puerta, y todo al mismo tiempo. ¿Recuerda el escalofrío que sintió?

William H. Hinson nos dice por qué los entrenadores de animales usan una banqueta cuando entran en la jaula de un león. Tienen un látigo, por supuesto, y pistolas a su lado. Pero invariablemente llevan una banqueta. Dice Hinson que este es el instrumento más importante del entrenador. Este sostiene la banqueta por el espaldar y empuja las patas hacia la cara de la fiera. Los que saben afirman que el animal trata de concentrarse en las cuatro patas al mismo tiempo. Al intentar enfocar su mirada en las cuatro patas, una especie de parálisis le sobreviene, y se pone manso, débil e inhabilitado debido a que su atención está fragmentada. (Ahora tendremos más empatia con los leones).

Si usted está sobrecargado de trabajo, enumere las prioridades en una hoja de papel separada antes de llevarla a su jefe y vea lo que él escoge como prioridades.

Al fin de cada mes yo planeo y escribo mis prioridades para el siguiente mes. Me siento con mi ayudante y hago que coloque esos proyectos en el calendario. Ella me maneja cientos de cosas mensualmente. Sin embargo, cuando algo es de suma importancia o suma urgencia, se lo comunico de modo que pueda colocarse sobre las otras cosas. Todos los verdaderos líderes han aprendido a decir no a lo bueno, a fin de decir sí a lo mejor.

CUANDO LAS PEQUEÑAS PRIORIDADES EXIGEN MUCHO DE NOSOTROS, SURGEN GRANDES PROBLEMAS

Robert J. McKain dijo: «La mayoría de los objetivos principales no se logran porque gastamos nuestro tiempo haciendo primero las cosas secundarias».

LA EFICIENCIA ES EL FUNDAMENTO DE LA SUPERVIVENCIA, LA EFECTIVIDAD ES EL FUNDAMENTO DEL ÉXITO.

Con frecuencia las pequeñas cosas de la vida nos hacen tropezar. Un trágico ejemplo es el gigantesco avión a reacción de Eastern Airlines que se estrelló en los Everglades de la Florida. El avión era el ahora famoso vuelo 401, que partió de Nueva York rumbo a Miami con una pesada carga de pasajeros que iban de vacaciones. A medida que el avión se acercaba al aeropuerto de Miami para aterrizar, la luz que indica si el despliegue del engranaje de aterrizaje es adecuado, dejó de alumbrar. El avión dio una gran vuelta en círculo sobre los pantanos de los Everglades; mientras, los tripulantes desde la cabina verificaban si el engranaje realmente no se había desplegado, o si el bombillo de la señal lumínica estaba defectuoso.

Cuando el ingeniero de vuelo trató de cambiar el bombillo, este no se movía y los otros miembros de la tripulación trataron de ayudarlo. Mientras bregaban con el bombillo, nadie notó que el avión estaba perdiendo altitud, y sencillamente cayó directamente dentro del pantano. Docenas de personas murieron en el accidente. Mientras una experta tripulación de pilotos bien pagados lidiaba con el bombillo de setenta y cinco centavos, el avión con sus pasajeros cayó directamente a tierra.

LAS FECHAS LÍMITE Y LAS EMERGENCIAS NOS OBLIGAN A ESTABLECER PRIORIDADES

En la Ley de Parkinson encontramos esto: si usted tiene que escribir solo una carta, le tomará todo el día escribirla. Si usted tiene veinte cartas por escribir, las hará en un día. ¿Cuándo es el momento de más efectividad en nuestro trabajo? ¡La semana antes de las vacaciones! ¿Por qué no podemos siempre conducir nuestra vida del modo que lo hacemos la semana antes de dejar la oficina, tomando decisiones, limpiando el escritorio, contestando las llamadas? Bajo condiciones normales somos eficientes (hacemos las cosas bien). Cuando aumenta la presión del tiempo o surgen las emergencias, llegamos a ser efectivos (hacemos las cosas debidas). La eficiencia es el fundamento de la supervivencia. La efectividad es el fundamento del éxito.

La noche del 14 de abril de 1912 el gran trasatlántico Titanic chocó con un témpano de hielo en el Atlántico y se hundió, lo que causó gran pérdida de vidas. Una de las más curiosas narraciones de aquel desastre fue la de una mujer que ocupó un sitio en uno de los botes salvavidas.

Preguntó si podía regresar a su camarote para recoger algo y le fueron concedidos solo tres minutos. En su camarote no se ocupó de sus joyas, sino que echó mano de tres naranjas y regresó rápidamente a su sitio en el bote.

Unas horas antes habría sido absurdo pensar que hubiera aceptado una canasta de naranjas ni siquiera a cambio de un pequeño diamante, pero las circunstancias habían transformado de pronto todos los valores a bordo del barco. La emergencia había puesto en claro sus prioridades.

Con mucha frecuencia aprendemos demasiado tarde lo que es en verdad importante

Gary Reddings cuenta esta historia sobre el senador Paul Tsongas de Massachussets. En enero de 1984 anunció que se retiraría del senado de Estados Unidos y que no buscaría la reelección. Tsongas era una estrella política en ascenso. Era un fuerte favorito para la reelección e incluso había sido mencionado como futuro candidato potencial a la presidencia o vicepresidencia de Estados Unidos.

Unas cuantas semanas antes de su anuncio, a Tsongas le habían informado que tenía cierta forma de cáncer linfático incurable, pero que podía recibir tratamiento. Con toda probabilidad, eso no afectaría grandemente su capacidad física ni su expectativa de vida. La enfermedad no forzó a Tsongas a salir del senado, pero lo forzó a encarar la realidad de su propia mortalidad. Ya no sería capaz de realizar todo lo que hubiera querido hacer. De modo pues ¿qué cosas de veras deseaba hacer en el tiempo que le quedaba?

Decidió que lo que más deseaba en la vida, a lo que no renunciaba si no podía tenerlo todo, era a estar con su familia y contemplar a sus hijos crecer. Lo prefería a redactar las leyes de la nación o a que su nombre apareciera en los libros de historia.

Poco después de anunciar su decisión, un amigo escribió una nota para felicitar a Tsongas por haber establecido correctamente sus prioridades. La nota rezaba así: «Jamás nadie en su lecho de muerte ha dicho, "Ojalá hubiera pasado más tiempo en mi negocio"».

5

¿CÓMO DESARROLLO LA CONFIANZA?

La confianza es el fundamento del liderazgo.

Una de las lecciones más importantes que un líder puede aprender es cómo funciona la confianza. Para mí, es un poco parecido a ganar y gastar el cambio del bolsillo. Cada vez que usted hace una buena decisión de liderazgo coloca cambio en su bolsillo. Cada vez que usted hace una decisión pobre tiene que pagar con algo de ese cambio a la gente.

Cada líder tiene cierta cantidad de cambio en su bolsillo cuando comienza en una nueva posición de liderazgo. A partir de allí, lo acrecienta o lo gasta. Si toma una mala decisión tras otra, sigue gastando el cambio. Entonces un día, después de tomar una última decisión mala, va a sacar de su bolsillo y ve que no tiene cambio. No importa si su error fue grande o pequeño. Cuando usted no tiene cambio, queda fuera como líder.

La historia de éxitos y fracasos de un líder provoca una gran diferencia en su credibilidad. Su gente sabe cuándo usted comete errores. El verdadero problema es si usted va a reconocerlo. Si lo hace, rápidamente podría volver a ganarse su confianza. Yo he aprendido de primera mano que cuando se trata de liderazgo, usted no puede tomar atajos, no importa cuánto tiempo haya estado dirigiendo a su gente.

LA CONFIANZA ES EL FUNDAMENTO DEL LIDERAZGO

Hay tres cualidades que un líder debe ejemplificar para ganarse la confianza de la gente: competencia, comunicación y carácter. La gente perdonará equivocaciones ocasionales basadas en la capacidad, especialmente si pueden ver que usted aún está creciendo como líder. Pero no confiarán en alguien que tiene deslices en su carácter. En esas cuestiones, aún los lapsos ocasionales son letales. Todo líder efectivo conoce esta verdad. El presidente y jefe ejecutivo de la Pepsi Cola, Craig Weatherup reconoce que «la gente tolera errores sinceros, pero si usted viola su confianza será muy difícil volverla a conquistar. Por eso es que usted necesita tratar la confianza como su bien más preciado. Usted puede engañar a su jefe pero nunca podrá engañar a sus colegas o subordinados».

El general H. Norman Schwarzkopf señala lo siguiente respecto al significado del carácter: «El liderazgo es una potente combinación de estrategia y carácter. Pero si va a faltar una de ellas, que sea la estrategia». El carácter y la credibilidad del liderazgo siempre van mano con mano. Anthony Harrigan, presidente del U.S. Business and Industrial Council, ha dicho:

> El papel del carácter siempre ha sido el factor clave en el ascenso y caída de las naciones. Y uno puede estar seguro que Estados Unidos no son una excepción a esta regla de la historia. No sobreviviremos como país porque seamos más inteligentes o más avanzados sino porque somos —espero— más fuertes interiormente. En resumen, el carácter es el único baluarte efectivo contra las fuerzas internas y externas que llevan a un país a la desintegración o al colapso.

El carácter hace posible la confianza. Y la confianza hace posible el liderazgo.

EL CARÁCTER COMUNICA

El carácter comunica muchas cosas a los seguidores:

EL CARÁCTER COMUNICA CONSISTENCIA
Con los líderes sin fuerza interior no se puede contar en la vida diaria a causa de su tendencia a estar siempre realizando cambios. El gran Jerry

West, de la NBA comentaba: «Uno no puede hacer mucho en la vida si solo trabaja los días en que se siente bien». Si su gente no sabe qué esperar de usted como líder, en algún momento dejarán de buscarlo para que los dirija.

CUANDO EL CARÁCTER DE UN LÍDER ES FUERTE,
LA GENTE CONFÍA EN ÉL Y EN SU CAPACIDAD
PARA DESPLEGAR SU POTENCIAL.

Piense en lo que ocurrió a finales de la década del 1980. Varios líderes cristianos de relieve se tambalearon y cayeron debido a problemas morales. Esa falta de solidez puso en tela de juicio su capacidad de dirigir a su pueblo. Es más, fue como un ojo amoratado para cada pastor en toda la nación, porque hizo que la gente llegara a sospechar de todos los líderes religiosos, sin considerar su expediente personal. El carácter deficiente de aquellos líderes caídos destruyó las bases de su liderazgo.

Cuando pienso en los líderes que personifican la consistencia de carácter, la primera persona que me viene a la mente es Billy Graham. Aparte de sus creencias religiosas personales, todo el mundo confía en él. ¿Por qué? Porque ha servido de modelo de un gran carácter por más de medio siglo. Billy Graham ejemplifica sus valores cada día. Nunca hace un compromiso a menos que vaya a cumplirlo. Y hace cualquier cosa por personificar la integridad.

EL CARÁCTER COMUNICA POTENCIAL

John Morley observaba: «Ningún hombre puede ascender más allá de las limitaciones de su carácter». Esto es especialmente cierto cuando se trata de liderazgo. Tómese, por ejemplo, el caso del entrenador de NHL Mike Keenan. A mediados de 1997 tenía un notable expediente de victorias en el hockey profesional: el quinto lugar más alto de victorias en temporadas regulares, el tercer lugar más alto en victorias de eliminación, seis títulos de división, cuatro apariciones finales en NHL y una Copa Stanley.

Sin embargo, a pesar de esas meritorias credenciales, Keenan no fue capaz de quedarse con un solo equipo por mucho tiempo. En once temporadas y media entrenó a cuatro diferentes equipos. Y después de dejar el cuarto equipo —los Azules de San Luis— no fue capaz de tener un empleo por largo tiempo. ¿Por qué? El cronista deportivo E. M. Swift dijo de Keenan lo siguiente: «La renuencia a emplear a Keenan es fácilmente explicable. Dondequiera que ha estado, ha puesto en pugna a los jugadores y a la administración».[1] Evidentemente, sus jugadores no le tenían confianza. Ni los dueños, quienes eran los que se beneficiaban si sus equipos ganaban.

Craig Weatherup explica: «Uno no crea confianza hablando del asunto. Se crea confianza logrando resultados, siempre con integridad y de manera que demuestre un verdadero interés en la gente con quien uno trabaja».[2] Cuando el carácter del líder es fuerte, la gente confía en él, y confían en su capacidad para desplegar su potencial. Eso no solo le da a los seguidores esperanza respecto del futuro, sino que promueve una gran fe en ellos mismos y en su organización.

EL CARÁCTER COMUNICA RESPETO

Cuando uno no tiene fortaleza interior no puede ganar respeto. Y el respeto es absolutamente esencial para un liderazgo duradero. ¿Cómo ganan respeto los líderes? Tomando sabias decisiones, reconociendo sus errores y haciendo lo que es mejor para sus seguidores y la organización, más allá de sus intereses personales.

El buen carácter de un líder crea confianza entre sus seguidores. Pero cuando un líder quebranta la confianza, destruye su capacidad para dirigir. Recordaba esto mientras escuchaba una lección que impartía mi amigo Bill Hybels. Cuatro veces al año él y yo enseñábamos en un seminario llamado «Liderazgo y comunicación para cambiar vidas». Bill dirigía una sesión titulada «Lecciones de una pesadilla de liderazgo» y compartía observaciones e ideas sobre algunos de los errores de liderazgo cometidos por Robert McNamara y el gobierno de Johnson durante la guerra de Vietnam. Entre estos errores estaban la incapacidad de la administración para establecer prioridades entre múltiples desafíos, su aceptación de suposiciones incorrectas y el fracaso de Johnson para enfrentar graves conflictos del personal administrativo. Pero en mi opinión, la idea más importante que Bill presentó durante esa charla tenía que ver con el hecho de que los líderes de Estados Unidos, incluyendo a McNamara, no encararon ni reconocieron públicamente los terribles errores que habían cometido respecto de la guerra en Vietnam. Sus acciones destruyeron la confianza del pueblo americano, y Estados Unidos han estado sufriendo sus repercusiones desde entonces.

Ningún líder puede quebrantar la confianza de su gente y esperar mantener el mismo nivel de influencia. La confianza es el fundamento del liderazgo. Si usted viola la confianza de su gente, ha terminado como líder.

6

¿CÓMO PLASMO EFECTIVAMENTE UNA VISIÓN?

Usted puede medir solo lo que puede ver.

Uno de los grandes soñadores del siglo veinte fue Walt Disney. Cualquier persona que haya podido crear el primer dibujo animado con sonido, el primer dibujo animado a todo color y la primera película de largo metraje con dibujos animados es definitivamente alguien con visión. Pero la obra maestra de visión que tuvo Walt Disney fue Disneyland y Walt Disney World. Y la chispa que creó esta visión vino del lugar menos pensado.

Cuando las dos hijas de Walt Disney eran pequeñas, las llevaba a un parque de diversiones en los alrededores de Los Angeles los sábados por la mañana. A sus niñas les encantaba, y a él también. Un parque de diversiones es un paraíso para los niños, con una atmósfera maravillosa.

Walt estaba especialmente cautivado por el carrusel. Cuando se aproximó a él, vio una mancha de brillantes imágenes que daba vueltas al compás de una vibrante música de órgano. Pero cuando se acercó más y el carrusel se detuvo, pudo ver que el ojo lo había engañado. Observó los desgastados caballitos con rajaduras y mala pintura; y notó que solo los caballitos del círculo exterior se movían hacia arriba y hacia abajo. Los otros permanecían inmóviles, fijos en el suelo.

El desencanto del dibujante de historietas lo inspiró con una gran visión. Con el ojo de su mente pudo ver un parque de diversiones donde la ilusión no se evaporase, donde los niños y los adultos pudieran disfrutar una atmósfera de carnaval sin el aspecto degradado que acompaña a algunos circos o carnavales ambulantes. Este sueño se convirtió en Disneyland. Como Larry Taylor señaló en *Be An Orange*, la visión de Walt podía resumirse como: «No pintura barata. Todos los caballitos saltan».

Fíjese antes de liderar

La visión lo es todo para un líder. Es totalmente indispensable. ¿Por qué? Porque la visión ejerce liderazgo sobre el líder. La visión dibuja el blanco. Centellea y enciende el fuego que hay en él, y lo impulsa hacia adelante. Y es también lo que prende el fuego para otros que siguen al líder. Muéstreme a un líder sin visión y le mostraré a alguien que no va a ninguna parte. En el mejor de los casos, está viajando en círculos.

Para examinar una visión y ver cómo forma parte de la vida de un buen líder, deben entenderse estas cosas:

La visión comienza en el interior

Cuando doy conferencias, a veces alguien me pide que le dé una visión para su organización. Pero no puedo hacerlo. Usted no puede comprar, suplicar o pedir prestada una visión. Esta tiene que venir de adentro. Para Disney, la visión no fue nunca un problema. Debido a su creatividad y deseo de excelencia, siempre vio lo que podría ser.

Si tiene falta de visión, busque en su interior. Extraiga de sus dones y deseos naturales. Fíjese en su llamado si tiene uno. Y si aún no siente una visión suya propia, asóciese con un líder cuya visión concuerde con su parecer. Hágase su socio. Esto es lo que hizo Roy, el hermano de Walt Disney. Era un buen hombre de negocios y un líder que podía hacer que las cosas sucedieran, pero Walt suministró la visión. Juntos hicieron un equipo increíble.

La visión surge de su propio historial

La visión no es una cualidad mística que viene del vacío, como algunas personas parecen creer. Surge del pasado de un líder y de la historia de la gente que lo rodea. Ese fue el caso de Disney. Pero esto es cierto para todos los líderes. Hable con cualquier líder y es muy probable que descubra hechos clave en su pasado que fueron instrumentos para la formación de su visión.

LA VISIÓN LLENA LAS NECESIDADES DE OTROS

La verdadera visión es de largo alcance. Va más allá de lo que un individuo puede realizar. Y si tiene verdadero valor hace algo más que incluir a otros; más bien añade valor a otros. Si usted tiene una visión que no sirve a otros, probablemente sea muy pequeña.

LA VISIÓN LO AYUDA A OBTENER RECURSOS

Uno de los más valiosos beneficios de la visión es que actúa como un imán que atrae, desafía y une a las personas. Asimismo logra recursos financieros y otros recursos. Cuanto mayor sea la visión, mayor será el número de ganadores que tiene el potencial de atraer. Mientras más desafiante sea la visión, más difícil será la batalla de los participantes por alcanzarla. Edwin Land, el fundador de Polaroid, recomendaba: «Lo primero que debe hacer es enseñar a la persona a sentir que la visión es muy importante y casi imposible. Eso impulsa a los ganadores».

CONCÉNTRESE EN ESCUCHAR

¿De dónde viene la visión? Para hallar la visión que es indispensable para el liderazgo, tiene que llegar a ser un buen oyente. Debe atender a varias voces.

LA VOZ INTERIOR

Como ya he dicho, la visión comienza en el interior. ¿Sabe usted cuál es su misión en la vida? ¿Qué conmueve su corazón? ¿En qué sueña? Si lo que usted busca no surge de un deseo profundo —de lo más hondo de quien usted es y cree—, no podrá lograrlo.

LA VOZ DESCONTENTA

¿De dónde viene la inspiración para las grandes ideas? De darse cuenta de lo que no da resultado. El descontento con el statu quo es un gran catalizador para una visión. ¿Tiene usted la complacencia a toda marcha? ¿O anhela cambiar su mundo? Ningún gran líder en la historia ha peleado por impedir el cambio.

LA VOZ DEL ÉXITO

Nadie puede lograr grandes cosas por sí solo. Para realizar una gran visión, usted necesita un buen equipo. Pero también necesita un buen consejo de alguien que le lleve la delantera en la jornada del liderazgo. Si desea conducir a otros hacia la grandeza, busque un mentor. ¿Tiene usted un consejero que pueda ayudarlo a hacer más definida su visión?

PIENSE EN LO QUE QUISIERA QUE CAMBIARA
EN EL MUNDO QUE LO RODEA.

LA VOZ MÁS ALTA

Si bien es verdad que su visión debe venir de adentro, uno no debe dejarla confinada a sus limitadas facultades. Una visión verdaderamente valiosa debe incluir a Dios. Solo Él conoce nuestras plenas capacidades. ¿Ha mirado usted más allá de usted mismo, aún más allá del curso de su propia vida, al buscar su visión? Si no, puede que esté desaprovechando su verdadero potencial y lo mejor de la vida.

Para mejorar su visión, haga lo siguiente:

Mídase. Si ha pensado antes sobre la visión de su vida y la ha articulado, mida cómo la está desarrollando. Hable con varias personas clave, tal como su cónyuge, un amigo cercano y empleados clave, y pídales que le digan, según ellos, cuál es la visión de usted. Si pueden articularla, usted probablemente la está viviendo.

Haga un examen profundo. Si no ha trabajado mucho por su visión, emplee las próximas semanas o meses pensando en ello. Considere lo que realmente lo impacta profundamente. *¿Qué le hace llorar?, ¿qué le hace soñar?, ¿qué le da energía?*

Piense también sobre lo que le gustaría ver cambiar en el mundo que lo rodea. ¿Qué ve que no es pero que debería ser? Una vez que sus ideas comiencen a ser más claras, escríbalas y hable con un consejero sobre las mismas.

Desde 1923 hasta 1955, Robert Woodruff sirvió como presidente de la Coca-Cola. Durante esos años, quiso que la Coca-Cola estuviera al alcance de todo soldado americano en todo el mundo por el precio de cinco centavos, independientemente de cuál fuera el costo para la compañía. ¡Qué meta tan atrevida! Pero eso no era nada en comparación con el panorama mayor que pudo ver en su mente en el curso de su vida: quería que toda persona en el mundo probara la Coca-Cola. Cuando escudriña en su corazón y en su alma una visión, ¿qué ve?

PARTE III

EL IMPACTO DE UN LÍDER

¿POR QUÉ ES IMPORTANTE
LA INFLUENCIA?

La verdadera medida del liderazgo es la influencia.
Nada más, nada menos.

Si usted no tiene influencia, jamás podrá ser líder de otros. ¿Cómo puede entonces hallarse y medirse la influencia? A continuación respondo a esa pregunta con una anécdota.

A finales del verano de 1997, la gente quedó impresionada por dos hechos que ocurrieron en un intervalo de menos de una semana: la muerte de la princesa Diana y de la Madre Teresa. Superficialmente, las dos mujeres no pudieron ser más diferentes. Una era una alta, encantadora, joven princesa de Inglaterra que se movía en la más alta sociedad. La otra, Premio Nobel de la Paz, era una monja católica pequeña y de edad avanzada, nacida en Albania, quien servía a los más pobres de los pobres en Calcuta, India.

Lo que es increíble es que el impacto de ambas fue notablemente similar. En una encuesta publicada en 1996 por el Daily Mail de Londres, la princesa Diana y la Madre Teresa recibieron la primera y segunda votaciones más altas como las dos personas más compasivas del mundo. Eso es algo que no ocurre a menos que uno cuente con una gran influencia. ¿Cómo es que alguien como Diana llegó a ser considerada a la par de la

Madre Teresa? La respuesta es que ella demostró el poder de la Ley de la Influencia.

Diana conquistó la imaginación
del mundo

En 1981, cuando se casó con el príncipe Carlos de Inglaterra, Diana llegó a ser la persona de quien más se hablaba en el mundo. Cerca de mil millones de personas contemplaron la boda de Diana televisada desde la Catedral de San Pablo. Y desde ese día, parecía que la gente no se cansaba de escuchar noticias sobre ella. La gente estaba intrigada con Diana, una plebeya que una vez fuera maestra de kindergarten. Al principio parecía demasiado tímida y totalmente abrumada por toda la atención que ella y su esposo estaban recibiendo. Al comienzo de su matrimonio, algunos reportajes señalaban que Diana no estaba muy feliz desempeñando los deberes que se esperaban de ella como princesa. Sin embargo, con el tiempo se ajustó a su nuevo papel. Cuando comenzó a viajar y a representar a la familia real en todo el mundo en diversas funciones, se hizo el propósito de servir a otros y levantar fondos para numerosas causas caritativas. Durante el proceso, entabló muchas relaciones importantes con políticos, organizadores de causas humanitarias, artistas y jefes de estado.

Diana comenzó convocando a la gente para causas tales como las investigaciones médicas sobre el SIDA, la atención a las personas leprosas y la prohibición de minas terrestres. Fue bastante influyente al traer esto último a la atención de los líderes mundiales. En una visita a Estados Unidos pocos meses antes de su muerte, se reunió con miembros del gobierno de Clinton para convencerlos de que apoyaran la Conferencia de Oslo que prohibía tales dispositivos. Y pocas semanas después, ellos cambiaron de postura. Patrick Fuller, de la Cruz Roja Británica, dijo: «La atención que ella despertó hacia el tema ejerció influencia en Clinton. Ella colocó la cuestión en la orden del día mundial, no cabe duda».[1]

Aparición de un líder

Al principio, el título nobiliario de Diana le había proporcionado solo una plataforma para dirigirse a otros, pero pronto se convirtió en una persona de influencia por derecho propio. En 1996, cuando se divorció del príncipe Carlos, perdió su título, pero esa pérdida no disminuyó en nada su impacto sobre otros. Al contrario, su influencia continuó en aumento mientras que la de su exesposo y su familia declinaban, a pesar de sus títulos y realeza.

Irónicamente, aún en la muerte, Diana continuó influyendo en otros. Cuando trasmitieron su funeral por la televisión y la radio de la BBC, se tradujo a cuarenta y cuatro idiomas. La NBC calculó que la audiencia alcanzó una cifra de 2 mil 500 millones de personas, más del doble de las personas que vieron su boda.

EL VERDADERO LIDERAZGO NO PUEDE CONFERIRSE
COMO PREMIO, NOMBRAMIENTO O ASIGNACIÓN.
SOLO SURGE DE LA INFLUENCIA.

A la princesa Diana la han calificado de muchas maneras. Pero una palabra que nunca escuché que se usara para describirla fue la de líder. Sin embargo, eso es lo que fue. A la larga hacía que las cosas sucedieran porque ella era una influencia y el liderazgo es influencia, nada más y nada menos.

CINCO MITOS SOBRE EL LIDERAZGO

Hay muchos conceptos equivocados y mitos que la gente hace suyos sobre los líderes y el liderazgo. He aquí cinco que son comunes:

1. EL MITO DE LA ADMINISTRACIÓN

Un concepto erróneo muy extendido es que dirigir y administrar son una misma cosa. Hasta hace pocos años, los libros que decían ser de liderazgo, a menudo eran de administración. La principal diferencia entre una y otra cosa es que liderazgo es influir sobre las personas para que lo sigan a uno, mientras que la administración se concentra en mantener sistemas y procesos. La mejor manera de probar si una persona puede dirigir antes que administrar es pedirle que cree un cambio positivo. Los administradores pueden mantener la dirección, pero no pueden cambiarla. Para movilizar a las personas hacia una nueva dirección se necesita influencia.

2. EL MITO DE LA EMPRESA

Frecuentemente, las personas dan por sentado que todos los vendedores y empresarios son líderes. Pero ese no es siempre el caso. Quizá recuerde los anuncios de Ronco que aparecían en televisión hace años sobre diversos artículos para la cocina. Esos productos eran las mejores ideas de un empresario llamado Ron Popeil. Este hombre, calificado como el vendedor del siglo, también aparecía en numerosos anuncios de productos para la calvicie y artículos para deshidratar alimentos.

Popeil es ciertamente emprendedor, innovador y triunfador, especialmente si se mide por los $300 millones que sus productos han ganado en las ventas. Pero eso no lo convierte en líder. Las personas pueden estar comprando lo que él tiene a la venta, pero no lo están siguiendo. Cuando mucho, es capaz de persuadir a la gente por un momento, pero no tiene una influencia prolongada.

3. EL MITO DEL CONOCIMIENTO

Sir Francis Bacon decía: «Conocimiento es poder». La mayoría de las personas, creyendo que el conocimiento es la esencia del liderazgo, dan por sentado naturalmente que quienes poseen conocimiento e inteligencia son líderes. Sin embargo, eso no es automáticamente cierto. Usted puede visitar cualquier universidad importante y encontrar científicos y filósofos brillantes, cuya capacidad para pensar está fuera de serie, pero cuya capacidad para ser líderes es tan baja que no aparece siquiera registrada. Cociente intelectual no necesariamente equivale a liderazgo.

4. EL MITO DEL PIONERO

Otro concepto equivocado es que cualquiera que marcha al frente de una multitud es un líder. Pero ser el primero no es siempre lo mismo que dirigir. Por ejemplo, Sir Edmund Hillary fue el primer hombre en alcanzar la cumbre del Monte Everest. Desde su histórico ascenso en 1953, mucha gente lo ha «seguido» en el logro de esa conquista. Pero eso no hace de Hillary un líder. Él no fue siquiera el líder en aquella expedición. El líder fue John Hunt. Y cuando Hillary viajó al Polo Sur en 1958 como parte de la Commonwealth Trans-Antarctic Expedition, fue acompañando a otro líder, Sir Vivian Fuchs. Para ser un líder, una persona tiene no solo que estar al frente, sino también tener gente intencionalmente detrás de él, que siga su guía y actúe según su visión.

5. EL MITO DE LA POSICIÓN

La mayor mala interpretación sobre liderazgo es que las personas creen que está basado en la posición, pero no es así. Stanley Huffry afirmó: «No es la posición lo que hace al líder, es el líder el que hace la posición».

Fíjese lo que ocurrió hace varios años en Cordiant, la agencia de anuncios antes conocida como Saatchi & Saatchi. En 1994 los inversionistas institucionales en Saatchi & Saatchi forzaron a la junta directiva a destituir a Maurice Saatchi, el presidente de la compañía. ¿Cuál fue el resultado? Varios ejecutivos lo siguieron. Igual hicieron muchos de los principales clientes de la compañía, incluyendo a British Airways y a Mars, el fabricante de caramelos. La influencia de Saatchi era tan grande que su salida causó inmediatamente la caída del capital de la compañía, de $8 5/8 a $4 por acción.[2] Lo que sucedió es un resultado de la Ley de la Influencia. Saatchi perdió su título y su posición, pero continuó siendo el líder.

¿QUIÉN ES EL VERDADERO LÍDER?

Aprendí la Ley de la Influencia cuando acepté mi primer empleo fuera de la universidad en una pequeña iglesia en la zona rural de Indiana. Fui allí con todas las credenciales correctas. Me nombraron pastor principal, que significaba que tenía la posición y el título de líder en aquella organización. Poseía el grado universitario adecuado y ya me habían ordenado. Además, me había adiestrado mi padre, quien era un excelente pastor y un líder destacado en la denominación. Esto constituía un currículo impresionante pero no me hacía un líder. En mi primera reunión con la junta directiva, rápidamente descubrí quién era el verdadero líder de la iglesia. Cuando ocupé mi siguiente puesto tres años después, había aprendido la Ley de la Influencia. Reconocí que ganar influencia en cualquier organización y ganar el derecho a ser líder exigía mucho trabajo.

LIDERAZGO SIN PALANCA

Yo admiro y respeto el liderazgo de mi buen amigo Bill Hybels, pastor principal de la Iglesia Willow Creek Community en South Barrington, Illinois, la iglesia más grande de Estados Unidos. Bill dice que para él la iglesia es la empresa de más intensivo liderazgo en la sociedad. Muchos hombres de negocios que conozco se sorprenden cuando oyen esta declaración, pero creo que Bill tiene razón ¿En qué se basa este criterio? El liderazgo de posición no funciona en las organizaciones voluntarias. Si un líder no tiene palanca —o influencia— es inefectivo. En otras organizaciones, la persona que tiene posición tiene una palanca increíble. En el ejército, los líderes pueden valerse del rango y, si todo lo demás falla, envían la gente a la cárcel. En los negocios, los jefes tienen tremenda palanca en forma de sueldos, beneficios y estímulos. La mayoría de los seguidores son muy cooperativos cuando está en juego su subsistencia.

A LOS QUE COMPONEN LAS ORGANIZACIONES
VOLUNTARIAS NO SE LES PUEDE FORZAR A
FORMAR PARTE DEL GRUPO. SI EL LÍDER NO TIENE
INFLUENCIA SOBRE ELLOS, NO LO SIGUEN.

En las organizaciones voluntarias, como las iglesias, lo único que funciona es el liderazgo en su forma más pura. Lo único que los líderes tienen como ayuda es su influencia. Y como observaba Harry A. Overstreet, «La verdadera esencia de todo el poder para influir descansa en lograr que las demás personas participen». A los que componen las organizaciones voluntarias no se les puede forzar a formar parte del grupo. Si el líder no tiene influencia sobre ellos, no lo seguirán. Si usted es un hombre de negocios y desea saber si su gente es capaz de ejercer el liderazgo, envíelos a realizar un trabajo voluntario en la comunidad. Si logran ganar personas que los sigan mientras sirven en la Cruz Roja, en un refugio de la United Way o en una iglesia local, usted sabrá que ellos tienen influencia y capacidad de liderazgo.

He aquí mi proverbio favorito sobre el liderazgo: «Aquel que piensa que es líder, pero no tiene seguidores, está solo dando una caminata». Si usted no puede influir en otros, ellos no lo seguirán a usted. Y si ellos no lo siguen, usted no es un líder. No importa lo que cualquier otro le diga, recuerde que liderazgo es influencia. Nada más y nada menos.

8

¿CÓMO FUNCIONA LA INFLUENCIA?

El verdadero liderazgo es ser la persona que otros
siguen gustosa y confiadamente.

os sociólogos nos dicen que aún los individuos más introvertidos influyen en otras diez mil personas durante el curso de su vida! Esta sorprendente estadística me la presentó mi asociado Tim Elmore. Tim y yo llegamos a la conclusión de que cada uno de nosotros está influenciando y siendo influenciado por otros.

LA INFLUENCIA PUEDE DESARROLLARSE

El líder prominente de cualquier grupo se descubre con bastante facilidad. Simplemente observe a las personas que se reúnen. Si va a decidirse un tema, ¿quién es la persona cuya opinión parece ser la más valiosa? ¿Quién es la persona con quien la gente enseguida está de acuerdo? Y lo más importante: ¿quién es la persona que otros siguen?

Robert Dilenschneider, presidente de Hill y Knowlton, una agencia mundial de relaciones públicas, es uno de los corredores de bolsa de mayor influencia en la nación. Teje habilidosamente su magia persuasiva en la arena global donde los gobiernos y las mega corporaciones se reúnen.

Escribió un libro titulado Poder e influencia, en el cual presenta la idea del «triángulo del poder» para ayudar a los líderes a avanzar. Dice: «Los tres componentes de un triángulo son la comunicación, el reconocimiento y la influencia. Uno comienza comunicándose con efectividad. Esto lleva al reconocimiento y el reconocimiento a su vez lleva a la influencia».[1]

LOS NIVELES DEL LIDERAZGO

Podemos aumentar nuestra influencia y nuestro potencial de liderazgo si entendemos los siguientes niveles del liderazgo:

NIVEL I: POSICIÓN: LAS PERSONAS LO SIGUEN PORQUE TIENEN QUE SEGUIRLO

Este es el nivel básico del liderazgo. La única influencia que uno tiene es la que viene con el título. La gente que se mantiene a este nivel entra en el terreno de los derechos, el protocolo, la tradición y las reglas de organización. Estas cosas no son negativas a menos que se conviertan en la base de la autoridad y la influencia, pero son pobres sustitutos de las habilidades del liderazgo.

Una persona puede estar «en control» porque ha sido nombrada a un puesto. En esa posición puede tener autoridad. Pero el verdadero liderazgo es más que tener autoridad; es más que tener el adiestramiento técnico y seguir los procedimientos adecuados. Verdadero liderazgo es ser la persona que otros seguirán con agrado y confianza. Un verdadero líder sabe la diferencia entre ser un jefe y ser un líder:

- El jefe da órdenes a sus trabajadores; el líder los adiestra.
- El jefe depende de su autoridad; el líder, de su buena voluntad.
- El jefe inspira miedo; el líder inspira entusiasmo.
- El jefe dice: «Yo»; el líder, «nosotros».
- El jefe se ocupa de la culpa de la falla; el líder se ocupa de la falla.

Características de un «líder de posición»

La segundad se basa en el título, no en el talento. Se cuenta de un soldado de la Primera Guerra Mundial que gritó en un campo de batalla «¡Apaga ese

fósforo!» solamente para advertir con disgusto que el ofensor era el general
«Black Jack» Pershing. Cuando el soldado, quien temía un severo castigo,
expresó tartamudeando su excusa, el general Pershing le dio una palmadita
en el hombro y le dijo: «Está bien, hijo. Alégrate que no soy un teniente
segundo». El punto a destacar debe estar claro. Cuanto más alto es el nivel
de verdadera capacidad e influencia de una persona, tanto más confiada y
segura de sí misma se vuelve.

Este nivel con frecuencia se gana por nombramiento. Todos los otros niveles se ganan por capacidad. Leo Durocher era el instructor de la primera
base en un partido de exhibición que los Gigantes jugaban en West Point.
Un cadete escandaloso se mantenía gritándole a Leo y haciendo todo lo que
podía por molestarlo.

—Hey, Durocher —le gritó—, ¿cómo un tipejo como tú entró en las
Grandes Ligas?

—¡Mi congresista me consiguió el cargo! —le respondió Leo.[2]

*Las personas no siguen a un líder de posición más allá de lo que señale
su autoridad.* Ellos solo harán lo que tienen que hacer cuando se les exige
que lo hagan. La baja moral está siempre presente. Cuando el líder carece
de confianza en sí mismo, los seguidores dejan de comprometerse. Son
como el niño a quien Billy Graham le preguntó cómo llegar al correo más
cercano. Cuando el muchacho le dijo cómo, el doctor Graham le dio las
gracias y le dijo: «Si vienes al centro de convenciones esta noche, me oirás
diciéndoles a todos cómo llegar al cielo». «No, no creo que voy a ir», replicó
el niño. «Usted ni siquiera sabe cómo llegar al correo».

*A los líderes de posición les es más difícil trabajar con los voluntarios, los
oficinistas y la gente joven.* Los voluntarios no tienen que trabajar con la
organización, de modo que no hay palanca monetaria que un líder de posición pueda utilizar para hacer que ellos respondan. Los oficinistas están allí
para participar en la toma de decisiones y resienten el liderazgo dictatorial.
La generación de la posguerra, en particular, no se impresiona con los sím-
bolos de autoridad.

Las siguientes características deben manifestarse con excelencia en este
nivel antes de poder avanzar al próximo:

Nivel 1: posición/derechos
• Apréndase bien la descripción de su empleo.

- Esté al tanto de la historia de la organización.
- Cuéntele la historia de la organización a la gente de la organización (en otras palabras, sea un jugador del equipo).
- Acepte responsabilidad.
- Haga su trabajo con excelencia siempre.
- Haga más de lo que se espera.
- Ofrezca ideas creativas para cambios y mejoras.

NIVEL 2. CONSENTIMIENTO: LAS PERSONAS LO SIGUEN PORQUE ASÍ LO DESEAN

Fred Smith ha dicho: «El liderazgo hace que la gente trabaje para usted aún sin estar obligados».[3] Eso únicamente ocurrirá cuando usted asciende al segundo nivel de influencia. A la gente no le importa cuánto sabe usted hasta que descubren cuánto se preocupa usted por ellos. El liderazgo comienza con el corazón, no con la cabeza. Florece con una relación significativa, no con más regulaciones.

Una persona en el nivel de «consentimiento» ejercerá su liderazgo mediante interrelaciones. La orden del día no es la ley del más fuerte sino el desarrollo de las personas. En este nivel, el líder regala tiempo y energía, y se concentra en las necesidades y deseos de sus seguidores. Una ilustración maravillosa de por qué es tan crucial el colocar a las personas y sus necesidades primero la encontramos en la narración acerca de Henry Ford en el libro de Amitai Etzioni, Modern Organization. «Ford fabricó un carro perfecto, el Modelo T, que puso fin a la necesidad de tener otro carro. Tenía totalmente la mentalidad de productor. Deseaba llenar el mundo con carros Modelo T. Pero cuando la gente comenzó a acercársele y a decirle: "Sr. Ford, quisiéramos un carro de diferente color", contestó: "Ustedes pueden tener cualquier color que deseen, en tanto sea negro". Y allí fue cuando comenzó el declive».

Las personas que son incapaces de establecer relaciones sólidas y duraderas pronto descubren que son incapaces de mantener un liderazgo largo y efectivo. Claro, uno puede amar a las personas sin ejercer liderazgo sobre ellas, pero no se puede ejercer liderazgo sobre ellas sin amarlas.

¡Cuidado! No trate de pasar por alto un nivel. El nivel que más suele saltarse es el nivel 2, *Consentimiento*. Por ejemplo, un marido va desde el

nivel I, *Posición*, título que ganó el día de bodas, al nivel 3, Producción. Llega a ser un gran proveedor para la familia, pero en el proceso descuida las relaciones esenciales que sostienen unida a la familia. Esta se desintegra y lo mismo ocurre con el negocio del marido. Las relaciones implican un proceso que proporciona el adhesivo y mucho del poder para mantener por largo tiempo la producción en forma regular.

Las siguientes características deben ser de su dominio en este nivel antes de poder avanzar al próximo:

Nivel 2: consentimiento/relaciones
- Posee un genuino amor por las personas.
- Hace que los que trabajan con él tengan más éxito.
- Ve a través de los ojos de otras personas.
- Ama a las personas más que a los procedimientos.
- Va a lo seguro o no lo hace.
- Incluye a otros en su recorrido.
- Trata con sabiduría a personas difíciles.

Nivel 3: producción: las personas lo siguen debido a lo que usted ha hecho por la organización

En este nivel comienzan a suceder cosas, cosas buenas. Aumentan las ganancias. La moral es alta. La renovación de personal es baja. Las necesidades se satisfacen. Se han alcanzado las metas. Junto al crecimiento está el ímpetu. Dirigir e influir sobre otros resulta divertido. Los problemas se resuelven con un esfuerzo mínimo. Las estadísticas recientes se comparten regularmente con las personas que trabajan por el crecimiento de la organización. Todo el mundo está orientado hacia los resultados. Es más, los resultados son la razón principal de la actividad.

Esta es una diferencia importante entre los niveles 2 y 3. En el nivel de «relaciones», las personas se reúnen por reunirse. No hay otro objetivo. En el nivel «resultados» la gente se reúne para lograr un fin. Quieren reunirse para estar juntos, pero les encanta estar juntos por lograr algo. En otras palabras, están orientados hacia los resultados.

Uno debe dominar con excelencia las siguientes características antes de poder avanzar al siguiente nivel.

Nivel 3: producción/resultados

- Iniciar y aceptar la responsabilidad del crecimiento.
- Desarrollar y seguir una declaración de propósito.
- Hacer de su descripción de trabajo y energía una parte integral de la declaración de propósito.
- Desarrollar un sentido de responsabilidad por los resultados, comenzando por usted mismo.
- Saber y hacer las cosas que dan un alto resultado.
- Comunicar la estrategia y la visión de la organización.
- Llegar a ser un agente de cambio y darse cuenta del momento.
- Tomar las decisiones difíciles que marcarán una diferencia.

NIVEL 4. DESARROLLO DE LAS PERSONAS: LA GENTE LO SIGUE POR LO QUE USTED HA HECHO POR ELLOS

Un líder es grande, no por su poder, sino por su capacidad de facultar a otros. Tener éxito sin un sucesor es un error. La primera responsabilidad de un trabajador es realizar él mismo el trabajo. La responsabilidad de un líder es desarrollar a otros para que hagan el trabajo. Al verdadero líder se le conoce porque su gente de una forma u otra siempre demuestra una actuación superior.

La lealtad al líder alcanza su máximo nivel cuando quien lo sigue ha crecido bajo el tutelaje del líder. Nótese el progreso: en el nivel 2, al seguidor le gusta el líder; en el nivel 3, el seguidor admira al líder; en el nivel 4, el seguidor es leal al líder. ¿Por qué? Uno se gana el corazón de las personas ayudándolas a que crezcan.

El núcleo de los líderes que lo rodean debe ser gente que usted personalmente ha tocado o ayudado a desarrollar en alguna forma. Cuando esto ocurre, los más cercanos a usted y los que han sido tocados por sus líderes clave manifestarán amor y lealtad.

Hay, sin embargo, un problema potencial que consiste en ascender a niveles de influencia como líder y llegar a sentirse cómodo con el grupo de personas que ha desarrollado en derredor suyo. Muchas personas nuevas pueden verlo a usted como un «líder de posición» debido a que no ha tenido contacto con ellas. Las dos siguientes sugerencias lo ayudarán a usted a llegar a ser un líder que desarrolla a las personas:

1. Camine despacio a través de la multitud. Tenga formas de mantenerse en contacto con cada persona.

2. Desarrolle líderes clave. Yo sistemáticamente me reúno con los que son influyentes dentro de la organización y los instruyo. Ellos a su vez transmiten a otros lo que yo les he enseñado.

Las características que deben regir en este nivel se enumeran a continuación:

Nivel 4: desarrollo de las personas/reproducción
- Comprenda que las personas son su bien más valioso.
- Dé prioridad al desarrollo de las personas.
- Sea un modelo que otros sigan.
- Ejerza sus esfuerzos de liderazgo sobre el veinte por ciento de su gente clave.
- Bríndele a los líderes clave oportunidades de crecimiento.
- Lleve a otros ganadores/productores al objetivo común.
- Rodéese usted mismo de un círculo íntimo que complemente su liderazgo.

NIVEL 5. PERSONAJE: LAS PERSONAS LO SIGUEN POR SER USTED QUIEN ES Y LO QUE USTED REPRESENTA

La mayoría de nosotros no hemos llegado aún a este nivel. Solo una vida de liderazgo probado nos permitirá sentarnos en el nivel 5 y cosechar los galardones que son eternamente satisfactorios. Yo sé esto, y algún día deseo estar en el tope de este nivel. Es alcanzable.

Las siguientes características definen al líder del nivel 5.

Nivel 5: personaje/respeto
- Sus seguidores son leales y se sacrifican.
- Ha pasado años guiando y moldeando líderes.
- Ha llegado a ser un estadista/consultor y los demás lo buscan.
- Su máximo gozo viene de contemplar el crecimiento y el desarrollo de otros.
- Trasciende la organización.

Los peldaños del liderazgo

He aquí algunos conceptos adicionales sobre los niveles del liderazgo:

Mientras más se asciende, más largo es el trayecto

Cada vez que hay un cambio en su empleo o se une a un nuevo círculo de amigos, comienza en el nivel más bajo y comienza a escalar peldaños.

Cuanto más alto usted suba, más alto será el nivel de compromiso

Este aumento en el compromiso es una calle de dos vías. Se exige un mayor compromiso no solo de usted, sino de los demás participantes. Cuando el líder o el seguidor no están dispuestos a hacer los sacrificios que demanda un nuevo nivel, la influencia comenzará a decrecer.

Cuanto más alto usted suba, más fácil será dirigir

Note la progresión desde el nivel dos hasta el nivel cuatro. El punto focal va desde la simpatía por usted hasta la simpatía por lo que usted hace en aras del interés común de todos los interesados (agrado por lo que usted hace por ellos personalmente). Cada nivel al que asciende el líder y los seguidores añade otra razón por la que las personas desean seguirlo.

Cuanto más alto suba, mayor es el crecimiento

El crecimiento solo puede ocurrir cuando tienen lugar cambios efectivos. El cambio llegará a ser más fácil a medida que usted suba los niveles del liderazgo. Al subir usted, otras personas le permitirán —y aún le ayudarán— a realizar los cambios necesarios.

Usted nunca deja el nivel básico

Cada nivel se sostiene sobre el nivel previo y se derrumbará si se descuida el nivel inferior. Por ejemplo, si usted pasa de un nivel de consentimiento (relaciones) a un nivel de producción (resultados) y deja de atender a las personas que lo siguen y lo ayudan a producir, ellos podrían comenzar a pensar que están siendo manipulados. A medida que usted asciende en los niveles, su liderazgo será más profundo y más sólido hacia la persona o grupo de personas.

SI USTED DIRIGE UN GRUPO DE PERSONAS, NO ESTARÁ EN EL MISMO NIVEL DE CADA UNA DE ELLAS

No toda persona responderá del mismo modo a su liderazgo.

PARA QUE SU LIDERAZGO PERMANEZCA EFECTIVO, ES ESENCIAL QUE USTED LLEVE CONSIGO A LOS NIVELES SUPERIORES A LAS DEMÁS PERSONAS DE INFLUENCIA DEL GRUPO

La influencia colectiva del líder principal y de los otros líderes atraerá al resto del grupo. Si esto no ocurre se producirá división de intereses y de lealtad dentro del grupo.

USTED DEBE SABER EN QUÉ NIVEL SE ENCUENTRA EN ESTE MOMENTO

Puesto que usted estará en diferentes niveles con diferentes personas, necesita saber el nivel en que está cada persona. Si los que más influyen dentro de la organización se encuentran en los más altos niveles y están apoyándolo, su éxito al dirigir a otros será alcanzable. Si los que más influyen están en los más altos niveles y no lo apoyan, pronto surgirán problemas.

Toda persona es un líder, porque toda persona influye sobre alguien. No toda persona llegará a ser un gran líder, pero toda persona puede llegar a ser un líder mejor. ¿Está usted dispuesto a dar rienda suelta a su potencial de liderazgo? ¿Usará sus capacidades de liderazgo para mejorar a la humanidad?

Mi influencia

Antes que termine el día,
mi vida tocará una docena de vidas.
Antes que se ponga el sol,
dejará incontables huellas de bien o de maldad.

Esto es lo que siempre he deseado,
la oración que siempre elevo:
Señor, que mi vida ayude a otras vidas
Que encuentre en el camino.[4]

9

¿Cómo puedo extender mi influencia?

El acto de conceder facultades a otros cambia vidas.

Un artista inglés llamado William Wolcott fue a Nueva York en 1924 para recoger sus impresiones de aquella fascinante ciudad. Una mañana visitaba la oficina de un antiguo colega cuando sintió deseos urgentes de hacer un dibujo. Al ver papel sobre el escritorio de su amigo, le preguntó:

—¿Puedo tomar una hoja?

—No es papel para dibujar —le respondió su amigo—. Ese es papel ordinario de envolver.

Como no quería perder aquella chispa de inspiración, Walcott tomó el papel de envolver y dijo:

—Nada es ordinario si usted sabe cómo utilizarlo.

Sobre aquel papel ordinario Walcott hizo dos dibujos. Meses después ese mismo año uno de aquellos dibujos se vendió por $500 y el otro por $1.000, una buena suma en 1924.

La gente bajo la influencia de una persona que sabe facultar a otros es como el papel en las manos de un artista de talento. No importa de lo que estén hechos, pueden convertirse en un tesoro.

La capacidad de facultar a otros es una de los secretos del éxito personal y profesional. John Craig señalaba que «no importa cuánto trabajo puede usted realizar, no importa cuán atractiva es su personalidad, no progresará mucho en los negocios si no puede trabajar por intermedio de otros». Y el empresario J. Paul Getty afirmó: «Por mucho conocimiento o experiencia que un ejecutivo posea, si no es capaz de lograr resultados por intermedio de otras personas, no sirve como ejecutivo».

LA GENTE BAJO LA INFLUENCIA DE UNA PERSONA
QUE SABE FACULTAR A OTROS ES COMO EL PAPEL
EN LAS MANOS DE UN ARTISTA DE TALENTO.

Cuando uno empieza a facultar a otros, trabaja con esas personas y por intermedio de ellas, pero hace mucho más. Uno capacita a otros para que alcancen los más altos niveles en su desarrollo personal y profesional. En palabras sencillas, facultar es dar su influencia a otros con el fin de obtener crecimiento personal y en la organización. Es compartirse usted mismo —su influencia, posición, poder y oportunidades— con otros, con el fin de invertir en sus vidas, de forma que puedan funcionar del mejor modo. Es ver el potencial de las personas, hacerlas partícipes de nuestros recursos y mostrarles que creemos en ellas completamente.

Usted quizá ya está facultando a algunas personas en su vida sin saberlo. Cuando uno le confía a su cónyuge alguna decisión importante y lo respalda con alegría, le está concediendo facultad. Cuando decide que su niña está lista para cruzar la calle por sí misma y le da permiso para hacerlo, le está concediendo facultad. Cuando delega una tarea importante a un empleado y le otorga la autoridad que necesita para realizarla, le está concediendo facultad.

El acto de facultar a otros cambia vidas, y constituye una victoria para usted y para las personas a las que uno faculta. Dar a otros de su autoridad no es como deshacerse de algo, digamos un automóvil. Si uno se deshace de un automóvil, queda estancado. Queda sin transporte. Pero el conceder facultades a otros confiriéndoles su autoridad tiene los mismos efectos que darles información: uno no ha perdido nada. Ha incrementado la capacidad de otros sin disminuir en nada.

CUALIDADES DEL QUE FACULTA

Casi todo el mundo tiene el potencial de llegar a facultar, pero usted no puede conceder facultades a todo el mundo. El proceso sale bien únicamente cuando se reúnen ciertas condiciones. El que faculta debe tener:

POSICIÓN

Usted no puede facultar a personas sobre las que no ejerce su liderazgo. El experto en liderazgo Fred Smith explicó lo siguiente: «¿Quién puede dar permiso a otra persona para que tenga éxito? Una persona con autoridad. Otros pueden estimular, pero el permiso procede únicamente de una figura con autoridad: un padre, un jefe o un pastor».

RELACIÓN

Se ha dicho que las relaciones se forjan, no se forman. Requieren tiempo y experiencia común. Si ha hecho el esfuerzo de relacionarse con ciertas personas, cuando esté listo para facultarlas, sus relaciones deberán ser lo suficientemente sólidas para poder ejercer liderazgo sobre ellas. Y cuando lo haga, recuerde lo que escribió Ralph Waldo Emerson: «Todo hombre [o mujer] tiene derecho a que lo valoren por sus mejores momentos». Cuando usted valora a las personas y sus relaciones con ellas, usted pone los cimientos para facultarlas.

RESPETO

Las relaciones hacen que las personas deseen estar con usted, pero el respeto las motiva a desear que usted les conceda autoridad. El respeto mutuo es esencial en el proceso de facultar. El psiquiatra Ari Kiev lo resumió en esta forma: «Todo el mundo desea sentir que cuenta para algo y que es importante para alguien. Invariablemente, las personas darán su amor, su respeto y su atención a la persona que llene estas necesidades». Cuando usted cree en las personas, se preocupa por ellas y confía en ellas, ellas lo saben. Y ese respeto las inspira a desear seguirlo cuando usted las dirige.

COMPROMISO

La última cualidad que necesita para llegar a ser un líder que faculta es el compromiso. Ed McElroy, ejecutivo de US Air subrayó que «el compromiso le da a usted nuevo poder. No importa lo que nos venga encima —enfermedad, pobreza o desastre— nunca apartemos nuestra vista de la meta». El proceso de facultar a otros no siempre es fácil, especialmente cuando usted lo empieza a llevar a cabo por primera vez. Es un camino que tiene muchos baches y desvíos. Pero es un camino digno de recorrer porque sus beneficios son grandes. Recuerde: cuando usted faculta a las personas, no solo está influyendo en ellas, sino sobre todas las personas que ellas influyen. ¡Eso es impacto!

La actitud correcta

Hay un elemento más crítico al facultar que usted necesita tener si quiere llegar a ser un líder de éxito: usted necesita una actitud correcta.

Muchas personas descuidan el conceder facultades a otros porque se sienten inseguras. Temen perder sus empleos en manos de las personas de quienes son mentores. No quieren que las reemplacen ni las desplacen, aún si ello significa ascender a una posición más elevada y dejar la posición actual para que la desempeñe la persona de quienes son mentores. Tienen miedo al cambio. Pero el cambio es parte de la concesión de facultades, para la persona a quien usted faculta y para usted mismo. Si quiere ascender, hay cosas que debe estar dispuesto a abandonar.

> Cuando se analiza el asunto, el liderazgo que faculta es algunas veces la única ventaja real que una organización tiene sobre otra en nuestra competitiva sociedad.

Si no está seguro de dónde se encuentra en términos de su actitud hacia los cambios involucrados en facultar a otros, responda a estas preguntas:

Preguntas que debe formularse antes de comenzar:
1. ¿Creo en las personas y siento que son los bienes más apreciables de mi organización?
2. ¿Creo que facultando a otros puedo alcanzar más que un logro individual?

3. ¿Busco activamente líderes potenciales para facultarlos?
4. ¿Estaría dispuesto a promover a otros a un nivel superior a mi propio nivel de liderazgo?
5. ¿Estaría dispuesto a invertir tiempo en desarrollar a personas que tengan potencial de liderazgo?
6. ¿Estaría dispuesto a dejar que otros obtengan crédito con lo que yo les enseñé?
7. ¿Permito a otros la libertad de personalidad y desenvolvimiento, o tengo yo que controlarla?
8. ¿Estaría dispuesto a dar públicamente mi autoridad e influencia a líderes potenciales?
9. ¿Estaría dispuesto a dejar que otros hicieran mi trabajo?
10. ¿Estaría dispuesto a entregar la batuta del liderazgo a personas a quienes he facultado y a apoyarlos verdaderamente?

Si responde que no a más de dos de estas preguntas, puede que necesite un ajuste de actitud. Necesita creer en otros lo suficiente para darles lo más que pueda y creer en usted mismo lo suficiente para saber que eso no le perjudicará. Recuerde que en tanto usted siga creciendo y desarrollándose, siempre tendrá algo que dar, y no tiene por qué preocuparse porque vayan a desplazarlo.

CÓMO DESARROLLAR EL POTENCIAL DE OTROS

Una vez que usted tenga confianza en usted mismo y en las personas a las que desea facultar, estará listo para comenzar el proceso. Su meta deberá ser entregar tareas relativamente pequeñas y sencillas al comienzo, y progresivamente ir aumentándoles sus responsabilidades y autoridad. Cuanto menos maduras sean las personas con quienes usted trabaje, mayor será el tiempo que exigirá el proceso. Pero no importa si son nuevos reclutas o expertos veteranos. Sigue siendo importante llevarlos a través de todo el proceso. Utilice los siguientes pasos como guía a medida que usted capacite a otros.

I. EVALÚELOS
El primer paso para comenzar a facultar a las personas es evaluarlas. Si usted otorga a gente inexperta demasiada autoridad muy pronto, puede

llevarlos al fracaso. Si procede muy despacio con personas que tienen mucha experiencia, puede frustrarlas y desmoralizarlas.

Recuerde que todas las personas tienen el potencial para triunfar. Su trabajo es ver el potencial, encontrar qué les falta para desarrollarse, y equiparlas con lo que necesitan. Al evaluar a las personas que intenta facultar, observe estas áreas:

Conocimiento. Piense qué necesita saber la gente para realizar cualquier tarea que usted intente darles. No dé por seguro que saben todo lo que usted sabe. Hágales preguntas. Deles información sobre los antecedentes. Presénteles una visión del cuadro completo, de cómo su acción encaja dentro de la misión y metas de la organización. El conocimiento no es solo poder: es dotar de poder.

Destreza. Examine el nivel de destreza de las personas que usted desea facultar. Nada es más frustrante que recibir orden de hacer algo para lo cual usted no tiene capacidad. Su trabajo como dador de facultades es descubrir qué exige el empleo y estar seguro de que su gente tiene lo que necesita para triunfar.

Deseo. El filósofo griego Plutarco afirmaba que «el suelo rico, si no se cultiva, produce la más exuberante hierba mala». No hay suma de habilidad, conocimiento o potencial que pueda ayudar a las personas a tener éxito si no tienen el deseo de triunfar. Pero cuando el deseo está presente, el facultar es fácil. Como dijo el ensayista francés Jean La Fontaine, «el hombre está hecho de tal manera que cuando algo enciende su mente, las imposibilidades se desvanecen».

2. SEA UN MODELO PARA ELLOS

Aún personas con conocimiento, habilidad y deseo necesitan conocer lo que se espera de ellas, y la mejor manera de informarles es demostrándoles usted mismo. La gente hace lo que la gente ve.

Las personas que usted desea facultar necesitan ver qué cosa es volar. Como su mentor, usted tiene la mejor oportunidad de demostrárselos. Modele la actitud y la ética de trabajo que usted quisiera que ellos abrazaran. Y cada vez que pueda incluirlos en su trabajo, llévelos con usted. No hay mejor manera de ayudarlos a aprender y entender lo que usted quiere que hagan.

3. DELES PERMISO PARA TRIUNFAR

Como líder y persona influyente, quizá crea que todo el mundo desea triunfar y automáticamente se esfuerza por lograrlo, probablemente al igual que usted. Pero no todos los que usted influye piensan del mismo modo. Usted tiene que ayudar a los demás a creer que pueden triunfar y mostrarles que desea que puedan lograrlo. ¿Cómo se hace eso?

Espérelo. El autor y conferencista Danny Cox aconsejó: «Lo importante es recordar que si usted no tiene ese inspirado entusiasmo que es contagioso, cualquier otra cosa que tenga es también contagiosa». La gente puede percibir su actitud independientemente de lo que usted diga o haga. Pero si tiene la expectativa de que su gente va a triunfar, lo sabrán.

Exprésalo en palabras. Las personas necesitan oír de sus labios que cree en ellos y desea que tengan éxito. Dígales a menudo que sabe que ellos van a lograrlo. Envíeles notas alentadoras. Conviértase en el profeta positivo de su éxito. Y refuerce sus ideas las veces que pueda.

Una vez que las personas reconozcan y entiendan que usted genuinamente desea ver que tengan éxito y que está comprometido a ayudarlos, comenzarán a creer que pueden realizar lo que les encomendó.

4. Transfiérales autoridad

Muchas personas están dispuestas a dar responsabilidades a otros. Con mucho gusto les confían tareas. Pero conceder facultades a otros es algo más que compartir su tarea. Es compartir su poder y su capacidad para realizar las cosas.

Peter Drucker, experto en administración, afirmó que «ningún ejecutivo ha sufrido jamás debido a que sus subordinados sean fuertes y efectivos». Las personas se hacen fuertes y efectivas solo cuando se les brinda la oportunidad de tomar decisiones, iniciar acciones, resolver problemas y enfrentar desafíos. En conclusión, el liderazgo que faculta es la única ventaja real que una organización tiene sobre otra en nuestra competitiva sociedad.

5. Muestre su confianza en ellos públicamente

Cuando usted transfiere autoridad por primera vez a las personas que faculta, necesita decirles que cree en ellos, y necesita hacerlo públicamente. El reconocimiento público les permite saber que usted cree que tendrán éxito. Pero también permite a otras personas con quienes ellos trabajan saber que cuentan con su apoyo y que su autoridad los respalda. Esta es una forma tangible de compartir (y extender) su influencia.

A medida que levanta líderes, muéstreles a ellos y a sus seguidores que cuentan con su confianza y autoridad. Y encontrará que rápidamente llegarán a estar capacitados para el triunfo.

6. PROPORCIÓNELES APOYO

Si bien necesita elogiar públicamente a su gente, no puede pasar mucho tiempo sin darles una información sincera y positiva. Reúnase con ellos en privado para educarlos a través de sus errores, descuidos y juicios equivocados. Al principio, algunas personas pueden pasar momentos difíciles. Durante ese período inicial sea compasivo. Trate de darles lo que necesitan, no lo que merecen. Y aplauda cualquier progreso que hagan. La gente hace aquello por lo que recibe elogios.

7. DÉJELOS QUE SIGAN POR SU PROPIA CUENTA

No importa con quién esté trabajando para facultarlo (sus empleados, sus hijos, sus colegas o su cónyuge); su meta final debe ser soltarlos para que tomen buenas decisiones y tengan éxito por sí mismos. Y eso significa darles la mayor libertad posible tan pronto estén listos para recibirla.

El presidente Abraham Lincoln era un maestro facultando a sus líderes. Por ejemplo, cuando designó al general Ulysses S. Grant como comandante de los ejércitos de la Unión en 1864, le envió este mensaje: «No pido ni deseo saber nada de sus planes. Asuma la responsabilidad y actúe, y lláмеme si me necesita».

Esa es la actitud que usted necesita como otorgador de facultades. Otorgue autoridad y responsabilidad, y ofrezca ayuda cuando sea necesaria. La persona que ha sido más otorgadora de facultades en mi vida es mi padre, Melvin Maxwell. Siempre me estimuló a ser la mejor persona posible, y me dio su permiso y su poder siempre que pudo. Años después cuando hablamos de esto, mi padre me expuso su filosofía: «Nunca conscientemente te fijé límites siempre que yo supiera que lo que estabas haciendo era moralmente correcto». ¡Esa sí es una actitud que faculta!

LOS RESULTADOS DE LA CONCESIÓN DE FACULTADES

Si usted encabeza cualquier clase de organización —un negocio, un club, una iglesia o una familia—, aprender a facultar es una de las cosas más importantes que hará como líder. La concesión de facultades tiene una recompensa increíblemente alta. No solo ayuda a los individuos que usted mejora haciéndolos más eficientes, enérgicos y productivos, sino que tiene la capacidad de mejorar su vida, darle mayor libertad a usted y promover el crecimiento y la salud de su organización.

A medida que faculta a otro, encontrará que la mayoría de los aspectos de su vida mejorarán. Otorgar autoridad a otros puede liberarlo a usted personalmente y permitirle disponer de más tiempo para las cosas importantes de su vida, aumentar la efectividad de su organización, incrementar su influencia sobre otros y, lo mejor de todo, lograr un impacto increíblemente positivo en la vida de las personas a las que usted faculta.

10

¿CÓMO PUEDO HACER QUE
DURE MI LIDERAZGO?

El valor duradero de un líder se mide por su sucesión.

En 1997 murió uno de los mejores líderes empresariales del mundo. Se llamaba Roberto Goizueta, y era el presidente y jefe ejecutivo de la Coca-Cola Company. En un discurso que pronunció en el Club de Ejecutivos de Chicago unos pocos meses antes de morir, Goizueta hizo esta declaración: «Hace mil millones de horas que la vida humana apareció sobre la Tierra. Hace mil millones de minutos que surgió el cristianismo. Hace mil millones de segundos que los Beatles se presentaron en The Ed Sullivan Show. Mil millones de Coca-Colas atrás... era ayer por la mañana. Y la pregunta que nos estamos haciendo ahora es: ¿Qué debemos hacer para fabricar mil millones de Coca-Colas esta mañana?».

Hacer de la Coca-Cola la mejor compañía en el mundo fue la meta de toda la vida de Goizueta, algo que estaba diligentemente persiguiendo cuando de súbito, inesperadamente murió. Las compañías que pierden un presidente con frecuencia caen en la confusión, especialmente si esa desaparición es inesperada, como fue la de Goizueta. Poco antes de su muerte, Goizueta dijo en una entrevista con el Atlanta Journal-Constitution que su retiro no aparecía «en la pantalla de mi radar. En tanto goce de la diversión que estoy gozando, en tanto tenga la energía necesaria, en tanto no impida que la gente tenga su día al sol, y en tanto la junta directiva quiera que permanezca aquí, permaneceré aquí». Solo meses después de la entrevista se le diagnosticó cáncer. Seis semanas después falleció.

Sobre la muerte de Goizueta, el expresidente Jimmy Carter observó: «Quizá ningún otro líder de corporación de los tiempos modernos ha ejemplificado más bellamente el sueño americano. Él creía que en Estados Unidos todas las cosas son posibles. Vivió ese sueño. Y debido a sus extraordinarias capacidades de líder, ayudó a miles de otras personas a realizar también sus sueños».

El legado de Goizueta

El legado que dejó Goizueta a la compañía es increíble. Cuando se encargó de la Coca-Cola en 1981, el valor de la compañía era de $4 mil millones. Bajo el liderazgo de Goizueta se elevó a $150 mil millones: ¡ese es un aumento en valor de más de 3.500%! Coca-Cola llegó a ser la segunda corporación más valiosa en Estados Unidos, por encima de los fabricantes de automóviles, de las compañías petroleras, de Microsoft, de WalMart y el resto. La única compañía más valiosa fue la General Electric. Muchos de los accionistas de Coke se hicieron multimillonarios. La universidad Emory de Atlanta, cuya cartera contiene un gran bloque de acciones de Coca-Cola, tiene ahora una dotación comparable a la de Harvard.

Pero el alto valor de las acciones no fue lo más significativo que Goizueta dio a la compañía Coca-Cola. Más bien fue el modo en que vivió la Ley del Legado. Cuando su muerte se anunció, no hubo pánico entre los accionistas de la Coca-Cola. El analista Emanuel Goldman de Paine Webber dijo que Goizueta «preparó la compañía para su ausencia como ningún ejecutivo que yo haya visto».

¿Cómo lo hizo? Primero, fortaleciendo la compañía tanto como pudo. Segundo, preparando un sucesor para la posición principal llamado Douglas Ivester. Mickey H. Graming, articulista del Atlanta Constitution, reportó que «a diferencia de algunas compañías que encaran una crisis cuando el más alto ejecutivo se ausenta o muere, se espera que Coca-Cola retenga su estatus como una de las más admiradas corporaciones del mundo. Goizueta había preparado a Ivester para que siguiera sus pasos desde que el nativo de Georgia fue nombrado en 1994 en el puesto número 2 de la compañía. Y como indicativo de cuan fuertemente se sentía Wall Street respecto a la posición de Coca-Cola, los activos de la compañía apenas se agitaron hace seis semanas, cuando a Goizueta se le diagnosticó cáncer en los pulmones».[1]

Doug Ivester, contador por adiestramiento, comenzó su carrera con Coca-Cola en 1979 como controlador adjunto. Cuatro años más tarde lo nombraron jefe financiero principal. Se hizo notar por su excepcional creatividad financiera y fue una importante fuerza en la capacidad de Goizueta para revolucionar el enfoque de la compañía respecto a la inversión y al manejo de las deudas. Para 1989 Goizueta debe haber decidido que Ivester tenía un potencial sin explotar, porque lo trasladó de su estricta función financiera y lo envió a Europa a ganar experiencia administrativa e internacional. Un año después, Goizueta lo trajo de regreso y lo nombró presidente de Coca-Cola USA, donde supervisó gastos y mercadeo. De allí continuó preparando a Ivester y en 1994 no cabía duda que Ivester seguiría a Goizueta en la posición principal. Goizueta lo hizo presidente y jefe principal de operaciones.

Lo que Roberto Goizueta hizo fue completamente insólito. Pocos jefes ejecutivos de compañías capacitan hoy líderes fuertes y los preparan para asumir el mando en la organización. John S. Wood, consultor en Egon Zehnder International Inc, ha señalado que «las compañías, en años recientes, no han estado invirtiendo lo debido en educar a las personas. Si las organizaciones no son capaces de desarrollarlas, la gente tiene que tratar de lograrlo». ¿Y por qué fue Roberto Goizueta diferente? Conocía el efecto positivo de la tutoría directa.

Roberto Goizueta nació en Cuba y estudió en Yale, donde obtuvo un diploma en ingeniería química. Cuando regresó a La Habana en 1954, respondió a un anuncio en un periódico que solicitaba un químico bilingüe. La compañía anunciadora resultó ser Coca-Cola. Ya en 1966 había llegado a ser vicepresidente de investigación técnica y desarrollo en la sede de la compañía en Atlanta. Fue el hombre más joven que ocupó tal posición en la compañía. Pero en los comienzos del decenio del 1970, algo aún más importante ocurrió. Robert W. Woodruff, el patriarca de la Coca-Cola, tomó a Goizueta bajo su tutela y comenzó a capacitarlo. En 1975 Goizueta llegó a ser el vicepresidente ejecutivo de la división técnica de la compañía y asumió otras responsabilidades corporativas, tales como la supervisión de asuntos legales. En 1980, con el visto bueno de Woodruff, Goizueta llegó a presidente y jefe principal de operaciones. Un año más tarde era el presidente y jefe ejecutivo. La razón por la que Goizueta seleccionó, capacitó y preparó con tanta confianza a un sucesor en los años noventa es que estaba construyendo sobre el legado que había recibido en la década de 1970.

LÍDERES QUE DEJAN UN LEGADO DE SUCESIÓN...

Los líderes que dejan un legado de sucesión para su organización hacen lo siguiente:

DIRIGEN LA ORGANIZACIÓN CON «AMPLIA PERSPECTIVA»

Cualquiera puede hacer que una organización luzca bien por un momento: lanzando un nuevo programa o producto llamativo, atrayendo multitudes a un gran evento o recortando el presupuesto para potenciar los saldos. Pero los líderes que dejan un legado tienen un enfoque diferente. Estos ejercen su liderazgo teniendo en mente el mañana tanto como el hoy. Eso es lo que hizo Goizueta. Planeó mantenerse como líder en tanto fuera efectivo; sin embargo, de todas maneras preparó a su sucesor. Siempre estuvo atento a los mejores intereses de la organización y sus accionistas.

CREAN UNA CULTURA DE LIDERAZGO

Las compañías más estables tienen líderes fuertes en cada nivel de la organización. La única manera de desarrollar un liderazgo de tal amplitud es hacer de los líderes en desarrollo una parte de su cultura. Este es un punto fuerte del legado de Coca-Cola. ¿Cuántas otras compañías de éxito conoce usted que hayan tenido una sucesión de líderes que provengan de las filas de la propia organización?

PAGAN EL PRECIO HOY PARA ASEGURAR EL ÉXITO MAÑANA

No hay éxito sin sacrificio. Cada organización es única, y eso decide cuál será el precio. Pero todo líder que quiera ayudar a su organización debe estar dispuesto a pagar ese precio para asegurar un éxito duradero.

VALORAN EL LIDERAZGO EN EQUIPO POR SOBRE EL LIDERAZGO INDIVIDUAL

Por bueno que sea el líder, no puede hacerlo todo. Así como en el deporte el entrenador necesita un equipo de buenos jugadores para ganar, una organización necesita un equipo de buenos líderes para tener éxito. Cuanto mayor sea la organización, más fuerte, más grande y más profundo tiene que ser el equipo de líderes.

SALEN DE LA ORGANIZACIÓN CON INTEGRIDAD

En el caso de Coca-Cola, el líder no tuvo la oportunidad de salir porque murió de forma inesperada. Pero si hubiera vivido, creo que Goizueta habría hecho precisamente eso. Cuando llega el momento en que un líder debe abandonar la organización, tiene que estar dispuesto a salir y dejar que su sucesor haga su propio trabajo. Permanecer en ella solo lo dañaría a él y a la organización.

POCOS LÍDERES DEJAN UN LEGADO

Max Dupree, autor de *El liderazgo* es un arte, declaró que «la sucesión es una de las responsabilidades clave del liderazgo». Sin embargo, de todas las leyes del liderazgo, la Ley del Legado es la que el menor número de líderes parece aprender. Los logros vienen a alguien cuando es capaz de hacer grandes cosas para sí mismo. El éxito viene cuando faculta a sus seguidores para hacer grandes cosas *con* él. La trascendencia viene cuando desarrolla a los líderes para hacer grandes cosas para él. Pero un legado se crea solo cuando una persona pone a su organización en la posición de hacer grandes cosas sin él.

Yo aprendí la importancia de la Ley del Legado de manera difícil. Debido a que la iglesia creció tanto mientras yo desempeñaba mi primera posición de liderazgo en Hillham, Indiana; pensé que yo era un éxito. Cuando comencé allí, solo tres personas asistían. Durante tres años, levanté aquella iglesia, alcancé a la comunidad y ejercí influencia sobre la vida de muchas personas. Cuando me fui, el promedio de asistencia era de cerca de trescientos, y en nuestros registros había más de trescientas personas. Había programas que se estaban desarrollando y todo me parecía color de rosa. Creía que había hecho algo realmente significativo.

Dieciocho meses después que me trasladé a mi segunda iglesia, almorcé con un amigo a quien no había visto por algún tiempo, y él acababa de pasar cierto tiempo en Hillham. Le pregunté cómo andaban las cosas por allá y me sorprendí al oír su respuesta.

—No muy bien —me contestó.

—¿En serio? —le dije—. ¿Por qué? Las cosas marchaban bien cuando yo salí. ¿Cuál es el problema?

—Bueno —me dijo—. Es una especie de caída. Algunos de los programas que comenzaste terminaron. La iglesia está funcionando con unas cien personas. Puede que se reduzca aún más antes de que desaparezca.

Aquello me molestó mucho. Un líder aborrece ver que algo en lo que ha invertido sudor, sangre y lágrimas comience a derrumbarse. Al principio, culpé al líder que me sucedió. Pero luego caí en la cuenta, si yo hubiera hecho realmente un buen trabajo allí, no hubiera importado qué clase de líder me reemplazase, fuera bueno o malo. La culpa era mía. No había conseguido que la organización tuviera éxito después que yo la dejé. Esa fue la primera vez que comprendí el significado de la Ley del Legado.

CAMBIO DE PARADIGMA

Después de aquello, comencé a mirar el liderazgo en una forma totalmente nueva. Todo líder a la larga deja su organización de una manera u otra. Puede cambiar de empleo, lo pueden ascender o puede retirarse. Y aún si una persona no quiere retirarse, va a morir algún día. Eso me hizo comprender que parte de mi trabajo como líder era comenzar a preparar a mi gente y organización para lo que inevitablemente vendría. Eso me impulsó a cambiar mi enfoque. Dejé de dirigir seguidores, y pasé a desarrollar líderes. Mi valor duradero, como el de cualquier líder, será medido por mi capacidad de dar a la organización una sucesión tranquila y sin inconvenientes.

Mi mejor narración de sucesión se refiere a mi salida de Skyline Church. Cuando llegué allí en 1981, establecí como uno de mis primeros objetivos la identificación y desarrollo de líderes porque sabía que nuestro éxito dependía de eso. Durante los catorce años que estuve allí, mi personal y yo desarrollamos literalmente a cientos de valiosos líderes, tanto voluntarios como miembros del personal.

Una de mis mayores alegrías en la vida es saber que Skyline está más fuerte ahora que cuando la dejé en 1995. Jim Garlow, quien me sucedió como pastor principal, está realizando allí un maravilloso trabajo. En el otoño de 1997, Jim me pidió que volviera a Skyline y hablara en un banquete destinado a recaudar fondos para la nueva fase del proyecto de construcción y me encantó satisfacer su solicitud.

Cerca de 4.100 personas asistieron al evento en el Centro de Convenciones de San Diego, frente a la hermosa bahía de la ciudad. Mi esposa Margaret y yo disfrutamos mucho la oportunidad de ver y conversar con tantos de nuestros antiguos amigos. Y por supuesto, me sentí privilegiado de ser el conferencista de la noche. Fue una verdadera celebración y todo un éxito. Los presentes prometieron más de $7,8 millones para la construcción de la nueva instalación de la iglesia.

Tan pronto terminé de hablar, Margaret y yo nos fuimos sigilosamente del salón. Queríamos que la noche fuera para Jim, ya que él era ahora el líder de Skyline. Por esa razón sabíamos que era mejor salir de la sala antes que terminara el programa. Al bajar las escaleras, la tomé de la mano y le di un apretón. Fue maravilloso saber que lo que comenzamos tantos años atrás estaba aún funcionando. Es como dice mi amigo Chris Musgrove: «El éxito no se mide por lo que tienes por delante sino por lo que estás dejando atrás».

Cuando todo esté dicho y hecho, su capacidad como líder no será juzgada por lo que usted logró personalmente ni siquiera por lo que su equipo realizó durante el término de su cargo. Lo juzgarán por el modo en que su gente y su organización actuaron después de su partida. Lo medirán de acuerdo con la Ley del Legado. Su valor permanente será medido por sus sucesores.

RELACIONES 101

LO QUE TODO
LÍDER
NECESITA SABER

Editora en Jefe: *Graciela Lelli*
Traducción: *Miguel Mesías*

ISBN: 978-0-88113-766-8

CONTENIDO

PARTE I

LA NATURALEZA DE LAS
RELACIONES PERSONALES

I

¿POR QUÉ SON IMPORTANTES LAS RELACIONES PERSONALES PARA EL ÉXITO?

Las relaciones personales son el pegamento que mantiene
unidos a los miembros de un equipo.

A principios de la década de los sesenta Michael Deaver era un joven con inclinaciones políticas que buscaba un dirigente en el que pudiera creer y al que pudiera seguir. La persona que halló fue un actor convertido en político llamado Ronald Reagan. En 1966 Reagan fue elegido gobernador de California, cargo que ocuparía por dos períodos, de 1967 a 1975. Durante ese mandato Deaver llegó a ser jefe subalterno de personal de Reagan, puesto que también ocuparía cuando Reagan fue elegido como el cuadragésimo presidente de Estados Unidos.

Deaver admiraba muchas cosas del hombre con quien trabajó por treinta años: sus convicciones y su amor por su país, su comprensión de sí mismo, su habilidad como comunicador, y su transparencia. Deaver dijo: «Me atrevería a decir que en realidad era incapaz de ser deshonesto».[1] Pero tal vez lo más impresionante de Ronald Reagan fue su capacidad para relacionarse con las personas.

Deaver comentó: «Ronald Reagan era uno de los hombres más tímidos que jamás conocí».[2] Sin embargo, el presidente podía relacionarse con toda persona, fuera un jefe de estado, un obrero de alguna fábrica, o un periodista belicoso. Cuando le preguntaron por qué Reagan tenía tan buena relación personal con los periodistas, Deaver comentó: «Pues bien, a Reagan básicamente le gustan las personas, trátese de periodistas o simplemente personas comunes. Eso se nota. Aunque muchos de los periodistas no concuerdan con la política de Reagan, genuinamente les gusta él como persona».[3]

Parte de la destreza de Reagan brotaba de su carisma natural y hábil aptitud verbal que desarrolló en Hollywood, pero incluso mayor era su capacidad para relacionarse con las personas, algo que cultivó y afinó al viajar por el país durante una década como portavoz de la empresa General Electric.

Se dice que Reagan podía hacer sentir a toda persona como si fuera su mejor amigo, aunque nunca antes lo hubiese visto. Pero más importante todavía, se relacionaba con los que tenía más cerca de sí. Verdaderamente se interesaba en los que formaban su equipo. «El jefe de personal, el jardinero o un ministro de estado recibían igual trato de él, en lo que a él correspondía», recuerda Deaver. «Todos eran importantes».[4]

Deaver relató un episodio que dice mucho respecto a la conexión que existía entre los dos. En 1975 Reagan pronunció en San Francisco un discurso a un grupo de cazadores que defendía la conservación, y la organización le regaló un león de bronce pequeño. Al verlo Deaver lo admiró y dijo al gobernador Reagan que le parecía muy hermoso.

Diez años más tarde Deaver se preparaba para dar término a su servicio al presidente Reagan después de haber redactado su carta de renuncia. Reagan le pidió a Deaver que fuera a la Oficina Oval a la mañana siguiente. Cuando el jefe subalterno de personal entró en la oficina, el presidente se puso de pie frente a su escritorio para recibirlo.

—Mike, —le dijo—. Toda la noche he estado tratando de pensar en lo que podría darte, y que sería un recuerdo de las muchas ocasiones estupendas que hemos pasado juntos—. Entonces Reagan se dio la vuelta y tomó algo de su escritorio. —Si recuerdo bien, te encantó esta estatuita —dijo el presidente, con los ojos humedecidos. Le entregó el león de bronce a Deaver, quien quedó completamente anonadado. No podía creer que Reagan hubiera recordado eso de él en todos esos años. Ese león ha estado en un lugar de honor en la casa de Deaver desde entonces.

RELACIONES PERSONALES SÓLIDAS

A toda persona le encantaba estar cerca de Ronald Reagan porque él quería a la gente y se relacionaba con cada uno de ellos. El comprendía que las relaciones personales eran el pegamento que mantiene unidos a los miembros del equipo; mientras más sólidas son las relaciones personales, más cohesivo es el equipo.

Casi todo lo que usted hace depende de un trabajo en equipo. No importa si usted es un dirigente o un seguidor, entrenador o jugador, maestro o alumno, padre o hijo, gerente en jefe u obrero voluntario sin sueldo; usted interactúa con otras personas. La pregunta es: ¿tendrá éxito su participación con otros? Su mejor posibilidad para el liderazgo también depende de relacionarse con los que forman parte de su equipo. A continuación usted puede saber si ha cultivado relaciones personales sólidas con otros. Busque las siguientes cinco características en sus relaciones personales:

1. RESPETO

Cuando se trata de relaciones personales todo empieza con el respeto, con el deseo de considerar valiosos a los demás. Les Giblin, al escribir sobre las relaciones humanas, dijo: «No puedes hacer que el otro se sienta importante en tu presencia si secretamente piensas que es un don nadie».

El detalle en cuanto al respeto es que usted debe mostrarlo a los demás, incluso antes de que hayan hecho algo para merecerlo, sencillamente porque son seres humanos. Pero al mismo tiempo usted siempre debe esperar habérselo ganado de los demás, y el lugar donde más rápidamente lo gana es sobre terreno difícil.

2. EXPERIENCIAS COMPARTIDAS

El respeto puede poner el cimiento para buenas relaciones personales, pero por sí solo no basta. Usted no puede tener relaciones personales con una persona que no conoce. Se requiere haber compartido experiencias durante un tiempo. Eso no siempre es fácil de lograr. Por ejemplo, a Brian Billick, entrenador de los Ravens de Baltimore, justo después de que ganaron el Super Bowl del 2001, le preguntaron qué probabilidades tenía el equipo de repetir otro campeonato. Billick comentó que sería muy difícil.

¿Por qué? Porque del veinticinco al treinta por ciento del equipo cambia cada año. Los jugadores nuevos no tienen las experiencias compartidas en equipo que son necesarias para triunfar.

3. Confianza

Cuando usted respeta a las personas y pasa con ellas tiempo suficiente como para cultivar experiencias compartidas, está en posición de cultivar confianza. La confianza es esencial en todas las buenas relaciones personales. El poeta escocés George MacDonald observaba: «Que confíen en uno es mayor elogio que ser querido». Sin la confianza no se puede sostener ningún tipo de relaciones personales.

4. Reciprocidad

Las relaciones personales unilaterales no duran. Si una persona es siempre la que da y la otra es siempre la que recibe, a la larga la relación personal se desintegrará. Esto es cierto en toda relación personal, incluyendo las que se dan en un equipo. Para que las personas mejoren sus relaciones tiene que haber un «toma y dame» para que todos se beneficien a la par que dan. Recuerde preguntar a sus compañeros de equipo, colegas y amigos respecto a sus esperanzas, deseos y objetivos. Dé a las personas su atención completa. Muestre a los demás que se interesa en ellos.

Cuando se trata de relaciones personales todo empieza con el respeto, con el deseo de considerar valiosos a los demás.

---

5. Disfrute mutuo

Cuando las relaciones personales crecen y empiezan a afirmarse, las personas involucradas empiezan a disfrutarse mutuamente. El simple hecho de estar juntas puede convertir tareas desagradables en experiencias positivas.

¿Cómo le va en esto de las relaciones personales? ¿Dedica usted bastante tiempo y energía a cultivar relaciones personales sólidas, o está tan concentrado en los resultados que tiene la tendencia a soslayar (o pisotear) a otros?

Si esto último es cierto en usted, piense en las palabras sabias de George Kienzle y Edward Dare en *Climbing the Executive Ladder* [Cómo subir por la escalera ejecutiva]: «Pocas cosas le pagarán mejores dividendos que el tiempo y esfuerzo que dedica para entender a la gente. Casi nada añadirá más a su estatura como ejecutivo y como persona. Nada le dará mayor satisfacción o mayor felicidad». Llegar a ser una persona diestra en relaciones personales le dará éxito individual y en equipo.

2

¿QUÉ NECESITO SABER ACERCA DE LOS DEMÁS?

A las personas no les importa qué tanto sabe usted hasta que sepan cuánto se interesa usted en ellas.

Si desea triunfar y hacer un impacto positivo en su mundo necesita la capacidad de entender a los demás. Comprender a los demás le da el potencial para influir en todo aspecto de la vida, y no solo en el mundo de los negocios. Por ejemplo, mire cómo el comprender a las personas ayudó a esta madre de un preescolar. Ella dijo:

> Dejé a mi hijo de cuatro años en la casa y salí corriendo a botar algo en la basura. Cuando traté de abrir la puerta para volver a entrar, estaba con llave. Sabía que insistir en que mi hijo abriera la puerta resultaría en una batalla de voluntades de una hora. Así que con tono triste dije: «Ay, que malo. Acabas de encerrarte con llave en la casa». La puerta se abrió al instante.

Comprender a las personas ciertamente impacta su capacidad para comunicarse con los demás. David Burns, médico y profesor de psiquiatría de la Universidad de Pennsylvania, observaba: «La más grande equivocación que usted puede cometer al tratar de hablar convincentemente es considerar que la más alta prioridad corresponde a expresar sus ideas y sentimientos. Lo que la mayoría de las personas realmente quiere es que las escuchen, las respeten y las entiendan. En el momento que ven que se les está entendiendo, se motivan más para entender su punto de vista». Si usted puede aprender a entender a las personas, cómo piensan, lo que sienten, lo que las inspira, cómo es probable que actúen y reaccionen en una situación dada, entonces puede motivarlas e influenciarlas de una manera positiva.

POR QUÉ LAS PERSONAS NO LOGRAN COMPRENDER A LOS DEMÁS

La falta de comprensión hacia los demás es una fuente constante de tensión en nuestra sociedad. Una vez oí a un abogado decir: «La mitad de todas las controversias y conflictos que surgen entre las personas no son causados por diferencias de opiniones o porque no puedan ponerse de acuerdo, sino porque no pueden comprenderse unos a otros». Si pudiéramos reducir la cantidad de malos entendidos, los tribunales no estarían tan atiborrados, habría menos crímenes violentos, la tasa de divorcios se reduciría, y la cantidad de estrés cotidiano que experimenta la mayoría, se reduciría dramáticamente.

Si la comprensión es tan valiosa, ¿por qué no la practican más personas? Hay muchas razones:

TEMOR

William Penn, colono estadounidense del siglo diecisiete, aconsejaba: «Nunca desprecies ni te opongas a lo que no entiendes», sin embargo, muchos hacen exactamente lo opuesto. Cuando no entienden a otros, a menudo reaccionan con miedo. Una vez que empiezan a temer a otros, rara vez tratan de superar su miedo para aprender más de las otras personas. Se vuelve un círculo vicioso.

Desafortunadamente, el temor es evidente en el lugar de trabajo cuando se trata de las reacciones de los empleados hacia sus líderes. Con todo, en un ambiente saludable de trabajo, si uno da a los demás el beneficio de la duda y reemplaza el temor con la comprensión, todos pueden trabajar juntos positivamente. Todo lo que las personas tienen que hacer es seguir el consejo del presidente Harry Truman, quien dijo: «Cuando comprendemos el punto de vista de otro, cuando comprendemos lo que él está tratando de hacer, nueve de cada diez veces esa persona está tratando de hacer lo correcto».

EGOCENTRISMO

Cuando el temor no es la piedra de tropiezo, con frecuencia lo es el egocentrismo. Las personas no son egocéntricas a propósito; es simplemente la naturaleza humana pensar en sus propios intereses primero. Si quiere ver un ejemplo de esto, póngase a jugar con un niño de dos años. Naturalmente él escogerá los mejores juguetes, e insistirá en salirse con la suya.

Una manera de superar nuestro egocentrismo natural es tratar de ver las cosas desde la perspectiva del otro. Hablando a un grupo de vendedores Art Mortell, autor de *Ventas de calidad mundial*, dijo: «Cada vez que me hallo perdiendo al jugar ajedrez, me paro y me pongo detrás de mi contrincante y veo el tablero desde su lado. Entonces descubro los movimientos insensatos que he hecho porque puedo verlo desde su punto de vista. El reto del vendedor es ver el mundo desde la perspectiva del posible cliente».[1]

Ese es el reto para todos nosotros, sea cual sea nuestra profesión. La siguiente cita nos recuerda cuáles deben ser nuestras prioridades al tratar con las otras personas:

UN CURSO BREVE HACERCA DE RELACIONES HUMANAS

La palabra menos importante: yo
La palabra más importante: nosotros
Las dos palabras más importantes: muchas gracias
Las tres palabras más importantes: todo queda perdonado
Las cuatro palabras más importantes: ¿cuál es tu opinión?
Las cinco palabras más importantes: usted hizo un buen trabajo
Las seis palabras más importantes: quiero poder comprenderle mejor
     a usted.

INCAPACIDAD PARA VALORAR LAS DIFERENCIAS

El siguiente paso lógico después de dejar atrás el egocentrismo es aprender a reconocer y respetar las cualidades singulares de cada persona. En lugar de tratar de moldear a los demás a su imagen, aprenda a valorar sus diferencias. Si alguien tiene un talento que usted no tiene, fabuloso. Los dos pueden fortalecer los puntos débiles del otro. Si otros vienen de una cultura diferente, amplíe sus horizontes y aprenda de ellos lo que pueda. Su nuevo conocimiento puede ayudarle a relacionarse, no solo con ellos, sino también con otros.

Una vez que usted aprenda a valorar las diferencias de otros, se dará cuenta que hay muchas respuestas al liderazgo y a la motivación. Joseph Beck, en un tiempo presidente de la corporación Kenley, reconoció esa verdad cuando dijo que «personas diferentes son motivadas de maneras diferentes. Un buen entrenador de baloncesto, por ejemplo, sabe cuándo un jugador necesita una "patada en el trasero". La principal diferencia es que todos los jugadores necesitan aliento y solo unos pocos necesitan una "patada en el trasero"».

Incapacidad para reconocer las similitudes

Todos nosotros tenemos reacciones emocionales ante lo que sucede en nuestro derredor. Para fomentar la comprensión piense en lo que serían sus emociones si usted se hallara en la misma posición que la persona con quien interactúa. Usted sabe lo que querría que sucediera en una situación dada. Lo más probable es que la persona con quien usted está interactuando esté en gran parte sintiendo lo mismo.

SI USTED TRATA A TODA PERSONA QUE
ENCUENTRA COMO SI FUERA LA PERSONA MÁS
IMPORTANTE DEL MUNDO, LE COMUNICARÁ
QUE ÉL O ELLA ES ALGUIEN... PARA USTED.

COSAS QUE TODO INDIVIDUO TIENE QUE COMPRENDER ACERCA DE LAS PERSONAS

Saber lo que las personas necesitan es la clave para comprenderlas. Si usted puede comprenderlas, puede influir en ellas e impactar sus vidas de una manera positiva. Lo que sé acerca de comprender a las personas se puede resumir en la lista que sigue:

1. TODA PERSONA QUIERE SER ALGUIEN

No hay ni una sola persona en el mundo que no tenga el deseo de ser alguien, de tener importancia. Incluso la persona menos ambiciosa y más modesta quiere que los demás le tengan en alta estima.

Recuerdo la primera vez que estos sentimientos fueron agitados fuertemente en mí. Sucedió cuando estaba en cuarto grado y fui a mi primer partido de baloncesto. Estaba con mis amigos en la galería del gimnasio. Lo que más recuerdo no fue el partido, sino el anuncio de la alineación de los equipos al empezar. Apagaron todas las luces y encendieron algunos reflectores. El anunciador decía el nombre de los jugadores que empezarían el partido, y cada uno corría al centro de la cancha mientras todos los presentes los vitoreaban.

Medio colgado en la galería ese día, como alumno de cuarto grado, dije: «Vaya, cómo me gustaría que eso me sucediera a mí». A decir verdad, para cuando se acabaron las presentaciones, miré a mi amigo Bobby Wilson, y le dije: «Bobby, cuando yo esté en la secundaria van a anunciar mi nombre, y voy a salir corriendo bajo esos reflectores hasta el centro de la cancha. La gente me va a gritar porras porque voy a ser alguien».

Me fui a casa esa noche, y le dije a mi papá: «Quiero ser un jugador de baloncesto». Al poco tiempo él me compró una pelota de baloncesto e instalamos una canasta en la cochera. Yo solía limpiar la nieve de la entrada para practicar mis tiros a la canasta y jugar baloncesto porque tenía el sueño de llegar a ser alguien.

Es curioso cómo esa clase de sueño puede impactar en la vida de uno. Cuando estaba en el sexto grado jugaba en los partidos internos. Nuestro equipo ganó un par de juegos, así que logramos ir al gimnasio Old Miller Street en Circleville, Ohio, donde yo había visto el partido de baloncesto cuando estaba en cuarto grado. Cuando llegamos, en lugar de ir a la cancha con el resto de los jugadores, mientras hacían su calentamiento me fui a la banca donde estos jugadores de secundaria habían estado dos años antes. Me senté donde ellos habían estado y cerré mis ojos (el equivalente de apagar las luces en el gimnasio). Luego, mentalmente oí que anunciaban mi nombre, y corrí hasta el centro de la cancha.

Me sentí tan bien oyendo el aplauso imaginario que pensé: *¡Voy a hacerlo de nuevo!* Lo hice. De hecho, lo hice tres veces, y de pronto me di cuenta que mis compañeros no estaban jugando, estaban contemplándome incrédulos. Pero no me importaba porque yo estaba un paso más cerca de ser la persona en que había soñado convertirme.

Toda persona quiere que los demás lo consideren y lo valoren. En otras palabras, toda persona quiere ser alguien. Una vez que ese detalle llega a ser parte de su pensamiento de todos los días, usted adquirirá una noción increíble de por qué las personas hacen lo que hacen. Si usted trata a toda persona que encuentra como si fuera la persona más importante del mundo, le comunicará que *es* alguien... para usted.

2. A nadie le importa cuánto sabe usted hasta que sabe cuánto se interesa usted en él

En el momento que las personas saben cuánto se interesa usted en ellas, cambia la manera como piensan de usted. Mostrar a otros que uno se interesa no siempre es fácil. Sus mejores recuerdos, y los más queridos, tendrán lugar debido a las personas, pero igualmente lo tendrán los momentos más difíciles, los más dolorosos o los más trágicos. Las personas son sus mejores recursos y sus más grandes tropiezos. El reto es seguir interesándose en ellas, cueste lo que cueste.

Encontré una cita penetrante titulada «Mandamientos paradójicos del liderazgo». Dice como sigue:

La gente es ilógica, irrazonable y egocéntrica; quiéralos de todas maneras.

Si hace el bien, la gente le acusará de motivos egoístas ulteriores; hágalo de todas maneras.

Si triunfa, ganará amigos falsos y enemigos verdaderos; triunfe de todas maneras.

El bien que hace hoy tal vez quede en el olvido mañana; haga el bien de todas maneras.

La honradez y la franqueza le hacen vulnerable; sea honrado y franco de todas maneras.

El hombre más grande con las ideas más grandes puede ser derribado por el hombre más pequeño con la mente más pequeña; piense en grande de todas maneras.

La gente favorece a los desamparados pero sigue solo a los populares; luche por unos cuantos desamparados de todas maneras.

Lo que usted pasa años construyendo puede ser destruido de la noche a la mañana; construya de todas maneras.

La gente realmente necesita ayuda pero puede atacarle si le ayuda; ayúdelos de todas maneras.

Dele al mundo lo mejor de usted y lo que conseguirá es un puntapié en los dientes; dele al mundo lo mejor de usted de todas maneras.

Si lo mejor es posible, entonces lo bueno no basta.

Esa es la manera correcta de tratar a las personas. Además, usted nunca sabe cuál persona en su esfera de influencia surgirá y hará una diferencia en su vida y en las vidas de otros.

3. Toda persona necesita de alguien

Contrario a la creencia popular, no hay tal cosa como un hombre o una mujer que se haya hecho a sí mismo. Toda persona necesita amistad, estímulo y ayuda. Lo que la gente puede lograr por sí misma no es nada comparado con su potencial al trabajar con otros. Hacer cosas con otros tiende a dar contentamiento. Además, los Llaneros Solitarios raras veces son personas felices. El rey Salomón del antiguo Israel explicó el valor de trabajar juntos de esta manera:

> Mejores son dos que uno; porque tienen mejor paga de su trabajo. Porque si cayeren, el uno levantará a su compañero; pero ¡ay del solo! que cuando cayere, no habrá segundo que lo levante. También si dos durmieren juntos, se calentarán mutuamente; más ¿cómo se calentará uno solo? Y si alguno prevaleciere contra uno, dos le resistirán; y cordón de tres dobleces no se rompe pronto.[2]

Toda persona necesita de alguien que se ponga a su lado y lo ayude. Si usted comprende esto, está dispuesto a dar y ayudar a otros, y a mantener los motivos correctos, su vida y la de ellos puede cambiar.

4. Toda persona puede ser alguien cuando alguien más lo comprende y cree en ella

Una vez que usted entiende a las personas y cree en ellas, realmente pueden llegar a ser alguien. No lleva mucho esfuerzo ayudar a otros a sentirse importantes. Cosas pequeñas, hechas deliberadamente en el momento apropiado, pueden hacer una gran diferencia.

¿Cuándo fue la última vez que usted hizo más de lo que le correspondía para hacer que las personas se sientan especiales, como si realmente fueran alguien? La inversión exigida de su parte queda totalmente opacada por el impacto que hace en esa persona. Toda persona que usted conoce y con quien se cruza tiene el potencial de ser alguien importante en la vida de otros. Todos necesitan estímulo y motivación de parte suya, que les ayude a alcanzar su potencial.

5. TODA PERSONA QUE AYUDA A ALGUIEN INFLUENCIA A MUCHOS

Lo último que usted tiene que entender acerca de la gente es que cuando usted ayuda a una persona, en realidad está impactando a muchas personas. Lo que usted le da a una persona se desborda a las vidas de todas las personas a quienes ese individuo impacta. La naturaleza de la influencia es multiplicarse. Le impacta incluso a usted porque cuando usted ayuda a otros y sus motivos son puros, siempre recibe más de lo que jamás da. La mayoría de las personas quedan tan genuinamente agradecidas cuando alguien les hace sentirse especiales, que nunca se cansan de mostrar su gratitud.

ESCOGER A COMPRENDER A LOS DEMÁS

A fin de cuentas, la capacidad para entender a las personas es una decisión. Es cierto que algunos nacen con una gran intuición que les permite comprender cómo piensan y sienten los demás, pero aunque usted no sea una persona instintivamente inclinada a la gente, puede mejorar su capacidad de trabajar con los demás. Toda persona es capaz de tener la aptitud de entender, motivar y a la larga influir en otros.

Parte II

Los elementos básicos de las relaciones personales

3

¿CÓMO PUEDO ALENTAR A OTROS?

Creer en las personas antes de que ellas demuestren su valía
es la clave para motivarlas a alcanzar su potencial.

A toda persona le encanta recibir aliento. La estimula cuando se siente alicaída y la motiva cuando se siente desalentada. Para ser un alentador usted tiene que creer lo mejor de las personas, tener fe en ellas. De hecho, la fe es esencial para fomentar y mantener todas las relaciones personales positivas, y sin embargo es un bien escaso actualmente. Eche un vistazo a las siguientes cuatro realidades acerca de la fe.

1. LA MAYORÍA DE LAS PERSONAS NO TIENEN FE EN SÍ MISMAS

No hace mucho vi una tira cómica de Shoe por Jeff MacNelly que mostraba a Shoe, el díscolo editor de periódico, parado en el montículo en un partido de béisbol. Su receptor le dice: «Tienes que tener fe en tu bola curva». En el siguiente cuadro Shoe comenta: «Es fácil que él lo diga. Cuando se trata de creer en mí mismo, soy agnóstico».

Así es como muchos se sienten hoy. Les cuesta creer en sí mismos. Creen que van a fracasar. Aunque vean la luz al otro lado del túnel, están convencidos de que es un tren. Ven una dificultad en toda responsabilidad, pero la realidad es que las dificultades rara vez derrotan a las personas; es la falta de fe en sí mismas lo que las derrota. Con un poco de fe en sí mismas, las personas pueden hacer cosas milagrosas. Pero sin ella, en realidad tienen grandes dificultades.

2. LA MAYORÍA DE LAS PERSONAS NO TIENEN A ALGUIEN QUE TENGA FE EN ELLAS

En *Justamente para hoy* James Keller relata lo siguiente: «Un florista que tenía un puesto en una esquina no vendía casi nada. De repente se le ocurrió una feliz idea y puso un letrero: "Por 10 centavos esta gardenia le hará sentirse importante todo el día". Al instante sus ventas empezaron a aumentar».

En nuestra sociedad actual la mayoría de las personas se sienten aisladas. El fuerte sentido de comunidad que en una época disfrutaban la mayoría de los estadounidenses se ha vuelto raro. Muchos no tienen el respaldo familiar que era más común treinta o cuarenta años atrás. Por ejemplo, el evangelista Bill Glass destacó: «Más del noventa por ciento de presos en las cárceles oyeron que sus padres les decía mientras crecían: "Te van a echar en la cárcel"». En lugar de enseñar a sus hijos a creer en sí mismos, algunos padres los están destrozando. Para muchos, incluso sus seres más queridos no creen en ellos. No tienen nadie de su parte. No es sorpresa que una cosa tan pequeña como una flor pueda hacer una diferencia en la forma en que la persona se enfrenta al día.

3. LA MAYORÍA DE LAS PERSONAS PUEDEN DECIR CUÁNDO ALGUIEN TIENE FE EN ELLAS

Los instintos de las personas son bastante acertados para saber cuándo otros tienen fe en ellos. Pueden percibir si su creencia es genuina o fingida. El tener verdaderamente fe en alguien puede cambiar la vida de esa persona.

En su libro *Move Ahead with Possibility Thinking* [Avance con pensamiento de posibilidad] mi amigo Robert Schuller, pastor de la Crystal Cathedral en Garden Grove, California, cuenta un relato maravilloso de un incidente que cambió su vida cuando niño. Ocurrió cuando su tío tuvo fe en él y se lo mostró en palabras y acciones:

Su coche avanzó más allá del granero despintado y se detuvo en una nube de polvo veraniego frente a nuestro portón. Corrí descalzo por el porche astillado y vi a mi tío bajarse del auto. Era alto, muy guapo, y terriblemente vigoroso. Después de muchos años en China, venía a visitar nuestra granja en Iowa. Corrió hasta el viejo portón y puso sus enormes manos sobre mis hombros de cuatro años de edad. Sonrió ampliamente, me revolvió el pelo despeinado, y dijo: «¡Bien! ¡Me parece que eres Robert! Pienso que vas a ser predicador un día». Esa noche oré en secreto: «Querido Dios: hazme un predicador cuando sea grande». Creo que Dios me hizo un PENSADOR DE POSIBILIDAD allí y entonces.

Siempre recuerde que su objetivo no es conseguir que la gente piense mejor de usted. Es conseguir que ellos piensen mejor de sí mismos. Tenga fe en ellos, y ellos empezarán a hacer precisamente eso.

4. LA MAYORÍA DE LAS PERSONAS HARÁ CASI CUALQUIER COSA PARA VIVIR A LA ALTURA DE LA FE QUE USTED TIENE EN ELLAS

Las personas suben o bajan para alcanzar el nivel de expectaciones que usted ha fijado para ellas. Si usted expresa escepticismo y dudas en otros, ellos le pagarán con mediocridad su falta de confianza. Pero si cree en ellas y espera que lo hagan bien, irán la segunda milla tratando de hacer lo mejor que pueden. En el proceso, usted *y* ellos se benefician. John H. Spalding expresó esto de la siguiente manera: «Los que creen en nuestra capacidad hacen más que estimularnos. Crean para nosotros una atmósfera en la cual es más fácil triunfar».

CÓMO LLEGAR A CREER EN LAS PERSONAS

Soy afortunado porque crecí en un ambiente positivo *y* de afirmación. Como resultado me ha sido fácil creer en las personas *y* expresar esa creencia. Pero me doy cuenta de que no todos tienen el beneficio de una crianza positiva. La mayoría de las personas tienen que *aprender* a tener fe en otros. Para desarrollar su fe en otros, trate de usar estas sugerencias.

CREA EN ELLOS ANTES DE QUE TRIUNFEN

A todos les encanta un ganador. Es fácil tener fe en personas que ya han demostrado lo que valen. Es mucho más duro creer en las personas *antes* de que hayan demostrado su valor, pero esa es la clave para motivar a las personas para que alcancen su potencial. Usted tiene primero que creer en ellas antes de que triunfen, y a veces antes de que usted pueda persuadirlas a que crean en sí mismas.

Algunos individuos que usted conoce quieren creer desesperadamente en sí mismos pero tienen muy poca esperanza. Al interactuar con ellos, recuerde el lema del héroe francés de la Primera Guerra Mundial Marshal Ferdinand Foch: «No hay situaciones sin esperanza; todo lo que hay son hombres y mujeres que han perdido la esperanza en sí mismos». Toda persona tiene en sí misma semillas de grandeza, aunque al presente tal vez estén dormidas. Pero cuando usted cree en las personas, riega esas semillas y les da la oportunidad de crecer.

ENFATICE SUS PUNTOS FUERTES

Muchos piensan erróneamente que para cultivar las relaciones personales y ser influyentes tienen que ser una «autoridad» y destacar las deficiencias de los demás. La gente que trata este método se vuelve como Lucy en la tira cómica *Rabanitos* de Charles Schulz. En una tira cómica Lucy le dice al pobre Carlitos Brown: «¡Estás a la sombra de tus propios postes del gol! ¡Eres una señal errada! ¡Eres como tres golpes cortos en el agujero dieciocho! ¡Eres una jugada de siete bolos caídos y tres parados en la décima tirada de boliche, eres un tiro libre fallido, un palo número nueve torcido y un tercer strike ya sentenciado! ¿Me entiendes? ¿Está claro?». ¡Difícilmente esto es una manera de impactar positivamente la vida de otra persona!

El camino para cultivar relaciones personales positivas se halla en la dirección exactamente opuesta. La mejor manera de mostrar a las personas su fe en ellas y motivarlas es enfocar su atención en sus puntos fuertes. Según el autor y ejecutivo de publicidad Bruce Barton: «Nada espléndido jamás se logró excepto por los que se atrevieron a creer que algo dentro de sí mismos era superior a las circunstancias». Al recalcar los puntos fuertes de las personas, usted les está ayudando a creer que poseen lo que se necesita para triunfar.

CREER EN LAS PERSONAS ANTES DE QUE ELLAS
DEMUESTREN SU VALÍA ES LA CLAVE PARA
MOTIVARLAS A ALCANZAR SU POTENCIAL.

Elógielas por lo que hacen bien, tanto en privado como públicamente. Dígales cuánto aprecia sus cualidades positivas y sus habilidades. Cada vez que tenga la oportunidad de elogiarlos y felicitarlos en presencia de familia o amigos íntimos de ellos, hágalo.

COMPILE SUS TRIUNFOS PASADOS

Aunque recalque los puntos fuertes de las personas, ellas tal vez necesiten más estímulo que les muestre que usted cree en ellas y lograr motivarlas. La empresaria Mary Kay Ash, fundadora de la empresa de cosméticos que lleva su nombre, aconsejaba: «Toda persona tiene un letrero invisible colgado al cuello, que dice: "¡Hazme sentir importante!" Nunca olvide este mensaje al trabajar con personas». Una de las mejores maneras de hacerlo es ayudar a las personas a recordar sus éxitos pasados.

El relato de David y Goliat presenta un ejemplo clásico de cómo los éxitos pasados pueden ayudar a una persona a tener fe en sí misma. Usted recordará el relato bíblico. Un paladín filisteo de más de dos metros de estatura llamado Goliat se paró ante el ejército de Israel y se burló de ellos todos los días por cuarenta días, desafiándolos a que escogieran un guerrero que peleara contra él. El día cuarenta, un joven pastor llamado David llegó a las líneas del frente llevando comida para sus hermanos, que estaban en el ejército de Israel. Mientras estaba allí presenció las fanfarronerías y desplantes del gigante. David se enfureció tanto que le dijo al rey Saúl que quería ir a enfrentarse al gigante en batalla. Esto es lo que pasó luego:

> Dijo Saúl a David: No podrás tú ir contra aquel filisteo, para pelear con él; porque tú eres muchacho, y él un hombre de guerra desde su juventud. David respondió a Saúl: Tu siervo era pastor de las ovejas de su padre; y cuando venía un león, o un oso, y tomaba algún cordero de la manada, salía yo tras él, y lo hería, y lo libraba de su boca; y si se levantaba contra mí, yo le echaba mano de la quijada, y lo hería y lo mataba. Fuese león, fuese oso, tu siervo lo mataba [...] Jehová, que me ha librado de las garras del león y de las garras del oso, él también me librará de la mano de este filisteo.[1]

David miraba sus triunfos pasados y tenía confianza en sus acciones futuras. Por supuesto, cuando se enfrentó al gigante lo derribó como si fuera árbol, usando nada más que una piedra y una honda. Cuando le cortó la cabeza a Goliat, su triunfo inspiró a sus compatriotas y ellos desbarataron al ejército filisteo.

No todos tienen la capacidad natural para reconocer los triunfos pasados y cultivar confianza partiendo de ellos. Algunos necesitan ayuda. Si usted puede mostrar a otros lo que han hecho bien en el pasado y ayudarles a ver que sus victorias pasadas han pavimentado el camino para triunfos futuros, ellos podrán pasar mejor a la acción. Mencionar los triunfos pasados ayuda a otros a creer en sí mismos.

INFUNDA CONFIANZA CUANDO FRACASAN

Cuando usted ha alentado a las personas y ha puesto su fe en ellas, y empiezan a creer que pueden triunfar en la vida, pronto ellas llegarán a una encrucijada crítica. La primera vez, o las primeras dos, que fracasen (y fracasarán porque eso es parte de la vida), tendrán dos alternativas. Darse por vencidos o seguir avanzando.

Algunos son resistentes y están dispuestos a seguir intentando triunfar, aunque no vean progreso inmediato. Pero otros no son tan decididos. Algunos se derrumbarán a la primera señal de problemas. Para darles un empujón e inspirarlos usted necesita seguir mostrando confianza en ellos, incluso cuando cometan equivocaciones o rindan muy poco.

Una de las maneras de hacerlo es contarles sus propios problemas y traumas pasados. A veces la gente piensa que debido a que usted al presente tiene éxito, siempre lo ha tenido. No se dan cuenta de que usted también tiene su historial de errores, fracasos y tropiezos. Muéstreles que el éxito es un peregrinaje, un proceso, y no un destino. Cuando se den cuenta de que usted ha fracasado *y* sin embargo se las arregló para triunfar, se darán cuenta de que está bien fallar. Conservarán intacta su confianza. Aprenderán a pensar como el legendario beisbolista Babe Ruth, cuando dijo: «Nunca dejes que el miedo de ser ponchado se interponga en tu camino».

EXPERIMENTEN ALGUNAS VICTORIAS JUNTOS

No es suficiente saber que el fracaso es parte de avanzar en la vida. Para realmente sentirse motivadas a triunfar, las personas necesitan creer que pueden ganar.

Ganar es motivación. El novelista David Ambrose reconoció esta verdad: «Si tienes la voluntad de ganar, ya has logrado la mitad de tu éxito; si no la tienes, ya has logrado la mitad de tu fracaso». Ponerse al lado de otros para ayudarles a experimentar algunas victorias junto a usted les da razones para creer que triunfarán. En el proceso, percibirán la victoria. Allí es cuando empiezan a suceder cosas increíbles en sus vidas.

Ayudar a las personas a creer que pueden alcanzar la victoria las pone en una posición donde pueden experimentar pequeños triunfos. Anímeles a desempeñar tareas o a asumir responsabilidades que usted sabe que pueden manejar y hacer bien. Deles también la ayuda que necesitan para triunfar. Con el tiempo, conforme crece su confianza, asumirán retos más y más difíciles, pero podrán hacerlo con confianza y competencia gracias al historial positivo que están cultivando.

VISUALICE EL TRIUNFO FUTURO DE ELLOS

Un experimento con ratas de laboratorio midió su motivación para vivir bajo diferentes circunstancias. Los científicos echaron una rata en una jarra de agua colocada en un lugar completamente oscuro, y midieron el tiempo que el animal insistía en nadar antes de darse por vencida y ahogarse. Hallaron que la rata luchaba por poco más de tres minutos.

Luego echaron otra rata en el mismo frasco, pero en lugar de colocarla en total oscuridad, permitieron que un rayo de luz la iluminara. En esas circunstancias la rata siguió nadando por treinta y seis horas. Eso es más de setecientas veces más tiempo que la rata en la oscuridad. Debido a que la rata podía ver, siguió manteniendo la esperanza.

Si eso es cierto en animales de laboratorio, piense en el fuerte efecto que la visualización puede ejercer sobre las personas, que son capaces de un razonamiento mucho más elevado. Se ha dicho que una persona puede vivir cuarenta días sin comida, cuatro días sin agua, cuatro minutos sin aire, pero solo cuatro segundos sin esperanza. Cada vez que usted forja una visión para otros y pinta un cuadro de su éxito futuro, los edifica, los motiva y les da razón para seguir avanzando.

ESPERE UN NUEVO NIVEL DE VIDA

El estadista alemán Konrad Adenauer observó: «Todos vivimos bajo el mismo cielo, pero no todos tenemos el mismo horizonte». Haga que su objetivo sea ayudar a otros a ver más allá del hoy y de sus circunstancias presentes, y a soñar sueños grandes. Cuando usted deposita su fe en las personas, las ayuda a ampliar sus horizontes y las motiva a subir a un nuevo nivel de vida.

Depositar su fe en otro incluye correr un riesgo, pero las recompensas superan a los riesgos. Robert Louis Stevenson dijo: «Ser lo que somos, y llegar a ser lo que somos capaces de llegar a ser, es el único fin de la vida». Cuando usted deposita su fe en otros los ayuda a alcanzar su potencial. Usted se convierte en una relación personal importante en sus vidas, y ellos en la suya.

4

¿CÓMO PUEDO RELACIONARME CON LAS PERSONAS?

Siempre recuerde: el corazón viene antes que la cabeza.

M e encanta comunicarme. Es una de mis pasiones. Aunque he pasado más de treinta años como conferencista profesional, siempre busco maneras de crecer y seguir mejorando en este aspecto.

EL MEJOR AMIGO DEL PÚBLICO

Sin duda usted habrá oído de Elizabeth Dole. Es abogada de profesión, fue miembro del gabinete de las administraciones de Reagan y Bush, y fue presidenta de la Cruz Roja Estadounidense. Es una comunicadora maravillosa. Su don particular, que presencié personalmente en San José un día, fue hacer sentir tanto a mí como a todos en su público como si en realidad fuera nuestra amiga. Me hizo alegrarme de estar allí. La cuestión de fondo es que ella en realidad sabe cómo relacionarse con las personas.

En 1996 ella demostró esa destreza ante la nación entera cuando habló en la Convención Nacional Republicana. Si usted la vio por televisión, sabe a qué me refiero. Cuando Elizabeth Dole salió ante el público esa noche, to-dos sintieron que ella era su mejor amiga. Ella pudo cultivar una asombrosa conexión con ellos. Yo también sentí esa conexión, aunque estaba sentado en la sala de mi casa viéndola por televisión. Cuando ella terminó de hablar, yo la hubiera seguido a donde fuera.

BOB NUNCA HIZO LA CONEXIÓN

También hablando en esa convención estaba Bob Dole, esposo de Elizabeth, lo que no es sorpresa puesto que él era el candidato republicano para la elección presidencial. Cualquiera que vio habrá observado una notable diferencia entre las destrezas de comunicación de ambos oradores. Mientras que Elizabeth era cálida y abordable, Bob parecía severo y distante. En toda la campaña nunca pareció poder conectarse con las personas.

Muchos factores entran en juego en la elección de un presidente de Estados Unidos, pero no es el menor de ellos la capacidad del candidato para relacionarse con su público. Mucho se ha escrito sobre los debates entre Kennedy y Nixon en la elección de 1960. Una de las razones por las que John F. Kennedy triunfó fue porque pudo lograr que los televidentes se sintieran relacionados con él. La misma conexión surgió entre Ronald Reagan y su público. En la elección de 1992 Bill Clinton se esforzó extremadamente por cultivar un sentido de conexión con el pueblo estadounidense; para lograrlo incluso apareció en el programa de opinión *Arsenio* y tocó el saxofón.

USTED NO PUEDE IMPULSAR A LAS PERSONAS A LA ACCIÓN A MENOS QUE PRIMERO LAS CONMUEVA CON EMOCIÓN. EL CORAZÓN VIENE ANTES QUE LA CABEZA.

Pienso que Bob Dole es un hombre bueno, pero también sé que nunca se relacionó con el pueblo. Irónicamente, después de que se acabó la elección presidencial, él apareció en el programa *Saturday Night Live* [Sábado en la Noche en Vivo], que se había divertido a costa suya durante toda la campaña, implicando que carecía de humor y estaba fuera de onda. En el show Dole apareció relajado, abordable y capaz de reírse de sí mismo. Fue toda una sensación para el público. Finalmente se había relacionado.

EL CORAZÓN VIENE PRIMERO

Usted tiene que tocar primer el corazón de las personas antes de pedirles una mano. Todos los grandes comunicadores reconocen esta verdad y la ponen en práctica casi instintivamente. Usted no puede impulsar a la gente a la acción si primero no la conmueve con la emoción. El corazón viene antes que la cabeza.

Frederick Douglass fue un destacado orador y dirigente afroestadounidense del siglo diecinueve. Se dice que tenía la notable capacidad de relacionarse con las personas y conmover sus corazones al hablar. El historiador Lerone Bennett dijo de Douglass: «Podía hacer que la gente *se riera* del dueño de esclavos que predicaba los deberes de la obediencia cristiana; podía hacerles *ver* la humillación de la doncella negra violada por el brutal dueño de esclavos; podía hacerles *oír* los gemidos de la madre separada de su hijo. Por él la gente podía llorar, maldecir, y *sentir;* por él ellos podían *vivir* la esclavitud».

CÓMO RELACIONARSE EN PÚBLICO Y EN PRIVADO

Relacionarse con las personas no es algo que tiene que suceder solo cuando usted se comunica con grupos de personas. Tiene que suceder también con individuos. Mientras más fuerte es la relación personal entre los individuos, más beneficiosa será y es más probable que el seguidor querrá ayudar al líder. Ese es uno de los principios más importantes que he enseñado a mis empleados a través de los años. Mis empleados solían refunfuñar cada vez que decía: «A la gente no le importa cuánto saben ustedes mientras no vean cuánto se interesan ustedes», pero también sabían que era verdad. Usted puede cultivar credibilidad con las personas cuando se relaciona con ellos y les muestra que genuinamente quiere ayudarles.

RELACIÓNESE CON LAS PERSONAS, UNA A LA VEZ

Una clave para relacionarse con otros es reconocer que incluso en un grupo usted tiene que relacionarse con las personas como individuos. El general Norman Schwarzkopf comentó: «He visto líderes competentes que se pararon frente a su pelotón y todo lo que vieron fue un pelotón. Pero los grandes dirigentes se paran frente a su pelotón y ven a cuarenta y cuatro individuos, cada uno de los cuales tiene aspiraciones, cada uno de los cuales quiere vivir, cada uno de los cuales quiere hacer lo mejor».[1] Esa es la única manera de relacionarse con las personas.

PONGA UN «10» EN LA CABEZA DE TODA PERSONA

Una de las mejores cosas que usted puede hacer por las personas es esperar lo mejor de ellas. Yo llamo a esto poner un «10» en la cabeza de toda persona. Ayuda a otros a pensar más alto de sí mismos, y al mismo tiempo le ayuda a usted. Según Jacques Wiesel: «Un estudio de cien millonarios de cosecha propia mostró solo un común denominador. Estos hombres y mujeres de gran éxito solo podían ver el lado bueno de las personas».

Benjamín Disraeli comprendió y practicó este concepto, y fue uno de los secretos de su carisma. Una vez dijo: «El mayor bien que uno puede hacer por otro no es simplemente darle sus riquezas sino revelarle las que él tiene». Si usted aprecia a otros, los anima y los ayuda a alcanzar su potencial, ellos se relacionarán con usted.

MIENTRAS MÁS DIFÍCIL ES EL RETO, MEJOR ES LA CONEXIÓN

Nunca subestime el poder de desarrollar las relaciones personales. Si alguna vez ha estudiado las vidas de los comandantes militares notables, probablemente habrá notado que los mejores entendían cómo relacionarse con las personas. Una vez leí que durante la Primera Guerra Mundial en Francia, el general Douglas MacArthur dijo a un comandante de batallón antes de una acometida atrevida: «Mayor: cuando venga la señal desde la cumbre, quiero que usted vaya primero, delante de sus hombres. Si lo hace, ellos lo seguirán». Luego MacArthur se quitó de su uniforme la Cruz de Servicio Distinguido y se la puso al mayor. En efecto, lo había premiado por heroísmo antes de pedirle que lo exhibiera. Por supuesto, el mayor dirigió a sus hombres, ellos le siguieron hasta la cumbre, y lograron su objetivo.

EL RESULTADO DE LA CONEXIÓN EN EL LUGAR DE TRABAJO

Cuando un líder ha hecho el trabajo de relacionarse con su gente, se puede ver en la manera que funciona su organización. Entre los empleados hay una lealtad increíble y una fuerte ética de trabajo. La visión del líder se vuelve la aspiración de las personas. El impacto es increíble.

También se pueden ver los resultados de otras maneras. El Día del Jefe en 1994, apareció un anuncio a página entera en *USA Today*. Fue puesto y pagado por los empleados de Southwest Airlines, y estaba dirigido a Herb Kelleher, el gerente en jefe de la compañía:

Gracias, Herb

Por acordarte de los nombres de todos nosotros.

Por respaldar la Casa Ronald McDonald.

Por ayudar a cargar el equipaje en el Día de Acción de Gracias.

Por darnos a todos un beso (y queremos decir a todos).

Por escuchar.

Por dirigir la única aerolínea principal que deja ganancias.

Por cantar en nuestra fiesta.

Por cantar solo una vez al año.

Por dejarnos llevar pantalones cortos y zapatos de lona al trabajo.

Por jugar al golf en el LUV clásico con solo un palo.

Por haberle ganado en hablar a Sam Donaldson.

Por montar tu Harley Davidson en la sede de Southwest.

Por ser un amigo, y no simplemente un jefe.

Feliz Día del Jefe de parte de cada uno de tus 16.000 empleados.[2]

Una muestra de afecto como esa ocurre solo cuando un líder ha trabajado arduamente para relacionarse con su gente.

Nunca subestime la importancia de construir puentes de relaciones personales entre usted y los que lo rodean. Hay un antiguo adagio que dice: para dirigirte tú mismo, usa tu cabeza; para dirigir a otros, usa tu corazón. Siempre toque el corazón de la persona antes de pedirle una mano.

5

¿CÓMO PUEDO APRENDER A ESCUCHAR?

Trate a toda persona como si fuera
la persona más importante del mundo.

Edgar Watson Howe una vez bromeaba diciendo: «Nadie lo escucharía a uno hablar si no supiera que a él le toca hablar después». Desafortunadamente, eso describe acertadamente la manera en que muchos abordan la comunicación: están demasiado ocupados esperando su turno como para realmente escuchar a otros. En cambio, los triunfadores comprenden el valor increíble de llegar a ser buenos oyentes.

La capacidad para escuchar hábilmente es el cimiento para el cultivo de las relaciones personales positivas con otros. Cuando Lyndon B. Johnson era senador novato en Texas, tenía un letrero en su oficina que decía: «No aprendes nada cuando tú eres el único que habla». Woodrow Wilson, el vigésimo octavo presidente de Estados Unidos, dijo una vez: «El oído del líder debe resonar con las voces del pueblo».

EL VALOR DE ESCUCHAR

Considere los siguientes beneficios de escuchar:

CUANDO SE ESCUCHA SE MUESTRA RESPETO

Un error que a menudo se comete al comunicarse es tratar a toda costa de impresionar a la otra persona. Las personas tratan de parecer listos, ocurrentes o divertidos. Pero si usted quiere relacionarse bien con los demás, tiene que estar dispuesto a enfocarse en lo que ellos tienen que ofrecer. Muéstrese *impresionado* e *interesado*, no *impresionante* e *interesante*. El poeta y filósofo Ralph Waldo Emerson reconocía: «Todo hombre que conozco es de alguna manera mi superior, y puedo aprender de él». Recuerde eso y escuche, y las líneas de comunicación realmente se abrirán.

CUANDO SE ESCUCHA SE EDIFICAN LAS RELACIONES PERSONALES

Dale Carnegie, autor del libro *Cómo ganar amigos e influir en las personas,* aconsejaba: «Usted puede ganar más amigos en dos semanas siendo un buen oyente que los que podría hacer en dos años tratando de que la gente se interesara en usted». Carnegie tenía un talento increíble para entender las relaciones personales. Reconocía que las personas que se enfocan en sí mismas y que hablan solo de sí mismas y de sus preocupaciones todo el tiempo, rara vez desarrollan relaciones personales fuertes con otros. David Schwartz anotó en *The Magic of Thinking Big* [La magia de pensar en grande]: «Las personas grandes monopolizan el escuchar. La gente pequeña monopoliza el hablar».

Al llegar a ser un buen oyente, usted es capaz de relacionarse con otros en más niveles y desarrollar relaciones personales más fuertes y más profundas, porque usted está supliendo una necesidad. El autor C. Neil Strait destacaba que «todo individuo necesita de alguien y sentir que ese alguien realmente le escucha». Cuando usted se convierte en ese oyente importante, usted ayuda a esa persona.

CUANDO SE ESCUCHA SE AUMENTA EL CONOCIMIENTO

Wilson Mizner dijo: «Un buen oyente no solo es popular en todas partes, sino que después de un tiempo sabe algo». Es asombroso cuánto puede uno aprender acerca de los amigos y la familia, el trabajo, la organización para la que se trabaja y de uno mismo, cuando se decide realmente escuchar a los demás. Pero no todos captan este beneficio. Por ejemplo, una vez oí un relato sobre un tenista profesional que estaba dando una lección a un nuevo alumno. Después de observar al novato dar algunos golpes con la raqueta a la pelota, el profesional lo detuvo y le sugirió maneras en que podía mejorar su golpe. Pero cada vez que lo hacía, el alumno lo interrumpía y le daba una opinión diferente del problema además de decirle cómo había que resolverlo. Después de varias interrupciones el profesional empezó a asentir con su cabeza.

Cuando la lección terminó, una mujer que había estado observándolo todo dijo al profesional: «¿Por qué se dejó arrastrar por las necias sugerencias de ese arrogante?».

El profesional sonrió y replicó: «Aprendí hace mucho tiempo que es un desperdicio de tiempo tratar de vender *respuestas* reales a alguien que todo lo que quiere comprar son *ecos*».

Cuídese de ponerse en una situación en la que usted piensa que tiene todas las respuestas. Cuando lo hace, se pone en peligro. Es casi imposible pensar de uno mismo como «el experto» y seguir creciendo y aprendiendo al mismo tiempo. Todos los grandes aprendices son grandes oyentes.

Un problema común conforme las personas adquieren mayor autoridad es que a menudo escuchan menos y menos a los demás, especialmente a sus subalternos. Aunque es cierto que mientras más alto usted sube, menos se le exige escuchar a los demás, también es cierto que aumenta su necesidad de poseer mejores habilidades para escuchar. Mientras más lejos está de las líneas del frente, más tiene que depender de otros para obtener información confiable. Solo si desarrolla desde temprano buenas habilidades para escuchar y luego sigue usándolas, podrá reunir la información que necesita para triunfar.

Al avanzar por la vida y lograr más éxito, no pierda de vista su necesidad personal de seguir creciendo y mejorando. Recuerde: un oído sordo es evidencia de una mente cerrada.

CUANDO SE ESCUCHA SE GENERAN IDEAS

Las buenas empresas tienen reputación de escuchar a su gente. Brinker International, dueños de los restaurantes Chili's, On the Border, Romano's Macaroni Grill y otras cadenas de restaurantes, es una de las cadenas de servicios alimenticios mejor administradas de la nación, de acuerdo a la revista *Restaurants and Institutions*. Casi el ochenta por ciento de los platos que constan en sus cartas han surgido de sugerencias hechas por los gerentes de sus sucursales.

Lo que es bueno para las empresas es bueno para los individuos. Cuando usted adquiere el hábito de escuchar a otros nunca le faltarán ideas. A la gente le encanta contribuir, especialmente cuando su líder comparte con ellos el crédito. Si usted da a las personas la oportunidad de expresar sus pensamientos y escucha con una mente abierta, siempre habrá un flujo de nuevas ideas. Incluso cuando las ideas no sirven, el simple hecho de escucharlos puede a menudo atizar otros pensamientos creativos en usted y en los demás. Nunca sabrá lo cerca que está de una idea de un millón de dólares a menos que esté dispuesto a escuchar a los demás.

CUANDO SE ESCUCHA SE EDIFICA LEALTAD

Algo divertido sucede cuando usted no hace una práctica de escuchar a los demás. Ellos buscan a otros que lo hagan. En el momento en que empleados, cónyuge, colegas, hijos o amigos dejan de creer que se les está escuchando, buscan a otras personas que les den lo que necesitan. A veces las consecuencias pueden ser desastrosas: el fin de una amistad, la falta de autoridad en el trabajo, la reducción en la influencia paterna o la ruptura de un matrimonio.

Por otro lado, la práctica de buenas habilidades para escuchar atrae a la gente a usted. A toda persona le encanta un buen oyente y se siente atraído a él o ella. Si usted escucha con constancia a los demás, valorándolos en alto grado así como lo que tienen para ofrecer, es más probable que ellos desarrollen una fuerte lealtad hacia usted, aun cuando su autoridad sobre ellos sea no oficial o informal.

ESCUCHAR ES UNA GRAN MANERA DE AYUDAR A OTROS
Y A USTED MISMO

Roger G. Imhoff instaba: «Deje que otros confíen en usted. Tal vez a usted no le ayude, pero con toda certeza les ayuda a ellos». A primera vista el escuchar a otros puede parecer que solo beneficia a los demás, pero cuando usted se convierte en un buen oyente se pone en posición de ayudarse a usted mismo también. Tiene la capacidad de desarrollar relaciones personales fuertes, reunir información valiosa y aumentar su entendimiento de sí mismo y de los demás.

Cómo desarrollar habilidades para escuchar

Para llegar a ser un buen oyente usted tiene que querer oír, pero también necesita algunas habilidades que le ayudarán. Las siguientes son nueve sugerencias para ayudarle a llegar a ser un mejor oyente:

1. Mire al que habla

El proceso entero de escuchar empieza cuando usted presta a la otra persona toda su atención. Al interactuar con alguien, no se ponga al día en otro trabajo, ni revuelva papeles, ni lave platos, ni vea televisión. Dedique el tiempo necesario para enfocarse solo en la otra persona. Si no tiene tiempo en ese momento, entonces haga arreglos para hacerlo tan pronto como pueda.

2. No interrumpa

La mayoría de personas reacciona mal cuando se les interrumpe. Les hace sentir que se les ha faltado al respeto. Según Robert L. Montgomery, autor de *Listening Made Easy* [Escuchar es fácil]: «Es igual de grosero pisar las ideas de otras personas como lo es pisarles los callos».

Los que tienen la tendencia de interrumpir a otros por lo general lo hacen por una de estas razones:

- No asignan suficiente valor a lo que el otro tiene que decir.
- Quieren impresionar a los demás demostrando lo listos e intuitivos que son.
- Están demasiado entusiasmados con la conversación como para dejar que el otro termine de hablar.

Si usted tiene el hábito de interrumpir a los demás, examine sus motivos y decida cambiar. Dé a los demás el tiempo que necesitan para expresarse. No piense que tiene que ser usted quien habla todo el tiempo. Períodos de silencio pueden darle la oportunidad de reflexionar en lo que se está diciendo para poder responder apropiadamente.

3. Enfóquese en entender

¿Ha notado usted lo rápido que la mayoría de las personas se olvidan de lo que han oído? Estudios en instituciones tales como las Universidades

Estatales de Michigan, Ohio, Florida y Minnesota indican que la mayoría de las personas puede traer a colación solo el cincuenta por ciento de lo que oye, inmediatamente después de oírlo. Conforme pasa el tiempo, su capacidad para recordar sigue reduciéndose. Para el día siguiente su retención por lo general cae al veinticinco por ciento.

Una manera de combatir esa tendencia es buscar entender antes que simplemente recordar datos. El abogado, conferencista y autor Herb Cohen enfatizaba: «El escuchar eficazmente requiere algo más que oír las palabras que se transmiten. Exige que usted encuentre significado y entienda lo que se está diciendo. Después de todo el significado no está en las palabras, sino en las personas».

4. Determine la necesidad del momento

Muchos hombres y mujeres se hallan en conflicto porque en ocasiones se comunican sobre cosas diferentes. Descuidan determinar la necesidad de la otra persona en el momento de la interacción. Los hombres por lo general quieren resolver cualquier problema que traten; su necesidad es la resolución. Las mujeres, por su parte, con mayor probabilidad le contarán el problema simplemente por contarlo, pero ni piden ni desean soluciones. Cada vez que usted puede determinar la necesidad presente de los que están comunicándose con usted, puede poner en su contexto apropiado lo que sea que digan. Así podrá entenderlos mejor.

Si usted muestra a las personas lo mucho que se interesa y les hace preguntas de una manera que no amenaza, se asombrará por lo mucho que le dicen.

---

5. Controle sus emociones

La mayoría de las personas arrastran su propio lastre emocional que las hace reaccionar ante ciertas personas o situaciones. Sigmund Freud afirma: «Un hombre al que le duele una muela no puede estar enamorado», con lo que quiere decir que el dolor de muelas no le permite notar nada aparte de su dolor. De manera similar, siempre que un individuo tiene intereses personales, las palabras de los demás mueren ahogadas por el ruido de sus propios pensamientos.

Cada vez que usted esté involucrándose emocionalmente en alto grado al escuchar a otro, controle sus emociones, especialmente si su reacción parece ser más fuerte de lo que amerita la situación. Usted no querrá convertir a una persona confiada en blanco de su desahogo. Además, aunque sus reacciones no se deban a algún evento de su pasado, usted siempre debe dejar que los demás terminen de explicar su punto de vista, sus ideas o sus convicciones, antes de expresar las suyas.

6. SUSPENDA SU JUICIO

¿Alguna vez ha empezado a escuchar a otra persona que le contaba su historia, y le ha interrumpido para darle una respuesta antes de que haya terminado? Casi todos lo han hecho, pero la verdad es que usted no puede saltar a conclusiones y ser un buen oyente al mismo tiempo. Al hablar con otros espere hasta oír toda la historia antes de responder. Si no lo hace así, a lo mejor se pierde lo más importante que ellos quieren decir.

7. HAGA UN RESUMEN A INTERVALOS REGULARES

Los expertos concuerdan en que escuchar es más eficaz cuando se hace activamente. John H. Melchinger sugiere: «Comente sobre lo que oye, e individualice sus comentarios. Por ejemplo, puede decir: "Charo: eso obviamente es importante para usted". Le ayudará a mantener el carril como escuchador. Vaya más allá del "qué interesante". Si se entrena a sí mismo para comentar significativamente, el que habla sabrá que usted está escuchando y podrá ofrecerle más información».

Un método para escuchar activamente es hacer un resumen de lo que el otro está diciendo, haciendo un comentario a intervalos regulares. Cuando el que habla termina un asunto, parafrasee sus puntos principales o ideas, antes de que pase al siguiente, y verifique que ha recibido el mensaje correcto. Hacerlo así da confianza a la persona y le ayuda a usted a mantener su enfoque en lo que el otro está tratando de comunicarle.

8. HAGA PREGUNTAS PARA TENER MÁS CLARIDAD

¿Ha notado alguna vez que los mejores reporteros son excelentes oyentes? Tome a alguien como Barbara Walters, por ejemplo. Ella mira al que habla, se enfoca en entender, suspende el juicio, y hace un resumen de lo que la persona tiene que decir. La gente confía en ella y parece estar dispuesta a decirle casi cualquier cosa, pero ella practica otra destreza que la ayuda a reunir más información y aumenta su comprensión de la persona a la que está entrevistando. Hace buenas preguntas.

Si usted quiere llegar a ser un oyente efectivo, conviértase en un buen reportero, no de aquellos que meten el micrófono en las narices mientras ladran alguna pregunta, sino de aquellos que con cortesía hacen preguntas de seguimiento y buscan más claridad. Si usted muestra a las personas lo mucho que se interesa y les hace preguntas de una manera que no amenaza, se asombrará de lo que mucho que le dirán.

9. SIEMPRE HAGA DEL ESCUCHAR SU PRIORIDAD

Lo último que se debe recordar al desarrollar su capacidad para escuchar es hacer del escuchar una prioridad, sin importar lo ocupado que esté o cuánto suba en su organización. Un ejemplo impresionante de un ejecutivo ocupado que se daba tiempo para escuchar es el finado Sam Walton, fundador del almacén WalMart y uno de los hombres más ricos de Estados Unidos. El creía en escuchar lo que los demás tenían que decir, especialmente sus empleados. Una vez voló a Mt. Pleasant, Texas, aterrizó y le dio a su copiloto instrucciones para encontrarle como a ciento cincuenta kilómetros adelante en cierta carretera. Luego se fue en una camioneta de WalMart simplemente para poder conversar con el conductor. Debemos dar al escuchar esta clase de prioridad.

Muchos dan por sentada la capacidad de escuchar. La mayoría de las personas considera que escuchar es fácil, y se consideran a sí mismos como oyentes bastante buenos. Aunque es cierto que la mayoría de las personas pueden oír, pocos son realmente capaces de escuchar. Sin embargo, nunca es demasiado tarde para convertirse en un buen oyente. Puede cambiar su vida, y las vidas de las personas en su vida.

Parte III

El crecimiento de las relaciones personales

6

¿CÓMO PUEDO CULTIVAR LA CONFIANZA EN OTROS?

Cuando sus palabras igualan a sus acciones, las personas saben que pueden confiar en usted.

En su éxito de librería *The Seven Habits of Highly Effective People* [Los siete hábitos de las personas altamente eficaces] Steven Covey escribió sobre la importancia de la integridad para el éxito de una persona:

> Si trato de usar estrategias y técnicas de influencia humana sobre cómo lograr que otros hagan lo que quiero, que trabajen mejor, que se motiven más, que me quieran a mí y se quieran entre sí, mientras mi carácter es fundamentalmente defectuoso, marcado por la duplicidad y la insinceridad, entonces, a la larga, no puedo tener éxito. Mi duplicidad fomentará la desconfianza, y todo lo que haga, incluso usando las llamadas tácticas de relaciones humanas, se percibirá como manipulador.
>
> Sencillamente no hay ninguna diferencia entre lo buena que sea la retórica o incluso lo buenas que sean las intenciones, si hay poco o nada de confianza, no hay cimiento ni éxito permanente. Solo la bondad básica da vida a la técnica.[1]

La integridad es vital para el éxito personal y en los negocios. Un estudio conjunto realizado por la Escuela para Graduados en Administración de la UCLA y Korn/Ferry International de la ciudad de Nueva York hizo una encuesta entre 1.300 ejecutivos en jefe. El setenta y uno por ciento de ellos dijeron que la integridad es la cualidad más necesaria para triunfar en los negocios. Y un estudio del Centro de Investigación Creativa descubrió que aunque la persona puede superar muchos errores y obstáculos, casi nunca es capaz de avanzar en la organización si compromete su integridad al traicionar la confianza.

LA INTEGRIDAD TIENE QUE VER CON COSAS PEQUEÑAS

La integridad es importante para desarrollar las relaciones personales. Es también el cimiento sobre el que se edifican muchas de las otras cualidades para el éxito, tales como el respeto, la dignidad y la confianza. Si el cimiento de la integridad es débil o fundamentalmente defectuoso, entonces el éxito se hace imposible. Como la autora y amiga Cheryl Biehl recalca: «Una de las realidades de la vida es que si no se puede confiar en una persona en todos los puntos, no se puede confiar en él o ella en ningún punto». Incluso las personas que logran esconder su falta de integridad por un tiempo a la larga sufrirán el fracaso y sus relaciones sufrirán.

Es esencial mantener la integridad atendiendo a las cosas pequeñas. Muchos mal entienden esto. Piensan que pueden hacer lo que se les antoje cuando se trata de cosas pequeñas, porque piensan que en tanto y en cuanto no cometan grandes trastadas, todo les irá bien. Pero los principios éticos no son flexibles. Una mentirita blanca sigue siendo una mentira. El robo es robo, sea que se trate de $1, $1.000 o un millón. La integridad se compromete al carácter por sobre la ganancia personal, a las personas por sobre las cosas, al servicio por sobre el poder, al principio por sobre la conveniencia, a la noción de largo alcance por sobre la inmediata.

Philips Brooks, clérigo del siglo diecinueve, decía: «El carácter se forja con los pequeños momentos de nuestras vidas». Siempre que se rompe un principio moral, se crea una pequeña grieta en el cimiento de la integridad de uno, y cuando las cosas se ponen feas, es más duro actuar con integridad, y no más fácil. El carácter no se crea en una crisis, solo sale a la luz. Todo lo que usted ha hecho en el pasado, y lo que ha dejado de hacer, sale a relucir cuando usted está bajo presión.

Desarrollar y mantener la integridad requiere atención constante. Josh Weston, expresidente y gerente en jefe de Automatic Data Processing, Inc., dice: «Siempre he tratado de vivir siguiendo una regla sencilla: "No hagas aquello que no te gustaría leer en los periódicos al día siguiente"». Esa es una buena norma que todos deberíamos observar.

La integridad es asunto interno

Muchos luchan con cuestiones de integridad, entre otras cosas, porque tienden a mirar fuera de sí mismos para explicar sus deficiencias de carácter. Pero el desarrollo de la integridad es asunto interno. Eche un vistazo a las siguientes tres verdades sobre la integridad que van en contra del pensamiento común:

1. La integridad no está determinada por las circunstancias

Es cierto que nuestra crianza y circunstancias afectan lo que somos, especialmente cuando somos jóvenes. Pero conforme avanzamos en años, mayor es el número de decisiones que tomamos, para bien o para mal. Dos personas pueden crecer en el mismo medio ambiente, incluso en la misma familia pero una tendrá integridad y la otra no. Sus circunstancias son tan responsables por su carácter como el espejo lo es por su aspecto. Lo que ve solo refleja lo que usted es.

2. La integridad no se basa en credenciales

En tiempos antiguos los ladrilleros, grabadores y otros artesanos solían usar un símbolo para marcar lo que habían creado. El símbolo que cada uno usaba era su «carácter». El valor del trabajo iba en proporción a la destreza con que se hizo el objeto, y solo si la calidad del trabajo era alta, se estimaba el carácter. En otras palabras, la calidad de la persona y su trabajo daban valor a sus credenciales. Si el trabajo era bueno, bueno era su carácter. Si era malo, entonces se veía su carácter como deficiente.

Lo mismo es cierto para nosotros hoy. El carácter viene de lo que somos. No obstante, algunos quieren que se les juzgue no por lo que son, sino por los títulos que se han ganado o el cargo que ocupan, sin que importe la naturaleza de su carácter. Su deseo es influir a otros por el peso de sus credenciales antes que por la fuerza de su carácter, pero las credenciales jamás pueden lograr lo que el carácter sí puede. Mire algunas de las diferencias entre los dos:

Credenciales	Carácter
Son transitorias	Es permanente
Enfoca los derechos	Mantiene el enfoque en las responsabilidades
Añade valor a una sola persona	Añade valor a muchas personas
Mira a los logros pasados	Construye un legado para el futuro
A menudo provoca celos en otros	Genera respeto e integridad
Puede solo colocarlo en la puerta	Lo mantiene allí

Ninguna cantidad de títulos, grados, oficios, designaciones, galardones, licencias y otras credenciales pueden sustituir la integridad básica y honrada cuando se trata del poder para influir en los demás.

3. No hay que confundir integridad con reputación

Ciertamente una buena reputación es valiosa. El rey Salomón del antiguo Israel decía: «De más estima es el buen nombre que las muchas riquezas».[2] Pero una buena reputación existe porque es un reflejo del carácter de la persona. Si una buena reputación es como oro, entonces el tener integridad es como ser dueño de la mina. Preocúpese menos por lo que otros piensan, y preste atención a su carácter interior. D. L. Moody escribió: «Si cuido de mi carácter, mi reputación se cuidará a sí misma».

Si usted lucha por mantener su integridad y está haciendo lo debido *por fuera,* pero así y todo está logrando los resultados incorrectos, algo anda mal y usted todavía necesita un cambio *por dentro.* Mire las preguntas que siguen. Le ayudarán a descubrir los aspectos que necesitan atención.

PREGUNTAS PARA AYUDARLE A
MEDIR SU INTEGRIDAD

1. ¿Cuan bien trato a las personas si no tengo nada que ganar?
2. ¿Soy transparente ante los demás?
3. ¿Ajusto mi papel según la persona o personas con quienes estoy?
4. ¿Soy la misma persona bajo los reflectores como cuando estoy a solas?
5. ¿Admito rápidamente mis errores sin que me presionen para hacerlo?
6. ¿Pongo a las personas por delante de mi agenda personal?
7. ¿Tengo una norma inmutable para las decisiones morales, o dejo que las circunstancias determinen mi decisión?
8. ¿Tomo decisiones difíciles, aunque me cuesten en lo personal?
9. Cuando tengo algo que decir acerca de las personas, ¿hablo *con* ellas o *de* ellas?
10. ¿Rindo cuentas por lo menos a otra persona por lo que pienso, digo y hago?

No se apresure a responder las preguntas. Si el desarrollo del carácter es un área de necesidad seria en su vida, su tendencia puede ser leer por encima las preguntas, dando las respuestas que describirían lo que a usted le gustaría ser en lugar de lo que realmente es. Dedique tiempo para reflexionar en cada pregunta, considerándola honradamente antes de responder. Luego trabaje las áreas en las que tenga más problemas.

LA INTEGRIDAD ES SU MEJOR AMIGA

La integridad es su mejor amiga. Jamás le traicionará ni le pondrá en una situación comprometedora. Mantendrá sus prioridades en orden. Cuando se vea tentado a tomar atajos, le ayudará a seguir el curso debido. Cuando otros le critiquen injustamente, le ayudará a seguir avanzando y tomará el camino superior de no desquitarse. Cuando las críticas de otros sean válidas, la integridad le ayudará a aceptar lo que dicen, aprenderá de ello, y seguirá creciendo.

SI UNA BUENA REPUTACIÓN ES COMO ORO, ENTONCES EL TENER INTEGRIDAD ES SER DUEÑO DE LA MINA.

Abraham Lincoln dijo una vez: «Cuando entregue las riendas de mi administración quiero que me quede un amigo, y ese amigo está dentro de mí mismo». Usted casi puede decir que la integridad de Lincoln fue su mejor amiga mientras estuvo en la presidencia, porque fue criticado muy cruelmente. La siguiente es una descripción de lo que él encaró, según lo explica Donald T. Phillips:

> A Abraham Lincoln se le difamó, se le calumnió y detestó tal vez más intensamente que a ningún otro hombre que jamás se postuló para el cargo más alto de la nación... Públicamente la prensa de su día le aplicó casi todo insulto imaginable, incluyendo el de grotesco mandril, abogado rural de tercer orden que en un tiempo partía durmientes y ahora parte a la Unión, vulgar comediante grosero, dictador, gorila, bufón, y otros. El *Illinois State Register* le tildó de «el político más artero y más deshonesto que jamás haya deshonrado un cargo en Estados Unidos...». Las críticas severas e injustas no se acabaron después que Lincoln tomó el cargo, ni tampoco venían solo de los simpatizantes sureños. Venían de dentro de la misma Unión, del congreso, de algunas facciones dentro del partido republicano, e inicialmente de su propio gabinete. Como presidente, Lincoln aprendió que sin importar lo que hiciera, siempre iba a haber personas que no quedarían contentas.[3]

A través de todo esto Lincoln fue un hombre de principios. Como Tomás Jefferson sabiamente dijo: «Dios concede que hombres de principios sean nuestros hombres principales».

LA INTEGRIDAD ES LA MEJOR AMIGA DE SU AMIGO

La integridad es su mejor amiga, y también es una de las mejores amigas que sus amigos jamás podrán tener. Cuando los que lo rodean sepan que usted es una persona de integridad, sabrán que usted quiere influenciarlos por la oportunidad de añadir valor a sus vidas. No tendrán que preocuparse por sus motivos.

Si usted es aficionado al baloncesto probablemente recordará a Red Auerbach. Fue presidente y después gerente general de los Celtics de Boston de 1967 a 1987. Verdaderamente entendía cómo la integridad añade valor a otros, especialmente cuando las personas trabajan juntas en equipo. Tenía métodos de reclutamiento que diferían de los de la mayoría de dirigentes de equipos de la NBA. Cuando revisaba a un jugador candidato para los Celtics, su interés primordial era el carácter del joven. Mientras que otros se concentraban por entero en las estadísticas o el desempeño individual, Auerbach quería conocer la actitud del jugador. Suponía que la manera de ganar era buscando jugadores que dieran lo mejor de sí para beneficio del equipo. Un jugador que tuviera una capacidad destacada pero cuyo carácter fuera débil o cuyo deseo fuera promoverse solo a sí mismo no sería verdaderamente un elemento valioso.

Se ha dicho que no se conoce realmente a las personas mientras no se las haya observado interactuar con un niño, cuando una llanta de su auto se desinfla, cuando el jefe está ausente y cuando piensan que nadie jamás lo sabrá. Pero las personas con integridad jamás tienen que preocuparse por eso. Sin que importe dónde estén, con quién estén, o en qué situación se hallen, son consistentes y viven según sus principios.

Conviértase en una persona de integridad

A fin de cuentas usted puede desviar sus acciones para que se ajusten a sus principios, o puede doblar sus principios para que se conformen a sus acciones. Es una decisión que usted tiene que tomar. Si quiere tener éxito, entonces será mejor que escoja la senda de la integridad porque todos los demás caminos a la larga llevan a la ruina.

Para llegar a ser una persona de integridad necesita regresar a lo básico. Tiene que tomar algunas decisiones serias, pero valdrán la pena.

Comprométase a la honradez, la confiabilidad y la confidencialidad

La integridad empieza con una decisión específica y consciente. Si espera hasta que surja la crisis antes de establecer las cuestiones de integridad, se dispone a fracasar. Escoja hoy vivir siguiendo un código moral estricto, y determine apegarse a él pase lo que pase.

DECIDA DE ANTEMANO QUE NO SE VENDE

El presidente Jorge Washington percibió que «pocos hombres tienen la virtud de resistir la oferta más alta». Algunos se dejan comprar porque no han resuelto la cuestión del dinero antes del momento de la tentación. La mejor manera de guardarse contra una ruptura de la integridad es tomar hoy la decisión de que no venderá su integridad; ni por poder, ni por venganza, ni por orgullo, ni por dinero; ninguna cantidad de dinero.

CADA DÍA HAGA LO QUE DEBE HACER ANTES DE LO QUE QUIERE HACER

Una gran parte de la integridad es cumplir hasta terminar consecuentemente sus responsabilidades. Nuestro amigo Zig Ziglar dice: «Cuando usted hace las cosas que tiene que hacer cuando tiene que hacerlas, vendrá el día cuando pueda hacer lo que quiere hacer cuando quiera hacerlo». El psicólogo y filósofo William James expresó la idea más rigurosamente: «Toda persona debería hacer todos los días por lo menos dos cosas que detesta hacer, simplemente por la práctica».

Con integridad usted puede disfrutar de libertad. No solo es menos probable que lo esclavizará el estrés que brota de las malas decisiones, la deuda, el engaño y otros asuntos negativos del carácter, sino que estará libre para influenciar a otros y añadirles valor de una manera increíble. Su integridad abre la puerta para que disfrute de éxito continuado.

Si sabe por qué se mantiene firme y actúa en consecuencia, la gente puede confiar en usted. Usted es un modelo del carácter y consistencia que otros admiran y quieren emular. Usted habrá puesto un buen cimiento, lo que le hace posible edificar relaciones personales positivas.

7

¿CUÁL ES MI RELACIÓN PERSONAL
MÁS IMPORTANTE?

*Triunfe en casa, y todas las demás relaciones
personales serán más fáciles.*

¿Sabía usted que según la Oficina de Estadísticas Laborales, en Estados Unidos las familias se disuelven más rápido que en cualquier otra de las principales naciones industrializadas? También Estados Unidos va a la cabeza en el número de padres ausentes del hogar. Las leyes de Estados Unidos son las más permisivas del mundo en cuanto al divorcio, y las personas están usándolas a un ritmo alarmante.[1] Para algunos el matrimonio y la familia han llegado a ser víctimas aceptables en la búsqueda del éxito.

Pero muchos se están dando cuenta de que la esperanza de encontrar la felicidad a costa de la ruptura de una familia es una ilusión. Usted no puede abandonar su matrimonio o descuidar a sus hijos y ganar un éxito verdadero. Edificar y mantener familias fuertes nos beneficia en todo sentido *y* esto incluye la ayuda para triunfar. El experto en vida familiar Nick Stinnet afirmó hace más de una década: «Cuando usted tiene una vida familiar fuerte, recibe el mensaje de que se le quiere, se le cuida y es importante. *La ingestión positiva de amor, afecto y respeto... le da los recursos internos para lidiar más exitosamente con la vida*» (énfasis añadido).

CÓMO TRABAJAR PARA SEGUIR JUNTOS

Muy temprano en nuestro matrimonio Margaret y yo nos dimos cuenta de que en mi carrera a menudo tendría la oportunidad de viajar. Decidimos que cada vez que tuviera la oportunidad de ir a algún lugar interesante o asistir a alguna reunión que sabía que sería emocionante, ella me acompañaría, incluso cuando fuera difícil financieramente. Nos ha ido bastante bien en acatar ese compromiso con el correr de los años.

Margaret y yo, con nuestros hijos Elizabeth y Joel Porter, hemos estado en las capitales de Europa, en las selvas de América del Sur, en las atiborradas ciudades de Corea, en la agreste zona remota de Australia, y en safari en África del Sur. Hemos conocido personas maravillosas de toda raza y de una multitud de nacionalidades. Hemos tenido la oportunidad de ver y hacer cosas que permanecerán en nuestros recuerdos por el resto de nuestras vidas. Lo decidí muy temprano: ¿de qué me aprovecharía ganar todo el mundo si pierdo a mi familia?

Sé que no habría logrado ningún éxito en la vida sin Margaret, pero mi gratitud a ella y a nuestros hijos no brota de lo que ellos me han dado. Viene de lo que ellos son para mí. Cuando llegue al final de mis días no quiero que Margaret, Elizabeth o Joel Porter digan que fui un buen autor, conferencista, pastor o líder. Mi deseo es que mis hijos piensen que soy un buen padre y que Margaret piense que soy un buen esposo. Eso es lo que más importa. Es la medida del verdadero éxito.

PASOS PARA EDIFICAR UNA FAMILIA FUERTE

Los buenos matrimonios y las familias fuertes son una alegría, pero no se dan porque sí. El doctor R. C. Adams, quien estudió miles de matrimonios en un período de diez años, halló que solo el diecisiete por ciento de las uniones que estudió se podrían considerar verdaderamente felices. Jarle Brors, antiguo director del Instituto de Matrimonio y Relaciones Familiares de Washington, D.C., dijo: «Nos estamos dando cuenta finalmente de que tenemos que volver a lo básico a fin de restablecer el prototipo de familias que nos den el tipo de seguridad donde los hijos pueden crecer». Si queremos tener familias sólidas y matrimonios saludables, tenemos que esforzarnos arduamente para crearlos.

Si usted tiene familia, o tiene la intención de tener una en el futuro, mire las siguientes pautas. Han servido para la formación de la familia Maxwell, *y* pienso que pueden ayudarle a fortalecer la suya.

EXPRÉSENSE APRECIO UNOS A OTROS

Una vez oí que alguien bromeaba diciendo que el hogar es el lugar a donde los miembros de la familia van cuando se han cansado de portarse bien con otras personas. Desafortunadamente algunos hogares parecen funcionar de esa manera. Un vendedor pasa todo el día tratando a sus clientes con la mayor amabilidad y a menudo encara el rechazo a fin de levantar su negocio, pero es rudo con su esposa al llegar a casa. Una doctora en medicina pasa todo el día atendiendo con compasión a sus pacientes, pero llega a su casa agotada y se desquita con sus hijos.

Para edificar una familia fuerte tiene que hacer de su hogar un ambiente de apoyo. El psicólogo William James observaba: «En toda persona, desde la cuna hasta la tumba, hay una profunda ansiedad de recibir aprecio». Cuando las personas se sienten apreciadas muestran su mejor lado. Cuando ese aprecio tiene lugar en casa y va acompañado de aceptación, amor y estímulo, los lazos entre los familiares crecen y el hogar se convierte en un refugio seguro para todos.

¿DE QUE ME SIRVE GANAR TODO EL MUNDO SI PIERDO A MI FAMILIA?

He oído que por cada comentario negativo de un familiar, se necesitan cuatro comentarios positivos para contrarrestar el daño. Por eso es tan importante enfocarse en los aspectos positivos de cada personalidad y expresar amor incondicional los unos por los otros, tanto verbal como no verbalmente. De esa manera el hogar se convierte en un ambiente positivo para todos.

ESTRUCTUREN SUS VIDAS PARA PASAR TIEMPO JUNTOS

Se ha dicho que en Estados Unidos el hogar se ha convertido en un cruce doméstico en forma de trébol donde los miembros de la familia se cruzan al dirigirse a una multitud de lugares y actividades. Parece ser cierto.

Cuando yo era muchacho pasaba mucho tiempo con mis padres, mi hermano y mi hermana. Salíamos de vacaciones como familia, por lo general en el coche. Como padre me ha sido más difícil mantener viva esa tradición. Hemos sido buenos para planear y salir juntos de vacaciones, pero a veces hemos tenido que ser creativos para pasar tiempo juntos. Por ejemplo, cuando los hijos eran pequeños, yo siempre trataba de llevarlos a la escuela en el coche por la mañana, a fin de pasar algún tiempo con ellos. Pero con todas las cosas que tienen lugar en nuestras atareadas vidas, hallamos que la única manera en que podíamos pasar tiempo juntos era planeándolo cuidadosamente.

Todos los meses paso varias horas examinando mi itinerario de viajes, resolviendo qué lecciones tengo que escribir, pensando en los proyectos que tengo que completar y cosas por el estilo. En ese momento planeo mi trabajo para todo el mes, pero antes de marcar cualquier fecha para trabajo, anoto todas las fechas importantes para las actividades de la familia. Dejo libre el tiempo para cumpleaños, aniversarios, juegos deportivos, presentaciones de teatro, ceremonias de graduación, conciertos y cenas románticas. También pongo en el calendario tiempo en que salgo solo con Margaret y con cada uno de los hijos, para que podamos continuar edificando nuestras relaciones personales. Una vez que he anotado todo eso, entonces planeo mi horario de trabajo alrededor de lo ya anotado. Lo he hecho por años, y ha sido lo único que ha evitado que mi trabajo obligue a dejar a mi familia fuera de mi horario. He hallado que si no estructuro estratégicamente mi vida para pasar tiempo con mi familia, no lo haré.

Trate con la crisis de una manera positiva

Toda familia atraviesa problemas, pero no todas las familias responden a ellos de la misma manera. Eso a menudo separa a una familia que estrecha sus lazos de la que a duras penas logra sobrevivir. He notado que algunas personas que andan en busca del éxito parecen evitar el medio ambiente hogareño. Sospecho que una razón es que no son capaces de manejar bien las situaciones de crisis en la familia. Encuentran más fácil tratar de evadir todos los problemas, pero esa no es la solución.

M. Scott Peck, autor de *The Road Less Traveled* [El camino menos transitado] ha ofrecido algunas percepciones notables sobre el tema de los problemas y cómo manejarlos:

Es en el proceso entero de enfrentar y resolver problemas que la vida tiene significado. Los problemas son el filo cortante que distingue entre el éxito y el fracaso. Los problemas exigen nuestro valor y sabiduría; en verdad crean nuestro valor y sabiduría. Es solo debido a los problemas que crecemos mental y espiritualmente... Es a través del dolor de confrontar y resolver los problemas que aprendemos. Como dijo Benjamín Franklin: «Aquellas cosas que duelen, instruyen».

Si vamos a crecer como familias y tener éxito en casa tanto como en otros aspectos de nuestra vida, debemos aprender a enfrentar las dificultades que hallamos allí. Las siguientes son algunas estrategias para ayudarle en el proceso de resolver problemas:

- *Ataque el problema, nunca a la persona.* Siempre traten de respaldarse unos a otros. Recuerde, ustedes están todos del mismo lado, así que no descargue sobre las personas sus frustraciones. Más bien, ataque el problema.
- *Busque toda la información.* Nada puede causar más daño que saltar a conclusiones falsas en una crisis. No desperdicie su energía emocional y física persiguiendo el problema equivocado. Antes de tratar de buscar soluciones, asegúrese de saber qué está sucediendo en realidad.
- *Haga una lista de todas las opciones.* Esto puede ser un poco analítico, pero en realidad ayuda porque usted puede mirar los temas emocionales con algo de objetividad. Además, si usted tuviera un problema en su trabajo, probablemente estaría dispuesto a seguir este proceso. Dedique al problema familiar por lo menos el mismo tiempo y energía que daría a algún problema profesional.
- *Escoja la mejor solución.* Al decidir alguna solución siempre recuerde que las personas son su prioridad. Tome sus decisiones de acuerdo a esto.
- *Busque los aspectos positivos del problema.* Como dijo el doctor Peck, las cosas duras nos dan la oportunidad de crecer. Sin que importe lo malo que parezcan las cosas al momento, casi todo tiene algo positivo que puede resultar de ello.

- *Nunca retenga su amor.* Sin que importe lo malo que se pongan las cosas, o lo enojado que se sienta, nunca contenga su amor hacia su cónyuge e hijos. Claro, dígales cómo se siente y reconozca los problemas, pero siga amando incondicionalmente a su familia a través de todo el suceso.

Este último punto es el más importante de todos. Cuando usted se siente amado y apoyado por su familia, usted puede soportar casi cualquier crisis. Y usted puede disfrutar verdaderamente del éxito.

COMUNÍQUESE CONTINUAMENTE

Un artículo en el periódico *Dallas Morning News* informaba que la pareja promedio casada por diez años o más dedica apenas treinta y siete minutos a la semana a la comunicación significativa. Casi ni podía creerlo. Compare eso con el hecho de que el estadounidense promedio gasta casi cinco veces más tiempo viendo televisión ¡todos los días! No es de sorprender que muchos matrimonios estén en problemas. Al igual que casi todo lo demás, la buena comunicación no surge porque sí. Tiene que ser desarrollada, y ese proceso lleva tiempo y esfuerzo. Las siguientes son algunas sugerencias para ayudarle a hacer precisamente eso:

- *Desarrolle plataformas para la comunicación.* Sea creativo para encontrar razones para hablarse uno al otro. Den juntos una caminata como familia, para poder conversar. Llame a su cónyuge un par de veces durante el día. Salgan a almorzar juntos una vez por semana. Ofrézcase a llevar a sus hijos al partido de fútbol para poder hablar con ellos. La comunicación puede tener lugar casi en cualquier parte.
- *Controle a los asesinos de la comunicación.* La televisión y el teléfono probablemente se roban la mayor parte del tiempo de comunicación en la familia. Restrinja el tiempo que les dedica, y se sorprenderá al ver cuánto tiempo tienen para hablar.
- *Aliente la honestidad y la transparencia en las conversaciones.* Las diferencias de opinión son saludables y normales en una familia. Anime a todos los miembros de la familia a decir lo que piensan, y cuando lo haga, nunca los critique ni los ridiculice.

- *Adopte un estilo positivo de comunicación.* Esté consciente de la manera en que interactúa con los miembros de su familia. A lo mejor usted ha adoptado un estilo que asfixia la comunicación abierta. Si tiene el hábito de usar cualquier otro estilo de comunicación que no sea de cooperación, empiece a trabajar de inmediato para cambiarlo. Usted tendrá que hacer eso si quiere edificar su relación personal con su familia.

Compartan los mismos valores

Hoy las familias no dan a los valores la misma prioridad o atención que se les daba en otras épocas. El profesor de educación del Boston College, William Kirkpatrick dijo: «Existe el mito de que los padres no tienen el derecho de inculcar sus valores en sus hijos. De nuevo aquí, el dogma estándar es que los hijos deben crear sus propios valores. Por supuesto, los hijos tienen una pequeña y preciosa oportunidad de hacer eso, pero ¿tiene algún sentido que los padres permanezcan como espectadores neutrales cuando todos los demás, desde los escritores de guiones, hasta comediantes, publicistas, y hasta profesores de educación sexual insisten en vender sus valores a sus hijos?».[2]

Los valores comunes fortalecen a una familia y son benéficos en especial para los hijos al crecer. Un estudio que realizó el Instituto de Investigación demostró que en los hogares de un solo padre, los hijos cuyo padre o madre expresa y obliga a cumplir las normas prosperan al doble del ritmo que los hijos de los hogares en donde no se promueven los valores de la misma manera.[3] Y esto ni siquiera toma en cuenta si los valores son lo que podríamos considerar positivos.

La mejor manera de empezar a trabajar para compartir valores comunes en su familia es identificar los valores que usted quiere inculcar. Si la suya es como la mayoría de las familias, entonces nunca antes ha hecho esto. Pero para poder llevarlos a la práctica, primero tiene que hallarlos. Hay de tres a siete cosas por las cuales usted estará dispuesto a jugárselo todo.

Permítame darle una lista de las cinco que hemos identificado en la familia Maxwell para que tenga una idea de a qué me refiero.

1. Compromiso con Dios
2. Compromiso con el crecimiento personal y de la familia

3. Experiencias comunes y compartidas
4. Confianza en nosotros mismos y en otros
5. El deseo de hacer una contribución en la vida

Los valores que usted escoge sin duda serán diferentes de los nuestros, pero tiene que identificarlos. Si nunca antes lo ha hecho, dedique tiempo para hablar de valores con su cónyuge e hijos. Si sus hijos son mayores, inclúyalos en el proceso de identificar los valores. Hágalo en forma de conversación. Nunca titubee para asumir el papel de modelo y maestro de los valores de su familia. Si no lo hace, alguien lo hará por usted.

Edifique su matrimonio

Finalmente, si usted es casado, lo mejor que puede hacer para fortalecer a su familia es edificar su relación matrimonial. Ciertamente es lo mejor que puede hacer por su cónyuge, pero también tiene un impacto increíblemente positivo en sus hijos. Mi amigo Josh McDowell sabiamente dijo: «Lo más grandioso que un padre puede hacer por sus hijos es amar a la madre de ellos». Lo mejor que una madre puede hacer por sus hijos es amar al padre de ellos.

Un ingrediente que comúnmente falta en muchos matrimonios es la dedicación a procurar que las cosas funcionen. Los matrimonios pueden empezar debido al amor, pero se acaban debido a la falta de compromiso. El investigador de la sexualidad, Dr. Alfred Kinsey, quien estudió a seis mil matrimonios y a tres mil divorciados, reveló que «tal vez no haya nada más importante en un matrimonio que una determinación a que ese matrimonio persista. Con una determinación así, los individuos se obligan a sí mismos a ajustarse y aceptar situaciones que parecerían suficiente base para un rompimiento, si la continuación del matrimonio no fuera el objetivo primordial». Si usted quiere ayudar a su cónyuge, sus hijos y a usted mismo, entonces comprométase a edificar y a sostener un matrimonio fuerte.

El técnico de la NBA Pat Riley dijo: «Sostén una vida familiar por largo tiempo y puedes sostener el éxito por largo tiempo. Primero lo primero. Si tu vida está en orden puedes hacer lo que quieras». Hay definitivamente una correlación entre el éxito familiar y el éxito personal. No es solo edificar relaciones personales fuertes en la familia lo que pone el cimiento para el éxito futuro, sino que también le da a la vida un significado más profundo.

Pienso que pocos han logrado verdaderamente el éxito sin una familia positiva que los apoye. Sin que importe lo grande que sean los logros de las personas, pienso que con todo les falta algo cuando están trabajando sin el beneficio de estas relaciones personales estrechas. Es cierto que algunos son llamados a quedarse solteros, pero es poco común. Para la mayoría de las personas, una buena familia le ayuda a usted a saber su propósito y a desarrollar su potencial, y le ayuda a disfrutar del peregrinaje en el camino con una intensidad que no es posible encontrar de otra manera. Cuando se trata de sembrar las semillas para el beneficio de los demás, ¿quién podría recibir mayores beneficios de usted que los propios integrantes de su familia?

8

¿CÓMO PUEDO SERVIR Y DIRIGIR A LAS PERSONAS AL MISMO TIEMPO?

Usted tiene que amar a su gente más que su cargo.

El general del ejército de Estados Unidos Norman Schwarzkopf mostró capacidades de liderazgo altamente exitosas al comandar las tropas aliadas en la Guerra del Golfo Pérsico, tal como lo había hecho a través de toda su carrera, desde sus días en West Point.

En Vietnam logró transformar por entero un batallón que estaba en ruinas. El Primer Batallón de la Sexta Infantería, conocido como el «peor de la Sexta», pasó de ser el hazmerreír a ser una fuerza luchadora eficaz, y fue seleccionado para realizar una misión más difícil. Resultó ser una asignación en lo que Schwarzkopf describió como «un lugar horrible y maligno» llamado la Península Batangan. Se había peleado por la región por treinta años, el territorio se hallaba cubierto de minas y trampas ocultas y era lugar de numerosas bajas semanales debido a estos artefactos.

Schwarzkopf aprovechó todo lo mejor de una mala situación. Introdujo procedimientos para reducir grandemente las bajas, y cada vez que un soldado *quedaba* herido por una mina, volaba personalmente para verlo, hacía que lo evacuaran usando su helicóptero, y hablaba con los demás soldados para levantarles el ánimo.

El 28 de mayo de 1970 un hombre fue herido por una mina, y Schwarz-kopf, que para entonces era coronel, voló hasta el lugar del hecho. Mientras el helicóptero evacuaba al soldado herido, otro pisó una mina, que le hizo una seria herida en la pierna. El hombre cayó a tierra, aullando y gimiendo por el dolor. Allí fue cuando todos se dieron cuenta de que la mina no había sido una trampa solitaria. Estaban parados en medio de un campo minado.

Schwarzkopf pensaba que el soldado herido podría sobrevivir e incluso que lograría salvar su pierna, pero solo si dejaba de revolcarse por el suelo. Había solo una cosa por hacer. Tenía que ir al punto donde estaba el hombre, e inmovilizarlo. Schwarzkopf escribió:

> Empecé a avanzar por el campo minado, dando un paso muy lento a la vez, con los ojos clavados en el suelo, buscando por cualquier prominencia delatora o alambritos sobresaliendo de la tierra. Las rodillas me temblaban tan fuertemente que cada vez que daba un paso tenía que agarrarme la pierna con ambas manos para calmarla antes de poder dar otro paso [...] Me pareció que me tomó mil años llegar hasta donde estaba el muchacho.

Schwarzkopf, con más de cien kilos de peso, que había sido luchador en West Point, entonces se echó sobre el herido y lo inmovilizó. Eso le salvó la vida. Con la ayuda de un equipo de ingenieros Schwarzkopf sacó al herido y a los demás del campo minado.

La cualidad que Schwarzkopf mostró ese día se podría describir como heroísmo, valentía, o inclusive temeridad. Pero pienso que la palabra que mejor lo describe es *servidumbre*. Ese día de mayo, la única manera en que podía ser efectivo como líder era servir al soldado que estaba en problemas.

TENGA CORAZÓN DE SIERVO

Cuando usted piensa en servidumbre, ¿la concibe como una actividad desempeñada por personas relativamente de poca habilidad, que se hallan en la parte más baja de la escalera posicional de cargos? Si piensa así, se equivoca. La servidumbre no tiene nada que ver con el cargo o la habilidad. Tiene que ver con actitud. Usted sin duda habrá conocido personas en cargos de servicio que tienen una actitud muy pobre de servidumbre: el empleado grosero de la agencia gubernamental, la mesera que no quiere molestarse con recibir su orden, el empleado del almacén que se pone a hablar por teléfono con su amigo en lugar de atenderlo a usted.

Así como usted puede sentir cuando un trabajador no quiere servir a las personas, así puede detectar fácilmente cuando alguien tiene un corazón de siervo. La verdad es que los mejores líderes desean servir a los demás, y no a sí mismos.

¿Qué quiere decir personificar la cualidad de servidumbre? Un verdadero líder servidor:

1. Pone a otros por encima de su propia agenda

La primera característica de la servidumbre es la capacidad de poner a otros por encima de uno mismo y de sus deseos personales. Es más que estar dispuesto a poner momentáneamente a un lado su propia agenda. Quiere decir estar conciente intencionalmente de las necesidades de los demás, estar dispuestos a ayudarles, y ser capaz de aceptar sus deseos como importantes.

2. Posee la confianza para servir

El verdadero fondo de una actitud de siervo es la seguridad. Muéstreme alguien que piensa que es demasiado importante como para servir, y le mostraré a alguien que es básicamente inseguro. La manera como tratamos a otros es realmente un reflejo de lo que pensamos de nosotros mismos. El filósofo y poeta Eric Hoffer captó ese pensamiento:

Lo asombroso es que realmente amamos a nuestro prójimo como a nosotros mismos; hacemos a otros lo que nos hacemos a nosotros mismos. Detestamos a otros cuando nos detestamos nosotros mismos. Somos tolerantes hacia otros cuando nos toleramos a nosotros mismos. Perdonamos a otros cuando nos perdonamos a nosotros mismos. No es el amor a uno mismo, sino el odio hacia uno mismo el que está en la raíz de los problemas que afligen a nuestro mundo.

Solo los líderes seguros dan poder a otros. También es verdad que solo las personas seguras pueden exhibir una actitud de servidumbre.

3. PROMUEVE EL SERVICIO A LOS DEMÁS

Casi cualquier persona servirá si se le obliga a hacerlo y algunos servirán en una crisis. Pero usted puede ver realmente el corazón de alguien que promueve el servicio hacia los demás. Los grandes líderes ven la necesidad, aprovechan la oportunidad y sirven sin esperar nada a cambio.

4. NO ESTÁ CONSCIENTE DE LA POSICIÓN

Los líderes siervos no se enfocan en el rango o la posición. Cuando el coronel Norman Schwarzkopf se vio en medio de ese campo minado, lo último en que pensó fue en su rango. Era simplemente un individuo tratando de ayudar a otro. Si hubo algo, fue que ser líder le daba un mayor sentido de obligación a servir.

5. SIRVE POR AMOR

La servidumbre no está motivada por manipulación o promoción de uno mismo. Está alimentada por el amor. Al final, el alcance de su influencia y la cualidad de sus relaciones personales dependen de la profundidad de su interés por los demás. Por eso es tan importante que los líderes estén dispuestos a servir.

CÓMO LLEGAR A SER SIERVO

Para mejorar su actitud de siervo, haga lo siguiente:

- *Realice actos pequeños.* ¿Cuándo fue la última vez que usted realizó pequeños actos de bondad para otros? Empiece con los que están más cerca a usted: su esposa o esposo, sus hijos, sus padres. Busque hoy mismo maneras de hacer por los demás pequeñas cosas que muestran que usted se interesa.
- *Aprenda a andar lentamente en medio de la multitud.* Aprendí de mi padre esta gran lección. La llamo andar a paso lento en medio de la multitud. La próxima vez que asista a alguna función con varios clientes, colegas o empleados, propóngase relacionarse con otros circulando entre ellos y hablando con cada uno de ellos. Enfóquese en cada persona que encuentre. Aprenda su nombre si no lo sabe todavía.

Propóngase enterarse de las necesidades, anhelos y deseos de cada persona. Luego, cuando vaya a su casa, escriba una nota a usted mismo para hacer algo benéfico a una media docena de esas personas.

- *Pase a la acción.* Si en su vida está notablemente ausente una actitud de siervo, la mejor manera de cambiar eso es empezar a servir. Empiece sirviendo con su cuerpo, y su corazón a la larga le alcanzará. Comprométase a servir a otros por seis meses en su iglesia, una agencia de la comunidad, una organización de voluntarios. Si su actitud sigue sin mejorar al final del período, hágalo de nuevo. Siga haciéndolo hasta que su corazón cambie.

Es una verdad que quienes van a ser grandes deber ser como los menores y siervos de todos.

¿Dónde está su corazón cuando se trata de servir a otros? ¿Desea usted llegar a ser un líder por las utilidades y los beneficios? ¿O está motivado por el deseo de ayudar a otros?

Si realmente quiere llegar a ser la clase de líder que las personas quieren seguir, tendrá que resolver la cuestión de la servidumbre. Si su actitud es ser servido en lugar de servir, se dirige a problemas. Es cierto que los que van a ser grandes deben ser como el menor y siervos de todos.

Albert Schweitzer sabiamente dijo: «No sé cuál será su destino, pero una cosa sé: aquellos entre ustedes que serán realmente felices son los que han buscado y encontrado cómo servir». Si usted quiere tener éxito al más alto nivel, esté dispuesto a servir al más bajo nivel. Esa es la mejor manera de edificar las relaciones personales.

ÉXITO 101

LO QUE TODO
LÍDER
NECESITA SABER

Editora en Jefe: *Graciela Lelli*
Traducción: *Beatriz Pelayo*

Edición revisada por Lidere

Lidere
www.lidere.org

ISBN: 978-1-60255-844-1

CONTENIDO

Parte I

La imagen correcta del éxito

I

¿QUÉ ES EL ÉXITO?

Usted no puede lograr lo que no ha definido.

El problema para la mayoría de la gente que desea ser triunfadora no es que no puedan lograr el éxito, el mayor obstáculo para ellos es que no lo entienden. Maltbie D. Babcock dijo: «Uno de los errores más comunes y el más costoso es pensar que el éxito se debe a algún genio, magia, alguna cosa que no poseemos».

LA IMAGEN TRADICIONAL DEL ÉXITO

¿Qué es el éxito? ¿Cómo se ve? La mayoría de la gente tiene una vaga imagen de lo que significa ser una persona exitosa, se imaginan algo más o menos así:

La fortuna de Bill Gates,
el físico de Arnold Schwarzenegger
    (o Marilyn Monroe),
la inteligencia de Albert Einstein,
la habilidad atlética de Michael Jordan,
la audacia en los negocios de Donald Trump,
la gracia social y equilibrio de Jackie Kennedy,

la imaginación de Walt Disney, y
el corazón de la Madre Teresa.

Eso suena absurdo, pero es más cercano a la realidad de lo que nos gustaría admitir. Muchos de nosotros imaginamos el éxito como algo diferente a lo que somos, ¡y en especial, no podemos ser como otras ocho personas! Más importante que eso, usted no debería querer serlo. Si trata de convertirse en uno de esos ocho, no será exitoso; será una imitación mala de ellos y eliminará la posibilidad de convertirse en la persona que debería de ser.

LA IMAGEN CORRECTA DEL ÉXITO

¿Entonces cómo inicia el camino al éxito? ¿Qué se requiere para ser exitoso? Dos cosas se necesitan: la imagen correcta del éxito y los principios correctos para llegar ahí.

La imagen del éxito no es la misma para dos personas porque todos somos creados diferentes, como individuos únicos. Pero el proceso es el mismo para todos, está basado en principios que no cambian. Después de más de treinta y cinco años de conocer gente exitosa y estudiar el tema, he desarrollado la siguiente definición de éxito:

> *Éxito es...*
> *Conocer su propósito en la vida,*
> *Crecer hasta alcanzar su potencial máximo, y*
> *Plantar semillas que beneficien a otros*

Usted puede ver con esta definición que el éxito es un camino más que un destino. No importa cuánto tiempo viva o lo que decida hacer en la vida, nunca agotará su capacidad de desarrollarse para alcanzar todo su potencial, o dejará de tener oportunidades para ayudar a otros. Cuando ve el éxito como un camino, nunca tendrá el problema de tratar de «llegar» a un destino final esquivo. Ni se encontrará a sí mismo en una posición en la que haya logrado una meta final, solo para descubrir que está aún vacío y buscando algo más que hacer.

Otro beneficio de enfocarse en el camino al éxito en lugar de llegar a un destino o lograr una meta es que tiene el potencial de convertirse en alguien exitoso *hoy*. En el momento en el que cambia para buscar su propósito, desarrollarse hasta alcanzar su potencial y ayudar a los demás, exitoso es algo que usted *es ahora,* no algo que espera vagamente ser algún día.

Para tener un mejor entendimiento de estos aspectos del éxito, veámoslos a detalle:

CONOCER SU PROPÓSITO

Nada puede reemplazar el hecho de conocer su propósito. Henry J. Kaiser, el empresario industrial millonario fundador de Aluminio Kaiser y del sistema de salud KaiserPermanente dijo: «La evidencia es abrumadora al punto que usted no puede empezar a llevar a cabo lo mejor de sí a menos que se fije un propósito en la vida». O puesto de otra manera, si no trata de descubrir su propósito activamente, es posible que pase el resto de su vida haciendo las cosas equivocadas.

Creo que Dios creó a cada persona para un propósito. Según el psicólogo Víctor Frankl: «Todos tienen su vocación específica o misión en la vida. Todos deben hacer una tarea concreta que demanda cumplimiento. Por lo tanto, no se puede reemplazar, ni se puede repetir su vida. Entonces la tarea de cada uno es tan única como su oportunidad específica para implementarla». Cada uno de nosotros tiene un propósito para el que fuimos creados. Nuestra responsabilidad, y nuestra mayor alegría, es identificarlo.

Aquí hay algunas preguntas que hacerse para ayudarle a identificar su propósito:

¿Qué estoy buscando? Todos tenemos un deseo fuerte enterrado en nuestros corazones, algo que llama a nuestros pensamientos y sentimientos más profundos, algo que hace que nuestras almas ardan. Algunas personas tienen un sentido fuerte de lo que es eso cuando son tan solo niños; otros toman media vida para descubrirlo, pero sin importar lo que sea, está ahí. Solo necesita encontrarlo.

¿Por qué fui creado? Cada uno de nosotros es diferente. Nadie más en el mundo tiene los mismos regalos, talentos, antecedentes, o futuro. Es una de las razones por las cuales sería un error muy serio que usted intentara ser alguien diferente.

Piense sobre su combinación única de habilidades, los recursos disponibles a su alcance, su historia personal, y las oportunidades a su alrededor.

Si identifica esos factores objetivamente y descubre el deseo de su corazón, habrá avanzado mucho para descubrir su propósito en la vida.

¿Creo en mi potencial? Usted no puede actuar coherentemente en una manera incongruente con la forma en la que se ve a sí mismo. Si no cree que tiene potencial, nunca va a intentar alcanzarlo. Y si no está dispuesto a trabajar para lograrlo, nunca será exitoso.

Debería tomar el consejo del presidente Teodoro Roosevelt, quien dijo: «Haga lo que pueda, con lo que tenga, donde esté». Si hace eso con los ojos fijos en el propósito de su vida, ¿que más se puede esperar de usted?

¿Cuándo inicio? Algunas personas viven sus vidas día a día permitiendo que otros dicten lo que hacen y cómo lo hacen, nunca tratan de descubrir su verdadero propósito en la vida. Otros lo saben, mas nunca actúan, pues están esperando a tener la inspiración, o el permiso, o alguna invitación para iniciar. Si esperan mucho, nunca iniciarán. Por lo tanto la respuesta a la pregunta «¿Cuándo inicio?» es AHORA.

Desarrollarse hasta alcanzar su potencial

El novelista H. G. Wells decía que la riqueza, la notoriedad, el lugar y el poder no son las medidas del éxito. La única medida verdadera del éxito es la proporción entre lo que pudimos haber sido y aquello en lo que nos hemos convertido. En otras palabras, el éxito viene como el resultado de desarrollarnos hasta alcanzar nuestro potencial.

Se ha dicho que ese es el regalo de Dios para nosotros, y que lo que hacemos con ello es nuestro regalo a Él, pero al mismo tiempo, nuestro potencial es posiblemente nuestro más grande recurso sin usar. Henry Ford observó: «No hay hombre vivo que no sea capaz de hacer más de lo que cree que puede».

Tenemos potencial casi ilimitado, sin embargo muy pocos intentan alcanzarlo. ¿Por qué? La respuesta está aquí: podemos hacer *lo que sea,* pero no podemos hacer *todo.* Mucha gente permite que los que les rodean decidan su agenda en la vida. Como resultado, nunca se dedican a *su* propósito en la vida. Se convierten en aprendices de todo, pero en maestros de nada, en lugar de enfocarse en una sola cosa.

Si esto lo describe más de lo que desearía, usted está listo probablemente para tomar los pasos para cambiar. Aquí hay cuatro principios para ponerlo en el camino hacia desarrollarse hasta alcanzar su potencial:

1. Concéntrese en una meta principal. Nadie alcanzó nunca su potencial al moverse en veinte direcciones diferentes. Alcanzar su potencial requiere enfoque. Es por eso que es tan importante que descubra su propósito. Una vez que ha decidido en qué enfocar su atención, deberá decidir lo que va a abandonar para lograrlo. Y esto es crucial pues no puede haber éxito sin sacrificio. Los dos van de la mano. Si desea lograr poco, sacrifique poco. Pero si desea lograr grandes cosas, esté dispuesto a sacrificar mucho.

2. Concéntrese en un mejoramiento continuo. Una vez se le preguntó a David D. Glass, director general de las tiendas WalMart, a quién admiraba más. Su respuesta fue el fundador de WalMart, Sam Walton. Él dijo: «Nunca ha habido un día en su vida, desde que lo conozco, que no mejorara de alguna manera». Compromiso hacia un mejoramiento continuo es la clave para alcanzar su potencial y ser exitoso. Cada día usted puede convertirse en algo mejor a lo que era ayer. Esto lo acerca a su potencial, y también verá que lo que obtiene como resultado de su crecimiento no es tan importante como aquello en lo que se convierte en el camino.

3. Olvide el pasado. Mi amigo Jack Hayford, pastor fundador de la Iglesia en el Camino en Van Nuys, California, comentó: «El pasado es un asunto muerto, y no podemos ganar impulso al caminar hacia el mañana si seguimos arrastrando el pasado». Desafortunadamente esto es lo que mucha gente hace; arrastrar el pasado con ellos a donde van y como resultado, no progresan.

Me gusta la actitud de Cyrus Curtis quien alguna vez fue dueño del *Saturday Evening Post*. Él tenía un letrero colgado en su oficina que anunciaba: «Ayer terminó anoche». Era la manera de recordarse a sí mismo y a sus empleados que el pasado había terminado, y que deberíamos mirar hacia adelante, no hacia atrás.

Tal vez ha cometido muchos errores en su vida, o ha tenido un pasado especialmente difícil con muchos obstáculos. Ábrase camino y continúe, no permita que esto le impida alcanzar su potencial.

Si necesita inspiración, piense en otras personas que superaron obstáculos de dificultad semejante, como Booker T. Washington. Él nació en esclavitud y se le negó acceso a los recursos disponibles a la sociedad blanca, pero nunca permitió que esto le impidiera lograr su potencial. Fundó el Instituto Tuskegee y la Liga Nacional de Negocios de Personas de Color. Él dijo: «He aprendido que el éxito se mide no tanto por el puesto que uno ha alcanzado en la vida, sino por los obstáculos que uno ha superado al tratar de tener éxito».

Piense en Helen Keller, quien perdió la vista y oído a los diecinueve meses de edad. Ella superó sus desventajas, se graduó del colegio Radcliffe y se convirtió en autora, oradora sobresaliente, y paladina entre la gente ciega.

Piense en Franklin Delano Roosevelt. En 1921, a la edad de treinta y nueve años tuvo un caso severo de poliomielitis, que lo dejó minusválido y con dolores terribles. El nunca caminó de nuevo sin ayuda, pero no permitió que esto le impidiera alcanzar su potencial. Ocho años después, se convirtió en gobernador de Nueva York, y en 1932 fue elegido presidente de Estados Unidos.

Sin duda puede pensar en otros que han superado tragedias o errores del pasado para lograr su potencial; puede conocer a algunas personas que pelearon contra la adversidad para ser exitosas. Permítales inspirarlo. No importa lo que haya sucedido en el pasado, usted tiene el *potencial* de superarlo.

4. Enfóquese en el futuro. Yogi Berra, quien está en el Salón de la Fama del béisbol dijo: «El futuro no es lo que solía ser». A pesar de que puede ser cierto, es aún el único lugar a donde tenemos que ir. Su potencial está por delante, ya sea que tenga ocho, dieciocho, cuarenta y ocho u ochenta años de edad. Usted tiene manera de mejorar, puede ser mejor mañana comparado con hoy. Como el proverbio español dice: «El que no ve hacia adelante, se queda atrás».

PLANTANDO SEMILLAS QUE BENEFICIAN A LOS DEMÁS

Cuando conoce su propósito en la vida y está creciendo para alcanzar su potencial máximo, usted está en camino al éxito. No obstante, hay una parte esencial en el camino: ayudar a los demás. Sin ese aspecto, el camino puede ser una experiencia solitaria y superficial.

Se ha dicho que sobrevivimos de lo que ganamos, pero que vivimos por lo que damos. El médico, teólogo y filósofo Albert Schweitzer lo dijo de una manera más directa: «El propósito de la vida humana es servir, y mostrar compasión y el deseo de ayudar a otros». Para él, el camino a lograr su propósito lo llevó a África, donde ayudó a gente durante muchos años.

Para usted, plantar semillas que beneficien a los demás probablemente no signifique viajar a otro país para servir a los pobres, a menos que sea el propósito por el que nació (y si lo es, no estará satisfecho hasta que lo esté haciendo). Sin embargo, si es como la mayoría de la gente, ayudar a otros es algo que puede hacer justo aquí en casa, si se trata de pasar más tiempo con su familia, ayudar al desarrollo de un empleado que muestra potencial, ayudar a la gente en la comunidad, o poner sus deseos en pausa por el bienestar de su equipo de trabajo. La clave es encontrar su propósito y ayudar a los demás mientras lo logra. El comediante Danny Thomas insistía en que «todos nacemos por una razón, pero no todos descubrimos por qué. El éxito en la vida no tiene nada que ver con lo que se gana en la vida o lo que logra uno mismo. Es lo que hace por otros».

El camino al éxito no se verá igual para todos porque la imagen del éxito es distinta para cada persona, pero los principios usados para tomar el camino no cambian. Se pueden usar en casa, en la escuela, en la oficina, en el campo de juegos, y en la iglesia. Eso es de lo que trata el resto de este libro, los principios que pueden ayudarle a conocer su propósito, alcanzar su potencial, y plantar semillas que beneficien a los demás. No importa dónde esté usted ahora, puede aprender y aplicar estas ideas, puede ser exitoso hoy.

2

¿EN QUÉ DIRECCIÓN DEBO IR?

Usted nunca irá más allá del lugar
donde sus sueños lo lleven.

Si vive en un pueblo cerca del océano, tal vez ha visto anuncios para «cruceros hacia ningún destino». Tal vez ya ha ido en uno, la gente se sube a un crucero y cuando dejan el muelle, en lugar de dirigirse a una isla paradisíaca o un lugar exótico, van al mar y viajan en círculos por un par de días. Mientras tanto, disfrutan comidas maravillosas, descansan alrededor de la alberca, disfrutan los espectáculos y participan en actividades a bordo, es similar a registrarse en un hotel lujoso.

El problema para muchas personas es que sus vidas se parecen demasiado a esos cruceros, están en un viaje sin destino, sin ruta. Están en un compás de espera, y ocupan su tiempo en disfrutar de placeres o participando en actividades que no tienen un beneficio a largo plazo. Mientras tanto, viajan en círculos; al final, no terminan mejor de como empezaron. Un crucero a ningún destino puede ser una manera de ocupar unos cuantos días de vacaciones, pero no la manera de pasar su vida.

Como mencioné antes, el éxito es un viaje. No se convierte en alguien exitoso cuando llega a un lugar en particular o cuando cumple cierta meta. Pero eso no significa que deba viajar sin identificar un destino; no puede realizar su propósito y desarrollarse hasta alcanzar su potencial si no sabe en qué dirección debe ir. Necesita identificar y navegar hacia su destino. En otras palabras, necesita descubrir su sueño.

EL PODER DE UN SUEÑO

Yo creo que cada uno de nosotros tiene un sueño en el corazón. No hablo de desear ganar la lotería, ese tipo de idea viene de un deseo de escapar de nuestras circunstancias presentes, no de cumplir un sueño verdadero. Estoy hablando de una visión profunda que habla al alma misma. Este es el tipo de cosa para la que nacimos, se basa en nuestros talentos y dones; es atractiva para nuestros ideales más grandes, enciende nuestro sentido de destino. Está ligada fuertemente a nuestro propósito en la vida. El sueño nos pone en marcha en este camino al éxito.

Cuando busco el nombre de una persona que identificó y vivió su sueño, pienso en el pionero de la industria automotriz y visionario Henry Ford. Él dijo: «El secreto de una vida exitosa es encontrar lo que estamos destinados a hacer, y hacerlo».

El sueño de Ford surgió de su interés en la mecánica. Desde su niñez tuvo una pasión por estudiar y jugar con maquinaria, aprendió de manera autodidacta sobre motores de vapor, relojes y motores de combustión, viajó por el país haciendo reparaciones gratuitas, solo para acercarse a las máquinas. Se convirtió en mecánico y relojero, también trabajó como ingeniero nocturno en la Compañía Edison de Detroit.

Ford se intrigó con la idea de los automóviles, y dedicó cada vez más de su atención a ello. En 1896 construyó su primer automóvil en un pequeño cuarto detrás de su casa. Después de eso, continuó pensando cómo mejorar sus esfuerzos, y estudió el trabajo de otros constructores de automóviles, incluyendo el de Ransom E. Olds, quien manufacturó el primer Oldsmobile en 1900.

De su amor por la maquinaria y la intriga por los automóviles, nació el sueño de Ford: la creación de un automóvil producido en masa y barato. Hasta entonces, los nuevos carruajes sin caballos habían sido un artículo caro y de lujo, disponible solamente para los ricos. Ford estaba determinado a poner el automóvil al alcance de la persona común. En 1899 ayudó a formar la Compañía Automotriz de Detroit, pero cuando sus compañeros organizadores no aprobaron la idea de manufacturar su producto de manera barata para venderlo a las masas, él dejo la compañía. Sin embargo, continuó su sueño y sus esfuerzos finalmente pagaron, en 1903 organizó la Compañía Automotriz Ford e inició la producción del Modelo T. El primer año su compañía produjo un poco menos de 6.000 autos, ocho años más tarde, produjeron más de 500.000 y lograron reducir el precio inicial de $850 a solo $360. El sueño de Ford se convirtió en realidad.

Ford ha sido llamado un genio y se le ha acreditado con el nacimiento de la línea de producción y la producción en masa. Sin importar por lo que él optara, su más grande recurso fue su sueño y su voluntad de consagrarse a ello.

Un sueño hace muchas cosas por nosotros:

UN SUEÑO NOS DA DIRECCIÓN

¿Alguna vez ha conocido a una persona que no sabía qué quería hacer en la vida, y sin embargo era exitosa? Yo tampoco. Todos necesitamos algo por lo que valga la pena luchar. Un sueño nos da eso. Actúa como una brújula, diciéndonos en qué dirección debemos viajar. Y hasta que identifiquemos correctamente dicha dirección, no sabremos con seguridad si nuestros movimientos nos ayudan a progresar. Nuestras acciones nos pueden hacer retroceder en lugar de adelantar. Si usted se mueve en *cualquier* dirección diferente a la de sus sueños, perderá las oportunidades necesarias para ser exitoso.

UN SUEÑO INCREMENTA NUESTRO POTENCIAL

Sin un sueño, es difícil ver el potencial que tenemos porque no vemos más allá de nuestras propias circunstancias. Pero con un sueño, empezamos a vernos a través de una nueva luz, con mayor potencial y con la capacidad de esforzarnos y crecer hasta alcanzarlo. Cada oportunidad que tenemos, cada recurso que descubrimos, cada talento que desarrollamos se convierte en parte de nuestro potencial para lograr dicho sueño. Entre más grande el sueño, más grande el potencial. E. Paul Hovey dijo: «El mundo de un hombre ciego está rodeado por los límites de su sentido del tacto; el de un hombre ignorante por los límites de su conocimiento; los de un gran hombre, por los límites de su visión». Si su visión, su sueño, es grandioso, también lo es su potencial para el éxito.

Un sueño nos ayuda a priorizar

Un sueño nos da esperanza para el futuro, y también nos da poder en el presente, nos ayuda a priorizar todo lo que hacemos. Una persona que tiene un sueño sabe a qué está dispuesta a renunciar para lograrlo; es capaz de medir todo lo que hace de acuerdo a si contribuye o no al sueño, concentrando su atención en las cosas que le llevan más cerca de él y dando menos atención a todo lo que no.

Irónicamente, muchas personas hacen exactamente lo opuesto, en lugar de enfocarse en su gran sueño y dejar ir las cosas menos importantes, desean mantener todas las opciones abiertas, pero cuando lo hacen, encaran más problemas porque tomar decisiones se torna muy complicado para ellas. Son como un artista que gira platos, tal vez ha visto uno de esos actos en un programa viejo de variedad de televisión como el *Ed Sullivan Show*. El artista pone un plato encima de una vara larga, delgada y lo gira. Mientras el plato está girando, se balancea en la punta de la vara; entonces el artista pone la vara en un dispositivo para que se mantenga en la otra punta, hace lo mismo con otra vara y plato, y otra... continúa agregando platos hasta que tiene muchos girando. Mientras continúa, para ocasionalmente, corre de regreso y ayuda a girar los platos anteriores para que no se caigan.

Un artista que es realmente bueno en esto puede tener algunos platos girando muy rápido al principio. Mientras el tiempo corre, incluso los mejores tienen dificultad para progresar agregando nuevos platos porque pasan todo el tiempo regresando a los platos que giraban anteriormente. Hacer que el último plato gire por lo regular toma mucho tiempo.

Mantener todas las opciones abiertas es como esto, al principio es divertido tener tantas. Parece ser una excelente idea. Pero conforme el tiempo transcurre, no puede progresar porque pasa todo su tiempo manteniendo las opciones en lugar de avanzar.

Cuando usted tiene un sueño, no tiene ese problema. Puede pasar su tiempo y energía solamente en los «platos» que lo lleven más cerca de su sueño. Puede permitir que todos los demás dejen de girar y se estrellen en el piso, no son importantes. Ese conocimiento le permite liberar su tiempo para concentrarse en las cosas que marcan la diferencia, y lo mantiene en el camino correcto.

Un sueño agrega valor a nuestro trabajo

Un sueño pone todo lo que hacemos en perspectiva. Incluso las tareas que no son emocionantes ni gratificantes instantáneamente van asumiendo más valor ya que sabemos que contribuirán finalmente a lograr un sueño. Cada actividad se convierte en una pieza importante en ese gran panorama. Me recuerda la historia de un reportero que habló con tres trabajadores de la construcción que vaciaban concreto en un sitio en edificación:

—¿Qué está haciendo? —le pregunto al primer trabajador.

—Estoy ganándome un cheque, —respondió quejándose.

El reportero le hizo la misma pregunta al segundo trabajador, quien viendo sobre su hombro le dijo:

—¿Qué parece que estoy haciendo? Estoy vaciando el concreto.

Entonces notó que había un tercer hombre sonriendo y silbando mientras trabajaba.

—¿Qué esta haciendo? —preguntó al tercer trabajador.

El detuvo lo que estaba haciendo y con emoción dijo:

—Estoy construyendo un albergue para los que no tienen casa. —Se limpió sus manos en una tela limpia y dijo—: Mire, ahí es donde estará la cocina. Y por ahí estará el dormitorio de mujeres. Aquí...

Cada hombre estaba haciendo el mismo trabajo, pero solo el tercero estaba motivado por una visión más grande. El trabajo que hizo estaba logrando un sueño, y agregó valor a todos sus esfuerzos.

Vince Lombardi dijo: «Creo firmemente que el mejor momento de cualquier hombre, el mayor logro de todos los que él valora, es aquel en el que se ha esforzado de corazón por una buena causa y está exhausto en el campo de batalla, victorioso». Un sueño da la perspectiva que hace ese tipo de esfuerzo posible.

Un sueño predice nuestro futuro

Katherine Logan dijo: «Una visión indica lo que puede ser nuestro. Es una invitación para hacer algo. Con una gran imagen mental vamos de un logro a otro, usando los materiales que tenemos solo como base para lo que será mayor, mejor y más satisfactorio. De esta manera nos convertimos en poseedores de los valores invisibles que serán eternos».

Cuando tenemos un sueño, no solo somos espectadores esperando que todo salga bien, estamos tomando una parte activa en delinear el propósito y significado de nuestras vidas. Los vientos de cambio no nos arrastran sencillamente de aquí para allá. Nuestro sueño, cuando se persigue, es lo que predice nuestro futuro. Eso no significa que tenemos garantía alguna, pero sí incrementa nuestras posibilidades de éxito dramáticamente.

¿A DÓNDE LE LLEVARÁ SU SUEÑO?

Atrévase a soñar y lleve a cabo ese sueño, hágalo a pesar de los problemas, circunstancias y obstáculos. La historia está llena de hombres y mujeres que encararon adversidades y lograron el éxito a pesar de todo. Por ejemplo, el orador griego Demóstenes ¡tartamudeaba! La primera vez que intentó dar un discurso en público, todos se burlaron de él. Pero tenía el sueño de ser un orador notable, así que persiguió su sueño y alcanzó su potencial. Se dice que solía poner piedritas en su boca y practicaba hablando sobre el sonido de las olas en la orilla del mar. Su persistencia dio resultado. Vivió su sueño: se convirtió en el mejor orador del mundo antiguo.

Otros se atrevieron a soñar y se convirtieron en exitosos: Napoleón, a pesar de proceder de una familia humilde se convirtió en emperador; Beethoven le dio vida a su visión de la música cuando compuso sinfonías, incluso después de perder el sentido del oído; Charles Dickens soñó en convertirse en escritor y se convirtió en el novelista más leído en la Inglaterra de la época victoriana, a pesar de haber nacido en la pobreza.

Oliver Wendell Colmes dijo: «Lo más importante en este mundo no es dónde estamos, sino en qué dirección nos movemos». Esta también es una de las grandes cosas sobre tener un sueño. Usted puede perseguir el suyo sin importar en donde esté hoy. Y lo que sucedió en el pasado no es tan importante como lo que depara el futuro. Como dice el refrán: «Sin importar cómo fue el pasado de una persona, su futuro es impecable». ¡Usted puede empezar a perseguir su sueño hoy!

¿QUÉ PAPEL JUEGA EL FRACASO EN EL ÉXITO?

Usted nunca tendrá éxito a menos que esté dispuesto a fallar.

Demasiada gente cree que el proceso para llegar al éxito es fácil. El gran inventor estadounidense Thomas A. Edison notó esa actitud en las personas, y así es como respondió a esto:

Fallar es realmente cuestión de percepción. La gente no trabaja duro porque, en su opinión, imagina que tendrá éxito sin esforzarse alguna vez. La mayoría de ella cree que se despertará algún día y será millonaria. De hecho, tiene la mitad bien, porque eventualmente sí despertará.

Cada uno de nosotros tiene que tomar una decisión: ¿vamos a dormir durante la vida, evitando fallar a toda costa? O ¿vamos a despertar y darnos cuenta de que: fallar es sencillamente un precio que pagamos para alcanzar al éxito?

EL FRACASO NO ES...

Si puede cambiar su perspectiva ante el fracaso, eso le ayudará a perseverar, y finalmente a lograr sus deseos. ¿Entonces cómo debe juzgarlo? Al observar siete cosas que el fracaso *no es*:

1. LA GENTE CREE QUE EL FRACASO ES EVITABLE... NO LO ES

Todos fracasan, yerran y cometen errores. Usted ha escuchado el dicho: «Errar es de humanos, y perdonar es divino». Alexander Pope escribió eso hace más de 250 años, y solamente estaba parafraseando un dicho que era común dos mil años atrás, en el tiempo de los romanos. Las cosas hoy son igual que entonces: si usted es un ser humano, va a cometer errores.

Probablemente está familiarizado con la Ley de Murphy y el Principio de Peter. Recientemente aprendí algo llamado «Reglas para ser humano». Pienso que describe bien el estado en que estamos como personas:

Regla n°. 1. Aprenderá lecciones.

Regla n°. 2. No hay errores, solo lecciones.

Regla n°. 3. Una lección se repite hasta que se aprende.

Regla n°. 4. Si no aprende las lecciones fáciles, se hacen más *difíciles.*
 (El dolor es una manera en la que el universo llama su atención).

Regla n°. 5. Sabrá que ha aprendido una lección cuando sus acciones cambien.

Como puede ver, el escritor Norman Cousins estaba en lo correcto cuando dijo: «La esencia del hombre es la imperfección». Así que debe saber que va a cometer errores.

2. LA GENTE CREE QUE EL FRACASO ES UN EVENTO... NO LO ES

Cuando era joven pensaba que el éxito y el fracaso llegaban en un momento. El mejor ejemplo en el que puedo pensar es presentar un examen. Si uno obtenía una F significaba que había fallado, pero me di cuenta que ese fracaso es un proceso. Si reprueba un examen, no significa que solo falló ante un evento singular. La F muestra que descuidó el proceso que le llevó a dicho examen.

El fracaso es como el éxito, no es un lugar al que se llega. Así como el éxito no es un evento único, tampoco lo es el fracaso. Ambos son el resultado de cómo usted trata con la vida todo el tiempo. En realidad nadie puede concluir que alguien ha fallado hasta que dé su último respiro. Hasta entonces, estará aún en el proceso y no se puede emitir un dictamen todavía.

3. LA GENTE CREE QUE EL FRACASO ES OBJETIVO... NO LO ES

Cuando yerra, ya sea que falle en el cálculo de cifras decisivas, no cumpla con una fecha límite, no cierre un trato, no haga una buena elección para sus hijos, o mande todo a volar, ¿qué determina que esa acción haya sido un fracaso? ¿Ve el tamaño del problema que causa o la cantidad de dinero que le costó a usted o a su organización? ¿Lo determina por la cantidad de presión que tiene que tolerar de su jefe o por la crítica de sus colegas? No. El fracaso no se determina de esa manera, la respuesta verdadera es que usted es la única persona que en realidad puede etiquetar lo que hace como un fracaso. Es subjetivo. Su percepción y respuesta a sus errores determina si sus acciones son un fracaso.

¿Sabía que los emprendedores casi nunca tienen éxito con su primer negocio? ¿O el segundo? ¿O el tercero? De acuerdo con la profesora de negocios Lisa Amos de la Universidad de Tulane, el emprendedor promedio experimenta 3,8 fracasos antes de tener éxito en los negocios. No son ahuyentados por los problemas, errores, o fallas. ¿Por qué? Porque no ven los obstáculos como fracasos, reconocen que tres pasos hacia delante y dos hacia atrás *aún* significan un paso hacia adelante. Y como resultado, logran superar al promedio y se convierten en triunfadores.

4. LA GENTE CREE QUE EL FRACASO ES EL ENEMIGO... NO LO ES

La mayoría de la gente trata de evitar el fracaso como una plaga, le tiene miedo, pero se requiere de la adversidad para lograr el éxito. El entrenador de basquetbol Rick Pitino asegura de una manera más firme: «Fracasar es bueno», dice. «Es un fertilizante. Todo lo que he aprendido sobre entrenar, lo he aprendido al cometer errores».

La gente que ve el fracaso como el enemigo, son cautivos de aquellos que lo conquistan. Herbert V. Brocknow cree que «el que nunca comete errores, recibe sus órdenes del que los comete». Observe a cualquier persona notablemente exitosa, y descubrirá a alguien que no ve al error como enemigo. Esto es cierto en cualquier ámbito. Como la musicóloga Eloise Ristad dijo: «Cuando nos damos permiso de fallar, al mismo tiempo nos permitimos ser excelentes».

5. LA GENTE CREE QUE EL FRACASO ES IRREVERSIBLE... NO LO ES

Hay un dicho antiguo en Texas: «No importa qué tanta leche tires, mientras no pierdas a tu vaca». En otras palabras, los errores no son irreversibles. Mantenga todo en perspectiva, los problemas vienen cuando uno ve la leche tirada y no el panorama completo. La gente que ve el fracaso correctamente, lo toma en perspectiva.

> Los errores no los hacen querer darse por vencidos.
> El éxito no los hace pensar que han terminado.

Cada evento, bueno o malo, es solo un pequeño paso en el proceso de vivir. O como Tom Peters dice: «Si no se hicieran cosas tontas, las cosas inteligentes nunca sucederían».

6. LA GENTE CREE QUE EL FRACASO ES UN ESTIGMA... NO LO ES

Los errores no son marcas permanentes. Me encanta la perspectiva del senador Sam Ervin Jr., quien enfatizó: «La derrota puede servir tanto como la victoria para tocar el alma y provocar que la gloria se manifieste». Esa es la forma en la que debemos ver el fracaso.

Cuando cometa errores, no permita que lo aflijan. Y no se permita pensar que son un estigma, haga de cada fracaso un paso hacia el éxito.

7. LA GENTE CREE QUE EL FRACASO ES DEFINITIVO... NO LO ES

Incluso lo que pudiera parecer ser un gran fracaso no necesita detenerlo para lograr las cosas. Vea la historia de Sergio Zyman, quien fue la mente maestra detrás de la Nueva Coca-Cola, algo que el consultor de mercadeo Robert McMath ve como uno de los más grandes fracasos de un producto de todos los tiempos.[1] Zyman, quien introdujo exitosamente la Coca-Cola de dieta [Diet Coke], creía que Coca-Cola necesitaba actuar audazmente para revertir los veinte años de descenso en el mercado contra su rival Pepsi. Su solución fue dejar de ofrecer la bebida que había sido popular por casi cien años, cambiar la fórmula y ofrecerla como la Nueva Coca-Cola. El movimiento fue una falla abismal que tomó setenta y nueve días y costó a la compañía casi $100 millones. La gente odió la Nueva Coca-Cola, lo que causó que Zyman dejara la compañía.

Pero los problemas de Zyman con la Nueva Coca-Cola no lo detuvieron. De hecho, él no los ve como un fracaso, ya que años más tarde cuando le preguntaron si había sido un error, Zyman respondió:

—No, rotundamente.

—¿Una falla?

—No.

—¿Un error garrafal, un paso en falso, una quiebra?

—Otra palabra entre quiebra y algo más —responde—. Ahora si usted me dice «la estrategia en la que ustedes se embarcaron no funcionó», yo diré: «Por supuesto, no funcionó en lo absoluto, pero la totalidad de la acción resultó ser positiva».

Al final, el regreso de Coca-Cola Clásica hizo a la compañía más fuerte. La asesoría de Zyman fue confirmada por Roberto Goizueta, el presidente y director general de la Compañía Coca-Cola. Él volvió a contratar a Zyman en Coca-Cola en 1993.

—Juzgue los resultados —dijo Goizueta—. Nos pagan por producir resultados. No nos pagan por estar en lo correcto.[2]

ACEPTE EL FRACASO

¿Cómo puede ayudarse a aprender una nueva definición de fracaso y desarrollar una perspectiva diferente respecto a este y al éxito? Cometiendo errores. Check Braun de Idea Connection Systems, motiva a la gente en entrenamiento a pensar diferente a través del uso de una cuota de errores. Le da a cada alumno una cuota de treinta errores que pueden cometer para cada sesión de entrenamiento. ¿Y si un estudiante usa los treinta? Recibe otros treinta. Como resultado, el estudiante se relaja, piensa en los errores de una manera diferente, y empieza a aprender.

Mientras se acerca al siguiente gran proyecto o tarea, asígnese un cociente razonable de errores. ¿Cuántos errores espera lograr? ¿Veinte? ¿Cincuenta? ¿Noventa? Asígnese una cuota y trate de llegar a ella antes de completar la tarea. Recuerde, los errores no definen el fracaso. Son simplemente el precio del logro en el camino hacia el éxito.

4

¿Cómo inicio?

El primer paso hacia el éxito es manejarse
a sí mismo de manera excepcional.

¿Ha trabajado con gente que no se conduce bien? A menudo pensamos que liderar la propia persona es tomar decisiones correctas cada día, cuando la realidad es que necesitamos tomar algunas decisiones críticas en áreas importantes de la vida y después administrar esas decisiones cotidianamente.

Aquí hay un ejemplo clásico de lo que trato de decir. ¿Alguna vez ha hecho como propósito de año nuevo hacer ejercicio? Probablemente ya sabe que el ejercicio es importante. Tomar una decisión para hacerlo tampoco es tan difícil, pero tomar la decisión, y darle seguimiento, es mucho más difícil. Digamos que, por ejemplo, contrata una membresía en un gimnasio la primera semana de enero. Cuando la consiguió, estaba emocionado; pero la primera vez que fue al gimnasio había mucha gente, había tantos carros que un policía dirigía el tráfico. Maneja por quince minutos, y finalmente encuentra un lugar para estacionarse, a cuatro cuadras. Está bien, usted está ahí para hacer ejercicio, así que camina al gimnasio.

Entonces, cuando está en el edificio tiene que esperar hasta para entrar a los vestidores, sin embargo piensa: *Está bien, quiero ponerme en forma. Esto será excelente.* Piensa eso hasta que se cambia y descubre que todas las máquinas están siendo usadas. Una vez más tiene que esperar. Finalmente consigue una máquina, no es la que deseaba, pero bueno, la toma y hace ejercicio durante veinte minutos. Cuando ve la línea para usar las regaderas, decide brincarla, toma su ropa y se cambia en casa.

En su camino hacia fuera, ve a la administradora del club, y decide quejarse de las multitudes. Ella le explica: «No se preocupe. Vuelva en tres semanas y tendrá el lugar más cercano de estacionamiento y sus máquinas favoritas. Porque para entonces, noventa y ocho por ciento de las personas que se inscribieron ¡habrán abandonado la membresía!».

Una cosa es decidir hacer ejercicio, otra es hacerlo realmente. Conforme los demás renuncian, tendrá que decidir si renunciará al poco tiempo como ellos o si continúa. Y esto requiere saberse administrar.

LO QUE LOS EXITOSOS DEBEN ADMINISTRAR RESPECTO A SÍ MISMOS

Si desea ser exitoso y obtener credibilidad ante su jefe y otros, enfóquese en cuidar estas siete áreas:

1. ADMINISTRE SUS EMOCIONES

Es importante que todos manejen sus emociones, a nadie le gusta pasar tiempo cerca de una bomba de tiempo emocional que pueda estallar en cualquier momento. Los líderes y otras personas exitosas saben cuándo mostrar sus emociones y cuando aplazarlas. Algunas veces las muestran para que sus compañeros de equipo puedan sentir lo que ellos sienten; esto los confunde. ¿Es eso manipulador? No lo creo, mientras que la persona lo haga por el bienestar del equipo y no por su propio beneficio. Puesto que los líderes ven más que los demás y perciben el futuro, a menudo sienten las emociones primero. Al permitir que el equipo sepa cómo se siente uno, les ayuda a ver lo que está observando.

En otras ocasiones los líderes tienen que mantener sus emociones bajo control. En su libro *American Soldier* [Soldado americano], el general Tommy Franks escribió sobre un incidente devastador que ocurrió en Vietnam cuando era un oficial y el ejemplo que le dio en esta área el teniente coronel Eric Antilla, quien colocó a los hombres que comandaba por encima de sus necesidades emocionales:

Yo estudié los ojos de Eric Antilla. Sabía que estaba angustiado, pero nunca lo mostró. Estábamos en guerra, él estaba comandando tropas en combate y su tranquila determinación al enfrentar esta catástrofe nos dio fortaleza a todos. En su momento él se afligiría, pero por ahora era como una roca. En la guerra es necesario que los comandantes sean capaces de retrasar la demostración de sus emociones tanto como sea posible.[1]

Cuando digo que la gente exitosa debería retrasar la exteriorización de sus emociones, no sugiero que las nieguen o entierren. La clave al manejar emociones es que debe poner a los demás primero, (no a sí mismo) en cómo las maneja y las procesa. Ya sea que manifieste sus emociones antes o después, no debería ser para gratificación propia; usted debería preguntarse *¿Qué necesita el equipo?* y no *¿Qué me hará sentir mejor?*

2. ADMINISTRE SU TIEMPO

Los asuntos de administración del tiempo son difíciles, pero son especialmente difíciles para la gente que no está ni en la cima ni en los rangos más bajos de la organización. Los líderes en la cima pueden delegar; los trabajadores de rangos bajos por lo regular registran su tiempo, se les paga una tarifa por hora, y hacen lo que pueden dentro de su horario. Es la gente que queda en medio, la que trata de ser exitosa, de la que se espera que trabaje largas horas para terminar el trabajo. Debido a eso, necesitan administrar bien su tiempo.

El tiempo es valioso. El psiquiatra y autor M. Scott Peck dijo: «Hasta que usted se valore a sí mismo, no valorará su tiempo. Hasta que valore su tiempo, no hará nada con él». En *What to Do Between Birth and Death* [Qué hacer entre el nacimiento y la muerte] (Wm. Morrow & Co., 1992), Charles Spezzano dice que la gente no paga por las cosas con dinero, las paga con tiempo. Si se dice a sí mismo: *En cinco años, habré ahorrado suficiente para comprar la casa de vacaciones,* lo que en realidad está diciendo es que la casa le costará cinco años, una doceava parte de su vida adulta. «La frase *pasando el tiempo* no es una metáfora», dijo Spezzano. «Es como funciona la vida».

En lugar de pensar lo que va a hacer y comprar en términos de dinero, piense en ello en términos de tiempo. Piénselo. ¿En qué vale la pena pasar su vida? Ver su trabajo bajo esa luz solo puede cambiar la manera en que administra su tiempo.

3. ADMINISTRE SUS PRIORIDADES

La mayoría de la gente es generalista. Sabe mucho sobre muchas cosas, sin embargo, la mayoría de los individuos exitosos son altamente enfocados. El viejo proverbio es verdad: si persigue dos conejos, ambos escaparán. Entonces ¿qué deberá hacer? Deberá tratar de llegar al punto en que puede administrar sus prioridades y su tiempo en esta manera:

80% del tiempo: trabaje en lo que sea su fuerte.
15% del tiempo: trabaje en lo que está aprendiendo.
5% del tiempo: trabaje en otras áreas necesarias.

Puede que esto no sea fácil, pero es lo que debe buscar. Si tiene gente trabajando para usted, trate de darles las cosas para las cuales no es muy bueno, pero ellos sí lo son. Si es posible, cambie algunas actividades con sus colegas, para que cada uno de ustedes trabaje en su área de fortaleza. Recuerde, la única manera de ascender de la mitad es cambiar gradualmente de generalista a especialista, de alguien que hace muchas cosas bien a alguien que se enfoca en pocas cosas y las hace excepcionalmente bien.

El secreto de hacer el cambio es a menudo la disciplina. En *Empresas que sobresalen,* Jim Collins escribió:

La mayoría de nosotros llevamos vidas ocupadas, pero sin disciplina. Tenemos listas de cosas por hacer que continúan creciendo, tratando de crear un impulso al hacer, hacer, hacer (y hacer más). Esto rara vez funciona. Sin embargo, aquellos que hacen que las buenas compañías sean excelentes, usaron tanto las listas de «dejar de hacer» como las de hacer. Manifestaron una cantidad enorme de disciplina al quitar todo tipo de basura extraña.[2]

Usted debe ser muy despiadado en su juicio sobre lo que debe o no hacer. Solo porque le guste hacer algo no significa que deba quedarse en su lista de cosas que hacer. Si es una fortaleza, hágalo. Si le ayuda a crecer, hágalo. Si su líder dice que lo debe hacer personalmente, hágalo. Cualquier otra cosa es un candidato para la lista de cosas por dejar de hacer.

4. ADMINISTRE SU ENERGÍA

Algunas personas tienen que racionar su energía de manera que no se les termine. Hasta hace algunos años yo no era así. Cuando la gente me preguntaba cómo lograba hacer tantas cosas, mi respuesta siempre fue: «mucha energía, bajo CI». Desde que era un niño, siempre estaba haciendo cosas. Tenía seis años cuando me di cuenta que mi nombre no era «tranquilízate».

Ahora que tengo más de sesenta, debo de poner atención a mi nivel de energía. En *Piense para obtener un cambio,* comparto una de mis estrategias para administrar mi energía. Cuando veo el calendario cada mañana, me pregunto: *¿Cuál es el evento principal?* esa es una cosa a la que no puedo darle menos que mi mejor atención. Esa cosa puede ser para mi familia, empleados, amigos, editor, el patrocinador de un evento de oratoria o mi tiempo para escribir. Siempre me aseguro de tener energía para hacerlo con enfoque y excelencia.

Incluso la gente con un alto nivel de energía puede quedarse sin ella en situaciones difíciles. He observado que líderes en los rangos medios de la organización tienen que lidiar a menudo con lo que llamo el «ABC de las fugas de energía».

Actividad sin dirección: hacer cosas que parecen no ser importantes.
Bastante carga sin acción: no ser capaz de hacer las cosas que en realidad importan.
Conflicto sin resolución: no ser capaz de lidiar con lo que importa.

Si ve que está en una organización donde a menudo debe lidiar con estos abecés, entonces tendrá que trabajar extra para administrar su nivel de energía. Eso o tendrá que buscar un nuevo lugar para trabajar.

5. ADMINISTRE SUS PENSAMIENTOS

El poeta y novelista James Joyce dijo: «Tu mente te dará exactamente lo que pongas en ella». El gran enemigo del buen pensamiento es estar ocupado. Si usted ve que el ritmo de vida requiere mucho como para que se detenga y piense durante su día, entonces adopte el hábito de escribir las tres o cuatro cosas que necesitan buen procesamiento mental o planeación en las que no pueda dejar de pensar. Entonces busque tiempo después cuando pueda dar atención a todos esos temas. Pueden ser treinta minutos en casa el mismo día, o puede hacer una lista durante una semana y tomar un par de horas el sábado. Solamente no permita que la lista sea tan larga que lo intimide.

En *Piense para obtener un cambio,* motivo a los lectores a tener un lugar para pensar, y escribí sobre la «silla de pensar» que tengo en mi oficina; no uso esa silla para otra cosa que no sea mi tiempo de pensar. He descubierto desde la publicación del libro que no expliqué claramente cómo se utiliza la silla de pensar, la gente en los seminarios me dijo que se sentaban en sus sillas para pensar y nada sucedía. Les expliqué que no me siento en esa silla sin una agenda, solo esperando que una idea me llegue, lo que hago es pensar sobre las cosas que he escrito porque no pude pensar en ellas durante un día ocupado. Tomo la lista y la llevo a mi silla, la pongo frente a mí y le doy tanto tiempo a cada punto como lo requiera. Algunas veces estoy evaluando una decisión que ya he tomado, otras, pienso en alguna decisión que debo tomar. Algunas veces estoy desarrollando una estrategia y otras estoy tratando de ser creativo, desarrollando una idea.

Quiero motivarle a que intente administrar sus pensamientos en esta manera. Si nunca lo ha hecho, se sorprenderá de la recompensa, y sepa esto: un minuto es mayor a una hora. Un minuto pensando es más valioso que una hora hablando o trabajando sin planeación.

6. Administre sus palabras

El entrenador legendario de basquetbol, John Wooden dijo: «Muéstreme lo que puede hacer, no solamente dígamelo». La gente exitosa valora la acción, y si van a dejar lo que están haciendo para escuchar, las palabras que escuchen deberán ser valiosas. Hágalas contar.

El libro *Thoughts on the Business Life* [Pensamientos de la vida de negocios de Forbes] (Triumph Books, 1995), cita a Emile de Girardin: «El poder de la palabra es inmenso. Una palabra bien elegida ha sido suficiente para detener una armada, para cambiar la derrota en victoria y para salvar un imperio». Si usted desea asegurarse de que sus palabras tengan peso, entonces mídalas bien. Las buenas noticias son que si administra sus pensamientos y toma ventaja de su tiempo de pensar bien enfocado, probablemente verá una mejoría en el área de administrar sus palabras también.

David McKinley, un líder exitoso en una gran organización en Plano, Texas, me contó una historia sobre algo que le sucedió en su primer trabajo después de sus estudios de postgrado. Se estaba preparando para hacer una visita importante, y decidió que debía pedirle al líder más alto que fuera con él. Cuando llegaron, David, en su entusiasmo no dejó de hablar, no le permitió a su líder hacer nada más que mirar hasta el final de su visita.

Cuando regresaron al auto, el jefe de David le dijo: «podría haberme quedado en la oficina». Le explicó cómo su presencia fue superflua; David me dijo: «Aprendí una enorme lección ese día sobre mantenerme "dentro de los límites" cuando estaba con el líder principal. Su consejo honesto y corrección fortalecieron nuestra relación y me han servido toda la vida». Si tiene algo importante que decir, dígalo brevemente y bien. Si no, lo mejor es permanecer en silencio.

7. ADMINISTRE SU VIDA PERSONAL

Usted puede hacer todo bien en el trabajo y manejarse bien allí, pero si su vida personal no está bien, eventualmente amargará lo demás. ¿Cómo beneficiaría a alguien llegar a la cima de la jerarquía organizativa pero también perder un matrimonio o afectar a los hijos? Como alguien que pasó muchos años aconsejando gente, puedo decirle, no hay carrera que lo valga.

Por años una de mis definiciones de *éxito* ha sido esta: que los que estén más cerca de mí me amen y respeten al máximo. Eso es lo más importante. Quiero el amor y respeto de mi esposa, mis hijos y nietos antes que el respeto de cualquier persona con quien trabaje. No me malinterprete. Quiero que la gente con la que trabajo me respete también, pero no al costo de mi familia. Si no puedo manejarme en mi casa, entonces el efecto del impacto negativo correrá en todas las áreas de mi vida, incluyendo el trabajo.

LIDÉRESE A SÍ MISMO

Si quiere influenciar a los demás, siempre deberá liderarse a sí mismo primero. Si no puede, no tendrá credibilidad. Esto aplica ya sea que la influencia que desea establecer sea en la gente que está arriba de usted, a su lado o debajo de usted. Mientras mejor sea para asegurarse que está haciendo lo que debería, mejores serán las posibilidades de que tenga un impacto en otros y sea exitoso.

PARTE II

LAS CUALIDADES BÁSICAS PARA EL ÉXITO

5

¿QUÉ TAN BIEN TRABAJO CON LA GENTE?

No es exageración decir que la habilidad de trabajar con la gente es el ingrediente más importante para el éxito.

¿Qué tipo de precio le pondría a las buenas habilidades personales? Pregunte a los directores generales exitosos de las grandes corporaciones qué característica es la más necesaria para el éxito en posiciones de liderazgo, y le dirán que es la habilidad de trabajar con la gente. Entreviste a los emprendedores para averiguar qué separa a los éxitos de los fracasos, y le dirán que es la habilidad personal. Hable con agentes de ventas exitosos y le dirán que el conocimiento de la gente es mucho más importante que el conocimiento mismo del producto. Siéntese con maestros y comerciantes, mecánicos y propietarios de negocios pequeños, pastores y padres de familia, y todos le dirán que las habilidades personales marcan la diferencia entre aquellos que son excelentes y los que no. Las habilidades personales son invaluables. No importa lo que haga. Si puede ganarse a la gente, ¡puede ganar!

¿QUÉ TIPO DE PERSONA ES USTED?

Durante años, los psicólogos han intentado dividir a la gente en varias categorías. Algunas veces un poeta que observa puede hacer un mejor trabajo. Ella Wheeler Wilcox lo hizo en el poema «¿Cuál eres tú?».

Hay dos tipos de gente en la tierra hoy;
Solo dos tipos de gente, no más, digo yo.

No el pecador y el santo, pues es bien entendido,
Que los buenos son medio malos y los malos medio buenos.

Ni los ricos ni los pobres, pues para medir la riqueza de un hombre,
Usted debe primero saber el estado de su conciencia y salud.

No el humilde y orgulloso, pues en la corta vida,
Quien tiene aires vanos, no se cuenta como hombre.

No el feliz y el triste, porque los años que vuelan,
Traen a cada hombre sus risas y a cada hombre sus lágrimas.

No; los dos tipos de gente en la tierra a quien me refiero,
Son la gente que levanta y la gente que se apoya.
A donde quiera que vaya, encontrará que las masas,
Siempre divididas están en estas dos clases.

Y curiosamente también encontrará, insisto,
Que solo hay uno que levanta por veinte que se apoyan.

¿En qué clase está usted? ¿Ayuda con la carga
a los que levantan sobrecargados, que se esfuerzan por el camino?
¿O es alguien que se apoya, que permite que otros compartan
La porción de trabajo, preocupación y cuidado de usted?[1]

Estas son buenas preguntas que debemos hacernos a nosotros mismos porque nuestras respuestas van a tener un gran impacto en nuestras relaciones. Pienso que Wilcox iba en la dirección correcta. La gente tiende a añadirles valor a los demás, minimizando su carga y levantándolos, o tiende a restarles valor, pensando solo en sí misma y tumbando gente en el proceso. Pero yo llevaría esto un paso más adelante. Creo que la intensidad con que levantamos o derribamos a otros puede determinar que realmente hay *cuatro* tipos de personas cuando hablamos de relaciones:

1. ALGUNAS PERSONAS AÑADEN ALGO A LA VIDA, LAS DISFRUTAMOS

Muchas personas en este mundo desean ayudar a otros. Estas personas añaden, hacen las vidas de los demás más agradables, son aquellos que levantan a los que se refería Wilcox. El evangelista D. L. Moody le recomendó a la gente:

Haga todo el bien que pueda,
a toda la gente que pueda,
en todas las maneras que pueda,
mientras pueda.

Moody era alguien que añadía.

La gente que añade valor a otros casi siempre lo hace *intencionalmente*. Lo digo porque agregar valor a los demás requiere que una persona dé de sí misma y eso ocurre rara vez por accidente. Yo me he dedicado a convertirme en alguien que añade. Me gusta la gente y quiero ayudarle. Mi meta es ser un amigo.

Recientemente, el director general de una gran corporación me invitó a hablar sobre liderazgo; después de entrenar a sus ejecutivos y conducir sesiones para sus gerentes, había ganado suficiente credibilidad con él y quería hacer algo lindo por mí.

—John, me gusta lo que has hecho por nosotros —dijo mientras nos sentábamos un día en su oficina—. Ahora, ¿qué puedo hacer por ti?

—Nada —le respondí—, no tienes que hacer nada por mí. La corporación me había pagado todas las veces que trabajé, y en realidad disfruté la experiencia. Su gente era inteligente y estaba ansiosa por aprender.

—Oh, por favor —dijo—. Toda la gente quiere algo. ¿Qué quieres tú?

—Mira, ¿a poco no necesitamos todos un amigo fácil? ¿Alguien que no necesite nada? —le respondí, mirándolo a los ojos—. Solo quiero ser un amigo fácil.

Él dijo: —Está bien, serás mi amigo fácil.

Y es lo que he tratado de ser.

El autor Frank Tyger dice: «La amistad consiste en un oído que escuche, un corazón que entienda y una mano que ayude». Es lo que le trato de dar a mi amigo.

2. Algunas personas le restan algo a la vida, las toleramos

En *Julio César,* la obra de William Shakespeare, Cassius dice: «Un amigo debería soportar las flaquezas de sus amigos, pero Bruto hace las mías más grandes de lo que son». Eso hacen los que restan. No nos ayudan con nuestros pesares, y hacen aun más pesados los que ya tenemos. Lo triste sobre los Testadores es que por lo regular lo hacen sin intención. Si usted no sabe cómo añadir a los demás, entonces probablemente esté restando automáticamente.

En las relaciones interpersonales, recibir es fácil. Dar es mucho más difícil, es similar a la diferencia entre construir algo y destruirlo. Le toma mucho tiempo y energía a un artesano muy capaz construir una silla hermosa, mas no le requiere habilidad alguna en desbaratarla en solo unos cuantos segundos.

3. Algunas personas multiplican algo en la vida, las valoramos

Quien desee puede convertirse en alguien que añade. Toma solo un deseo de levantar gente y darle seguimiento intencionalmente. Es lo que George Crane estaba tratando de enseñar a sus alumnos, pero para ir a otro nivel en relaciones, para convertirse en multiplicador, uno debe ser intencional, estratégico y contar con muchas habilidades. Entre más talento y recursos posee una persona, mayor será su potencial para convertirse en multiplicador.

Soy afortunado. Tengo muchos multiplicadores en mi vida, gente enormemente dotada que quiere verme tener éxito; personas como Todd Duncan, Rick Goad y Tom Mullins. Cada uno de ellos tiene un corazón grandioso, son excelentes en sus ocupaciones, valoran la sociedad, siempre generan grandiosas ideas y sienten pasión por marcar la diferencia. Me ayudan a ajustar mi visión y a maximizar mis fortalezas.

Usted probablemente conoce gente así en su vida, individuos que viven para ayudarle a ser exitoso y con las habilidades para ayudarle en el camino. Si puede pensar en personas que hayan jugado el papel de multiplicadores en su vida, deténgase y tome un momento para llamarles o escribirles y decirles lo que significan para usted.

4. ALGUNAS PERSONAS DIVIDEN ALGO EN LA VIDA, LAS EVITAMOS

R. G. LeTourneau, inventor de varios tipos de equipo pesado para mover tierra, dice que su compañía solía manufacturar una máquina excavadora conocida como el Modelo C. Un día un cliente preguntó a un agente de ventas el significado de la letra *C*. El agente de ventas, como mucha gente en su profesión, estaba preparado y respondió: «La *C* representa chisme, porque justo como alguien que moviliza chismes, esta máquina moviliza mucha tierra ¡y la moviliza rápido!».

Los divisores son personas que realmente «lo llevan al sótano», es decir, lo llevarán tan bajo como puedan, tan a menudo como puedan. Son como el presidente de la compañía que envía a su director de personal un memorando diciendo «busque en la organización a un empleado joven, alerta, agresivo que pueda llenar mis zapatos, y cuando lo encuentre, despídalo».

Los divisores causan tanto daño porque a diferencia de los Testadores, sus acciones negativas son a menudo intencionales. Son gente hiriente que se hace ver o se siente mejor al tratar de hacer que alguien se vea peor que ellos. Como resultado, dañan relaciones y crean estragos en las vidas de las personas.

LLEVE A LOS DEMÁS A UN NIVEL MÁS ALTO

Creo que en el fondo todos, hasta la persona más negativa, quieren ser alguien que levanta. Todos queremos ser la influencia positiva en las vidas de los demás y lo podemos ser. Si usted quiere levantar a la gente, y añadirle valor, recuerde esto:

LOS QUE LEVANTAN SE COMPROMETEN A ESTÍMULOS DIARIOS

El filósofo romano Lucio Anneo Séneca señaló: «Donde hay un ser humano, hay oportunidad para la amabilidad». Si usted desea levantar a la gente, tome el consejo de George Crane. Anime a los demás y hágalo diariamente.

LOS QUE LEVANTAN CONOCEN LA DIFERENCIA ENTRE LASTIMAR Y AYUDAR

Las pequeñas cosas que hace día a día tienen mayor impacto en otros de lo que se imagina. Una sonrisa, en lugar de un gesto, puede hacer el día de alguien mejor. Una palabra amable en lugar de la crítica levanta el espíritu de un individuo en lugar de arrastrarlo.

Usted tiene el poder de mejorar o empeorar la vida de alguien con las cosas que hace hoy. Aquellos que tiene más cercanos, su cónyuge, hijos o padres, son los más afectados por lo que dice y hace. Use ese poder sabiamente.

LOS QUE LEVANTAN INICIAN LO POSITIVO EN UN AMBIENTE NEGATIVO

Una cosa es ser positivo en un ambiente positivo o neutral. Otra cosa es ser un instrumento de cambio en un ambiente negativo. Sin embargo eso es lo que aquellos que levantan intentan hacer. Algunas veces eso requiere una palabra amable, otras veces llevar a cabo una acción de servicio, y ocasionalmente se necesita creatividad.

El revolucionario estadounidense Ben Franklin lo dijo en su autobiografía cuando pedía el favor de crear una conexión positiva en un ambiente negativo. En 1736, Franklin era considerado para un puesto como secretario de la asamblea general. Solo una persona estuvo en contra de la nominación, un hombre poderoso a quien Franklin no le gustaba.

Franklin escribió: «Habiendo escuchado que tenía en su biblioteca un libro muy difícil de encontrar, le escribí una nota expresando mi deseo de ver el libro y pidiéndole si me haría el favor de prestármelo». El hombre se sintió adulado y maravillado por la solicitud, le prestó el libro a Franklin y se convirtieron en amigos de por vida.

LOS QUE LEVANTAN ENTIENDEN QUE LA VIDA NO ES UN ENSAYO GENERAL DE TEATRO

Esta es una frase que siempre me ha gustado: «Espero pasar por este mundo solo una vez. Por lo tanto cualquier bien que haga, o cualquier amabilidad que le pueda mostrar a cualquier criatura, permítame hacerlo ahora. No me permita posponerlo o abandonarlo, pues no pasaré por este camino de nuevo».[2] La gente que levanta a otros no espera hasta mañana o algún otro día mejor para ayudar. ¡Lo hace ahora!

Todos son capaces de convertirse en una persona que levanta a los demás. Usted no tiene que ser rico, ni ser un genio, ni necesita tenerlo todo.

Tiene que importarle la gente, empiece a realizar actividades que la levanten. No permita que pase otro día sin levantar a las personas que le rodean pues haciendo eso cambiará positivamente las relaciones que ya tiene e iniciará muchas más.

6

¿PIENSAN LOS DEMÁS QUE SOY CONFIABLE?

La confianza es la base de todas las relaciones.

Si usted ha viajado por pequeños aeropuertos o tiene mucha experiencia volando en aviones corporativos, probablemente ha visto o volado en un jet Lear. Yo he tenido la oportunidad de viajar en uno un par de veces, y es toda una experiencia. Son pequeños, pueden llevar solo cinco o seis pasajeros, y muy rápidos. Es como ir en un tubo angosto con motores jet amarrados a él.

Tengo que admitir que la experiencia de viajar en un jet Lear es muy estimulante, pero lo más fabuloso es el tiempo que ahorra. He viajado literalmente millones de millas en aerolíneas, y estoy acostumbrado a largas horas de manejo a los aeropuertos, a regresar los carros rentados, el transporte, la congestión en la terminal y los retrasos que parecen interminables. Puede ser una pesadilla. Volar en un jet Lear puede cortar fácilmente el tiempo de viaje por la mitad.

El padre de este grandioso avión fue un hombre llamado Bill Lear. Un inventor, aviador y líder de negocios, Lear tenía más de 150 patentes, incluyendo las de piloto automático, radio para automóvil, y cintas de ocho pistas (no se puede ganar todo). Lear fue un pionero en su manera de pensar, y en 1950 pudo ver el potencial para la manufactura de jets corporativos pequeños. Le tomó muchos años convertir su sueño en realidad, pero en 1963, el primer jet Lear logró su viaje, y en 1964 entregó su primera producción a un cliente.

El éxito de Lear fue inmediato, y rápidamente vendió muchos aviones. Pero no mucho después de su inicio, se enteró de que dos aviones que se habían construido en su compañía se habían estrellado bajo circunstancias misteriosas. Estaba devastado. En aquel tiempo, cincuenta y cinco jets Lear pertenecían a clientes privados, así que les avisó inmediatamente a todos los propietarios que los dejaran en tierra hasta que él y su equipo pudieran determinar la causa de los accidentes. Pensó que más vidas podrían perderse y eso era más importante para él que cualquier publicidad adversa que se pudiera generar en los medios.

Conforme investigó los vuelos en cuestión, Lear descubrió una causa posible, pero no pudo verificar el problema técnico en tierra. Solo había una manera de confirmar si había diagnosticado el problema correctamente. El habría de recrearlo personalmente, en el aire.

Era un proceso peligroso, sin embargo lo hizo. Mientras voló el jet, casi perdió el control y por poco le sucede lo mismo que a los otros dos pilotos, pero logró pasar las pruebas y verificó el problema. Lear desarrolló una nueva parte para corregirlo y equipó a los cincuenta y cinco aviones con ella, eliminando el peligro.

Traer los aviones a tierra le costó mucho dinero y plantó muchas dudas en las mentes de sus clientes potenciales. Como resultado, necesitó dos años para reconstruir el negocio, pero Lear nunca se arrepintió de haber tomado esta decisión. Estaba dispuesto a poner su éxito en riesgo, su fortuna e incluso su vida para resolver el misterio de dichos accidentes, pero no su integridad. Y eso requiere carácter.

LA IMPORTANCIA DEL CARÁCTER

La manera como una persona maneja las circunstancias de la vida dice muchas cosas sobre su carácter. Las crisis no necesariamente hacen el carácter, pero seguramente lo revelan. La adversidad es una encrucijada que hace que una persona elija uno de dos caminos: carácter o compromiso. Cada vez que se elige el carácter, se hace más fuerte, incluso si dicha elección trae consecuencias negativas. Como el ganador del premio Nobel, el autor

Alexander Solzhenitsyn dijo: «El significado de la existencia terrenal está no en que hemos crecido acostumbrados a pensar en la prosperidad, sino en el desarrollo del alma». El desarrollo del carácter está en el corazón de nuestro desarrollo no solo como líderes, sino como seres humanos.

¿Qué debe saber cada persona sobre el carácter?

1. El carácter es más que hablar

Cualquiera puede *decir* que tiene integridad, pero las acciones son el indicador real del carácter. Su carácter determina quién es usted. Quien es usted, determina lo que ve. Lo que se ve, determina lo que hace. Es por eso que nunca puede separar el carácter de una persona de sus acciones. Si las acciones de una persona e intenciones continuamente van en sentidos opuestos, entonces vea su carácter para entender por qué.

2. El talento es un regalo, pero el carácter es una elección

No tenemos control sobre muchas cosas en la vida: no elegimos a nuestros padres, no elegimos el lugar o las circunstancias de nuestro nacimiento y crecimiento, no elegimos nuestros talentos o coeficiente intelectual, pero sí elegimos nuestro carácter. De hecho lo creamos cada vez que hacemos elecciones: para manejar o salir de una situación difícil, para distorsionar la verdad o mantenerse bajo su peso, para tomar el dinero fácil o pagar el precio. Conforme vive su vida y hace elecciones hoy, usted continúa creando su carácter.

3. El carácter proporciona un éxito duradero con la gente

El liderazgo real siempre involucra otras personas (como el proverbio de liderazgo dice: «Si usted cree que es un líder y nadie lo sigue, entonces solo está dando un paseo»). Los seguidores no confían en los líderes cuyo carácter saben que está dañado, ni continuarán siguiéndolos.

4. La gente no puede sobreponerse a los límites de su carácter

¿Alguna vez ha visto gente talentosa fracasar de repente cuando llega a cierto nivel de éxito? La clave de ese fenómeno es el carácter. Steven Berglas, un psicólogo en la Escuela Médica de Harvard y autor de *The Success Syndrome* [El síndrome del éxito], dice que la gente que logra grandes alturas pero carece del carácter con cimientos para sostenerse a través del estrés se dirige al desastre. El cree que están destinados a una o más de estas cuatro «A» o estados: *arrogancia,* sentimientos dolorosos de *abandono,* búsqueda destructiva de *aventura,* o *adulterio.* Cada uno es un precio terrible que pagar por un carácter débil.

EXAMÍNESE A SÍ MISMO

Si se encuentra en uno de los cuatro estados descritos por Berglas, tome tiempo. Haga lo que deba para salir del estrés de su éxito, y busque ayuda profesional. No piense que el valle en el que está va a pasar con el tiempo, con más dinero o con un prestigio incrementado. Las fallas en el carácter que no se atienden solo se vuelven más profundas y destructivas con el tiempo.

Si no está batallando en una de estas cuatro áreas, aún debería examinar la condición de su carácter. Pregúntese si sus palabras y acciones coinciden todo el tiempo. Cuando dice que terminará una tarea, ¿siempre la concluye? Si les dice a sus hijos que irá a su recital o juego, ¿está ahí? ¿Puede la gente confiar en su apretón de manos tal como si fuera un contrato legal?

Así como usted es líder en casa, en el trabajo y en la comunidad, reconozca que su carácter es su activo más importante. G. Alan Bernard, presidente de Mid Park, Inc., dijo: «El respeto que el liderazgo debe de tener requiere que la ética de uno no se cuestione. Un líder no solo se mantiene por encima de la línea entre el bien y el mal, se mantiene bastante lejos de las áreas grises».

CONSTRUYENDO EL CARÁCTER

Para mejorar su carácter, haga lo siguiente:

BUSQUE LOS DEFECTOS

Pase algún tiempo buscando las áreas más importantes en su vida (trabajo, matrimonio, familia, servicio, etc.), e identifique dónde pudo haber tomado atajos, comprometido o decepcionado a la gente. Escriba cada instancia que usted recuerde de los últimos dos meses.

BUSQUE PATRONES

Examine las respuestas que acaba de escribir. ¿Hay algún área en particular donde tenga alguna debilidad, o sabe de algún tipo de problema que continúe apareciendo? Los patrones detectables le ayudarán a detectar problemas de carácter.

AFRONTE LAS CONSECUENCIAS

El inicio de la restauración del carácter viene cuando encara sus defectos, se disculpa y enfrenta las consecuencias de sus acciones. Haga una lista de las personas con quienes deba disculparse por sus acciones, entonces discúlpese sinceramente.

RECONSTRUYA LO QUE SEA NECESARIO

Una cosa es encarar sus acciones pasadas, otra construir un futuro nuevo. Ahora que ha identificado las áreas de debilidad, haga un plan para prevenir que cometa los mismos errores de nuevo.

Un hombre lleva a su pequeña hija a una feria y ella se va inmediatamente al puesto de dulce de algodón. Mientras el encargado le entrega una gran bola de dulce, el padre le pregunta:

«Cariño, ¿estás segura que puedes comer todo?».

«No te preocupes, papi. Soy más grande por dentro que por fuera».

Eso es carácter real, ser más grande por dentro.

7

¿QUÉ TAN HÁBIL SOY EN MI TRABAJO?

Para dar en el blanco, apunte arriba.

Benjamín Franklin siempre pensó que era un ciudadano ordinario. Uno de diecisiete hijos, Franklin fue el hijo de un comerciante, un fabricante de velas lejos de la riqueza. Tuvo una niñez típica, fue a la escuela solamente dos años, y a la edad de doce, fue aprendiz de su hermano en el comercio de imprentas.

Franklin trabajó duro y vivió una vida simple, gobernando sus acciones de acuerdo a un conjunto de trece virtudes, en las que se calificaba diariamente. A la edad de veinte años inició su propio negocio de imprenta. Si Franklin se hubiera limitado a trabajar en este negocio, su nombre hubiera sido poco más que una nota al pie en la historia de Filadelfia. Sin embargo, vivió una vida extraordinaria, fue uno de los padres de la independencia estadounidense y un gran líder de una nación emergente. Fue coautor de la Declaración de Independencia, y después ayudó con el Tratado de París y la Constitución de Estados Unidos (fue el único hombre que firmó las tres). Y fue seleccionado para desempeñar una misión diplomática secreta en París durante la guerra para asegurar el apoyo militar y financiero para la revolución.

¿Qué dio a un comerciante del norte la oportunidad de ejercer tanta influencia entre los ricos, predominantemente terratenientes del sur que iniciaron la guerra de independencia? Creo que fue la increíble habilidad de Franklin.

Benjamín Franklin fue excelente en todo lo que tocó por siete décadas. Cuando inició su propio negocio de imprenta en 1726, la gente no creía que Filadelfia pudiera tener una tercera imprenta, pero Franklin estableció reputación inmediata como el mejor en la ciudad. No obstante, el hombre comerciante de Filadelfia no estaba conforme con solo ese logro.

La mente de Franklin era curiosa, y continuamente buscó maneras de mejorarse a sí y a los demás. Se expandió a la publicidad, su trabajo incluyó el *Almanaque del pobre Richard*. Hizo experimentos extensivos con la electricidad y acuñó muchos términos aún asociados con su uso. Inventó muchos artículos, como la estufa barrigona, el catéter y los bifocales. Con frecuencia viajaba a través del Océano Atlántico, mientras lo hacía, se dedicó a dibujar la Corriente del Golfo. Su actitud ante la vida se podía ver en un aforismo que escribió en su almanaque: «No escondas tus talentos. Fueron hechos para usarse. ¿Qué es un indicador solar en la sombra?».

La evidencia de los talentos de Franklin es grande. El ayudó a establecer la primera biblioteca de Filadelfia, inició el primer departamento de bomberos de la nación, desarrolló el concepto del horario de verano y tuvo muchos puestos en el gobierno.

Franklin fue reconocido por sus habilidades, pero algunas veces tenía que dejar que sus capacidades hablaran por sí mismas. Durante el tiempo en que estaba trabajando en mejorar la agricultura, descubrió que los granos y pastos hechos de yeso crecen mejor, pero tuvo dificultades convenciendo a sus vecinos sobre el descubrimiento. ¿Su solución? Cuando llegó la primavera, fue a un campo cerca de un camino, excavó algunas letras en la tierra con sus manos, puso yeso en las raíces y después regó semillas en toda el área. Mientras la gente pasaba por ahí, durante las semanas siguientes, podían ver letras verdes creciendo más brillantes que el resto del campo; se leía «esto ha sido enyesado». La gente entendió el mensaje.

INCREMENTE SU NIVEL DE APTITUD

Todos admiramos a la gente que muestra grandes aptitudes, si son artesanos precisos, atletas de clase mundial, o líderes de negocios exitosos. La verdad es que usted no tiene que ser Fabergé, Michael Jordan o Bill Gates para sobresalir en el área de la habilidad. Si desea cultivar esa cualidad, aquí está lo que debe hacer.

1. Vaya todos los días

Hay un dicho: «Todas las cosas le llegan al que espera». Desafortunadamente algunas veces son solo las sobras de la gente que llegó ahí primero. La gente responsable aparece cuando es esperada, pero las personas altamente competentes van un paso más allá. No aparecen solo físicamente, sino vienen listas para planear cada día; no importa cómo se sientan, qué tipo de circunstancias encaren, o qué tan difícil esperen que sea el juego.

2. Continúe mejorando

Como Benjamín Franklin, todas las personas altamente competentes buscan continuamente maneras de seguir aprendiendo, creciendo y mejorando. Todo lo hacen con solo preguntar *por qué*. Después de todo, la persona que sabe *cómo* siempre tendrá un trabajo, pero la persona que sabe por qué siempre será el jefe.

3. Dé seguimiento con excelencia

Nunca he conocido a una persona que considerara competente que no diera seguimiento, apuesto que usted opina igual. Willa A. Foster dijo: «La calidad nunca es un accidente; es siempre el resultado de intenciones elevadas, esfuerzos sinceros, dirección inteligente y ejecución con habilidad; representa la elección sabia de muchas alternativas». Desempeñarse en un alto nivel de excelencia es siempre una elección, un acto de deseo.

4. Logre más de lo esperado

La gente altamente competente siempre da algo más. Para ellos, lo suficiente nunca es suficiente. Jim Conway, en su libro *Men in Midlife Crisis* [Hombres en la crisis de la mediana edad], escribe que algunos de ellos sienten «el despertar de la necesidad de ser un gran hombre y un sentimiento creciente de "salgamos de esto de la mejor manera posible". No hay que preocuparse por lograr *jonrones*, solamente hay que acabar el juego sin salir golpeado». La gente exitosa no puede darse el lujo de tener ese tipo de actitud. Necesitan hacer el trabajo, y algunos de día y de noche.

5. INSPIRE A OTROS

La gente altamente competente hace más que desempeñarse a niveles altos. Inspira y motiva a otros a hacer lo mismo. Mientras algunos se basan solo en habilidades relacionales para sobrevivir, la gente efectiva combina esas habilidades con altas cualidades para llevar a sus organizaciones a nuevos niveles de excelencia e influencia.

¿QUÉ TAN COMPETENTE ES USTED?

¿Dónde se ubica cuando se trata de completar el trabajo? ¿Emprende todo lo que hace con fervor y se desempeña al nivel más alto posible? ¿O es suficiente para usted lo medianamente bueno?

Cuando piensa en gente competente, realmente está considerando solo tres tipos de personas:

1. Aquellas que pueden ver lo que debe suceder.
2. Aquellas que pueden hacerlo suceder.
3. Aquellas que hacen que las cosas sucedan cuando realmente cuenta.

Cuando se trata de su profesión, ¿dónde se desempeña consecuentemente? ¿Es usted un pensador, un ejecutor o un jugador clave que soporta presión en momentos decisivos? Entre mejor sea, mayor será el potencial que tendrá para influenciar a su gente.

ENTRANDO EN EL JUEGO

Para mejorar sus aptitudes, haga lo siguiente:

META SU CABEZA EN EL JUEGO

Si está separado de su trabajo mentalmente o emocionalmente, es tiempo de reconectarse. Primero dedíquese de nuevo a su trabajo. Determínese a darle una cantidad adecuada de su atención total. Segundo, piense por qué se ha desconectado. ¿Necesita nuevos retos? ¿Está en conflicto con su jefe o colegas? ¿Está en un trabajo sin salida? Identifique la fuente del problema y haga un plan para resolverlo.

REDEFINA EL ESTÁNDAR

Si no está desempeñándose a un nivel consecuentemente alto, reexamine sus estándares: ¿está apuntando muy bajo, o tomando atajos? Si es así, presione su botón mental de reinicio, y establezca expectativas más altas para sí mismo.

ENCUENTRE TRES MANERAS DE MEJORAR

Nadie continúa mejorando sin hacerlo intencionalmente. Haga un poco de investigación para encontrar tres cosas que pueda hacer para mejorar sus habilidades profesionales. Entonces dedique tiempo y dinero para llevarlas a cabo.

Leí un editorial en *Texas Business* hace poco que decía: «Somos realmente la generación perdida, corriendo y apresurándonos en el camino rápido a la nada, siempre mirando al signo de dólares para encontrar dirección. Es el único estándar que reconocemos. No tenemos creencias ni límites éticos inherentes».

Usted es solo tan bueno como sus estándares privados. ¿Cuándo fue la última vez que dio a una tarea su mejor esfuerzo a pesar de que nadie excepto usted lo supiera?

8

¿CONTINÚO CUANDO OTROS NO LO HACEN?

Los que renuncian nunca ganan
y los ganadores nunca renuncian.

En el verano de 2001, mi esposa Margaret y yo fuimos a Inglaterra por diez días con nuestros amigos Dan y Patti Reiland, Tim y Pam Elmore y Andy Steimer. Habíamos estado muy cercanos a los Reiland y Elmore por cerca de veinte años, y habíamos hecho muchos viajes juntos, entonces realmente esperábamos ir a este. Y aunque no conocíamos a Andy por tanto tiempo, se ha convertido en un buen amigo, y había estado en Inglaterra tantas veces que casi actuaba como un guía turístico no oficial.

Mientras nos preparábamos para el viaje, varios de nosotros teníamos intereses específicos y lugares históricos que queríamos incluir. Por ejemplo, yo quería visitar todos los lugares relacionados con John Wesley, el evangelista renombrado del siglo dieciocho. Por más de treinta años había estudiado a Wesley, leído todos sus escritos y coleccionado sus libros. Entonces fuimos a Epworth, donde nació, a la Capilla Wesley en Londres, y a muchos otros lugares donde él oró. Por Tim, visitamos Cambridge y otros lugares relacionados al autor, profesor y apologista C. S. Lewis. Andy solo quería ver un lugar en su lista, puesto que había estado en Inglaterra tantas veces: las salas de guerra de Winston Churchill.

Los tres queríamos caminar en los lugares donde nuestros héroes habían caminado, para tener una visión de la historia y tal vez entender el sentido de destino que alguna vez esos grandes líderes o pensadores habían experimentado. Nos faltaba Dan. De seguro Dan disfrutaba al compartir nuestros intereses, él ama el tema de liderazgo, leyó los trabajos de C. S. Lewis y se había ordenado como pastor *Wesleyano*. Disfrutó visitando nuestros lugares preferidos, pero el único lugar que *tenía* que ver era la calle que atravesaron los Beatles cuando fueron fotografiados para el álbum *Abbey Road*. Dan quería que nos tomaran una fotografía cruzando la calle, justo como John, Ringo, Paul y George lo habían hecho.

A mí me gustan los Beatles, y pensé que sería divertido visitar el lugar, pero para Dan era mucho más. Era esencial. Si no íbamos a Abbey Road, entonces su viaje no habría estado completo. Debido a eso, cada día mientras establecíamos el itinerario desde nuestro hotel en Londres, él insistiría: «Ahora chicos, vamos a ir a Abbey Road hoy, ¿cierto?».

En el último día, se esperaba que finalmente fuéramos a Abbey Road. Todos excepto Margaret se levantaron a las seis en punto y se acomodaron en dos taxis para ir al otro lado de la ciudad, a la calle justo afuera del estudio de grabación donde los Beatles grabaron su último álbum. Dan estaba tan emocionado que pensé que rebotaría de las paredes del taxi.

Cuando llegamos ahí no podíamos creerlo. ¡La calle estaba cerrada! Había grandes camiones de construcción por todos lados, y conos anaranjados llenaban el cruce peatonal. Parecía que hubiéramos hecho el viaje para nada. Como nos íbamos de Londres más tarde ese día, no tendríamos otra oportunidad para tomar la fotografía. Dan tendría que irse con las manos vacías.

Decidimos salir de los taxis de todas maneras, para ver qué sucedía. Pensamos que tal vez habría grandes construcciones en la pequeña calle. Sin embargo, descubrimos que una gran grúa, que estaba como a media milla, vendría a la calle en algún momento de la tarde, y es por eso que el camino estaba cerrado. Eso me dio la esperanza de que pudiéramos tener éxito después de todo. Ninguno de nosotros quería que Dan estuviera desilusionado, y a mí me encantan los retos, así que fuimos a trabajar.

Conversamos con los hombres que habían cerrado la calle. Al principio, no tenían idea de lo que queríamos. Entonces cuando entendieron por qué estábamos ahí, cruzaron sus brazos y permanecieron tan sólidos como la Roca de Gibraltar, y nos dijeron que no se podía. Era su trabajo y no se iban a mover, sin embargo tuve que reírme cuando hablamos con un trabajador que tenía cerca de veinticinco años de edad. Cuando dijimos que Dan quería una fotografía como la del álbum de los Beatles y que la original había sido tomada en ese lugar, el joven dijo: «¿De verdad? ¿Fue aquí?».

Hablamos con los hombres un poco más, bromeamos, ofrecimos llevarlos a todos a comer, les hablamos sobre la distancia que habíamos recorrido y lo que esto significaba para Dan. «Pueden ser los héroes de Dan», les expliqué. Después de un rato, pude ver que empezaban a ablandarse. Finalmente un hombre con acento muy pronunciado dijo, «Bueno, ayudemos a los yanquis, ¿qué puede pasar?».

La siguiente cosa que sucedió fue que estaban trabajando para nosotros. Empezaron a quitar conos y mover camiones, incluso le permitieron a Patti, la esposa de Dan, subirse en uno de los camiones para tomar fotografías de manera que fueran desde el mismo ángulo, como la original de los Beatles. Rápidamente nos alineamos: primero Tim, después Andi, y luego yo (me quité mis zapatos como Paul McCartney), y finalmente Dan. Fue un momento que no olvidaremos, y la foto está en mi escritorio para recordármelo.

Trabajar con persistencia

Ese verano en Londres, ¿tuvimos éxito debido a nuestro talento extraordinario? No. ¿Fue por el tiempo? Ciertamente no, pues nuestro horario nos metió en problemas inicialmente. ¿Fue poder o cantidades? No, solo éramos seis. Tuvimos éxito porque fuimos tenaces. Nuestro deseo de obtener esa fotografía fue tan fuerte que el éxito para nuestro pequeño equipo fue casi inevitable.

Es apropiado terminar la discusión de las cualidades esenciales del jugador del equipo hablando sobre tenacidad porque la tenacidad es crucial para alcanzar el éxito. Incluso la gente que no tiene talento y no logra cultivar otras de las cualidades vitales de un jugador de equipo tiene la oportunidad de contribuir con él y ayudarle a tener éxito si tiene un espíritu tenaz.

Ser tenaz significa...

1. Dar todo lo que tiene, no más de lo que tiene

Algunas personas no tienen tenacidad porque erróneamente creen que ser tenaz demanda de ellos más de lo que tienen para ofrecer. Como resultado, no se esfuerzan. Sin embargo, ser tenaz requiere que usted dé el cien por ciento, no más, pero ciertamente no menos. Si da su todo, se da todas las oportunidades posibles para alcanzar el éxito.

Mire el caso del general Jorge Washington. Durante la Guerra de la Revolución, ganó solamente tres batallas. Pero dio todo lo que tenía, y cuando ganó, contó. El general británico Cornwallis, quien se rindió ante Washington en Yorktown para terminar la guerra, dijo al comandante norteamericano: «Señor, yo le rindo homenaje no solo como un gran líder de hombres, sino como un caballero cristiano indomable que no se da por vencido».

2. Trabajar con determinación, no esperar
al destino

La gente tenaz no espera suerte, destino o fe para lograr el éxito. Y cuando las condiciones se tornan difíciles, continúa trabajando. Ellos saben que el tiempo de intentar no es tiempo para dejar de intentar. Eso es lo que marca la diferencia. Por los miles de personas que se dan por vencidas, hay siempre alguien como Thomas A. Edison quien dijo: «Empiezo donde el último hombre dejó las cosas».

3. Renunciar cuando el trabajo esté terminado,
no cuando esté cansado

Robert Strauss dijo que «el éxito es parecido a luchar con un gorila. No renuncia cuando usted está cansado, renuncia cuando el gorila está cansado». Si quiere que su equipo tenga éxito, debe continuar presionando más allá de lo que *piensa* que puede hacer y entonces determinar de lo que usted es realmente capaz. No es el primer sino el último paso en la carrera de relevos, el último tiro en el juego de basquetbol, la última yarda con el balón en la zona final lo que marca la diferencia, ahí es donde se gana el juego. El autor motivador Napoleon Hill lo resumió así: «Cada persona exitosa encuentra que el gran éxito está más allá del punto donde están convencidos que su idea no funcionará». La tenacidad continúa hasta que el trabajo está terminado.

¿Qué tan tenaz es usted? Cuándo otros se han dado por vencidos, ¿continúa? Si es el final de la novena entrada y hay dos fueras, ¿ha perdido el partido mentalmente, o está listo para llevar al equipo a la victoria? Si el equipo no ha encontrado una solución al problema, ¿está dispuesto a continuar hasta el final para llegar al éxito? Si algunas veces se da por vencido antes de que el resto del equipo lo haga, usted puede necesitar una dosis fuerte de tenacidad.

Cómo ser más tenaz

A. L. Williams dice: «Usted vence al cincuenta por ciento de la gente en Estados Unidos al trabajar duro. Vence otro cuarenta por ciento al ser una persona con honestidad e integridad, y por creer en algo. El último diez por ciento es una pelea de perros en el sistema de empresa libre». Para mejorar su tenacidad...

Trabaje más dura o inteligentemente

Si tiende ser de las personas que ve el reloj continuamente y nunca trabaja tiempo extra sin importarle, entonces necesita cambiar sus hábitos. Dé unos sesenta o noventa minutos extra de trabajo cada día, llegando al trabajo treinta o cuarenta y cinco minutos más temprano y quedándose la misma cantidad después de su horario normal. Si es alguien que ya agrega demasiadas horas, entonces pase más tiempo planeando para hacer sus horas de trabajo más eficientes.

Crea en algo

Para tener éxito, uno debe actuar con integridad absoluta. Sin embargo, si puede agregar eso al poder del propósito, usted poseerá una ventaja adicional. Escriba en una tarjeta la relación que existe entre su trabajo cotidiano y su propósito general. Entonces revise la tarjeta diariamente para mantener sus fuegos emocionales ardiendo.

Convierta su trabajo en un juego

Nada da más tenacidad que nuestra naturaleza competitiva natural. Trate de mantenerla al convertir su trabajo en un juego. Encuentre otros en su organización que tengan metas similares y cree una competencia amistosa con ellos para motivarse a sí mismo y a ellos.

LOGRANDO LO IMPOSIBLE

La gente dijo que no se podían construir unas vías de tren desde el nivel del mar en la costa del Océano Pacífico hasta los Andes, la segunda cordillera más alta en la tierra después de los Himalayas. Sin embargo, eso es lo que Ernest Malinowski, un ingeniero nacido en Polonia quería hacer. En 1859, propuso la construcción de las vías desde Callao en la costa de Perú hasta el interior del país, a una elevación de más de cuatro mil quinientos metros. Si lo lograba, sería la vía más alta en el mundo.

Los Andes son montañas muy difíciles, la altitud hace el trabajo muy difícil, pero agregue a eso condiciones de congelamiento, glaciares, y el potencial de actividad volcánica. Las montañas van desde el nivel del mar hasta varios miles de metros en una distancia muy corta. Escalar a dicha altitud en las montañas escarpadas requiere zigzaguear, hacer muchas curvas pronunciadas y numerosos puentes y túneles.

Pero Malinowski y su equipo lo lograron. Jans S. Plachta dice: «Hay aproximadamente cien túneles y puentes, algunos de ellos son grandes obras de ingeniería. Es difícil visualizar cómo pudo lograrse este trabajo con equipo de construcción relativamente primitivo, con grandes altitudes y terreno montañoso como obstáculo». Las vías siguen ahí hoy como testamento a la tenacidad de los hombres que lo construyeron. No importa lo que les pasara durante el proceso, Malinowski y su equipo nunca, nunca, nunca renunciarían.

9

¿Me esfuerzo por seguir aprendiendo?

*El día que usted deje de crecer,
es el principio del final de su éxito.*

Si ve la imagen de un hombre pequeño, con bigote diminuto, con bastón y pantalones flojos, zapatos grandes y torpes, además con un sombrero, inmediatamente sabe que es Charlie Chaplin. Casi todos lo reconocen. En las décadas de 1910 y 1920 él fue el hombre más famoso y reconocido del planeta. Si miramos a las celebridades actuales, la única persona en la misma categoría como Chaplin en popularidad sería Michael Jordan. Y para medir quién es la estrella más grande, tendríamos que esperar otros setenta y cinco años para averiguar qué tan bien se recuerde a Michael.

Cuando Chaplin nació, nadie hubiera predicho la gran fama que tendría. Nació en la pobreza, hijo de artistas ingleses que tocaban en el salón de música, vivió en las calles cuando era pequeño y su madre fue internada. Después de años en casas de trabajo y orfanatos, inició su trabajo como actor para mantenerse; para los diecisiete años era un gran actor. En 1914, en sus veinte, trabajó para Mack Senté en los Estudios Keystone en Hollywood, ganando $150 a la semana. Durante ese primer año en el negocio de las películas, hizo treinta y cinco filmes trabajando como actor, escritor y director. Todos reconocieron su talento inmediatamente, y su popularidad creció. Un año más tarde, ganaba $1.250 a la semana. En 1918 hizo algo muy raro, firmó el primer contrato en la industria del entretenimiento por un millón de dólares. Era rico, famoso, era el cineasta más poderoso en el mundo a los veintinueve años.

Chaplin fue exitoso porque tenía gran talento y una dirección increíble. Pero esas habilidades fueron ayudadas por la enseñanza. El trataba de crecer, aprender y perfeccionar su oficio continuamente, incluso cuando era el actor más popular y mejor pagado *en el mundo,* no se conformó con el statu quo.

Chaplin explicó su deseo de mejorar a un entrevistador:

Cuando estoy viendo que una de mis películas se presenta a la audiencia, siempre me fijo en dónde no se ríen. Por ejemplo, si muchas personas no se ríen de algo que yo quería que fuera gracioso, empiezo a analizar y tratar de descubrir qué estaba mal en la idea o en su ejecución. Si escucho risas en algo que no esperaba que fuera gracioso, me pregunto qué fue lo que provocó la risa.

El deseo de crecer lo hizo exitoso económicamente, y trajo un gran nivel de excelencia a todo lo que hizo. En esos días, el trabajo de Chaplin se consideraba entretenimiento maravilloso. Conforme el tiempo pasó, fue reconocido como un genio cómico; hoy, muchas de sus películas son consideradas obras maestras y se le aprecia como uno de los grandes cineastas de todos los tiempos. El escritor y crítico de cine James Agee escribió: «La pantomima más fina, la emoción más profunda, el poema más rico y conmovedor estaban en el trabajo de Chaplin».

Si Chaplin hubiera reemplazado su disposición para aprender con una arrogante satisfacción propia cuando se hizo exitoso, su nombre hubiera estado ahí al lado de Ford Sterling o Ben Turpin, estrellas de filmes silenciosos que ya han sido olvidados hoy. Pero Chaplin continuó creciendo como actor, director y eventualmente ejecutivo de cine. Cuando aprendió de la experiencia que los cineastas estaban en manos de estudios y distribuidores, inició su propia organización, United Artists, junto con Douglas Fairbanks, Mary Pickford y D. W. Griffith; dicha compañía cinematográfica aún existe.

¡Continúe moviéndose!

La gente exitosa encara el peligro de conformarse con el *statu quo*. Después de todo, si la persona ya es influyente y ha logrado un nivel de respeto, ¿por qué debería seguir creciendo? La respuesta es simple:

> Su crecimiento determina quién es usted.
> Quién es usted determina a quién atrae.
> A quién atrae, determina el éxito de su organización.

Si desea que su organización crezca, *usted* debe continuar aprendiendo.

Permítame darle cinco guías para ayudarle a cultivar y mantener una actitud de aprendizaje:

1. Cure su enfermedad de destino

Irónicamente, la falta de ganas de aprender está enraizada en los logros. Algunas personas creen erróneamente que si pueden lograr una meta en particular, ya no tienen que crecer. Puede suceder con casi todo: obtener un título universitario, llegar a un puesto deseado, recibir un reconocimiento, o llegar a una meta financiera.

Pero la gente efectiva no puede pensar así. El día que deje de crecer es el día que amenaza su potencial, y el de la organización. Recuerde las palabras de Ray Kroc: «Mientras seas verde, estás creciendo. En cuanto eres maduro, empiezas a pudrirte».

2. Supere su éxito

Otra ironía de la disponibilidad para aprender es que el éxito a menudo la entorpece. La gente efectiva que sabe qué los llevó a donde está, no se queda ahí. Si usted ha sido exitoso en el pasado, cuidado. Considere esto: si lo que hizo ayer aún se ve grande, no ha hecho mucho hoy.

3. Renuncie a los atajos

Mi amiga Nancy Doman dice: «La distancia más grande entre dos puntos es un atajo». Es cierto, para todo lo que tenga valor en la vida, se paga un precio. Al desear crecer en un área en particular, observe qué se necesita, incluyendo el precio y después concéntrese en pagarlo.

4. ENTREGUE A CAMBIO SU ORGULLO

La disposición de aprender requiere que admitamos que no sabemos todo, y que eso nos puede hacer ver mal. Además, si continuamos aprendiendo, debemos continuar cometiendo errores. Pero como el escritor y artesano Elbert Hubbard dijo: «El gran error que uno puede cometer en la vida es continuar temiendo que vamos a cometerlo». Usted no puede ser orgulloso y educable al mismo tiempo. Emerson escribió: «Por cada cosa que se gana, se pierde algo». Para ganar crecimiento, renuncie a su orgullo.

5. NUNCA PAGUE DOBLE POR EL MISMO ERROR

Teddy Roosevelt dijo: «El que no comete errores, no progresa». Es cierto. No obstante, la persona que continua cometiendo el *mismo* error, tampoco progresa. Una persona dispuesta a aprender siempre cometerá errores. Olvídelos, pero siempre recuerde lo que le enseñaron. Si no, pagará por ellos más de una vez.

Cuando era un niño creciendo en Ohio, vi un anuncio en una tienda que decía: «Si no le gusta la cosecha que obtiene, revise la semilla que está sembrando». A pesar que el anuncio era para semillas, contenía un principio maravilloso.

¿Qué tipo de cosecha está obteniendo? ¿Mejoran su vida y su liderazgo día con día, mes con mes, año con año? ¿O está peleando constantemente solo para mantenerse donde está? Si no está donde esperaba para este punto en su vida, su problema puede ser la falta de disposición para aprender. ¿Cuándo fue la última vez que hizo algo por primera vez? ¿Cuándo fue la última vez que se hizo vulnerable al involucrarse en algo en lo que no era un experto? Observe su actitud hacia el crecimiento y el aprendizaje en los siguientes días y semanas para ver dónde está.

NUNCA DEJE DE CRECER

Para mejorar su disponibilidad para aprender, haga lo siguiente:

OBSERVE CÓMO REACCIONA ANTE LOS ERRORES

¿Admite sus errores? ¿Se disculpa cuando es necesario, o es defensivo? Obsérvese y pida la opinión de un amigo en quien confíe. Si reacciona negativamente, o si no comete errores, necesita trabajar en su disposición para aprender.

INTENTE ALGO NUEVO

Sálgase hoy de su rutina para hacer algo diferente que lo retará mental, emocional, o físicamente. Los desafíos nos mejoran. Si realmente desea empezar a crecer, haga de los nuevos retos parte de sus actividades cotidianas.

APRENDA EN SU ÁREA DE FORTALEZA

Lea de seis a nueve libros al año sobre liderazgo, o sobre su área de especialización. Continúe aprendiendo en un área donde usted ya es experto y evite convertirse en alguien que no es educable.

Después de ganar su tercer campeonato mundial, el jinete de toros Tuff Hedeman no tuvo una celebración grande. Se fue a Denver a iniciar la nueva temporada, y todo el proceso de nuevo. Su comentario fue: «Al toro no le importa lo que hice la semana pasada». Si usted es un novato o un veterano exitoso, y desea ser un campeón mañana, esté dispuesto a aprender hoy.

PARTE III

ÉXITO EN EL SIGUIENTE NIVEL

IO

¿Estoy dispuesto a hacer
los trabajos difíciles?

*La gente exitosa hace cosas que la gente
no exitosa no está dispuesta a hacer.*

Dicen que un grupo de ayuda en Sudáfrica le escribió una vez a David Livingstone, misionario y explorador, preguntando: «¿Ha encontrado un buen camino hacia donde usted está? Si es así, queremos conocerlo para enviar a otras personas a acompañarlo».

Livingstone contestó: «Si tiene hombres que vendrán solo si saben que hay un buen camino, no los quiero. Quiero hombres que vengan aunque no haya camino». Eso es lo que los grandes líderes quieren de la gente que trabaja para ellos: quieren individuos que estén dispuestos a hacer lo que otros no.

Hay pocas cosas que ganan la admiración de un líder de alto nivel más rápido que un empleado con la actitud de «lo que se necesite». Es lo que las personas exitosas deben tener. Deben estar dispuestas y ser capaces de pensar más allá de la descripción de su puesto, estar dispuestas a abordar los tipos de trabajos para los que otros son demasiado orgullosos o temerosos de aceptar. Esas cosas son las que a menudo elevan a la gente exitosa por encima de sus colegas.

Lo que significa hacer
lo que los otros no harán

Tal vez usted ya posee la actitud de «lo que se necesite», y si una tarea es honesta, ética y benéfica, está dispuesto a hacerla. Si es así, ¡muy bien! Ahora todo lo que necesita es saber cómo cambiar esa actitud en acción para que haga las cosas que tendrán mayor impacto y cree influencia con los demás. Aquí están las diez cosas principales que le recomiendo que haga para convertirse en una persona exitosa y un buen líder:

1. La gente exitosa acepta los trabajos difíciles

La habilidad de lograr tareas difíciles hace que se gane el respeto de otros muy rápido. En mi libro *Desarrolle el líder que está en usted,* aclaro que una de las maneras más rápidas de obtener liderazgo es solucionando problemas.

> Los problemas surgen continuamente en el trabajo, en el hogar y en la vida en general. He observado que a la gente no le gusta los problemas, se cansa pronto de ellos, y hará todo lo posible para librarse de los mismos. Esto provoca que otros pongan las riendas del liderazgo en sus manos, si usted está dispuesto y puede atacar los problemas de otros, o capacitarlos para resolverlos. Sus habilidades para resolver problemas serán siempre necesarias, pues la gente siempre tiene problemas.[1]

No solo se gana respeto al aceptar tareas difíciles, sino que también le ayuda a convertirse en un líder mejor. Aprende tenacidad y perseverancia durante las tareas arduas, no en las fáciles. Cuando se tienen que tomar decisiones duras y es complicado obtener resultados, los líderes se forjan.

2. La gente exitosa paga sus deudas

Sam Nunn, quien fuera senador de Estados Unidos dijo: «Usted debe pagar el precio; verá que todo en la vida tiene uno, y tendrá que decidir si el trofeo lo vale». Para convertirse en una persona exitosa, tendrá que pagar un precio. Tendrá que abandonar otras oportunidades para poder ser líder, que sacrificar algunas metas personales por beneficiar a otros, salir de su zona de comodidad y hacer cosas que nunca antes había hecho. Tendrá que continuar aprendiendo y creciendo aun cuando no tenga ganas, tendrá que poner repetidamente a los demás por encima de usted una y otra vez. Y si desea ser un líder realmente bueno, tendrá que hacer esas cosas sin quejarse ni presumir. Pero recuerde, como la leyenda de la NFL, George Halas dijo: «Nadie que haya dado lo mejor de sí se ha arrepentido».

3. LA GENTE EXITOSA TRABAJA EN LA OSCURIDAD

Yo respeto mucho la importancia del liderazgo. Supongo que es obvio para una persona cuyo lema es «Todo surge o se desploma por el liderazgo». Ocasionalmente, alguien me preguntará cómo encaja el ego en la ecuación del liderazgo, querrá saber qué evita que un líder tenga un ego enorme. Pienso que la respuesta está en el camino al liderazgo de cada líder; si la gente paga su precio y da lo mejor de sí en la oscuridad, por lo regular el ego no es un problema.

Uno de mis ejemplos favoritos ocurrió en la vida de Moisés en el Antiguo Testamento. A pesar de haber nacido hebreo, vivió una vida de privilegio en el palacio de Egipto hasta que tenía cuarenta años; pero después de matar a un egipcio, fue exiliado al desierto por cuarenta años. Ahí Dios lo usó como pastor y padre, y después de cuatro décadas de servicio fiel en la oscuridad, Moisés fue llamado al liderazgo. Las Escrituras dicen que para entonces era el hombre más manso sobre la tierra. Bill Purvis, el experimentado pastor de una iglesia grande en Columbus, Georgia, dijo: «Si haces lo que puedas, con lo que tengas, en donde estés, entonces Dios no te abandonará donde estés, e incrementará lo que tengas».

La novelista y poeta inglesa Emily Bronte dijo: «Si pudiera, siempre trabajaría en el silencio y la oscuridad, y dejaría que mis esfuerzos se conocieran por sus resultados». No todos quieren estar lejos del reflector como ella. Pero es importante que un líder aprenda a trabajar en la oscuridad, porque es una prueba de integridad personal. La clave es estar dispuesto a hacer algo porque importa, no porque hará que usted sea reconocido.

4. LA GENTE EXITOSA TIENE ÉXITO CON LA GENTE DIFÍCIL

La gente que trabaja en los niveles más bajos de la organización, por lo regular no puede elegir con quién trabajará; como resultado, a menudo tiene que trabajar con gente difícil. En contraste, la gente que está en la cima casi nunca tiene que trabajar con personas difíciles porque eligen con quién trabajar; si alguien con quien trabajan se torna difícil, lo mueven o le permiten salir de la organización.

Para los líderes que se ubican en la parte intermedia, el camino es diferente. Tienen opciones para elegir algo, pero no el control por completo. Posiblemente no puedan deshacerse de gente difícil pero pueden evitar trabajar con ella. No obstante los buenos líderes, los que aprenden a dirigir a los líderes que los supervisan, a liderar literalmente a sus compañeros y a guiar a sus subordinados, encuentran la manera de tener éxito con la gente que es difícil trabajar. ¿Por qué lo hacen? Porque beneficia a la organización. ¿Cómo lo hacen? Buscan la manera de conectarse con ellos. En lugar de poner a esta gente difícil en su lugar, se tratan de poner en el lugar de ella.

5. La gente exitosa se pone en la línea

Si desea ser exitoso, debe distinguirse de sus colegas. ¿Cómo hace eso, especialmente mientras trabaja en la oscuridad o se esfuerza en pagar sus cuotas? Una manera es arriesgarse. No puede jugar a la segura y sobresalir al mismo tiempo.

Esto es lo delicado al tomar riesgos cuando se trabaja en una organización. Nunca debe tomarlos a la ligera cuando lo que arriesga no le pertenece. Yo llamo a eso «apostar con dinero ajeno». Usted no tiene el derecho de exponer a la organización. Tampoco sería correcto crear un riesgo alto para las personas que la conforman. Si va a tomarlo, debe ponerse *usted* en la línea. Juegue inteligentemente, pero no a la segura.

6. La gente exitosa admite errores pero nunca tiene excusas

Es más fácil moverse de una derrota hacia el éxito que de las excusas hacia el éxito. Y usted tendrá mayor credibilidad con su líder si admite sus flaquezas y evita dar excusas. Se lo garantizo. Por supuesto, eso no significa que no tenga que dar resultados. El entrenador y tutor de béisbol, McDonald Valentine dijo: «Entre más alto el nivel en el que juegue, menos se aceptan las excusas».

Un buen momento para cometer errores y aprender es antes de ser reconocido como exitoso, ya que es cuando quiere descubrir su identidad y hacer que las cosas salgan bien. Quiere descubrir sus fortalezas de liderazgo antes de tener un puesto donde será el líder. Si tiene un área de flaqueza, puede trabajar para superar sus errores. Si continua saqueando de la misma manera, puede aprender a vencer un obstáculo, o puede descubrir un área de debilidad donde necesitará colaborar con otros. Pero sin importar lo que suceda, no dé excusas. Steven Brown, presidente del grupo Fortune resumió esto así: «Esencialmente hay dos acciones en la vida: desempeño y excusas. Decida cuál aceptará de sí mismo».

7. LA GENTE EXITOSA HACE MÁS DE LO ESPERADO

Las expectativas son altas en la cima, y desafortunadamente, en muchas organizaciones las expectativas de la gente en niveles bajos, es baja. Pero las expectativas están mezcladas en la parte media de la organización. Si trabaja en una y hace más de lo que se espera de usted, va a sobresalir y puede haber resultados maravillosos.

Cuando Chris Hodges, un pastor con mucha experiencia quien es donador y entrenador voluntario con EQUIP, trabajaba como parte del personal en una gran iglesia en Baton Rouge, su jefe Larry Stockstill tuvo la oportunidad de ser anfitrión de un programa de televisión. Chris no tenía responsabilidades relacionadas con el programa, y estaba en niveles bajos de la organización, pero sabía que era importante para Larry, así que fue al estudio para ver la primera grabación. Él fue el único miembro del equipo en hacer esto.

Había una gran emoción en el estudio conforme se aproximaba la hora de la transmisión. La emoción se convirtió en pánico cuando el invitado que aparecería en el programa llamó para decir que tenía problemas para llegar; no estaba preocupado porque pensaba que podían iniciar la grabación más tarde, ¡pero no sabía que la transmisión saldría al aire en vivo!

En ese momento Larry volteó a su alrededor, vio a Chris y le dijo: «Tú serás mi invitado hoy». El equipo le dio un micrófono a Chris, le pusieron algo de maquillaje y lo sentaron al lado de Larry. Chris se sorprendió cuando inició la grabación y se encendieron las luces, Larry lo presentó como el anfitrión asociado.

Chris estuvo en ese show con Larry cada semana por dos años y medio. La experiencia lo cambió para siempre, no solo mejoró la relación con su líder, sino que lo hizo bien conocido en la comunidad; lo más importante, empezó a pensar por sí mismo y a ser un buen comunicador, habilidades que le ayudaron cada día de su vida. Todo sucedió porque decidió hacer más de lo que se esperaba de él.

8. LA GENTE EXITOSA ES LA PRIMERA EN RESPONDER Y AYUDAR

En mi libro *25 maneras de ganarse a la gente,* recalco que ser el primero en ayudar a los demás es una gran manera de hacerlos sentir muy valiosos. Es una forma de hacerles saber que le importan. El tipo de influencia que gana al ayudar a un colega también se gana con su líder cuando responde y les ayuda a otros. ¿No ha visto que lo siguiente es cierto?

- La primera persona que es voluntaria es un héroe y le dan un gran trato.
- La segunda persona es considerada un ayudante y vista por encima del promedio.
- La tercera persona, junto con los que siguen, se ve como seguidor y es ignorada.

No importa a quien ayude, a su jefe, colega o a un subordinado, cuando ayuda a alguien de su equipo, lo ayuda a todo. Y cuando ayuda al equipo, ayuda a sus líderes. Eso les da razones para notarlo y apreciarlo.

9. LA GENTE EXITOSA HACE ACTIVIDADES QUE «NO SON SU TRABAJO»

Pocas cosas son más frustrantes para un líder que tener a alguien que rechace hacer algo porque «no es su trabajo» (en esos momentos, la mayoría de los líderes que conozco están tentados a invitar a esa gente a ¡no tener un trabajo!). La gente exitosa no piensa en esos términos. Entienden la Ley del Cuadro Completo que menciono en el libro *Las 17 leyes incuestionables del trabajo en equipo:* «La meta es más importante que la participación individual».

La meta de una persona exitosa es hacer el trabajo, cumplir la visión de la organización y su líder. Eso significa hacer lo que se necesite. Conforme un líder se mueve hacia arriba, eso a menudo significa contratar a alguien que lo lleve a cabo, pero los líderes intermedios no tienen esa opción, así que entonces lo realizan ellos.

10. La gente exitosa asume la responsabilidad de sus responsabilidades

Recientemente vi una caricatura donde un papá lee un libro a su hijo al acostarse. Se aprecia la portada del libro en el que se lee el título: «La historia de Job», y el niño pregunta a su papá: «¿Por qué no demandó a alguien?».

¿No es así la manera en que mucha gente piensa estos días? Su reacción refleja ante la adversidad en culpar a alguien más. Ese no es el caso con la gente exitosa. Ellos se responsabilizan y las llevan a cabo al cien por ciento.

La falta de responsabilidad puede romper tratos cuando se trata de gente que trabaja para mí. Cuando mis empleados no hacen el trabajo, me decepciono, pero estoy dispuesto a ayudarles a mejorar si asumen la responsabilidad por sí mismos. Sé que se esforzarán en mejorar si la admiten y tienen espíritus dispuestos a aprender. Sin embargo, no tenemos punto de partida para mejorar, si no hacen el trabajo ni aceptan la responsabilidad. En dichos casos es momento de seguir adelante y encontrar a alguien más que tome su lugar.

¿Qué está dispuesto a hacer?

J. C. Penney dijo: «A menos que esté dispuesto a dedicarse a su trabajo más allá de la capacidad del hombre promedio, no está preparado para puestos en la cima». Yo diría que tampoco está preparado para puestos en la parte intermedia. La gente que quiere ser efectiva está dispuesta a hacer lo que otros no. Y por eso los líderes están dispuestos a darles los recursos, a promoverlos y ser influenciados por ellos.

¿Estoy listo para mejorar mi juego?

La gente exitosa se convierte en jugadores «sí se puede».

La Ley del Catalizador, en el libro *Las 17 leyes incuestionables del trabajo en equipo,* dice que los equipos triunfantes tienen jugadores que hacen que las cosas sucedan. Esto es cierto siempre: en los deportes, los negocios, el gobierno o en cualquier área. Esos miembros de los equipos que pueden hacer que las cosas sucedan son sus jugadores «sí se puede». Ellos demuestran aptitudes consecuentes, responsabilidad y dependencia.

Los equipos triunfantes tienen jugadores «sí se puede»

Todos admiran a este tipo de jugadores y los ven en los tiempos más difíciles, no solo sus líderes, sino sus seguidores y colegas. Cuando pienso en jugadores «sí se puede», pienso en gente que siempre produce.

1. Jugadores «sí se puede» producen cuando hay presión

Hay muchos tipos diferentes de gente en el ámbito laboral, y usted los puede medir de acuerdo con lo que hacen en la organización.

Los jugadores «sí se puede» son las personas que encuentran una manera de que las cosas sucedan. No tienen que estar en ambientes familiares, tampoco. No tienen que estar en sus zonas de comodidad. Las circunstancias no tienen que ser justas o favorables. La presión no los hace menos. De hecho, cuanta mayor sea la presión, más les gusta. Siempre responden cuando hay presión.

2. LOS JUGADORES «SÍ SE PUEDE» PRODUCEN CUANDO HAY POCOS RECURSOS

En 2005, cuando se publicó en español mi libro *Hoy es importante* y me pedían a menudo que hablara sobre el tema, hice una junta para hacer sesiones continuas en Little Rock, Arkansas; después de la primera sesión, el sitio se quedó sin libros. Cuando el líder de la organización con la que estaba trabajando se enteró, movilizó algunas personas de su equipo y los envió a todas las librerías en la ciudad a comprar más copias del libro para que su gente pudiera tenerlos justo después de mi segunda sesión. Creo que compraron todas las copias en la ciudad.

Lo que más me gustó es que él quería que su gente se beneficiara del libro, y sabía que si no lo tenía disponible después de la charla, probablemente no conseguirían una copia. Así que lo logró, a pesar de que tuvo que comprar los libros por el total de su valor y revenderlos por la misma cantidad. Fue un esfuerzo muy grande y no obtuvo ganancias financieras. ¡Qué líder!

3. LOS JUGADORES «SÍ SE PUEDE» PRODUCEN CUANDO EL IMPULSO ES BAJO

Las organizaciones tienen solo tres tipos de personas cuando se trata de impulso. Hay quién lo destruye: la gente que sabotea al líder o a la organización y elimina el ímpetu. Esta gente tiene actitudes terribles y representa el diez por ciento más bajo de la organización (en General Electric, Jack Welch tenía el objetivo de que cada año se identificaran a dichos individuos y se despidieran). El segundo grupo es la gente que lo administra: gente que toma las cosas como vienen. Nunca lo crea o lo disminuye; simplemente fluye con él. Esta gente está en el medio, con el ochenta por ciento.

El grupo final son los generadores de impulso: la gente que mueve las cosas hacia adelante y crea ímpetu. Estos son los líderes en la organización y representan el diez por ciento. Ellos generan el progreso, superan los obstáculos, ayudan a los demás a moverse, y generan energía en la organización cuando el resto del equipo se siente cansado o desmotivado.

4. LOS JUGADORES «SÍ SE PUEDE» PRODUCEN CUANDO LA CARGA ES PESADA

Los buenos empleados siempre tienen el deseo de ayudar a sus líderes. He trabajado con muchos de ellos a través de los años. Siempre aprecié cuando alguien que trabajaba conmigo decía: «Terminé mi trabajo. ¿Puedo ayudarte?». Pero hay otro nivel en el juego que alcanzan algunos jugadores, y lo puede ver usted en su habilidad para llevar una carga pesada en cualquier momento que lo necesite su líder. No ayudan al líder con la carga pesada solo cuando su carga es ligera. Lo hacen en cualquier momento que la carga de sus jefes es pesada.

Linda Eggers, Tim Elmore y Dan Reiland son ejemplos de cargadores de carga pesada para mí. Durante años, cuando he estado bajo presión, han tomado tareas y las han completado con excelencia. Dan Reiland es tan increíble que continúa haciéndolo incluso ahora, y ya no trabaja para mí. Lo hace como un amigo.

Las claves para convertirse en este tipo de trabajador son disponibilidad y responsabilidad. Ser un cargador de carga pesada es una cuestión de actitud, no de puesto. Si tiene la voluntad y capacidad para levantar la carga de sus líderes cuando lo necesitan, usted los está influenciando.

5. LOS JUGADORES «SÍ SE PUEDE» PRODUCEN CUANDO EL LÍDER ESTÁ AUSENTE

La mayor oportunidad de un líder, que está jerárquicamente en medio de la organización, para distinguirse es cuando su líder está ausente. Es en esos momentos que el vacío del liderazgo existe y los líderes pueden llenarlo. Es verdad, cuando los líderes saben que estarán ausentes, por lo regular asignan un líder para reemplazarlos. Pero incluso entonces, hay oportunidades para que la gente se organice, responsabilice y brille.

Si es líder, cuando haya un vacío de liderazgo, usted tiene muy buenas posibilidades de distinguirse. También debe saber que cuando la gente trata de llenar ese vacío, casi siempre expone sus colores verdaderos. Si sus motivaciones son buenas, y su deseo de ser líderes es por el bien de la organización, se demostrará. Si están tratando de alcanzar poder para beneficio personal y por su avance personal, también se demostrará.

6. LOS JUGADORES «SÍ SE PUEDE» PRODUCEN CUANDO EL TIEMPO ES LIMITADO

Me gusta un letrero que vi en un pequeño negocio que cita: «Las 57 reglas para entregar la mercancía», debajo decía:

Regla 1: entregue la mercancía
Regla 2: las demás 56 no importan

La filosofía de los jugadores «sí se puede» es esta: cumplen sin importar qué tan difícil sea la situación.

BUSQUE SU OPORTUNIDAD DE SUBIR DE NIVEL

Conforme trabajaba en este capítulo, Rod Loy me platicó una historia de cuando era líder de nivel intermedio en una organización; en una junta prolongada, su líder anunció un nuevo programa donde dijo que ya existía. Rod escuchaba muy interesado, porque no lo conocía. Sonaba muy bien, pero entonces su líder anunció que Rod sería el líder del programa, y quien estuviera interesado podía hablar con él después de la junta.

Rod no había sido informado al respecto, pero no importó. Durante el resto de la junta mientras su líder hablaba, hizo un borrador del diseño y un plan de acción para el programa. Cuando la junta terminó y la gente se le acercó, él comunicó su plan y lo lanzó. Rod dijo que tal vez no había sido su mejor trabajo, pero que era bueno dada las circunstancias. Creó una oportunidad de ganar para la organización, preservó la credibilidad de sus líderes y también le ayudó a la gente.

Tal vez nunca se encuentre en este tipo de situación, pero si adopta una actitud positiva y la tenacidad de un jugador «sí se puede», y toma cada oportunidad para hacer que las cosas sucedan, probablemente se desempeñará como él bajo circunstancias similares. Si lo hace, su líder confiará en usted, y la gente en que confiamos incrementa su influencia y credibilidad cada día que trabajamos con ellos.

12

¿Estoy listo para ser líder en el siguiente nivel?

Para llegar al siguiente nivel, lleve a otros al éxito.

Las organizaciones en crecimiento siempre están buscando gente buena para avanzar al siguiente nivel y ser líderes. ¿Cómo saben si una persona está calificada para dar ese salto? Al ver su historial en su puesto actual. La clave para ascender como un líder emergente es enfocarse en ser exitoso en donde está y liderar bien en ese nivel, no en subir de posición. Si usted es exitoso donde está, creo que tendrá la oportunidad de serlo en un nivel más alto.

Para ascender, aprenda a dirigir

Conforme se esfuerza por ser la persona más exitosa, mantenga las siguientes cosas en mente:

1. El liderazgo es un camino que inicia donde usted está, no donde quiere estar

Recientemente mientras manejaba mi automóvil, un vehículo que iba por la izquierda intentó dar vuelta a la derecha desde el carril del medio y causó un accidente. Afortunadamente pude bajar la velocidad rápidamente y minimizar el impacto, pero aun así las bolsas de aire se activaron y los dos autos se dañaron considerablemente.

Lo primero que noté después de pararme y entender la situación fue que la pequeña pantalla de la computadora de mi automóvil mostraba mi ubicación exacta de acuerdo al sistema global de navegación por satélite, GPS. Lo observé un momento, preguntándome por qué el automóvil me indicaba la latitud y longitud exacta. Entonces entendí, *¡por supuesto!* Si está en problemas y llama para pedir ayuda, la primera cosa que los trabajadores de emergencias querrán saber es su ubicación. No pueden hacer nada hasta saber dónde está.

El liderazgo es similar. Para saber cómo llegar a donde quiere ir, necesita saber dónde está. Para ir a donde desea, necesita enfocarse en lo que hace ahora. El galardonado escritor de deportes, Ken Rosenthals dijo: «Cada vez que usted decide crecer de nuevo, se da cuenta que inicia en la parte más baja de otra escalera». Necesita tener sus ojos fijos en sus responsabilidades actuales, no en las que desea tener algún día. Nunca he conocido una persona enfocada en el ayer para tener un mañana mejor.

2. LAS HABILIDADES DE LIDERAZGO SON LAS MISMAS, PERO LA «LIGA DEL JUEGO» CAMBIA

Si recibe una promoción, no piense que porque su nueva oficina está a unos metros de la antigua, la diferencia son unos cuantos pasos. Cuando se le «llame» a otro nivel de liderazgo, la calidad de su juego debe subir rápidamente.

No importa en que nivel esté trabajando, se necesitan habilidades de liderazgo ahí. Cada nivel nuevo requiere uno más alto de habilidades. La manera más fácil de ver esto son los deportes. Algunos jugadores pueden brincar de una liga recreativa al bachillerato. Pocos pueden brincar de bachillerato a la universidad, y muy pocos logran ir de la universidad a los niveles profesionales.

Su mejor oportunidad de lograr la siguiente «liga de juego» es crecer en el nivel actual de modo que sea capaz de llegar al siguiente.

3. LAS GRANDES RESPONSABILIDADES VIENEN SOLO DESPUÉS DE MANEJAR BIEN LAS PEQUEÑAS

Cuando doy un discurso o voy a firmar libros, la gente a veces me dice que también desea escribir libros.

—¿Cómo inicio? —me preguntan.

—¿Qué tanto está dispuesto a hacer ahora? —les respondo.

Algunos me hablan sobre artículos y otras piezas que están escribiendo, y simplemente los motivo; pero la mayoría del tiempo responden con sencillez: —Bueno, realmente no he escrito nada.

—Entonces necesita empezar a escribir, —les explico—. Debe iniciar con algo pequeño y continuar.

Es igual en el liderazgo, debe empezar por lo pequeño e ir creciendo. Una persona que nunca ha sido líder antes, necesita tratar de influenciar a otras. Alguien que ya tiene influencia, debe tratar de desarrollar un equipo. Solo se necesita iniciar así.

San Francisco de Asís dijo: «Empiece a hacer lo que sea necesario; entonces haga lo que sea posible; y de repente estará haciendo lo imposible». Todo buen liderazgo inicia donde usted está. Napoleón dijo: «Las únicas conquistas que son permanentes y no dejan arrepentimiento son nuestras conquistas de nosotros mismos». Las pequeñas responsabilidades que tiene hoy comprenden la primera gran conquista de liderazgo que debe hacer. No intente conquistar al mundo hasta que haya hecho su tarea en su patio trasero.

4. LIDERAR EN SU NIVEL ACTUAL CREA SU CURRÍCULO PARA IR AL SIGUIENTE

Cuando ve a un doctor por primera vez, por lo regular le pregunta muchas cosas sobre su historial familiar. De hecho, por lo regular son más preguntas sobre eso que sobre su estilo de vida. ¿Por qué? Porque la historia familiar, más que nada, parece ser lo que determina su salud.

Cuando se trata de éxito en el liderazgo, la historia es algo similar. El historial de su puesto actual es lo que verán los líderes cuando intenten decidir si puede hacer un trabajo. Lo sé cuando entrevisto a alguien para uno, pongo el noventa por ciento del énfasis en el historial.

Si quiere tener la oportunidad de ser líder en otro nivel, entonces su mejor posibilidad para tener éxito es liderar bien en donde está ahora. Cada día que usted es líder y tiene éxito, está construyendo un currículo para su siguiente trabajo.

5. CUANDO USTED PUEDE LIDERAR BIEN A LOS VOLUNTARIOS, PUEDE DIRIGIR CASI A CUALQUIER PERSONA

En un congreso reciente del Día del Presidente donde discutíamos el desarrollo del liderazgo, un director general me preguntó:

—¿Cómo puedo elegir al mejor líder en un pequeño grupo de líderes? ¿En qué me fijo?

Hay muchas cosas que indican que alguien tiene potencial de liderazgo: la habilidad de hacer que las cosas sucedan, habilidades personales fuertes, visión, deseo, habilidades para solucionar problemas, autodisciplina, una ética de trabajo fuerte. Pero solo hay una gran prueba de liderazgo que es casi a prueba de tontos, y es lo que sugerí: —Pídale que sea líder de un grupo de voluntarios.

Si desea probar su propio liderazgo, intente ser líder de voluntarios. ¿Por qué es eso tan difícil? Porque con los voluntarios no tiene autoridad, ni de donde apalancarse. Requiere cada gota de sus destrezas de liderazgo lograr que gente que no tiene que hacer nada de lo que usted les pida lo haga. Si no es lo suficientemente desafiante, pierden interés; si los presiona demasiado, renuncian; si sus habilidades personales son débiles, no pasarán ningún tiempo con usted; si no puede comunicar la visión, no sabrán a dónde van o por qué.

Si es líder y su organización tiene algún enfoque de servicio comunitario, motive a las personas en su equipo a convertirse en voluntarios. Luego vea cómo lo hacen. Si se desempeñan en ese ambiente, entonces sabe que poseen muchas de las habilidades para ir a otro nivel en su organización.

VIVA EN EL SIGUIENTE NIVEL

Donald McGannon, anterior director general de la Corporación de Comunicación Westinghouse dijo: «El liderazgo es acción, no posición». Tomar acción, y ayudar a otros a hacer lo mismo en un esfuerzo coordinado, es la esencia del liderazgo. Haga esas cosas donde esté, y no permanezca ahí mucho tiempo.

EQUIPO 101

LO QUE TODO LÍDER NECESITA SABER

Editora en Jefe: *Graciela Lelli*
Traducción: *Enrique Luís Rulojf*

Porciones de este libro se han publicado anteriormente en los siguientes libros: *Las
17 cualidades esenciales de un jugador de equipo, Las 17 leyes incuestionables del trabajo
en equipo, El talento nunca es suficiente, Desarrolle los líderes que están alrededor de
usted, Líder de 360°, Cómo ganarse a la gente y Las 21 leyes irrefutables del liderazgo.*

ISBN: 978-1-60255-250-0

Edición revisada por Lidere

www.lidere.org

CONTENIDO

EL PODER DEL TRABAJO EN EQUIPO

I

¿POR QUÉ ES TAN IMPORTANTE EL TRABAJO EN EQUIPO?

Uno es demasiado pequeño como para pretender hacer grandes cosas.

¿Quiénes son sus héroes favoritos? Está bien, quizás no tenga exactamente héroes. Entonces permítame preguntarle esto: ¿cuáles son las personas que más admira? ¿Cómo quién desearía ser? ¿Cuáles son las personas que lo elevan y hacen que sienta cosquillas en el estómago? ¿Admira usted a...

- Empresarios innovadores, como Jeff Bezos, Fred Smith o Bill Gates?
- Grandes atletas, como Michael Jordan, Marion Jones o Mark McGwire?
- Genios creativos, como Pablo Picasso, Buckminster Fuller o Wolfgang Amadeus Mozart?
- Iconos de la música pop, como Madonna, Andy Warhol o Elvis Presley?
- Líderes espirituales, como John Wesley, Billy Graham o la Madre Teresa?
- Líderes políticos, como Alejandro Magno, Carlomagno o Winston Churchill?

- Gigantes de la industria cinematográfica, como D. W Griffith, Charlie Chaplin o Steven Spielberg?
- Arquitectos e ingenieros, como Frank Lloyd Wright, los hermanos Starrett o Joseph Strauss?
- Pensadores revolucionarios, como Marie Curie, Thomas Edison o Albert Einstein?

O quizás su lista incluya a personas en un campo que no he mencionado.

Podemos afirmar con seguridad que todos admiramos a los triunfadores y, a nosotros los estadounidenses, nos encantan especialmente los pioneros y las personas exitosas que surgen de manera individual, las que luchan solas, a pesar de los pronósticos y la oposición: el colono que construye un hogar para sí mismo en los espacios salvajes de la frontera, el viejo oficial del Lejano Oeste que resuelto enfrenta al enemigo cara a cara, el piloto que vuela sin copiloto valientemente a través del Océano Atlántico y el científico que cambia al mundo con el poder de su mente.

El mito del llanero solitario

Aun cuando admiremos los logros solitarios, la verdad es que ningún individuo solo ha hecho nada de valor. La creencia de que una persona puede hacer algo grande es un mito. No existen los «Rambos» que puedan conquistar un ejército hostil por sí solos. Incluso el Llanero Solitario no era realmente un hombre solitario. ¡A todos los lugares que iba, cabalgaba con «Toro»! Ningún individuo alcanzó un logro trascendental solo. Mire por debajo de la superficie y descubrirá que todo lo que aparenta ser un acto solitario es realmente el esfuerzo de un equipo. El explorador Daniel Boone tenía compañeros de la «Transylvania Company» que lo acompañaban mientras abría camino por terrenos salvajes. El *sheriff* (jefe policial) Wyatt Earp tenía a sus dos hermanos y a Doc Holliday protegiéndolo. El aviador Charles Lindbergh tenía de resguardo a nueve hombres de negocios de St. Louis y los servicios de la Compañía Aeronáutica Ryan, que construyeron su avión. Incluso Albert Einstein, el científico que revolucionó al mundo con su teoría de la relatividad, no trabajó en el aislamiento total. Einstein una vez manifestó, refiriéndose a la deuda que tenía con otras personas por su trabajo: «Varias veces al día reflexiono en lo que es mi vida externa e interna y lo mucho que debo al esfuerzo de mis compañeros, los que todavía viven y los que ya no, y cómo debo ejercitarme seriamente en regresar tanto como he recibido». Es verdad que la historia de nuestro país se asienta sobre los logros de grandes líderes e individuos innovadores que asumieron riesgos considerables, pero esas personas siempre eran parte de un equipo.

El economista Lester C. Thurow comentó respecto al tema:

> No hay nada antitético en la historia, cultura o tradiciones estadounidenses respecto al trabajo en equipo. Los equipos eran importantes en la historia de Estados Unidos: carretas en fila conquistaron el Oeste, hombres que trabajaban juntos en la línea de ensamblaje de la industria norteamericana conquistaron el mundo, una estrategia nacional exitosa combinada con un gran trabajo en equipo pusieron primero a un estadounidense en la luna (y hasta ahora, el último). Pero la mitología norteamericana exalta solamente a los individuos... En Estados Unidos, existen las galerías de la fama para casi todas las actividades concebibles, sin embargo en ninguna parte hacen monumentos para enaltecer el trabajo en equipo.

Debo decir que no coincido con todas las conclusiones de Thurow. Después de todo, he visto los monumentos a la guerra del Cuerpo de la Marina de Estados Unidos en Washington, D.C., conmemorando el levantamiento de la bandera en Iwo Jima. No obstante tiene razón en algo. El trabajo en equipo es y ha sido siempre esencial para la construcción de este país, y esa declaración se puede hacer respecto de cada país alrededor del mundo.

EL VALOR DEL TRABAJO EN EQUIPO

Un proverbio chino declara: «Detrás de un hombre capaz siempre hay otros hombres capaces». La verdad es que el trabajo en equipo forma parte esencial de los grandes logros. La pregunta no es si los conjuntos tienen importancia, la pregunta es si reconocemos este hecho e intentamos ser mejores compañeros de equipo. Es por eso que acierto cuando afirmo que *uno es demasiado pequeño como para pretender hacer grandes cosas*. Usted solo no puede hacer nada de *verdadero* valor. Esta es la Ley de lo trascendental.

Le desafío a pensar en un acto de importancia genuina en la historia de la humanidad que haya sido realizado por un ser humano solo. No importa a quién nombre, siempre hallará a un equipo de personas involucradas. Esa es la razón por la cual el presidente Lyndon Johnson dijo: «No existen problemas que no podamos solucionar juntos, aunque hay muy pocos que podemos solucionar por nosotros mismos».

C. Gene Wilkes, en su libro *El liderazgo de Jesús,* observó que el potencial de los equipos no solo es evidente en el mundo moderno de los negocios globales, sino que también tiene un legado evidente y muy profundo en épocas bíblicas. Wilkes acierta al decir:

- Los equipos involucran a más gente, produciendo así más recursos, ideas y energía que un individuo.
- Los equipos maximizan el potencial del líder y reducen sus debilidades. Las fortalezas y debilidades se exponen más en los individuos solitarios.
- Los equipos proporcionan múltiples perspectivas sobre cómo resolver una necesidad o alcanzar una meta, ideando así varias alternativas para cada situación. La proyección individual es raramente tan amplia y profunda como cuando un equipo enfrenta un problema.
- Los equipos comparten el mérito de las victorias y asumen las culpas por las pérdidas. Eso fomenta la humildad genuina y la comunidad auténtica. Los individuos solitarios asumen el mérito y la culpa solos. Eso fomenta el orgullo y, a veces, un sentido de fracaso.
- Los equipos hacen que el líder se mantenga rindiendo cuentas para lograr la meta. Los individuos que no están conectados a otros pueden cambiar la meta sin rendir cuentas a nadie.
- Los equipos pueden lograr más que un individuo solo.

Si desea alcanzar su potencial o esforzarse por lo supuestamente imposible, como comunicar un mensaje dos mil años después de que usted se haya ido, necesita convertirse en un jugador de equipo. Puede que suene como un cliché, no obstante es verdad: los individuos solitarios participan en el juego, pero los equipos ganan los campeonatos.

¿POR QUÉ SOMOS INDIVIDUALISTAS?

Conociendo todo el potencial que podemos lograr como equipos, ¿por qué algunas personas desean hacer las cosas por sí solas? Existen varias razones:

1. EL EGO

Pocas personas están dispuestas a admitir que no pueden hacerlo todo, aun esa es una realidad de esta vida. No existen los «superhombres» ni las «supermujeres». Como Kerry Walls, uno de los integrantes de mi equipo INJOY dice: «Hacer girar más platos no hace crecer el talento, sino que aumenta las probabilidades de romper uno». Entonces, la pregunta no es si usted puede o no hacer todo solo, sino cuánto tiempo le llevará darse cuenta de que no puede.

El filántropo Andrew Carnegie afirmó: «Descubrir que otras personas pueden ayudarnos a lograr algo mayor de lo que podríamos hacer por nosotros mismos, es un gran paso en el progreso de nuestro desarrollo». Para lograr algo realmente grande, deje a un lado su ego y prepárese para formar parte de un equipo.

2. LA INSEGURIDAD

En mi labor con líderes he observado que algunas personas no logran promover el trabajo en equipo porque se sienten amenazadas por los demás. El estadista florentino Nicolás Maquiavelo hizo observaciones similares en el siglo XVI que lo llevaron a escribir: «La primera regla para estimar la inteligencia de un gobernante es observar a los hombres que tiene alrededor suyo».

Creo que la inseguridad, más que la falta de juicio o carencia de inteligencia, a menudo hace que los líderes se rodeen de gente débil. Como lo indiqué en *Las 21 leyes irrefutables del liderazgo,* solo los líderes seguros pueden otorgar poder a los demás. Esa es la Ley del otorgamiento de poderes. Por otra parte, los inseguros casi siempre fracasan al desarrollar equipos debido a una de dos razones: desean mantener el control sobre todo por el hecho de que son los responsables o tienen miedo de ser reemplazados por alguien con mayor capacidad. En cualquiera de ambos casos, los líderes que no pueden promover el trabajo en equipo minan su propio potencial y erosionan los mejores esfuerzos de la gente con la que trabajan. Sin embargo, podrían beneficiarse del consejo del presidente Woodrow Wilson, que dijo: «No debemos utilizar solamente todos los cerebros que tengamos, sino también todos los que podamos pedir prestados».

3. La ingenuidad

El consultor John Ghegan mantiene un cartel en su escritorio que dice: «Si tuviera que hacerlo todo de nuevo, buscaría ayuda». Este ejemplo representa exactamente las emociones del tercer tipo de personas que fracasan en el desarrollo de equipos. Ingenuamente subestiman lo difícil que es alcanzar grandes metas. Como resultado, intentan hacerlo solos.

Algunas personas que comienzan así en un grupo, cambian al final. Descubren que sus sueños son mayores que sus capacidades, descubren que no lograrán sus metas solos, por lo que se adaptan. Hacen de la preparación de equipos un recurso fundamental para cumplir las metas. Sin embargo, otros aprenden esta verdad demasiado tarde y, a raíz de eso, nunca logran alcanzar sus metas. Es una lástima.

4. El temperamento

Algunas personas no son del todo simpáticas y, simplemente, no piensan en términos de trabajo y participación en equipo. Aunque enfrentan desafíos, nunca se les ocurre preparar a otros para alcanzar algo.

Como persona sociable, hallo esto difícil de entender. Siempre que enfrento cualquier clase de desafío, lo primero que hago es pensar en la gente que deseo que forme parte del equipo que ayudará. He sido así desde que era niño. Siempre pensé: *¿Por qué viajar solo, cuando uno puede invitar a otros para que lo acompañen?*

Entiendo que no todos actúan de esta manera. El hecho de que usted tenga o no la tendencia natural a participar en un equipo es realmente irrelevante. Si hace las cosas solo y nunca se asocia con otras personas, crea enormes barreras para el desarrollo de su propio potencial. El doctor Allan Fromme tuvo una ocurrencia: «Las personas generalmente logran más colaborando con los demás que trabajando en su contra». ¡Qué subestimación! Se requiere de un equipo para hacer algo de valor trascendental. Además, incluso la persona más introvertida del mundo puede aprender a gozar de las ventajas de ser parte de uno. (Esto es verdad, incluso si alguien no está intentando lograr algo grandioso).

Hace algunos años, mi amigo Chuck Swindoll escribió un artículo en *El toque final* que resume la importancia del trabajo en equipo. Él dijo:

Nadie es un equipo completo... Nos necesitamos. Usted necesita a alguien y alguien lo necesita a usted. No somos islas. Para hacer que esto llamado vida funcione, debemos apoyarnos y respaldarnos. Relacionarnos e involucrarnos. Dar y aceptar. Confesar y perdonar. Extendernos, incluir y confiar... Puesto que ninguno de nosotros es un pez gordo completo, independiente, autosuficiente, supercapaz, todopoderoso, dejemos de actuar como si lo fuéramos. La vida ya es bastante solitaria, sin jugar ese tonto papel. La actuación se terminó. Conectémonos.

Para la persona que intenta hacerlo todo sola, el juego realmente se acabó. Si realmente quiere hacer algo de valor, debe conectarse a otros.

2

¿CUÁL ES EL IMPACTO DE UN BUEN TRABAJO EN EQUIPO?

Existen cosas que solo un equipo puede alcanzar.

Recientemente tuve la oportunidad de viajar con la fábrica de portaaviones *USS Enterprise*. La experiencia fue fantástica, pero el momento que más recuerdo fue la noche cuando estaba sentado con el almirante de popa Raymond Spicer, comandante del grupo de ataque del portaaviones de la empresa, viendo despegar y aterrizar los jets F/A18 Hornet. ¡Qué vista más asombrosa!

Era hermosa la manera en que los jets despegaban y aterrizaban en la cubierta, para detenerse en solo dos segundos. Pero lo que más me impresionó fue la cantidad de gente que parecía participar en el proceso y el trabajo de equipo que demandaba. Cuando le pregunté al almirante Spicer al respecto, me puso en contacto con el teniente comandante Ryan Smith, oficial de división V2, quien me explicó el proceso:

El piloto se sienta frente a los controles del Hornet F/A 18 en tanto que el jet acelera de cero hasta casi 160 millas (256 kilómetros) por hora, en menos de 3 segundos. Mientras la nave asciende y se aleja del portaaviones, guarda el tren de aterrizaje y, de repente, se encuentra solo en la oscuridad de la noche. Hay muy pocos ejemplos de combates solitarios en esta era actual de guerras modernas interconectadas, pero el aviador que se sienta en la cabina de mando de uno de los aviones de caza de la Marina de hoy todavía parece ser un ejemplo en el cual la realización de un objetivo determinado depende totalmente del talento, la capacidad y el esfuerzo de un individuo en particular, altamente entrenado. Sin embargo, el singular acto de catapultar un jet desde el final de uno de esos portaaviones, es resultado de una orquestación compleja de decenas de individuos, cada uno con una maestría en su tarea específica. Es el esfuerzo y la coordinación de esos individuos —que en su mayoría son recién graduados—, lo que sirve como ejemplo verdadero e inspirador del trabajo en equipo.[1]

Entonces continuó explicando el proceso. Horas antes de que el jet se deslice por la pista hasta la catapulta para el lanzamiento, es examinado por un equipo de mecánicos y técnicos. Mientras que el piloto está recibiendo un reporte de la misión, incluyendo el informe climático, los datos del blanco, los procedimientos de radio y la información de navegación (todos producidos por un conjunto de marineros), el avión está pasando por un período riguroso de preparación. La rutina previa al vuelo termina solo cuando el piloto ha examinado el informe del mantenimiento de la aeronave e inspeccionado el aparato para el vuelo.

Treinta minutos antes del despegue, comienza una secuencia específica de pasos que siempre se realizan con precisión. El jefe del aire del portaaviones ordena el encendido de la turbina, probando para asegurarse que los jets están funcionando correctamente, mientras que el piloto examina nuevamente los informes previos al posicionamiento de la aeronave. El capitán de flota escucha los motores y observa el movimiento de cada maniobra de control mientras el piloto hace sus chequeos. Una vez que se determina que todo está en orden, se llena el tanque de combustible.

Mientras tanto, el oficial de conducción aérea, que está sentado en la cubierta de control, utilizando un tablero con un modelo de la pista y la flota del portaaviones, repasa el plan de secuencia de lanzamiento con el conductor de cubierta. El oficial de conducción aérea llama al conductor de cubierta, avisándole qué aviones están listos para partir.

El conductor de cubierta dirige tres equipos separados de directores de aviones y de otros marineros de la «División de vuelo de cubierta» del portaaviones, y cada grupo es responsable de cada área de la cubierta de vuelo. Esos equipos se aseguran de que cada avión despegue sin ningún tipo de anclaje, de dirigirlo a través de otros aviones estacionados (a menudo con apenas pocos centímetros de precisión), y ponerlo en la línea para ser lanzado, a veces deben hacerlo cuando la cubierta del portaaviones se balancea. Cuando el conductor obtiene la autorización, el avión va a una de las cuatro catapultas.

En la cubierta, los inspectores finales de mantenimiento caminan al lado del avión y examinan cada panel y componente mientras los miembros del equipo de la «División de engranaje de amarre y catapulta» enganchan la aeronave al mecanismo de la catapulta y lo alistan para el lanzamiento. Debajo de la cubierta, otros grupos utilizan la hidráulica y otros instrumentos para controlar el vapor del reactor nuclear que será utilizado para accionar la catapulta.

En ese momento, el personal de artillería carga las armas de la aeronave. El oficial de la catapulta confirma con el piloto el peso del avión. Él también se ocupa de observar el viento que corre sobre la cubierta y las condiciones climáticas. Realiza cálculos para determinar la cantidad exacta de energía requerida para alzar vuelo.

Incluso con toda esa preparación, ningún jet podría despegar si no estuviera en la posición correcta. El equipo de navegación del portaaviones, que es el que realiza los cálculos para determinar la velocidad y el rumbo, retransmite la información al puente; es entonces cuando la aeronave ha completado su rotación para acelerar a la velocidad apropiada en el rumbo correcto. La aeronave está casi lista para el despegue.

El avión es tensado hidráulicamente en la catapulta. Este es el momento cuando el piloto enciende las turbinas de la aeronave a máxima potencia y revisa que los controles de la aeronave funcionen bien. Si el piloto determina que el avión está listo para el lanzamiento, hace una señal al oficial de catapulta con un saludo. Si el oficial de catapulta también recibe la señal del inspector final de la escuadrilla, entonces dará la contraseña de despegue al operador de catapulta a fin de que presione el botón para enviar al avión a su destino.

Lo asombroso de esto es que seguido de esta aeronave se pueden catapultar tres aviones más en menos de un minuto, cada uno habiendo pasado por el mismo procedimiento. Y en apenas cuestión de minutos, la misma cubierta de vuelo puede prepararse para recibir los aviones que aterrizan; mientras uno se está aproximando para el aterrizaje, el que aterrizó previamente es remolcado fuera de esa área.

VERDADES ACERCA DEL TRABAJO EN EQUIPO

Puedo pensar en pocas cosas que requieran de tan alto grado de precisión en el trabajo de equipo, y con tanta cantidad de grupos diferentes de gente, como el lanzamiento de una aeronave de un portaaviones. Es fácil ver que el trabajo conjunto es esencial para esa tarea. Sin embargo, una tarea no tiene que ser compleja para requerir del trabajo en equipo. En el 2001, escribí *Las 17 leyes incuestionables del trabajo en equipo,* la primera ley que incluí fue la de lo trascendental, que dice: «*Uno es demasiado pequeño como para pretender hacer grandes cosas*». Si desea hacer algo de valor, es necesario el trabajo colectivo.

El trabajo en equipo permite no solamente que la persona haga lo que no podría hacer de otra manera; sino que también tiene un efecto amplificador en todo lo que posee, incluyendo el talento. Si usted cree que una persona es obra de la mano de Dios (así lo creo), entonces un grupo de gente talentosa que trabaja unida con un mismo propósito es una obra de arte. Cualquiera que sea su visión o deseo, el trabajo grupal hace funcionar los sueños.

Trabajar en equipo junto a otras personas hacia una meta común, es una de las experiencias más gratificantes de la vida. He conducido y he sido parte de diversas clases de equipos: equipos deportivos, equipos de trabajo, equipos de negocio, equipos de ministerio, equipos de comunicación, coros, bandas, comités, concejos directivos, en todo lo que se pueda imaginar. He observado equipos de todo tipo en mis recorridos alrededor del mundo, y he hablado con líderes, con equipos en desarrollo, he dado asesoría a directores técnicos, y he enseñado y escrito acerca del trabajo en equipo. Todo eso ha influenciado mi manera de pensar en cuanto a trabajo conjunto se refiere. Lo que he aprendido quiero dárselo a conocer a usted:

1. El trabajo en equipo divide el esfuerzo y multiplica los resultados

¿Le gustaría tener mejores resultados con menos trabajo? Creo que todos lo quieren. Eso es lo que proporciona el trabajo en equipo.

Es sentido común el hecho de que un equipo puede lograr más que un individuo que trabaja solo. Entonces, ¿por qué existen personas que son reacias al trabajo en equipo? Puede ser difícil al principio. Los equipos no se desarrollan solos ni por sí mismos. Requieren de dirección y cooperación. Aunque esto pudiera significar más trabajo al inicio, los dividendos de la paga son enormes posteriormente y hacen que el esfuerzo realmente valga la pena.

2. El talento gana partidos, pero el trabajo en equipo gana campeonatos

Un cartel que figura en los vestidores del equipo de los Patriotas de Nueva Inglaterra afirma: «Son individuos los que juegan los partidos, pero son equipos los que ganan los campeonatos». Obviamente los Patriotas comprenden esto. Durante un período de cuatro años ganaron tres veces el Super Bowl (o juego de las estrellas del fútbol americano).

Los equipos que ganan campeonatos en varias ocasiones son modelos del trabajo conjunto. Por más de dos décadas, los Celtics de Boston dominaron la Asociación Nacional de Baloncesto (NBA, por sus siglas en inglés). Este equipo ha ganado más campeonatos que cualquier otro en la historia de la NBA; y, durante los años cincuenta y sesenta, ganaron ocho campeonatos seguidos. En pleno apogeo, los Celtics nunca tuvieron un jugador que fuera líder de anotaciones en la liga. Red Auerbach, que entrenó a los Celtics y después fue parte de su equipo directivo, siempre enfatizó el trabajo conjunto. Acertó cuando dijo: «Una persona que busca gloria no puede alcanzar demasiado; todo lo que hicimos es el resultado de personas que trabajaron juntas para alcanzar una meta común».

Es fácil ver los frutos del trabajo en equipo en los deportes. Sin embargo, es tan importante aquí como para los negocios. Harold S. Geneen, que fuera director, presidente y ejecutivo principal de International Telephone & Telegraph (ITT, por sus siglas en inglés) por veinte años, observó: «La esencia del liderazgo consiste en la habilidad para inspirar a otros a trabajar en equipo, para extenderse en un objetivo en común».

Si usted quiere desempeñarse al nivel más alto posible, necesita ser parte de un equipo.

3. El trabajo en equipo no se trata de usted

La Escuela de Negocios de Harvard reconoce al equipo como un número pequeño de personas con habilidades complementarias que se comprometen para alcanzar un propósito común, con metas de desempeño y enfoque, para lo cual mantienen recíprocamente la actitud de rendir cuentas. Hacer que esas personas trabajen unidas, puede significar a veces un desafío. Se requiere de un buen liderazgo. Mientras más talentosos sean los miembros del equipo, es más necesario un mejor liderazgo. El verdadero parámetro para medir el liderazgo en equipo no consiste en poner a la gente a trabajar. Tampoco es hacer que la gente trabaje más duro. ¡El verdadero parámetro para medir a un líder es hacer que las personas trabajen duro, pero en equipo!

He estudiado líderes de equipos y entrenadores técnicos excepcionales. Estas son algunas de sus opiniones respecto al trabajo en equipo:

PAUL «OSO» BRYANT, el legendario entrenador del equipo de fútbol americano de Alabama: «Para tener un ganador, el equipo debe tener un sentimiento de unidad. Todo jugador debe poner su equipo antes que la gloria personal».

BUD WILKINSON, autor de *The Book of Football Wisdom* [El libro de la sabiduría del fútbol]: «Si un equipo es rico en potencial, cada jugador debe estar dispuesto a subordinar sus metas particulares por el bien del equipo».

LOU HOLTZ, entrenador del equipo campeón nacional de fútbol: «La libertad para hacer tus propias cosas termina cuando tienes obligaciones y responsabilidades. Si quieres reprobarte, puedes hacerlo, pero no puedes hacer lo tuyo si tienes compromisos con los miembros del equipo».

MICHAEL JORDAN, el jugador más talentoso de baloncesto de todos los tiempos y ganador de seis campeonatos mundiales: «Existen varios equipos en cada deporte que tienen grandes jugadores y nunca ganan torneos. La mayor parte del tiempo, esos jugadores no están dispuestos a sacrificarse por el bienestar principal del equipo. Lo gracioso es que al final, su indisposición para sacrificarse solo hace que sus metas personales sean más difíciles de alcanzar. De algo estoy seguro, si piensas y ganas como equipo, los elogios individuales se cuidarán por sí mismos. El talento gana los partidos, pero el trabajo en equipo y la inteligencia ganan los campeonatos».[2]

Todos los grandes equipos son resultado de los jugadores que toman decisiones basadas en lo que es mejor para el resto. Esto es verdad en los deportes, los negocios, el ejército y en las organizaciones de caridad. Y es una realidad a todos los niveles, desde la persona de apoyo de medio tiempo hasta el entrenador o presidente. Los mejores líderes también ponen a sus equipos primero. C. Gene Wilkes observa:

Los líderes de equipos creen genuinamente que no tienen todas las respuestas, por lo que no insisten en proveerlas. Creen que *no necesitan* tomar todas las decisiones clave, así que no lo hacen. Creen que *no pueden* tener éxito sin las combinaciones complementarias del resto de los miembros del equipo para un fin común, de modo que evitan cualquier tipo de acción que pueda provocar mensajes de imposición o intimidación a alguien del equipo. El ego *no es* su preocupación predominante.

Los equipos más talentosos suelen poseer jugadores con egos muy predominantes. Uno de los secretos para trabajar en equipos exitosos es convertir el ego propio en confianza en el equipo, sacrificio particular y sinergia. Pat Riley entrenador campeón de la NBA dice: «El trabajo en equipo requiere que el esfuerzo de todos se impulse en una sola dirección. La sensación de trascendencia ocurre cuando la energía de un equipo cobra vida propia».

4. LOS GRANDES EQUIPOS CREAN UN SENTIMIENTO DE COMUNIDAD

Todos los equipos eficaces crean un entorno en el que las relaciones maduran y los integrantes se conectan unos con otros. Una expresión popular para describir esto sería, crean un *sentimiento de comunidad*. Ese ambiente de comunidad se basa en la confianza. Poco se puede lograr sin ella.

En los buenos equipos, la confianza no es negociable. En los equipos ganadores, los jugadores se la brindan entre sí. Al principio, es probable que signifique un riesgo porque puede ser quebrantada y pueden salir lastimados. Al mismo tiempo que proporcionan la confianza libremente, se conducen de tal manera que se ganan la de los demás. Se aferran a principios más altos. Cuando todos dan libremente y se generan vínculos de confianza que se confirman a través del tiempo, los participantes comienzan a tenerla unos con otros. Empiezan a creer que el compañero con que practican actuará con coherencia, cumplirá sus compromisos, guardará la confidencialidad y será de ayuda para otros. Cuanto más se fortalezca el sentimiento de comunidad, mayor será el potencial para trabajar juntos.

Desarrollar el sentimiento de comunidad en un equipo no significa que no se generen conflictos. Todos los equipos experimentan desacuerdos. Todas las relaciones tienen momentos tensos. Sin embargo, usted las puede solucionar. Mi amigo Bill Hybels, que dirige una congregación de más de veinte mil personas, reconoce lo siguiente:

El concepto popular de unidad es una fantasía en la que nunca ocurren desacuerdos y en la que las opiniones contrarias nunca se afirman con intensidad. En vez de unidad, utilizamos la palabra *comunidad*. Solemos decir: «No pretendamos que los desacuerdos nunca van a existir. Estamos tratando con la vida de dieciséis mil personas (en el momento en que dijo esto). Hay mucho en juego. No hagamos que oculten sus preocupaciones para proteger una noción falsa de unidad. Enfrentemos los desacuerdos y tratemos con ellos de la mejor manera».

Lo que distingue a una comunidad... no es la ausencia de conflictos, es la presencia de un espíritu de reconciliación. Puede que tengamos una acalorada y frustrante reunión de liderazgo con alguien, pero si estamos comprometidos con la comunidad, podemos despedirnos tranquilamente con una palmada en el hombro diciendo: «Me alegra que todavía estemos en el mismo equipo». Sabemos que nadie va a desistir solo por una situación conflictiva.

Cuando un equipo comparte un fuerte sentimiento de comunidad, sus miembros pueden resolver conflictos sin disolver las relaciones.

5. AÑADIRLE VALOR A LOS DEMÁS LE AÑADE VALORA USTED

«Mi esposo y yo tenemos un matrimonio muy feliz», se jactaba una mujer. «No hay nada que no haría por él, y no hay nada que él no haría por mí. Esa es la manera en que vivimos, ¡haciendo nada por el otro!». Ese tipo de actitud es un camino que lleva a cualquier equipo al desastre, incluyendo a una pareja casada.

Muy a menudo las personas arman equipos por intereses personales. Necesitan actores de reparto para ser ellos la estrella. Pero esa actitud lastima al equipo. Cuando hasta la persona más talentosa tiene una mentalidad de servicio, pueden suceder cosas especiales. El exjugador de la NBA, el gran Magic Johnson, parafraseó a John F. Kennedy cuando afirmó: «No preguntes que pueden hacer tus compañeros de equipo por ti. Pregúntate que puedes hacer tú por tus compañeros de equipo». Eso no fue solo una simple frase para él. Durante el curso de su carrera con los Lakers de Los Angeles, participó en todas las posiciones en los juegos olímpicos para ayudar a sus compañeros de equipo.

El presidente de Estados Unidos, Woodrow Wilson, declaró: «Usted no está aquí solamente para vivir. Está aquí para permitir que el mundo viva con mayor amplitud, con una visión más grande, con un mejor espíritu de esperanza y proeza. Está aquí para enriquecer al mundo y para empobrecerse usted mismo si se olvida del objetivo». Las personas que se aprovechan de otras, inevitablemente fracasan en los negocios y en las relaciones. Si desea tener éxito, viva por estas cuatro simples palabras: *añádale valor a otros*. Esta filosofía le llevará lejos.

3

¿CÓMO SÉ QUE MI EQUIPO PUEDE ALCANZAR EL SUEÑO?

A medida que el desafío crece, la necesidad
del trabajo en equipo aumenta.

En 1935, con solo veintiún años de edad, Tenzing Norgay hizo su primera expedición al Monte Everest. Trabajó como maletero para un equipo de alpinistas británicos. Como *sherpa* [guía] nacido en las altitudes de Nepal, Tenzing se sintió atraído a las montañas desde la época en que los extranjeros occidentales comenzaron a visitar el área con la idea de escalar la cima del monte. El primer equipo llegó en 1920. Quince años después, los alpinistas todavía intentaban resolver cómo conquistar la montaña.

Lo más lejos que llegó esa expedición fue hasta North Col, lo cual estaba a una altitud de más de siete mil metros. («Col» es un área plana a lo largo del borde de una montaña entre los picos). Fue justo debajo de ese sitio que el equipo de alpinismo hizo un descubrimiento horroroso. Se toparon con una carpa destrozada por el viento, dentro de ella había un esqueleto con una fina capa de piel estirada sobre los huesos. Estaba sentado en una posición extraña, sin una bota y el cordón de la otra entre los huesudos dedos.

EL LUGAR MÁS RIGUROSO DEL PLANETA

El alpinismo no es para personas que carecen de valentía ya que los picos más altos del mundo son unos de los lugares más inhóspitos de la tierra. Por supuesto, eso no impide que las personas deseen conquistarlos. El Everest es la montaña más alta del mundo, con una altitud de ocho mil ochocientos cuarenta y ocho metros sobre el nivel del mar. Su altitud incapacita a toda la gente, exceptuando a los alpinistas más robustos y experimentados; además, el clima es rigurosamente hostil. Los expertos creen que hasta hoy hay ciento veinte cadáveres de alpinistas que permanecen en esa montaña.[1]

El cuerpo que Tenzing y los que iban con él encontraron en 1935 fue el de Maurice Wilson, un inglés que se escabulló del Tibet e intentó escalar la montaña en secreto, sin permiso del gobierno tibetano. Como intentaba hacer el ascenso de manera discreta, empleó solamente a tres maleteros para que subieran con él. Cuando se acercaban a North Col, los hombres se negaron a acompañarlo. Wilson decidió intentar escalar por sí solo. Esa decisión le costó la vida.

MIDA EL COSTO

Solamente alguien que haya escalado una montaña formidable sabe lo que cuesta llegar a la cima. Por treinta y dos años, entre 1920 y 1952, siete expediciones mayores intentaron llegar a la cima del Everest y fracasaron. Un alpinista con experiencia, Tenzing Norgay, estuvo en seis de ellas. Sus compañeros alpinistas bromeaban respecto a que él tenía un tercer pulmón debido a su capacidad de subir incansablemente mientras llevaba cargas pesadas.

NO ES UN PASEO CASUAL

En 1953, Tenzing se enroló en su séptima expedición al Everest con un equipo británico, dirigido por el coronel John Hunt. Para ese momento, ya era respetado no solo por ser un maletero que podía cargar bultos pesados a altitudes elevadas, sino también como alpinista y miembro confiable de la expedición, un honor inusual para un *sherpa* de aquellos tiempos. El año anterior había escalado a una altura de ocho mil seiscientos diez metros con un equipo suizo. Hasta ese momento, eso era lo más cercano que un humano había llegado a la cima de la montaña.

Tenzing también fue contratado como *sirdar* del viaje del grupo británico, es decir, el líder *sherpa* que se encargaría de contratar, organizar y dirigir a los maleteros en el viaje. Esa no era una tarea pequeña. Con la esperanza de conseguir al menos dos personas que fueran desde el campamento base hasta la cumbre, el equipo trajo a diez alpinistas de alturas elevadas, incluyendo a un neozelandés llamado Edmund Hillary. Todos juntos requerían dos *toneladas* y media de equipamiento y comida. Esas provisiones no podían ser remolcadas ni trasladadas en avión hacia la base de la montaña. Tuvieron que ser entregadas en Katmandu y ser *cargadas* en las espaldas de hombres y mujeres por doscientos noventa kilómetros cuesta arriba y pendiente abajo, por las crestas del Himalaya, y a través de ríos, cruzando por estrechos puentes de cuerdas y tablones hasta llegar al campamento base. Tenzing tendría que emplear entre doscientas y trescientas personas solamente para lograr llevar los suministros a las cercanías de la montaña. Los suministros que iba a necesitar el equipo que subiría más allá del campamento base, tendrían que ser llevados a la montaña por otros cuarenta *sherpas,* cada uno con amplia experiencia en montañas.

SE REQUIERE DE UN EQUIPO

Por cada nivel que alcanzaban los escaladores, se requería un mayor grado de trabajo en equipo. Un conjunto de hombres se agotaría solo por cargar las provisiones hasta la montaña para el siguiente grupo. Equipos de dos hombres buscarían su rumbo ascendente por la montaña, encontrando caminos, cortando escalones, asegurando cuerdas. Para entonces habrían terminado, habiéndose agotado por hacer la siguiente etapa del ascenso posible para otro equipo. Tenzing hizo una observación al grupo involucrado:

Uno no escala una montaña como el Everest corriendo para llegar antes que los demás o compitiendo con sus compañeros. Se debe hacer lenta y cuidadosamente, a través de un trabajo en equipo desinteresado. Por supuesto que yo también quería alcanzar la cima; fue lo que soñé toda mi vida. Pero si le tocara a otro la suerte, lo tomaría como un hombre y no como un bebé llorón. Ese es el método de la montaña.[2]

El grupo de alpinistas, utilizando el «método de la montaña», finalmente posibilitó que dos parejas hicieran el intento de llegar a la cima. La primera estaba formada por Tom Bourdillon y Charles Evans. Como lo intentaron y fracasaron, el otro equipo tuvo su oportunidad. Este estaba formado por Tenzing y Edmund Hillary. Tenzing escribió lo siguiente acerca de la primera pareja:

Estaban extenuados, enfermos por el agotamiento y, por supuesto, terriblemente frustrados por no haber podido llegar a la cima. De todas maneras... hicieron todo lo que pudieron para aconsejarnos y ayudarnos. Y pensé: «Sí, así es como debe ser en la montaña. De esta manera es como la montaña hace grandes a los hombres porque, ¿dónde estaríamos Hillary y yo si no fuera por los demás? ¿Si no fuera por los alpinistas que hicieron el camino y los *sherpas* que cargaron el equipaje? Solo fue por el trabajo y el sacrificio de todos ellos que nosotros íbamos a tener ahora una oportunidad para llegar a la cima».[3]

Así que aprovecharon al máximo la oportunidad que tuvieron. El 29 de mayo de 1953, Tenzing Norgay y Edmund Hillary lograron lo que ningún otro ser humano había conseguido hasta entonces: ¡llegaron a la cima del Everest, la montaña más alta del mundo!

¿Podrían Tenzing y Hillary haberlo logrado solos? La respuesta es no. ¿Podrían haberlo hecho sin un gran equipo? Una vez más, la respuesta es no. ¿Por qué? Porque *a medida que el desafío crece, la necesidad del trabajo en equipo aumenta*. Esa es la Ley del Monte Everest.

¿Cuál es su Everest?

Es probable que no sea usted alpinista ni tenga ningún deseo de llegar a la cima del Everest pero, apuesto que tiene un sueño. Afirmo esto con seguridad porque en el fondo, todos tenemos uno, incluso las personas que todavía no han descubierto el suyo. Si tiene un sueño, necesita un equipo para alcanzarlo.

¿Cómo se enfrenta el desafío de armar un equipo para alcanzar su sueño? Creo que la manera para comenzar es haciéndose tres preguntas:

1. «¿CUÁL ES MI SUEÑO?»

Todo comienza con esta pregunta porque su respuesta revela *qué podría ser*. Robert Greenleaf afirmó: «Poco sucede sin un sueño. Para que algo muy grande suceda se necesita un gran sueño».

¿Qué guarda en su corazón? ¿Qué puede ver como una posibilidad para su vida? ¿Qué le gustaría lograr durante su vida en el planeta Tierra? Solo un sueño le responderá estas preguntas. Tal como el poeta renacentista de Harlem, Langston Hughes, escribió:

Aférrate rápidamente a los sueños, porque cuando mueren,
La vida es un ave con alas quebradas que no puede volar.
Aférrate rápidamente a los sueños, porque cuando se van,
La vida es un campo estéril congelado y cubierto con nieve.

Si quieres hacer algo grande, debes tener un sueño. Pero el sueño no es suficiente. Puedes hacerlo realidad solo si formas parte de un equipo.

2. «¿QUIÉN FORMA PARTE DE MI EQUIPO?»

Esta segunda pregunta le dice lo *que es*. Esto mide su situación actual. Su potencial es tan bueno como su equipo actual. Es por eso que debe examinar quién se unirá a usted en su viaje. Un alpinista como Maurice Wilson, que tuvo solo tres compañeros poco entusiastas, nunca tuvo la oportunidad de alcanzar el sueño de escalar la montaña. Sin embargo, alguien como Tenzing Norgay que siempre escalaba el Everest con los mejores alpinistas del mundo, pudo llegar a la cima. Un gran sueño con un mal equipo no es más que una pesadilla.

3. «¿CÓMO DEBERÍA SER EL EQUIPO DE MIS SUEÑOS?»

La verdad es que su equipo debe tener la talla de sus sueños. Si no es así, entonces nunca llegará. Usted no podrá llegar a lograr el sueño con una calificación de diez con un conjunto de calificación cuatro. Eso no sucede. Si desea escalar el Everest, necesita un equipo con las medidas de ese monte. No existe otra manera de hacerlo. Es mejor tener un gran equipo con un sueño débil que un gran sueño con un equipo débil.

Enfóquese en el equipo, no en el sueño

El error que he visto cometer repetidas veces a varias personas es que ponen demasiada atención en su sueño y muy poca en el equipo. La verdad es que si usted forja el equipo ideal, el sueño prácticamente se ocupará de sí mismo.

Todo sueño trae aparejado desafíos propios. El tipo de desafíos determina la clase del equipo que necesita establecer. Considere algunos ejemplos:

Clase de desafío	Clase de equipo que se requiere
Desafío nuevo	Equipo creativo
Desafío controversial	Equipo unido
Desafío cambiante	Equipo rápido y flexible
Desafío poco grato	Equipo motivado
Desafío diversificado	Equipo que se complementa
Desafío a largo plazo	Equipo decidido
Desafío tamaño Everest	Equipo con experiencia

Si desea alcanzar un sueño, me refiero realmente a realizarlo y no solamente imaginarse cómo sería, entonces cultive su equipo. Pero mientras lo hace, asegúrese de que sus motivaciones sean las correctas. Algunas personas reúnen su equipo solo para obtener beneficios personales. Otros los forman porque disfrutan de la experiencia del equipo y porque desean crear un sentimiento de comunidad. Incluso, otros lo hacen porque desean establecer una organización. Lo gracioso con esas razones es que si usted está motivado por *todas* ellas, entonces su deseo de forjar un equipo proviene de querer añadirles valor a todos sus integrantes. Pero si su deseo de desarrollar un equipo proviene solo como resultado de una de esas razones, entonces, tal vez deba examinar sus motivaciones.

CÓMO CULTIVAR UN EQUIPO

Cuando el equipo que tiene no está a la altura del de sus sueños, enton-ces tiene únicamente dos opciones: abandonar su sueño o desarrollar a su equipo. Esta es mi recomendación respecto a la segunda opción.

1. DESARROLLE MIEMBROS DEL EQUIPO

El primer paso a dar con un equipo que no desarrolla su potencial es ayudar individualmente a sus miembros a crecer. Si usted lidera el equipo, una de sus responsabilidades más importantes es vislumbrar el potencial que las personas no pueden ver en sí mismas y sacarlo. Cuando logre eso, estará cumpliendo su tarea como líder.

Piense en las personas de su equipo y determine qué necesitan, basado en las siguientes categorías:

- Principiante entusiasta — Necesita dirección
- Aprendiz desilusionado — Necesita entrenamiento
- Integrante cauteloso — Necesita apoyo
- Triunfador autosuficiente — Necesita responsabilidad

Siempre otorgúeles la oportunidad a las personas que ya están en su equipo de crecer y florecer. Eso es lo que el explorador inglés Eric Shipton hizo con un joven, un chico sin experiencia, llamado Tenzing en 1935, y su país fue premiado dieciocho años después con una exitosa escalada a la montaña más alta del mundo.

2. AGREGUE MIEMBROS CLAVE AL EQUIPO

Aunque le diera a cada persona de su equipo la oportunidad de apren-der y crecer, y todos la aprovecharan al máximo, usted descubriría que todavía carece del talento que necesita para alcanzar su sueño. Este es el momento para reclutar ese talento. Algunas veces todo lo que el equipo necesita es una persona clave con capacidades específicas en un área para hacer distinguir entre el éxito y el fracaso.

3. Cambie el liderazgo

Diversos desafíos requieren de diferentes tipos de liderazgo. Si un equipo tiene el talento adecuado pero aun así no está creciendo, lo mejor que puede hacer es pedirle a un integrante del grupo —que previamente fuera una persona obediente— que asuma un papel dentro del liderazgo. Esa transición puede darse solo por períodos breves o puede ser permanente.

El desafío del momento suele determinar el líder adecuado. ¿Por qué? Porque todas las personas en los equipos tienen fortalezas y debilidades que se manifiestan. Ese fue el caso del equipo del Everest cuando enfrentaban cada situación en el transcurso de su viaje. El coronel Hunt eligió a los alpinistas y dirigió la expedición captando la visión, fomentando el servicio desinteresado y tomando decisiones críticas acerca de quién ocuparía tal o cual lugar. Tenzing eligió a los maleteros, los lideró, los organizó y los motivó a que levantaran campamentos en cada etapa de la montaña. Y los equipos de alpinistas se turnaban para dirigir, abriendo camino hacia el ascenso para que Hillary y Tenzing hicieran la escalada final hacia la cima. Cuando aparecía una dificultad en particular, también surgía el líder para enfrentarla; todos trabajaban juntos, haciendo su parte.

Si su equipo está afrontando un gran desafío y ve que no hay resultados que le lleven en dirección a «la cima de la montaña», quizás sea el momento de cambiar a los líderes. Quizás haya alguien con mayor capacidad para liderar durante este período.

4. Saque a los miembros ineficientes

A veces, un miembro puede convertir al equipo ganador en perdedor, tanto por la falta de capacidad como por una actitud pobre. En ese caso usted debe poner primero al grupo y hacer cambios por el bienestar común.

Tenzing enfrentó esa situación durante la expedición al Everest en 1953. Durante los primeros días, se manifestaban continuamente riñas entre los maleteros y el equipo de alpinistas británico, y como *sirdar*, Tenzing estaba en medio de los dos lados, tratando constantemente de hacer que las cosas funcionaran entre ellos. Después de negociar la paz repetidas veces entre los dos bandos, Tenzing descubrió que la raíz del problema eran dos *sherpas* que provocaban disensión. Así que los despidió de inmediato y los mandó a su casa. La paz rápidamente se restableció. Si su equipo experimenta disensiones repetidas veces o no alcanzan las metas, probablemente necesitará hacerle cambios.

Desarrollar un equipo requiere tiempo y esfuerzo. Pero si quiere alcanzar su sueño, no tiene opción. Cuanto más grande sea el sueño, mayor deberá ser el grupo. *A medida que el desafío crece, la necesidad del trabajo en equipo aumenta.* Esa es la Ley del Monte Everest.

4

¿CÓMO DESARROLLO UN
EQUIPO QUE PERDURE?

Cree un medio ambiente que promueva nuevos líderes.

Si es el líder en su organización, me gustaría dedicarme a usted en esta sección particular. Muchos están altamente frustrados en sus organizaciones. Tienen un gran deseo de liderar y tener éxito; sin embargo, muchas veces sus líderes son más estorbo que ayuda para ellos. Más de dos tercios de la gente que deja sus trabajos lo hace a causa de un líder que es ineficiente o incompetente. La gente no deja la empresa, deja al líder.

Como líder, usted tiene el poder que nadie más posee para crear una cultura de liderazgo positiva en la que los líderes potenciales afloren. Si crea ese medio ambiente, entonces las personas con potencial de líder aprenderán, ganarán experiencia y alcanzarán su mejor momento. Llegarán a ser la clase de líderes de equipo que engrandecerán a una organización.

Si está dispuesto a trabajar para hacer que su organización sea un lugar en el que los líderes dirijan y lo hagan bien, deberá cambiar su enfoque de:

Liderar a las personas y la organización, a...
Liderar a las personas, encontrar los líderes y dirigir la
    organización, a...

Liderar a las personas, desarrollar a los líderes y dirigir la
    organización, a...
Liderar y otorgar poderes a los líderes mientras ellos dirigen la
    organización, a...
Servir a los líderes mientras ellos dirigen la organización.

Ese proceso puede tomar varios años dependiendo de su experiencia,
incluso puede llegar a ser una escalada difícil. Pero piense en los beneficios.
¿Dónde estará su organización en cinco años si usted no levanta líderes en
un medio ambiente que promueva líderes de equipo?

Las doce diarias del líder

Si está listo para revolucionar su organización, quisiera desafiarlo a que
comience el proceso adoptando lo que llamo «Las doce diarias del líder».
Todas las mañanas cuando se levante y se prepare para dirigir su organización, comprométase con estas doce actividades:

1. Otórguele un valor alto a las personas

El primer cambio para transformar su organización en un medio ambiente de liderazgo amigable, debe suceder dentro de usted mismo. Usted
solo se compromete con aquellas cosas que valora; por lo que en esencia, si
no valora a las personas nunca fomentará una cultura que desarrolle líderes.

La mayoría de los líderes se enfocan en dos cosas: la visión y la rentabilidad. La visión casi siempre es lo que más nos entusiasma; atender la
rentabilidad es lo que nos mantiene en perspectiva. Sin embargo, en medio
de la visión y la rentabilidad se encuentran las personas de su organización.
Lo irónico es que si ignora a las personas y solo presta atención a las otras
dos cosas, perderá a las personas y por ende la visión (y probablemente la
rentabilidad). Pero si se enfoca en la gente, tiene el potencial de ganar a las
personas, la visión y la rentabilidad.

Cuando Jim Collins estudió a grandes compañías, descubriendo y defi-
niendo lo que llamó líderes de nivel cinco, notó que esos excelentes líderes
no se atribuyeron el mérito por los logros de su organización. Es más, eran
asombrosamente humildes y atribuían el mérito a su gente. Sin duda, los
líderes de nivel cinco les otorgan un alto valor a las personas.

Muchas empresas dicen que valoran a sus empleados y sus clientes. Eso luce muy bien, pero lo que dicen es mera palabrería. Si desea saber si ese principio se transmite en su empresa, hable con personas que conozcan bien a la organización pero que no trabajen en ella. ¿Qué dirían? Posiblemente sus respuestas sean las más precisas para darle un cuadro general.

De todas maneras, en el fondo, usted lo sabe mejor que nadie. Todo comienza en usted. Debe hacerse esta pregunta: *¿Les otorgo un alto valor a las personas?*

2. DESTINE RECURSOS PARA EL DESARROLLO DE LA GENTE

En cierta ocasión, cuando volaba a Dallas con Zig Ziglar, me preguntó si alguna vez había recibido cartas de agradecimiento de parte de las personas. Cuando reconocí que sí, me preguntó: «Cuando recibe esas cartas, ¿por qué cosas le agradecen?». Nunca me había dado cuenta de eso, pero la respuesta era evidente. Casi siempre las personas me agradecían por algún libro que escribí o por algún material que produje.

«A mí me agradecen por lo mismo», dijo Zig. «¿Acaso no es interesante? Usted y yo somos conocidos por nuestros discursos, pero no es eso lo que impulsa a la gente a escribirnos».

He dado muchos discursos durante los últimos treinta y cinco años. Disfruto hacerlo y creo que vale la pena. Los eventos son buenos para generar motivación y entusiasmo, pero si desea promover el crecimiento, necesita recursos. Son mejores para el desarrollo porque están orientados al proceso. Los puede llevar consigo. Se puede referir nuevamente a ellos. Usted puede enfocarse en lo importante y descartar lo insignificante, puede ir a su propio paso.

Una vez cuando estaba enseñando en una gran corporación, uno de los promotores del evento dijo desde la plataforma que la gente era el capital más valioso de la organización. Aplaudí en honor a su sentimiento, pero también lo desarrollé más allá para los líderes que estaban en la sala. Su afirmación es verdad solo si usted desarrolla a esas personas.

Requiere mucho trabajo desarrollar líderes. La primera pregunta que un líder suele hacer es: «¿Cuánto me va a costar?». Mi respuesta es: «Cualquiera que sea el precio que cueste, nunca será tan alto como no desarrollar a su gente».

Una vez más, tengo una interrogación para usted. Pregúntese: *¿Estoy comprometido a proveer recursos para el desarrollo del liderazgo?*

3. OTÓRGUELE UN ALTO VALOR AL LIDERAZGO

La gente que dirige negocios de una sola persona no tendrá que preocuparse por el liderazgo pero, para las personas que lideran organizaciones, ese siempre es un tema importante. Siempre que usted tenga dos o más personas que trabajen juntas, entra en juego el liderazgo. En algunas organizaciones, todo el énfasis se enfoca en el esfuerzo, por lo que el liderazgo ni siquiera forma parte de las prioridades de una persona. Qué error.

Los buenos líderes reconocen la importancia del liderazgo y le otorgan un alto valor. Me encanta lo que el general Tommy Franks dijo respecto a los líderes supremos en los mandos intermedios del ejército, los sargentos:

> Los meses en el desierto reforzaron mi firme convicción respecto a que los sargentos son el respaldo del ejército. El soldado de caballería promedio depende de los suboficiales, de que le muestren liderazgo mediante su ejemplo personal. Pensé en Sam Long y Scag, y en el sargento de personal Kittle, quienes fueron ejemplos de lo que un sargento debe ser. Si un suboficial se dedica a sus tropas, el escuadrón o sección tendrán un entrenamiento eficaz y riguroso, comida caliente cuando sea posible, y la posibilidad de darse una ducha ocasional. Si un sargento es indiferente a las necesidades de sus soldados, su actuación será de bajo nivel, y su tiempo invertido será en vano. Un oficial inteligente trabaja duro para desarrollar buenos suboficiales.[1]

El ejército estadounidense comprende el valor del liderazgo y siempre le otorga un alto valor. Si valora el liderazgo, los líderes se levantarán para añadirle valor a la organización.

Esta vez la pregunta que debe hacerse es muy simple: *¿Le otorgo un alto valor al liderazgo en mi organización?*

4. BUSQUE LÍDERES POTENCIALES

Si el liderazgo forma parte de su visión y lo valora, siempre estará en la búsqueda de líderes potenciales. Algunos años atrás dicté una clase para uno de mis clubes de audio acerca del desarrollo del liderazgo en la que enseñaba a los líderes a saber qué buscar en los dirigentes potenciales. Se llamaba «Buscando águilas» y por varios años fue la lección más solicitada. Estas son las diez características más destacadas de las «águilas»:

- Hacen que las cosas sucedan.
- Ven las oportunidades.
- Influyen en las opiniones y hábitos de los demás.
- Le añaden valor a usted.
- Atraen ganadores hacia sí.
- Capacitan a otras águilas para liderar.
- Proveen ideas que ayudan a la organización.
- Poseen una gran actitud poco común.
- Cumplen con su palabra.
- Muestran una fuerte lealtad a la organización y al líder.

En el momento que comience a buscar líderes potenciales, busque personas que posean estas cualidades. Por el momento, pregúntese: *¿Estoy buscando continuamente líderes potenciales?*

5. CONOZCA Y RESPETE A SU GENTE

Cuando usted comienza a encontrar líderes y a desarrollarlos, también empezará a conocerlos mejor como individuos. Pero también existen otras características comunes en todos los líderes que debería tener en cuenta durante el período en que los acompañe por el proceso de desarrollo:

- Las personas quieren ver resultados.
- Las personas quieren ser efectivas, quieren hacer lo que saben hacer y hacerlo bien.
- Las personas quieren estar en el cuadro.
- Las personas quieren ser apreciadas.
- Las personas quieren formar parte de la celebración.

Conforme selecciona a la gente que va a desarrollar, trabaje para establecer un equilibrio entre estos deseos universales y las necesidades individuales de su personal. Intente adaptar el proceso de desarrollo para cada individuo lo más que pueda. Para hacer eso, pregúntese continuamente: *¿Conozco y respeto a mi gente?*

6. PROVEA A SU PERSONAL CON EXPERIENCIAS DE LIDERAZGO

Es imposible aprender acerca del liderazgo si no se lidera. Después de todo, el liderazgo es acción. Uno de los puntos en los que muchos líderes pierden oportunidades para desarrollarse es en el aspecto de delegar. Nuestra tendencia natural es darles a otras personas tareas a realizar en vez de funciones de liderazgo que cumplir. Necesitamos hacer un cambio. Si no delegamos el liderazgo, tanto con autoridad como con responsabilidad, nuestro personal nunca ganará la experiencia que necesita para liderar bien.

La pregunta que debe hacerse es: *¿Estoy proveyendo a mi personal con experiencias de liderazgo?*

7. RECOMPENSE LAS INICIATIVAS DE LIDERAZGO

Tomar la iniciativa es una parte muy importante del liderazgo. Los mejores líderes actúan porque la tienen y hacen que las cosas sucedan. La mayoría de los líderes son iniciadores, pero eso no significa que todos estén contentos con la idea de que otros se aprovechen de sus iniciativas. Solo porque confían en sus propios instintos no significa que confíen en los instintos de su personal.

Es verdad que los líderes emergentes tienen el deseo de liderar antes de estar listos para esa tarea. Pero los líderes potenciales solo pueden llegar a ser líderes hechos y derechos si se les permite desarrollar y utilizar su iniciativa. Así que, ¿cuál es la solución? ¡El momento oportuno! Si apresura el momento, provoca un cortocircuito en el proceso de crecimiento. Si retiene a los líderes que están listos para moverse, estanca su crecimiento.

Una de las cosas que pueden ayudarle con el asunto del momento oportuno es reconocer si su mentalidad se basa en la escasez o en la abundancia. Si cree que el mundo tiene solamente una cantidad limitada de recursos, un número pequeño de oportunidades y así sucesivamente, entonces puede que sea reticente con la idea de que sus líderes corran riesgos, porque piensa que la organización no podrá recuperarse de sus errores. Por otro lado, si cree que las oportunidades son ilimitadas, que los recursos son renovables e ilimitados, tendrá mayor apertura a asumir riesgos. No dudará de su capacidad para reponerse.

¿Cómo está en esta área? Pregúntese: *¿Premio las iniciativas de liderazgo?*

8. PROVEA UN MEDIO AMBIENTE SEGURO EN DONDE LAS PERSONAS HAGAN PREGUNTAS, COMPARTAN SUS IDEAS Y ASUMAN RIESGOS

El ganador del premio Pulitzer, el historiador Garry Wills dijo: «Los líderes tienen voz y voto para dirigir a los demás en la dirección marcada. Un líder que es negligente con ello, pronto se encuentra sin seguidores». Se requiere de líderes seguros en la cúspide que permitan a los líderes intermedios que trabajan para ellos ser participantes comprometidos en el proceso de liderazgo de la organización. Si los líderes de nivel medio los cuestionan, no lo tomarán como algo personal. Cuando les digan sus ideas, los líderes en la cima no pueden permitirse sentirse amenazados. Cuando las personas que están en niveles más bajos en la organización quieren arriesgarse, necesitan que los líderes superiores estén dispuestos a brindarles el espacio para que triunfen o fracasen.

Por naturaleza el liderazgo busca afrontar desafíos. Desafía ideas que ya expiraron. Desafía antiguas maneras de hacer las cosas. Desafía al *statu quo*. Nunca olvide que lo que se premia se termina. Si usted premia la autocomplacencia, obtendrá autocomplacencia de sus líderes en el nivel intermedio. Pero si puede permanecer firme y les permite encontrar nuevas maneras para hacer las cosas, maneras mejores que las suyas, la organización avanzará con mayor rapidez.

En vez de intentar ser el señor Sabelotodo o la señora Arréglalo, cuando sus líderes comiencen a avanzar solos, a alcanzar su mejor momento, muévase más hacia el fondo. Intente tomar el papel del consejero sabio y jefe encargado de animar. Dele la bienvenida al deseo de sus mejores líderes de innovar y perfeccionar a la organización. Después de todo, creo que está de acuerdo en que una victoria para la empresa es una victoria para usted.

Entonces, ¿qué papel está ejerciendo en su organización? ¿Es usted el «experto» o es más bien un consejero o defensor? Pregúntese: *¿Estoy proveyendo un medio ambiente donde las personas puedan hacer preguntas, compartir sus ideas y asumir riesgos?*

9. CREZCA CON SU GENTE

He hablado con varios líderes durante mi carrera y he podido detectar una serie de reacciones frente al crecimiento. Así es como las resumiría:

- Ya crecí.
- Yo deseo que mi gente crezca.
- Yo estoy dedicado a ayudar a que mi gente crezca.
- Quiero crecer junto a mi gente.

¿Adivine cuál de estas actitudes promueve a una organización en la que las personas crecen?

Cuando la gente de una organización ve crecer al líder se genera un cambio en la mentalidad de la estructura. Esto levanta al instante las barreras entre el líder y el resto de la gente, poniéndolo a usted al mismo nivel de ellos, lo cual hace al líder más humano y accesible. Esto también genera que todos reciban el mensaje: hacer del crecimiento una prioridad.

Entonces, la pregunta que quiero que se haga es muy simple: *¿Estoy creciendo con mi gente?*

10. ATRAIGA A PERSONAS CON UN ALTO POTENCIAL DENTRO DE SU CÍRCULO ÍNTIMO

Cuando Mark Sanborn, autor de *El factor Fred,* habló en una de nuestras actividades de liderazgo, hizo una afirmación que se me quedó grabada: «Es mejor tener un grupo de ciervos conducidos por un león que un grupo de leones conducidos por un ciervo». ¿Por qué? Porque si tuviera un grupo de ciervos que son conducidos por un león, su conducta reflejaría el orgullo de un león. ¿No es esta una gran analogía? Realmente es verdadera. Cuando las personas pasan tiempo con alguien y son dirigidas por ellos, aprenden a pensar de la manera que esa persona piensa y hacen lo que esa persona hace. Sus resultados comienzan a mejorar de acuerdo a las capacidades de su líder.

Cuando estaba trabajando en *Desarrolle los líderes que están alrededor de usted,* de vez en cuando realizaba encuestas informales en las conferencias para descubrir cómo las personas llegaron a ser líderes. Les preguntaba si llegaron a ser líderes: (a) porque les fue dada la posición; (b) porque la organización tuvo una crisis; o (c) porque tuvieron un mentor. Más del ochenta por ciento indicaron que llegaron a ser líderes porque alguien los preparó en el liderazgo, los acompañaron durante el proceso.

La mejor manera que existe para desarrollar líderes de un alto calibre es a través de un líder de gran calibre que funja como su mentor. Si usted lidera su organización, probablemente sea el mejor (o por lo menos uno de los mejores) líderes en la organización. Si todavía no lo está haciendo, necesita escoger con cuidado a las personas con mayor potencial, integrarlos a su círculo íntimo y ser su mentor. No importa si lo hace con uno o con una docena, si trabaja cara a cara con cada uno o al estilo grupal. Lo más importante es que debe estar dando lo mejor de sí a sus mejores individuos.

¿Está usted haciéndolo? ¿Cuál es su respuesta a esta pregunta?: *¿Estoy integrando gente con potencial en mi círculo íntimo?*

11. COMPROMÉTASE A DESARROLLAR UN EQUIPO DE LIDERAZGO

Cuando comencé como líder, intentaba hacer todo por mí mismo. Hasta que alcancé la edad de los cuarenta, pensé que podía hacerlo todo. Después de cumplirlos me di cuenta finalmente de que si no desarrollaba otros líderes, mi potencial iba a ser solo una fracción de lo que podría ser. Así que eso también tiene sus limitaciones. Ahora me doy cuenta de que para alcanzar el potencial más alto de liderazgo, debo desarrollar continuamente equipos de líderes.

Hay que admitirlo. Nadie hace todo bien. No puedo hacer todo, ¿puede usted? Escribí el libro *Las 21 leyes irrefutables del liderazgo*, el cual contiene todos los principios de liderazgo que conozco basado en toda una vida de aprendizaje y liderazgo. No puedo cumplir bien con todas las veintiuna leyes, necesito ayuda.

Usted también. Si desea que su organización alcance su potencial, si desea que pase de buena a excelente (o incluso de mediocre a buena), necesita desarrollar un equipo de líderes, personas que sean capaces de cubrir las carencias de los demás, personas que puedan desafiarse y espabilarse entre sí. Si intentamos hacerlo todo por nosotros mismos, nunca podremos ir más allá de los límites de nuestro liderazgo.

¿Cómo está en esa área? Pregúntese: *¿Estoy comprometido a desarrollar un equipo de liderazgo?*

12. Deles libertad a sus líderes para liderar

Si nosotros como líderes, sentimos incertidumbre e inseguridad respecto al proceso de desarrollo, por lo general no está relacionado al entrenamiento que damos. La incertidumbre se genera cuando contemplamos el hecho de soltar a nuestros líderes para que actúen. Es similar a lo que los padres sienten con sus hijos. Los míos ya son grandes y tienen sus propias familias pero, cuando eran adolescentes, lo más difícil para mi esposa y para mí era soltarlos para que eligieran su camino y tomaran sus propias decisiones. Eso puede darnos un poco de temor, pero si no les permite probar sus alas, nunca aprenderán a volar.

En la medida en que he ido envejeciendo, he llegado a verme como un abridor de párpados. Esa es mi función principal como líder de equipo. Si puedo abrir los párpados del liderazgo de mi grupo, entonces estoy cumpliendo con mi tarea. Cuantos más obstáculos les quite a mi gente, más oportunidades tendrán para elevarse hacia su potencial. Y lo que es realmente genial es cuando los líderes son abridores de párpados de los dirigentes que están en el nivel medio de una organización, por lo que esos líderes llegan a ser los que lleven las cargas de los que están por encima de ellos. Si usted se dedica a levantar y liberar líderes de equipo, su organización se transformará, de la misma manera que su vida.

PARTE II

LA DINÁMICA DEL TRABAJO EN EQUIPO

¿CUÁLES SON LAS CARACTERÍSTICAS DE UN BUEN EQUIPO?

Los integrantes de los equipos grandiosos siempre están sintonizados.

En todos mis años de desarrollar gente y equipos, he llegado a la conclusión de que todos los conjuntos exitosos poseen características similares. Si usted, como jugador, líder de equipo o entrenador, puede cultivar esas cualidades en su grupo de líderes, llegarán a ser un grupo cohesivo capaces de saltar por encima de altas estructuras o resolver cualquier tarea requerida. Estas son las características:

LOS MIEMBROS DE UN EQUIPO SE PREOCUPAN UNO POR EL OTRO

Todos los grandes equipos comienzan por esta cualidad. Es el fundamento sobre el que se construye todo. Los grupos que no pueden vincularse, no pueden edificar. ¿Por qué? Porque nunca llegan a ser una unidad cohesiva.

Una de las mejores descripciones que he escuchado acerca de esta cualidad, la dio un entrenador de fútbol americano llamado Lou Holtz. Él decía que una vez vio un programa de televisión que investigaba por qué los hombres entregaban sus vidas por su país. En el programa, que se centraba en la Marina de Estados Unidos, la Legión Francesa Extranjera y los Comandos Británicos, era evidente que los hombres que morían por su país en realidad lo hacían por el amor que tenían por sus compañeros de batalla. En el programa entrevistaron a un soldado que fue herido en combate y se estaba recuperando en el hospital cuando escuchó que su unidad estaba regresando a una misión peligrosa. El soldado escapó del hospital y se fue con ellos, solo para ser herido nuevamente. Cuando le preguntaron por qué lo hizo, dijo que después que uno trabaja y vive con ciertas personas, pronto descubre que su supervivencia depende del otro y viceversa. Para que un equipo pueda ser exitoso, los integrantes deben saber que cada uno se preocupará por el otro.

He descubierto que una de las mejores maneras para hacer que los miembros de un equipo se preocupen mutuamente es haciendo que salgan de su contexto de trabajo para que forjen relaciones. Todos los años planeamos retiros y otras actividades en nuestra organización que reúnen a los nuestros en un contexto social. Durante esos momentos, también nos aseguramos de que pasen tiempo con miembros del personal que no conozcan bien. De esa manera, no solo están forjando relaciones, sino que se evita que desarrollen camarillas.

LOS MIEMBROS DEL EQUIPO SABEN LO QUE ES IMPORTANTE

Una de las cosas que más disfruto con la experiencia de un equipo es ver el modo en que funciona como una simple unidad. Todas sus partes tienen una meta en común y un propósito. Esta cualidad es desarrollada asegurándose de que cada miembro sepa lo que es importante para el grupo. Esta cualidad, como la anterior, es fundamental para el desarrollo de un equipo. Sin esto sus miembros no pueden trabajar juntos verdaderamente.

En un deporte como el baloncesto, los jugadores de un conjunto saben que anotar es lo importante. Cuando un equipo es eficaz aumentando el marcador más que el oponente, gana. Como sus miembros saben eso, invierten tiempo mejorando y perfeccionando su habilidad para anotar. Ese es su objetivo. En contraste, en varios estilos de organizaciones, los miembros del equipo no saben qué significa «anotar». Puede que tengan una lista de tareas, pero no saben a dónde apuntan esas tareas para hacer una anotación. Sería el equivalente al jugador que sabe pararse, picar la pelota, hacer pases, pero que nunca supo que todas estas cosas sirven para hacer anotaciones.

Si solamente un jugador del equipo desconoce lo que es importante para su conjunto, lo hace ineficaz; de forma que cuando él está en el juego, es imposible que tengan éxito. Lo mismo sucede en cualquier organización. Cualquiera que no sepa lo que es importante para el grupo, no solo falla en contribuir con él, sino que también *impide que el equipo alcance el éxito*. Es por eso que es tan importante para el líder del grupo identificar lo que es importante para este y comunicar esa información a sus miembros.

Los miembros del equipo se comunican unos con otros

La tercera cualidad fundamental de un equipo eficaz es la comunicación. Así como es primordial que el líder comunique lo que es importante para el equipo, cada miembro debe comunicarse uno con otro. Sin eso, los jugadores se ven sentenciados a trabajar en contra del otro. Puede que algunas tareas importantes se dejen sin hacer, y los miembros del equipo se encuentren duplicando tareas.

A cualquiera que jugó al baloncesto le es familiar la situación cuando dos jugadores saltan por el rebote y terminan forcejeando por la pelota, hasta que descubren que están en el mismo conjunto. En los equipos en los que los jugadores se comunican entre sí, un tercero gritará: «¡Es del mismo equipo!», para asegurarse de que no pierdan el balón cuando intenten quitárselo el uno al otro. De eso se trata la comunicación en el equipo: de permitirle al otro conocer lo que está sucediendo dentro para que el interés del conjunto sea protegido.

Lo mismo sucede en organizaciones que no son deportivas. Las líneas claras y formales de comunicación deben ser establecidas. Pero aun más importante, una atmósfera de comunicación positiva debe ser establecida y fomentada a diario. A las personas del equipo se les debe dar la posibilidad de sentir que están en un medio ambiente que es seguro para hacer sugerencias o críticas sin sentirse amenazadas, que pueden compartir información con libertad en un espíritu de cooperación, y discutir ideas sin ser criticados negativamente. La comunicación franca entre los compañeros de equipo incrementa la productividad.

Los miembros del equipo crecen juntos

Una vez que los miembros del equipo se preocupen mutuamente, tengan una meta en común y se comuniquen el uno con el otro, están listos para comenzar a crecer. En una organización, orquestar el crecimiento es responsabilidad del líder. Debe asegurarse de que su gente crezca tanto en lo personal como en lo profesional. Debe asegurarse también de que su crecimiento ocurra con todos juntos, como equipo.

Cuando trabajo en el crecimiento de los miembros de mi equipo, utilizo diferentes enfoques. Primero, todos aprendemos juntos con normalidad, por lo menos una vez al mes. De esa manera, *sé* que existen algunas cosas que todos saben en la organización, y que comparten la experiencia en común de aprenderlas juntos, sin importar su posición o responsabilidad.

Segundo, organizo regularmente pequeños equipos de aprendizaje. Periódicamente tengo algunos de tres o cuatro personas que trabajan unidos en un proyecto que les exige aprender. Esto forja vínculos de relaciones fuertes entre esas personas. De paso, es una buena idea, variar los miembros de esos equipos para que otras personas puedan aprender a trabajar juntas. También le da una idea acerca de la química que pueda existir en los diferentes grupos durante su trabajo juntos.

Por último, envío frecuentemente diferentes personas a conferencias, grupos de trabajo y seminarios. Cuando vuelven, les pido que enseñen a las demás personas de la organización lo que aprendieron. Eso acostumbra a todos a aprender y enseñar uno al otro. Las experiencias compartidas y el intercambio de la comunicación, constituyen las mejores maneras para promover el crecimiento de un equipo.

HAY UN AJUSTE DE EQUIPO

En la medida en que las personas que se preocupan mutuamente crecen juntas y trabajan para alcanzar una meta común, se conocen mejor. Comienzan a apreciar las fortalezas de cada uno y se percatan también de sus debilidades. Empiezan a reconocer y apreciar las cualidades únicas de cada jugador, lo cual lleva al desarrollo del «ajuste» de un equipo.

El tipo de ajuste que tenga un equipo depende de muchas cosas. Es más que la manera en que un grupo de personas con talentos particulares se desarrollan. Probablemente todos hayamos vistos equipos armados por jugadores talentosos en sus posiciones, que juntos deberían haber podido jugar bien, pero no pudieron. A pesar de sus talentos, no tenían la química precisa.

Un buen ajuste de equipo requiere de una actitud de compañerismo. Cada miembro del grupo debe respetar a los demás. Deben desear aportar al equipo y esperar la contribución del resto de las personas. Por sobre todo, deben aprender a confiar entre sí. Es la confianza la que posibilita que puedan contar uno con otro. Eso permite que puedan aceptar las debilidades de cada uno en vez de aprovecharse de ellas. Eso hace que un miembro del equipo le diga a otro: «Adelántate y haz esta tarea porque eres mejor en esto que yo», sin vergüenza ni manipulación. La confianza permite a los miembros del equipo comenzar a funcionar como una unidad, para empezar a completar las cosas que juntos reconocen como importantes. Una vez que los jugadores se conocen, confían mutuamente y desarrollan un ajuste, la personalidad del equipo comienza a emerger.

LOS MIEMBROS DE UN EQUIPO PONEN SUS DERECHOS INDIVIDUALES POR DEBAJO DE LO QUE ES DE MAYOR BENEFICIO PARA EL CONJUNTO

Una vez que los miembros de un equipo crean en sus metas y comiencen a desarrollar una confianza genuina entre sí, estarán preparados para mostrar el verdadero trabajo colectivo. Su confianza mutua hará posible que puedan poner sus derechos y privilegios por debajo de lo que sea de más beneficio para el equipo.

Note que he mencionado que los miembros del conjunto estarán en *posición* de demostrar el verdadero trabajo grupal. Esto no significa necesariamente que lo harán porque para que haya trabajo en equipo, deben darse algunas cosas. Primero, deben creer genuinamente que el valor del éxito del equipo es mayor que el de los intereses personales. Solo podrán creer esto si se preocupan mutuamente y si el líder ha establecido con eficiencia la visión de lo que es importante. Entonces reconocerán que su éxito vendrá junto con el del equipo.

Segundo, para que los miembros de un equipo pongan sus derechos individuales por debajo de lo que sea de más beneficio para el conjunto, el sacrificio personal debe ser promovido y recompensado por el líder y el resto de los miembros. A medida que eso suceda, las personas llegarán a identificarse más y más con el equipo. En esa instancia, llegarán a reconocer que el individualismo gana trofeos, pero el trabajo en equipo gana el banderín.

CADA MIEMBRO DEL EQUIPO CUMPLE UN PAPEL ESPECIAL

Mientras que el ajuste del equipo comienza a intensificarse y cada individuo se dispone a ponerlo en primer lugar, las personas comienzan a reconocer los diferentes papeles que ejercen en el grupo. Pueden hacerlo porque saben lo que se necesita para ganar y conocen las capacidades de sus compañeros de equipo. Con ese conocimiento y un poco de ánimo de parte del líder, los integrantes con mucho gusto asumirán apropiadamente sus roles. Philip Van Auken, en *The Well-Managed Ministry* [El ministerio bien administrado], reconoce esto como el *Principio del nicho*. Él dice que: «Las personas que ocupan un lugar exclusivo en el equipo se sienten especiales y se desempeñan de manera especial. Esto es lo que humaniza el trabajo en conjunto».

En una situación ideal, el papel de cada persona se forja en base a sus fortalezas principales. De ese modo, el talento de cada persona puede ser maximizado. Pero no siempre funciona exactamente así. Como el éxito del equipo es lo más importante, algunas veces los miembros deben ser flexibles. Por ejemplo, cualquiera que conozca un poco del baloncesto profesional escuchó hablar de Magic Johnson. Él jugó para los Lakers de Los Angeles durante los años ochenta, cuando era uno de los mejores equipos. Su talento principal consistía en su capacidad para hacer que las jugadas se completaran, especialmente las asistencias utilizando asombrosos pases mirando hacia otros lados. Pero Johnson era un jugador que estaba dispuesto a ocupar cualquier posición que el equipo requiriera. Durante ciertas temporadas, comenzó en los juegos del campeonato de la NBA como defensa, en la delantera y como central. Quizás sea el único jugador que haya hecho eso.

Lo importante aquí es que cada miembro del equipo asume un rol que se ajusta a las metas y necesidades de la organización así como a sus propios talentos y habilidades particulares. Cuando alguno de los papeles no está cubierto, todo el equipo sufre.

Si usted es líder de un conjunto, necesita observar qué papeles no están siendo ejecutados por los miembros de su equipo para que este cumpla la meta. Cuando vea que un rol está vacío, debe hacer ajustes en el equipo para que esa tarea se lleve a cabo.

UN EQUIPO EFICAZ TIENE UNA BUENA BANCA DE SUPLENTES

En los deportes, la banca de suplentes puede ser el recurso menos comprendido del equipo. Muchos jugadores «titulares» creen que son importantes, mientras que los que quedan en la banca de suplentes no lo son. Creen que pueden hacerlo sin ellos. Otros que pasan mucho tiempo en la banca desconocen su propia contribución. Algunos piensan erróneamente que no deben preocuparse por prepararse con la dedicación con la que lo hacen los titulares, que no necesitan estar listos para jugar. Sin embargo, la verdad es que la banca de suplentes es indispensable. Sin una buena banca de suplentes, el equipo nunca triunfará.

Lo primero que proporciona una buena banca es profundidad. En los deportes, muchos equipos pueden producir ganadores de temporadas. Pero cuando el nivel de competencia aumenta, tal como en los juegos abiertos o los torneos nacionales, un equipo sin profundidad no puede lograrlo. Si el conjunto no posee buenos jugadores de reserva, no llegará al final. Hasta ahora no he visto un equipo finalista que no haya tenido una buena banca de suplentes. Es más, este libro habla bastante acerca de desarrollar un buen equipo de suplentes: seleccionar, capacitar y desarrollar personas para que alcancen lo mejor y cumplan sus tareas cuando sean requeridas.

Otra de las características de la banca de suplentes es que establece la marca del nivel de potencial de todo el equipo. Esto es verdad porque la preparación del grupo depende de la banca de suplentes. En los deportes, los equipos practican en contra de sus propios jugadores. Si los titulares solo están practicando contra jugadores incompetentes, su rendimiento no mejorará. Pero las buenas bancas de suplentes producen un mejor rendimiento, para mejorar constantemente. Lo mismo pasa en las organizaciones. Si el nivel de juego es elevado todos los días en la organización, los resultados del equipo serán excelentes cuando más se les necesite.

Por último, una buena banca de suplentes es un requisito para un equipo exitoso porque le otorga al jugador cansado la posibilidad de recuperarse. En los equipos victoriosos, cuando algún jugador no puede seguir debido a su fatiga o a una lesión, su compañero carga con la responsabilidad y le permite descansar. Es probable que esta sea una de las mejores cualidades del trabajo en equipo, la voluntad de un jugador para elevar su nivel de juego y completar la tarea por su compañero en el tiempo requerido. Este es el indicio máximo del deseo de un jugador por poner a su equipo y a las metas primero.

LOS MIEMBROS DE UN EQUIPO SABEN EXACTAMENTE EN QUÉ SITUACIÓN SE ENCUENTRA EL CONJUNTO

En los deportes, la capacidad para saber en qué situación se encuentra su equipo en todo momento y durante un partido, distingue al gran jugador del ideal. Esta cualidad, tanto como el talento, le permite al jugador escalar de un nivel de juego al próximo, como por ejemplo de la universidad a las ligas profesionales. Los entrenadores tienen diferentes términos para esta cualidad. Un entrenador de fútbol americano, por ejemplo, lo llamaría *instinto de fútbol*. Uno de baloncesto lo llamaría *instinto de cancha* o de *visión*. Es la capacidad de ver cuántos segundos quedan en el marcador, cuántos puntos están por debajo del otro equipo, y qué jugadores están totalmente conectados con el partido o lesionados. Es una cualidad que hace a los jugadores y por ende a los equipos, grandes.

Fuera de los deportes, esta cualidad puede ser llamada *instinto organizativo*. Es la capacidad de saber lo que está sucediendo en la organización, cómo se encamina respecto a las metas, qué organización lleva la delantera cuando se analiza la competencia, cómo se encuentran los diferentes jugadores y cuánto más pueden dar para llevar al equipo a donde necesita llegar. No todos los miembros del equipo poseen este don. Es tarea del líder mantener a todos los jugadores informados. Debe impulsarlos a que revisen constantemente el progreso del equipo y que escuchen a otros jugadores para saber en qué situación se encuentra este. Si todos los miembros están informados acerca de la situación en la que se encuentra el equipo, estarán mejor posicionados para saber qué es lo que se necesitará para triunfar.

LOS MIEMBROS DEL EQUIPO ESTÁN DISPUESTOS A PAGAR EL PRECIO

Una vez tras otra, el éxito es cuestión de sacrificio, es la voluntad de pagar el precio. Lo mismo sucede en un equipo ganador. Cada integrante del grupo debe estar dispuesto a sacrificar tiempo y energía para entrenar y prepararse. Debe estar dispuesto a rendir cuentas. Debe estar dispuesto a sacrificar sus propios deseos. Debe estar dispuesto a entregar parte de sí por el éxito del equipo.

Todo se resume en el deseo y la dedicación de los integrantes del equipo. Esto es tan cierto en los deportes como en los negocios. Incluso se da en las guerras. En una entrevista con David Frost, al general Norman

Schwarzkopf comandante de las fuerzas aliadas de la Guerra del Golfo, se le preguntó: «¿Cuál es la lección más grande que aprendió de todo esto?». Él respondió:

> Creo que existe una verdad fundamental en el ejército y es que puedes incrementar la correlación de las fuerzas, puedes contar la cantidad de tanques, puedes contar la cantidad de aviones, puedes calcular todos esos factores del poder militar y unirlos. Pero, a no ser que el soldado en el campo de batalla, o el aviador en el cielo, tenga la voluntad para ganar, tenga la fuerza de carácter para involucrarse en la batalla, crea que su causa es justa y tenga el apoyo de su país... el resto es irrelevante.

Sin la convicción de cada persona de que vale la pena pagar el precio por la causa, la batalla nunca se ganaría y el equipo no podría triunfar. Debe existir un compromiso.

Cuando arme un equipo dentro de la organización, usted estará capacitado para llegar a un nivel de éxito que nunca pensó alcanzar. El trabajo del equipo por una visión que vale la pena hace posible que personas comunes y corrientes alcancen resultados poco usuales. Y cuando los miembros del equipo no son personas comunes, sino líderes, sus hazañas pueden multiplicarse.

6

¿QUÉ SIGNIFICA SER
COMPAÑERO DE EQUIPO?

Los mejores jugadores ponen al equipo primero.

Cuando la situación es de vida o muerte, la mayoría de las personas se preocupan más por sí mismas que por los demás. No fue así con Philip Toosey. Como oficial en la Armada Británica durante la Segunda Guerra Mundial, tuvo varias oportunidades para preservar su vida, sin embargo siempre se preocupó por su grupo.

En 1927, cuando Toosey, de veintitrés años de edad, ingresó a la Armada Territorial, una especie de ejército de reserva, lo hizo porque quería hacer algo más que simplemente desarrollarse en su carrera bancaria y el comercio de materias primas. Tenía otros intereses. Era un buen atleta y le gustaba jugar al rugby, pero muchos de sus amigos se estaban enrolando para el servicio militar, así que decidió unirse a ellos. Fue comisionado como subteniente en una unidad de artillería en la que se lució como líder y comandante de batería. Con el tiempo, ascendió de rango hasta llegar a mayor.

En 1939, él y su unidad fueron llamados al servicio activo durante la explosión de la Segunda Guerra Mundial. Sirvió brevemente en Francia, fue evacuado a Dunkirk y trasladado subsecuentemente por mar para servir en el Pacífico. Allí fue parte del intento frustrado de defender la península de Malaya y finalmente Singapur de la invasión japonesa. Para ese entonces, Toosey fue promovido a teniente coronel y estuvo al mando del regimiento número 135 de la Decimoctava División de la armada. A pesar de que sus hombres lucharon con destreza durante las campañas, las fuerzas británicas fueron requeridas repetidas veces hasta que cayeron durante su retirada a Singapur.

Fue allí donde Toosey desplegó el primero de varios actos desinteresados que tanto lo caracterizaron. Cuando los británicos se dieron cuenta de que la rendición iba a ser inevitable, le dieron la orden a Toosey de que abandonara a sus hombres y su barco para que su experiencia como oficial de artillería pudiera ser preservada y utilizada en otra misión. Se rehusó. Después recordó:

> Realmente me era difícil creer lo que escuchaba, pero siendo un oficial territorial [en vez de uno común y corriente del ejército] me negué. Había recibido un tremendo cohete y se me dieron órdenes de hacer lo que se me dijera. Sin embargo pude decir que, como oficial territorial, todas las órdenes eran tema de discusión. Les manifesté que como artillero tuve que leer el *Manual de entrenamiento de artillería,* volumen II, que dice claramente que en cualquier retirada el oficial en comando se retira de último.[1]

Él sabía el efecto negativo que podría generarle a la moral de sus hombres si los abandonaba, así que se quedó con ellos. Por consiguiente, cuando las fuerzas aliadas en Singapur se rindieron ante los japoneses en febrero de 1942, Toosey se convirtió en prisionero junto con sus hombres.

Pronto Toosey se encontró en un campo para prisioneros de guerra en Tamarkan, cerca de un río principal llamado Kwae Yai. Como era el oficial de mayor experiencia, estaba al mando de los prisioneros de los aliados. Su asignación por parte de los japoneses era que construyeran puentes que cruzaran el río, primero con madera, y después con acero y concreto. (La novela y la película *El puente sobre el río Kwai* fueron basadas en los acontecimientos que ocurrieron en ese campamento, pero Toosey no se parecía en nada al personaje del coronel Nicholson en la película).

La primera vez que fue confrontado con las órdenes de los captores japoneses, Toosey quería negarse. Después de todo, la Convención de La

Haya de 1907, la cual los japoneses ratificaron, prohibía a los prisioneros de guerra que fueran presionados a hacer trabajos para ayudar a sus enemigos en tareas relacionadas a la guerra. Pero Toosey también sabía que su negación traería como resultado represalias, las cuales describió como «inmediatas, físicas y severas».[2] El biógrafo Peter N. Davies observó: «En efecto, Toosey pronto se dio cuenta de que en realidad no tenía opción en esa situación y comprendió que la pregunta esencial no era si las tropas podrían desempeñar las tareas con mayor presión, sino cuántos iban a morir en el proceso».[3]

Toosey decidió pedirles a los prisioneros que cooperaran con los captores, sin embargo a diario arriesgaba su vida por defender a sus hombres y por discutir por aumentos en las raciones, horas normales de trabajo y un día de descanso por semana. Su diligencia tuvo sus frutos, aunque después dijo: «Si usted tomara la responsabilidad que yo tomé, aumentaría su sufrimiento en gran medida».[4] Sufrió palizas con regularidad y se le obligó a permanecer parado en posición de firme bajo el sol por doce horas y sin embargo, su persistencia tediosa hizo que los japoneses mejoraran las condiciones para los prisioneros aliados. Y, sorprendentemente, durante los diez meses de trabajo sobre el puente, solo nueve prisioneros murieron.

Más tarde, como comandante de un hospital de campamento para prisioneros de guerra, Toosey fue reconocido por hacer todo lo posible por aportar al bienestar de sus hombres, incluyendo hacer excursionismo para encontrarse personalmente con cada grupo de prisioneros que arribaba al campamento, incluso en la oscuridad de la noche. Trabajaba con el mercado negro con el fin de obtener medicina, comida y otros suministros, a pesar de que si lo detectaban podría significar una muerte segura. Insistía en responsabilizarse por una radio ilegal, si es que los japoneses la llegaban a encontrar. Cuando la guerra terminó, la primera preocupación de Toosey fue encontrar a los hombres de su regimiento. Viajó cuatrocientos ochenta kilómetros para reunirse con ellos y asegurarse de que estuvieran a salvo.

Después de volver a Inglaterra, Toosey se tomó tres semanas de vacaciones y después volvió a su viejo empleo con el banco mercantil Barings. Nunca buscó la gloria por sus esfuerzos realizados durante la guerra, ni se quejó respecto a la película *El puente sobre el río Kwai*, aunque era evidente que la odiaba. Lo único que hizo más adelante, relacionado con la guerra, fue su trabajo para la Federación de Prisioneros de Guerra del Lejano Oriente ayudando a otros exprisioneros. Fue otro acto característico de un hombre que siempre puso a su equipo por encima de su persona.

CÓMO CULTIVAR EL ALTRUISMO

Al poeta W. H. Auden se le ocurrió bromear: «Estamos en el planeta Tierra a fin de obrar bien para otros. Para qué están los otros, no lo sé». Ningún equipo puede triunfar si no pone a sus jugadores como prioridad. Ser desinteresado no es fácil, pero es necesario.

Como miembro de un equipo, ¿Cómo está cultivando la actitud altruista? Comience haciendo lo siguiente:

1. SEA GENEROSO

San Francisco de Asís dijo: «Todos los que acaparan le separan a usted de los demás; todos los que dan lo unen a otros». El corazón del altruismo es generoso. Esto no solo le permite unir al equipo, sino también le permite avanzar. Si los miembros de un equipo están dispuestos a dar de sí mismos generosamente al grupo, entonces se está preparando para triunfar.

2. EVITE POLÍTICAS INTERNAS

Uno de los peores indicios de egoísmo se puede observar en las personas que emplean la política en un equipo. Generalmente esto significa tomar posturas o posicionarse para sus propios beneficios, sin importar cómo pueda dañar las relaciones del equipo. Pero los buenos jugadores de un conjunto se preocupan por el beneficio que puedan obtener sus compañeros antes que por sí mismos. Ese tipo de desinterés ayuda a los compañeros de equipo y beneficia al dador. El excepcional científico, Albert Einstein, observó: «Una persona comienza a vivir cuando logra vivir por fuera de sí mismo».

3. DEMUESTRE LEALTAD

Si demuestra lealtad a las personas de su equipo, ellos corresponderán a esa lealtad de la misma manera. Seguramente ese fue el caso del coronel Toosey. Una y otra vez, se ponía en la línea por sus hombres, y como resultado ellos trabajaban arduamente, le servían muy bien y cumplían con cualquier misión que se les daba, incluso en los momentos más difíciles. La lealtad fomenta la unidad y la unidad produce el éxito del equipo.

4. VALORE LA INTERDEPENDENCIA MÁS QUE LA INDEPENDENCIA

En Estados Unidos, valoramos mucho la independencia porque muy a menudo se logra a través de la innovación, del trabajo arduo y de la voluntad de luchar por lo que es correcto. Pero cuando se lleva demasiado lejos puede ser una característica del egoísmo, especialmente si comienza a lastimar o a ser un estorbo para los demás. Séneca dijo: «Ningún hombre puede vivir feliz si solo se interesa por sí mismo, si en todo busca su propio beneficio. Debe vivir para los demás si quiere vivir para sí mismo».

PARA LLEGAR A SER MENOS EGOÍSTA...

PROMUEVA A ALGUIEN QUE NO SEA USTED MISMO

Si tiene el hábito de vanagloriarse con sus logros y promocionarse ante otros, determínese a guardar silencio respecto a usted y alabe a otros por dos semanas. Encuentre cosas positivas qué decir acerca de las cualidades y hechos de otras personas, especialmente de sus superiores, familia y amigos cercanos.

TOME UN PAPEL SUBORDINADO

La tendencia natural de la mayoría de las personas es tomar la mejor posición y dejar que otros se hagan valer por sí mismos. Todo el día de hoy, practique la disciplina del servicio, permitiendo que otros avancen primero o tomando un papel subordinado. Hágalo por una semana y vea cómo afecta su actitud.

DÉ EN LO SECRETO

El escritor John Bunyan sostuvo que: «Usted no vivió el día de hoy exitosamente a menos que haya hecho algo por alguien que nunca se lo podrá devolver». Si les da a otros en su equipo sin que lo sepan, no podrán devolvérselo. Inténtelo. Cultive el hábito de hacerlo y verá que no podrá detenerse.

7

¿CÓMO HAGO PARA ESTABLECER UN EQUIPO GANADOR?

La inversión de un líder en un equipo retribuye dividendos.

Todos saben que el trabajo en equipo es algo bueno; es más, ¡es esencial! Pero, ¿cómo funciona en realidad? ¿Qué hace que se convierta en un equipo ganador? ¿Por qué algunos equipos van directo a la cima, viendo cómo su visión se hace realidad, mientras que otros no van a ningún lado?

Los equipos vienen en todas las formas y medidas. Si está casado, usted y su esposa son un equipo. Si es empleado de una organización, usted y sus colegas son un equipo. Si emplea su tiempo voluntariamente, usted y sus compañeros de trabajo son un equipo. Como bromeaba Dan Devine: «Un equipo que es un equipo, es un equipo. Shakespeare dijo eso muchas veces». Si bien el famoso autor no lo dijo exactamente de esa manera, el concepto sigue siendo válido. Es por eso que el trabajo en equipo es tan importante.

CÓMO INVERTIR EN EL DESARROLLO DE UN EQUIPO

Creo que la mayoría de las personas reconocen que invertir en el desarrollo de un equipo trae beneficios a cada persona que forma parte de él. La pregunta para la mayoría de las personas no es *¿por qué?*, sino *¿cómo?* Permítame presentarle diez pasos que puede seguir para invertir en el desarrollo

431

de su equipo. Usted puede implementar estas tareas sin importar que sea jugador o entrenador, empleado o patrón, seguidor o líder. Siempre hay alguien en el equipo que puede beneficiarse de lo que tenga que ofrecer. Y cuando todos en el equipo pueden invertir, los beneficios son como esos intereses compuestos. Se multiplican. Así es como puede comenzar:

1. DETERMÍNESE A DESARROLLAR UN EQUIPO... ESTO INICIA EL PROCESO DE INVERSIÓN EN ÉL

Se dice que cualquier travesía comienza con el primer paso. Decidir si vale la pena desarrollar a la gente del equipo es el primer paso en el desarrollo de un equipo mejor. Eso requiere de un *compromiso*.

2. REÚNA EL MEJOR EQUIPO POSIBLE... ESTO INCREMENTA EL POTENCIAL DEL GRUPO

Así como mencioné previamente, cuanto mejores sean las personas de un equipo, mayor será su potencial. Solo existe una clase de equipo del cual usted forma parte y del que no debería salir a buscar mejores jugadores disponibles, ese es su familia. Necesita permanecer con esos compañeros de equipo en las buenas y en las malas. Pero otra clase de grupos pueden beneficiarse del reclutamiento de las mejores personas disponibles.

3. PAGUE EL PRECIO PARA DESARROLLAR A SU EQUIPO... ESTO FAVORECE EL CRECIMIENTO DE SU CONJUNTO

Cuando Morgan Wootten se propuso ayudar al pequeño que tenía dos paros cardiacos y medio, él y su familia tuvieron que pagar un precio. No era lo más agradable ni confortable. Les costó energía, dinero y tiempo.

A usted también le costará desarrollar su equipo. Deberá dedicar tiempo que podría emplear productivamente en sí mismo. Deberá invertir dinero que podría ser utilizado para provecho propio y hasta tendrá que dejar de lado sus compromisos personales. No obstante, el beneficio que genera en las personas y el equipo, vale la pena. Todo lo que dé es una inversión.

4. HAGAN JUNTOS LAS COSAS COMO EQUIPO... ESTO GENERA SENTIDO DE COMUNIDAD EN EL GRUPO

Una vez leí la declaración: «Aunque haya jugado el partido de su vida, es la sensación de equipo la que recordará. Usted olvidará las jugadas, los lanzamientos y los resultados, pero nunca olvidará a sus compañeros de equipo». Eso es describir la comunidad que se desarrolla entre compañeros de equipo que invierten tiempo haciendo las cosas juntos.

La única manera de desarrollar el sentimiento de comunidad y unidad con sus compañeros de equipo es reuniéndolos, no solo en un contexto profesional, sino también en lo personal. Existen muchas maneras de conectarse con sus compañeros de equipo y de conectarlos entre sí. Muchas familias que desean generar un vínculo encuentran muy conveniente ir de campamento. Los colegas de labores pueden hacer vida social fuera del trabajo (de una manera apropiada). El *dónde* y *cuándo* no son tan importantes como el hecho de que los miembros del equipo compartan experiencias comunes.

5. OTORGUE RESPONSABILIDAD Y AUTORIDAD A LOS MIEMBROS DEL EQUIPO... ESTO LEVANTA LÍDERES PARA EL GRUPO

El mayor crecimiento en las personas muchas veces se da como resultado de la prueba y error en la experiencia personal. Cualquier equipo que desee que las personas avancen a un nivel superior de desempeño y niveles superiores de liderazgo, debe darles a sus miembros tanto autoridad como responsabilidad. Si usted es un líder en su grupo, no proteja su posición ni acapare el poder. Concédalo a otros. Esa es la única manera para añadir poder al equipo.

6. RECONOZCA EL MÉRITO DEL ÉXITO DEL EQUIPO... ESTO LEVANTA LA MORAL DEL GRUPO

Mark Twain dijo: «Puedo alimentarme de un buen cumplido por dos meses». Esa es la manera en que se siente la mayoría de las personas. Están dispuestos a trabajar arduamente si reciben el reconocimiento por su esfuerzo. Es por eso que Napoleón Bonaparte observaba: «Un soldado luchará con fuerza y perseverancia por un solo ribete colorado». Halague a sus compañeros de equipo. Haga notorios sus logros. Y si es el líder, encárguese de los errores pero nunca del mérito. Haga eso y su equipo siempre luchará por usted.

7. VERIFIQUE QUE LA INVERSIÓN EN EL EQUIPO ESTÉ DANDO SUS FRUTOS... ESTO PROMUEVE LA RESPONSABILIDAD COLECTIVA

Si deposita dinero en una inversión, es porque espera una retribución, quizás no al instante, pero seguramente más adelante. ¿Cómo hace para saber si está ganando o perdiendo en esa inversión? Debe prestar atención y medir el progreso.

Lo mismo sucede cuando se invierte en las personas. Debe revisar si el tiempo, energía y recursos que deposita en ellos tiene sus frutos. Algunos se desarrollan rápidamente. Otros tienen un proceso más lento y eso es bueno. Lo importante es ver si progresan.

8. Detenga su inversión en jugadores que no crecen... Esto termina con las pérdidas importantes del equipo

Una de las experiencias más difíciles para cualquier miembro de un equipo es cuando debe dejar un compañero de equipo atrás. Sin embargo, eso es lo que debe hacer si alguien de su equipo se rehúsa a crecer o cambiar por el beneficio de sus compañeros. Eso no significa que no ame a la persona. Solo significa que deja de invertir en una persona que no hará o no puede hacer que el equipo crezca.

9. Cree nuevas oportunidades para el equipo... Esto permite que se haga más flexible

No existe una mayor inversión que pueda hacer en el desarrollo de un equipo que otorgarle más oportunidades. Cuando un equipo tiene la posibilidad de posicionarse en otro nivel o enfrentar nuevos desafíos, debe hacerse flexible para enfrentarlos. Ese proceso no solo le da una oportunidad al equipo para crecer, sino que también beneficia a todos los integrantes. Todos tienen la oportunidad de desarrollar su potencial.

10. Dele a su equipo la mejor oportunidad para triunfar... Esto le garantiza al conjunto un alto rendimiento

James E. Hunton dice: «Reunirse es el comienzo. Mantenerse juntos es el proceso. Trabajar juntos es el éxito». Una de las tareas más importantes de las que puede ocuparse de manera anónima es quitando obstáculos para que el equipo tenga la mejor oportunidad para dirigirse al triunfo. Si usted es un miembro de equipo, eso puede significarle hacer un sacrificio personal o ayudar a otros para poder trabajar juntos más eficientemente. Si es el líder, eso puede significar que deberá crear un medio ambiente altamente motivado para el equipo y darle a cada uno lo que necesita en cualquier momento que lo requiera para asegurarse el éxito.

Invertir en el desarrollo de un equipo casi garantiza una valiosa retribución por el esfuerzo debido a que el conjunto puede hacer mucho más que los individuos solitarios. O como Rex Murphy una persona que participó en una conferencia que dicté, me dijo: «Donde hay voluntad existe un camino; donde hay un equipo, existe más de un camino».

8

¿CÓMO AFECTA UN JUGADOR DÉBIL EN UN EQUIPO?

Un eslabón débil desacredita la credibilidad del líder
y las oportunidades del equipo para triunfar.

Así como a cualquier equipo le gusta medirse por sus integrantes más destacados, la verdad es que la fuerza del grupo es impactada por el eslabón más débil. No importa cuántas personas intenten racionalizar esto, intenten compensarlo o esconderlo, un eslabón débil tarde o temprano se hará evidente. Esa es la Ley de la cadena.

SU EQUIPO NO ES PARA TODOS

Uno de los errores que cometía con frecuencia en mis primeros años de liderazgo era que pensaba que todos los que estaban en mi equipo debían permanecer en él. Eso era verdad por ciertas razones. Primero, yo veo naturalmente lo mejor en las personas. Cuando veo personas con potencial, puedo ver todo lo que podrían llegar a ser, incluso si ellos no lo ven. Intento alentarlos y capacitarlos para que puedan perfeccionarse. Segundo, realmente me agradan las personas. Mi manera de pensar es que cuantas más personas se sumen al viaje, mayor será la fiesta. Tercero, debido a que tengo visión y creo que mis metas valen la pena y son de beneficio para otros, algunas veces doy por hecho ingenuamente que todos quieren acompañarme.

Pero no significa que solo porque quiera llevarlos a todos conmigo siempre va a salir bien la cuestión. La primera experiencia memorable respecto a esto ocurrió en 1980, cuando me ofrecieron un puesto ejecutivo en la sede nacional de la iglesia Wesleyana en Marion, Indiana. Cuando acepté el puesto, invité a mi asistente para que viniera y se uniera a un nuevo equipo que estaba formando. Así que ella y su esposo consideraron la oferta y fueron a Marion para conocer un poco. Nunca olvidaré el momento en que regresaron. Cuando comencé a contarles emocionado los desafíos que tendríamos y cómo podríamos eliminarlos, empecé a percatarme, por las expresiones de sus rostros, de que algo andaba mal. Y fue ahí cuando me dijeron que no irían.

Esa declaración me tomó completamente por sorpresa. Es más, estaba seguro de que estaban cometiendo un error y se los dije, e intenté hacer todo lo que pude para convencerlos y cambiar su manera de pensar. Pero mi esposa, Margaret, me dio un buen consejo. Me dijo: «John, tu problema es que quieres llevar a todos contigo, pero no todos van a añadirse a tu travesía. Olvídalo de una vez». Fue una lección difícil de aprender y algunas veces lo sigue siendo.

De esa experiencia y otras que he tenido, he descubierto que cuando se trata de trabajo en equipo...

1. No todos se unirán a la travesía

Algunas personas no quieren ir. Mi asistente y su esposo en Lancaster, Ohio, prefirieron permanecer allí donde habían hecho relaciones por muchos años. Para otras personas el problema es la actitud. No quieren cambiar, crecer ni conquistar nuevos territorios. Se aferran mucho a su statu quo. Todo lo que puede hacer por personas de ese tipo es agradecerles su contribución y seguir adelante.

2. No todos deberían unirse a la travesía

Otras personas no deberían sumarse al equipo por cuestiones de su agenda. Tienen otros planes y el lugar al que usted se dirige no es el más conveniente para ellos. Lo mejor que puede hacer por personas en esta categoría es desearles lo mejor y, mientras pueda, ayudarles en su travesía para alcanzar el éxito.

3. No todos pueden unirse a la travesía

Para esta tercera clase de personas, el problema es la capacidad. Es probable que no sean capaces de mantener el ritmo con sus compañeros de equipo ni de ayudar al grupo para que alcance su meta. ¿Cómo reconoce a las personas que forman parte de esta categoría? No son muy difíciles de identificar.

- No pueden seguir el ritmo de sus compañeros.
- No crecen en su área de responsabilidad.
- No ven el cuadro completo.
- No trabajan en sus debilidades particulares.
- No trabajan con el resto del equipo.
- No pueden satisfacer las expectativas de su área.

Si tiene alguna persona en su equipo que posea alguna de estas características, entonces debe reconocer que es un eslabón débil.

Eso no significa que sea mala persona. En efecto, algunos equipos existen para servir a los eslabones débiles o ayudarles a fortalecerse. Depende de la meta del equipo. Por ejemplo, cuando era pastor principal, nos comprometimos con la gente de la comunidad ofreciéndoles comida y asistencia. Ayudamos a las personas con adicciones, a las que se recuperaban de divorcios y varias otras dificultades. Nuestra meta era servirles. Es bueno y apropiado ayudar a quienes se encuentran en esas situaciones. Pero incluirlos en el grupo mientras no estén en condiciones no los ayuda, al contrario lastima al equipo, incluso al extremo de incapacitarlo para alcanzar su meta en el servicio.

¿Qué puede hacer usted con las personas de su equipo que sean eslabones débiles? En realidad tiene dos opciones: necesita entrenarlos o cambiarlos. Por supuesto, su primera prioridad siempre debería ser entrenar a quienes les está costando trabajo seguir el ritmo de los demás. Esa asistencia puede presentarse de diferentes maneras: dándoles libros para leer, mandándoles a conferencias, presentándoles nuevos desafíos, reuniéndolos con mentores. Creo que las personas generalmente alcanzan el nivel de expectativas. Deles esperanza y ánimo, porque casi siempre mejoran.

Pero, ¿qué debe hacer con alguien que constantemente fracasa en alcanzar las expectativas, incluso después de recibir entrenamiento, aliento y oportunidades para crecer? Mi padre solía tener un dicho: «El agua busca su propio nivel». Alguien que es un eslabón débil en su equipo puede que llegue a ser una estrella en otro equipo. Usted debe darle a esa persona una oportunidad para encontrar ese nivel en otro lado.

EL IMPACTO DE UN ESLABÓN DÉBIL

Si es líder de equipo, no puede evitar lidiar con eslabones débiles. Los miembros de un grupo que no cargan con su propio peso, disminuyen la velocidad del conjunto, lo que produce un efecto negativo en el liderazgo. Algunas cosas pueden suceder cuando un eslabón débil permanece en el equipo:

1. LOS MIEMBROS MÁS FUERTES IDENTIFICAN AL MÁS DÉBIL

Un eslabón débil no puede ocultarse (excepto en un grupo de personas débiles). Si tiene personas fuertes en su equipo, siempre sabrán quiénes no están desempeñándose al nivel del resto.

2. LOS MIEMBROS MÁS FUERTES DEBEN AYUDAR AL MÁS DÉBIL

Si su gente debe trabajar unida como equipo para hacer su trabajo, solamente hay dos opciones respecto a un integrante débil. Pueden ignorar a la persona y hacer que el equipo sufra, o pueden ayudarlo y hacer que el equipo sea más exitoso. Si son compañeros de equipo, brindarán su ayuda.

3. LOS MIEMBROS MÁS FUERTES QUEDAN RESENTIDOS CON EL MÁS DÉBIL

No importa si los miembros fuertes del equipo ayudan o no, el resultado siempre será el mismo: resentimiento. A nadie le gusta perder o quedarse atrás constantemente a causa de la misma persona.

4. LOS MIEMBROS MÁS FUERTES SE VUELVEN MENOS EFICACES

Arrastrar la carga de otro sumada a la de uno pone en riesgo su desempeño. Hágalo por un largo tiempo y verá que todo el equipo sufrirá.

5. LOS MIEMBROS MÁS FUERTES CUESTIONAN LA CAPACIDAD DEL LÍDER

Cuando un líder permite que un eslabón débil permanezca en el equipo, los miembros forzados a compensar el trabajo de la persona débil, comienzan a dudar del coraje y discernimiento del líder.

Muchos miembros del equipo podrán evadir la dura decisión de lidiar con miembros débiles, pero los líderes no. Es más, una de las diferencias entre líderes y seguidores es la acción. Los seguidores casi siempre saben qué hacer, pero no tienen la voluntad o son incapaces de llevarlo a cabo. Pero, sepa esto: si otras personas del equipo toman decisiones por usted porque no está dispuesto o es incapaz de tomarlas, entonces su liderazgo corre peligro y no está sirviendo al equipo de la mejor manera.

CÓMO FORTALECER LA CADENA

Los miembros débiles de un equipo siempre toman más tiempo que los más fuertes. Una de las razones es que, las personas más competentes tienen que dar más de su tiempo para compensar el de los que no pueden cargar con la parte que les corresponde. Cuanta más diferencia exista entre las aptitudes de los que mejor se desempeñan y los que se desempeñan menos, mayor es el perjuicio para el equipo. Por ejemplo, si usted mide a las personas del uno al diez (siendo diez el mejor puntaje), un cinco en medio de un diez realmente perjudica al equipo, mientras que un ocho no.

Permítame demostrarle cómo opera. Cuando arma un equipo, sus talentos se unen de una manera análoga en la suma. Entonces, visualmente un cinco entre otros que son diez, se ve así:

$$10 + 10 + 10 + 10 + 5 = 45$$

La diferencia entre este equipo y los grandiosos con cinco dieces, es como la diferencia entre cincuenta y cuarenta y cinco. Es una diferencia del diez por ciento. Pero cuando un equipo se une y comienza a generar química, sinergia e impulso, su analogía está en la multiplicación. Es ahí cuando un eslabón débil realmente comienza a perjudicar al equipo. Es la diferencia entre:

$$10 \times 10 \times 10 \times 10 \times 10 = 100.000$$

y esto:

$$10 \times 10 \times 10 \times 10 \times 5 = 50.000$$

¡Es una diferencia del cincuenta por ciento! La fuerza y el movimiento del equipo pueden compensar al eslabón débil por algún momento, pero no para siempre. A la larga este termina restándole movimiento y potencial.

Irónicamente, los eslabones débiles tienen menos noción que los más fuertes respecto a sus debilidades y defectos. También pasan más tiempo defendiendo sus cosas, cuidando sus posiciones y aferrándose a lo que tienen. Y sepa esto: cuando hablamos acerca de la interacción entre personas, la más débil casi siempre controla la relación. Por ejemplo, alguien con una imagen propia fuerte es más flexible que quien tiene una imagen propia pobre. Una persona con una visión clara, actúa con mayor simplicidad que quien no la tiene. Una persona con una capacidad y energía superiores, logra más resultados y resiste más que otra con menos dones. Si estas dos personas laboran juntas, el integrante más fuerte tendrá que trabajar constantemente con tiempo de demora por esperar al más débil. Eso es lo que controla la situación en la travesía.

Si su equipo tiene un eslabón débil que no puede o no quiere elevarse al nivel del grupo y ya hizo todo lo que estuvo a su alcance para ayudarlo a mejorar, entonces debe hacer algo al respecto. Cuando lo haga, preste atención al consejo de los autores Danny Cox y John Hoover. Si necesita sacar a alguien del equipo, sea discreto, sea claro, sea honesto y sea conciso. Después que la persona se marche, sea franco con el equipo respecto a este tema, aunque siempre mantenga el respeto por la persona que despidió.[1] Y si comienza a tener dudas, antes o después, recuerde esto: mientras un eslabón débil sea parte de un equipo, todo el resto del grupo sufrirá.

9

¿Cómo desarrollo una energía posítiva en el equipo?

Complementar a los compañeros de equipo se antepone a competir con ellos.

Chris Hodges, un buen líder que nació en Baton Rouge, es conocido por contar chistes *Boudreaux,* una clase de humor muy popular en Luisiana. Hace poco, en un viaje para Equipando líderes para alcanzar al mundo (EQUIP, por sus siglas en inglés), me contó este (intentaré captar el acento al escribirlo lo mejor que puedo para conservar lo gracioso):

Un grupo de descendientes franceses que viven en Luisiana estaba sentado en una ronda fanfarroneando acerca de cuan exitosos eran. Uno de ellos, Thibideaux dijo:

—Acabo de comprarme otro barquito de camarones ya, y me conseguí una tripulación de diez personas trabajando pa' mí.

—Eso no e' na' —dijo Landry—, me promovieron en la refinería, y ahora tengo a cincuenta personas trabajando pa' mí.

Boudreaux escucha eso y para no quedar mal en frente de sus compañeros, dice: —Ah sí, pue' yo tengo a trescientas personas debajo de mí.

A lo que Thibideaux responde: —¿De qué tú habla, Boudreaux? Si tú cortas pasto to' el día.

—E' verdad —dice Boudreaux—, pero ahora 'toy cortando el pasto en el cementerio y tengo a trescientas personas por debajo mío.

No hay nada de malo en las competencias. El problema existe cuando los líderes terminan compitiendo en contra de sus compañeros en su propia organización de una manera que perjudica al equipo y a ellos mismos. Todo depende de cómo lidie con la competencia y cómo la encauce. En ambientes laborales saludables, coexisten la competencia y el trabajo en equipo. El problema es saber cuándo es apropiado uno u otro. Cuando hablamos de sus compañeros de equipo, usted desea competir con ellos de tal manera que, en vez de *competir* con ellos, los *complemente*. Esas son dos maneras de pensar totalmente diferentes.

COMPETIR o	COMPLEMENTAR
Mentalidad de escasez	Mentalidad de abundancia
Yo primero	La organización primero
La confianza se destruye	La confianza se desarrolla
Unos ganan y otros pierden	Ambos ganan
Pensamiento individualista (mis buenas ideas)	Pensamiento colectivo (nuestras grandiosas ideas)
Exclusión de los demás	Inclusión de los demás

Ganar a cualquier costo le costará cuando esa mentalidad se filtre en su equipo. Si su meta es ganar a sus compañeros, nunca será capaz de influenciarlos.

¿Cómo buscar el equilibrio entre competir y complementar?

El punto importante de todo esto es que el éxito de todo el equipo es más importante que cualquier trofeo individual. Las organizaciones necesitan tanto la competencia como el trabajo en equipo para ganar. Cuando estos dos elementos existen en el equilibrio justo, esto resulta en una excelente química de equipo.

Entonces, ¿cómo equilibrar competir con complementar? ¿Cómo se hace para pasar fácilmente de uno al otro? He aquí mi recomendación:

1. ADMITA SU DESEO NATURAL DE COMPETIR

Alrededor de cuatro o cinco años después de graduarme de la universidad, regresé a jugar en un equipo de baloncesto de exalumnos contra el equipo actual de la institución. Antes, cuando jugaba para el equipo, mi posición era de escolta, pero esta vez me habían asignado para cubrir al jugador principal del equipo contrario. Mientras hacía precalentamiento, lo observé y supe que estaba en problemas. Él era mucho más rápido que yo. Así que desarrollé una estrategia con rapidez.

La primera vez que intentó introducir la pelota en el aro, cometí una falta. No me refiero a que solo le toqué la mano mientras tiraba. Me refiero a que realmente cometí una falta grave. Se levantó, se preparó para tirar desde la línea de tiros libres y erró ambos. Por el momento, todo iba bien.

La siguiente vez que su equipo volvió al lado de nuestra cancha e intentó lanzar un tiro desde afuera, cometí otra falta muy fuerte contra él. Comenzó a rezongar mientras se levantaba.

Pronto, después de aquello, cuando nadie tenía la pelota, me lancé para atraparla, pero también me aseguré de caer justo encima de él. En esos tiempos yo no era tan grande como ahora, pero era más pesado que él.

Así que saltó de donde estaba y me gruñó: «Estás jugando demasiado rudo. Solo es un partido».

«Bueno», le dije con una sonrisa, «entonces déjame ganar».

No importa quién sea o qué haga, la competitividad es natural en el instinto del líder. Todavía no he conocido a uno que no le guste ganar. Ahora recuerdo el pasado y reconozco que no era muy maduro que digamos. La buena noticia es que el equipo de exalumnos ganó el partido. La mala es que ese día no hice ningún amigo nuevo.

La clave para ser competitivo es canalizarlo de manera positiva. Si lo aplasta, pierde un elemento que lo motiva a dar su mejor esfuerzo. Si lo deja correr libremente, usted se encontrará atropellando a sus compañeros por lo que se enfadarán. Pero si lo controla y le da dirección, la competitividad puede ayudarlo a triunfar.

2. ADOPTE UNA COMPETENCIA SALUDABLE

Todos los equipos ganadores que he visto o de los que fui parte, han experimentado una competencia saludable entre sus miembros. La competencia sana proporciona a un equipo varias cosas positivas, muchas de las cuales no pueden lograrse de otra manera.

La competencia saludable ayuda a sacar a flote lo mejor de usted. ¿Cuántas marcas mundiales piensa que se alcanzan cuando un atleta corre solo? ¡Creo que ninguna! Las personas funcionan al máximo cuando tienen a otras presionándolas. Esto es una realidad sea que esté entrenando, practicando o jugando en el partido.

La competencia saludable promueve evaluaciones honestas. ¿Cuál es la manera más rápida de medir su eficiencia en su profesión? Quizás tenga metas a largo plazo que se pueden medir en meses o años. Pero, ¿qué tal si quiere saber cómo le está yendo hoy? ¿Cómo haría para medirlo? Podría ver su lista de quehaceres. No obstante, ¿qué tal si se fija una meta demasiado fácil? Puede preguntarle a su jefe. Pero quizás la mejor manera sería observar lo que los demás en su misma área de trabajo están haciendo. Si usted está muy atrasado o adelantado respecto a ellos, ¿no le dirá algo eso? Si estuviera atrasado, ¿no intentaría descubrir qué es lo que está haciendo mal? Tal vez no sea la única manera de evaluarse a sí mismo, pero puede proporcionarnos una idea de nuestra situación.

La competencia saludable genera camaradería. Cuando las personas compiten juntas, esto suele generar un vínculo entre ellas, sea que estén en el mismo equipo o en el opuesto. Cuando la competencia es amena y amigable en el mismo equipo, puede producir un vínculo aun más fuerte que puede guiarlo a una gran camaradería.

La competencia saludable no se convierte en algo personal. La competencia entre compañeros de equipo finalmente es para divertirse. Cuando la competencia es saludable, los compañeros de grupo permanecen como amigos cuando el juego se acaba. Juegan en contra de sí solo por la emoción del juego; por lo que cuando terminan, pueden caminar juntos sin resentimientos.

Me encanta el chiste aquel acerca del gallo que arrastró un huevo de avestruz al gallinero. Lo puso en un lugar para que todas las gallinas lo vieran y dijo: «No quiero intimidarlas chicas, solo quería que supieran lo que los otros están haciendo junto al camino». La competencia definitivamente puede ayudar a motivar al equipo a avanzar.

3. Ponga la competencia en el lugar apropiado

La meta primordial de la competencia sana es que sirva de palanca para desencadenar el crecimiento corporativo. La competencia en la práctica ayuda a los compañeros de equipo a entrenar para el día del partido. Si se utiliza correctamente, puede dar como resultado la victoria sobre el otro equipo.

Por supuesto, algunos líderes pueden llevar esto a un extremo. Tommy Lasorda, exentrenador de los Dodgers de Los Angeles, contó cierta historia cuando una vez el equipo tenía que jugar contra los Rojos de Cincinnati. Al otro día por la mañana, Lasorda fue a misa. Cuando se sentó en su banco vio que el entrenador de los Rojos, Johnny McNamara, había asistido a la misma misa y se había sentado en el mismo banco.

Los dos se miraron pero no dijeron nada.

Cuando la misa acabó, mientras salían, Lasorda se dio cuenta de que el otro entrenador se detuvo para encender una vela. Él pensó que eso les daba a los Rojos una ventaja. «Cuando se fue, me acerqué y apagué la vela», dijo Lasorda. «Durante todo el partido, le gritaba: "Oye, Mac, no va a funcionar. Apagué tu vela". Les ganamos con mucha ventaja, 13-2».

4. Sepa dónde poner el límite

No importa cuánto desee ganar, si quiere cultivar la capacidad para competir de una manera saludable, debe asegurarse de no cruzar la línea al «atacar a la yugular» de sus compañeros, ya que si lo hace, hará que se alejen de usted. Ese límite no es difícil de definir. Yo diría que cuando la competitividad eleva el nivel y hace que los demás sean mejores, es saludable. El momento en que la moral disminuye, hiere al equipo, lo enferma y lo desubica.

Cuando estaba pastoreando la Iglesia de Skyline en el área de San Diego, mi personal era muy competente y competitivo. El equipo principal que siempre encendía la mecha eran Dan Reiland, Sheryl Fleisher y Tim Elmore. Todos tenían sus propios ministerios y áreas propias de experiencia, pero siempre estaban compitiendo, siempre intentando superar al otro. Su competencia amigable los mantenía ocupados e inspiraba al resto del personal a integrarse y a hacer su mejor esfuerzo. Pero aunque eran intensos y competitivos, si alguno de ellos tenía un problema, los otros estaban allí para ayudarlo, dispuestos a extender una mano e involucrarse. Siempre pusieron el éxito del equipo antes que el suyo.

En la actualidad esos tres líderes están ocupándose de diferentes tareas en diversas organizaciones alrededor del país, pero siguen siendo amigos. Se mantienen en contacto, comparten historias y todavía se ayudan entre sí cuando alguno lo necesita. El tipo de vínculo que se desarrolla cuando se compite juntos no se deshace fácilmente. Tienen un respeto tan profundo por cada uno de ellos que continúa brindándoles confianza e influencia mutua.

10

¿Cómo aprovechar la creatividad del equipo?

Asegúrese de que la mejor idea siempre triunfe.

Imagínese que se está preparando para asistir a una reunión de planeamiento a la cual irán su jefe y otras personas que están en el mismo nivel que usted en la organización. Digamos que fue elegido por su superior, de entre sus compañeros, para dirigir la reunión y ve que esta es su oportunidad para brillar. Hizo sus deberes y algo de investigación. Invirtió muchas horas pensando en este proyecto, pensando en ideas, planeando y esforzándose para prever cualquier obstáculo que pueda surgir. Basado en sus discusiones previas con su personal y sus compañeros, usted cree que sus ideas son mejores que todo lo que ha escuchado de todos los demás.

Así que comienza la reunión con mucha seguridad. De repente, se da cuenta de que el programa no se está desarrollando de la forma que esperaba o que planeó. Su jefe hace un comentario y cambia el rumbo de la discusión a un tema completamente diferente. Al principio puede que piense: *Eso está bien. Puedo salvar esto. Mis ideas todavía funcionarán; solo necesito dirigirlos de regreso a ellas.*

Después uno de sus compañeros se hace presente con una idea. Usted no opina demasiado al respecto, pero todos parecen pensar que es maravillosa. Un par de personas en la sala aprovecharon esa idea como un disparador inicial y comienzan a construir sobre ella. Usted puede sentir cómo la energía en esa sala comienza a incrementarse. Las ideas se empiezan a suscitar y todos están alejándose claramente cada vez más de todas las semanas de planeamiento que invirtió, de la idea que era casi como un hijo suyo.

¿Qué hace en ese momento?

Para la mayoría de las personas en tales circunstancias, su instinto natural sería pelear por sus ideas. Después de todo, para ese entonces habrán hecho una gran inversión en ellas:

- *La inversión intelectual.* Se requieren muchas horas pensando, planeando y resolviendo problemas para reunir, crear y perfeccionar una idea.
- *La inversión física.* Prepararse para una reunión importante suele tomar mucho tiempo, esfuerzo y recursos.
- *La inversión emocional.* Cuando a las personas les surge algo que consideran una buena idea, es difícil abstenerse de pensar no solo en lo que ella puede significar para la compañía, sino también lo que puede significar para ellos y sus carreras.

Para ese momento, ya se aferraron a sus ideas y se torna difícil dejarlas morir, especialmente cuando otro que no hizo todo el trabajo, aparece y se lleva todo el crédito.

IDEAS: EL IMPULSO VITAL DE UNA ORGANIZACIÓN

Si desea aprovechar la creatividad de su equipo, debe resistir la tentación de pelear por su idea cuando no sea la mejor. ¿Por qué? Porque las buenas ideas son demasiado importantes para la organización. Harvey Firestone, fundador de Firestone Tire y Rubber Company, dijo: «El capital no es tan importante en los negocios. La experiencia tampoco. Ambas cosas se pueden alcanzar. Lo que es importante son las ideas. Si tiene ideas, tiene el recurso fundamental que se necesita y no hay límites para lo que pueda hacer con su negocio o su vida. Son el recurso más importante de todo hombre, las ideas».

Las grandes organizaciones tienen personas en todas partes de la estructura que producen grandes ideas. De esa manera es como llegan a ser grandes. El progreso que hacen y las innovaciones que producen no vienen de las alturas. Sus sesiones creativas no son dirigidas por los líderes superiores. Ni tampoco, todas las reuniones se convierten en un campo de batalla para ver quién puede dominar al resto. Las personas se reúnen en equipos, los compañeros trabajan juntos y se esfuerzan porque quieren que gane la mejor idea.

Los líderes de una organización que ayudan para que las buenas ideas emerjan, generan lo que esa estructura más necesita. Lo hacen a través de la sinergia que producen entre sus compañeros. De esa manera desarrollan una influencia tal en ellos que, cuando están presentes, hacen que todo el equipo sea más eficiente.

¿QUÉ ES LO QUE CONDUCE A LAS MEJORES IDEAS?

Para hacer que la mejor idea gane, primero debe generar muchas que sean buenas y después debe trabajar para hacerlas aun mejores. ¿Cómo logran eso los líderes de equipo? ¿Cómo hacen para ayudar al equipo a desarrollar las mejores ideas? Yo supongo que siguen este patrón:

1. LOS LÍDERES DE EQUIPO ESCUCHAN TODAS LAS IDEAS

Descubrir las mejores ideas comienza teniendo una mente receptiva dispuesta a escucharlas todas. El matemático y filósofo Alfred North Whitehead dijo: «Casi todas las ideas realmente nuevas tienen cierto aspecto de poco valor». Durante el proceso de una lluvia de ideas, rechazar cualquiera de ellas puede impedir que se descubran las buenas.

En *Piense, para obtener un cambio,* una de las once capacidades del pensamiento que suelo recomendar a las personas es el pensamiento compartido. Es más rápido y efectivo que el solitario, es más innovador y posee un valor más elevado. Más importante, creo yo, es el hecho de que el pensamiento grandioso se genera cuando el buen pensamiento se comparte en un ambiente de colaboración donde todos contribuyen a un mismo fin, los pensamientos son formados y pasan al siguiente nivel. Un buen líder de equipo contribuye para generar este medio ambiente.

2. LOS LÍDERES DE EQUIPO NUNCA SE CONFORMAN CON UNA SOLA IDEA

Creo que muchas veces los líderes se apresuran cuando se conforman con una idea y solo se manejan con ella. Esto se debe a que los líderes son muy activos. Necesitan avanzar. Quieren hacer que algo suceda. ¡Quieren conquistar la colina! El problema es que algunas veces se esfuerzan para llegar a la cima solamente para descubrir que esa no es la colina indicada.

Una idea nunca es suficiente. La variedad de ellas nos hacen más fuertes. Una vez escuché decir a un analista que creía que esta era la razón por la cual los comunistas fracasaron al final del siglo veinte. El comunismo creó un sistema basado fundamentalmente en una idea. Si alguien trataba de hacer las cosas de otro modo, se le bajaba o se le echaba.

Por otro lado y en contraste, la democracia es un sistema basado en la multitud de ideas. Si las personas quieren implementar algo diferente, tienen la oportunidad de exponer sus ideas y ver qué sucede. Si la idea es atractiva, se avanza con ella; si no, se remplaza con otra idea. Gracias a esa libertad, la creatividad es elevada en los países democráticos, las oportunidades no tienen límites y el potencial para el crecimiento es increíble. El sistema democrático puede ser desordenado, pero eso también es cierto en cualquier intento que es creativo y colaborador.

El mismo tipo de mentalidad de mercado libre que opera en las grandes economías del mundo puede operar en una organización. Si la gente es receptiva a las ideas y las opciones, pueden seguir creciendo, innovando y mejorando.

3. LOS LÍDERES DE EQUIPO BUSCAN IDEAS EN LUGARES INUSUALES

Los buenos líderes son receptivos a las ideas; siempre las están buscando. Desarrollan esa atención y la practican como una disciplina. Mientras leen el diario, cuando miran la televisión, cuando escuchan a sus colegas o cuando disfrutan de una actividad de esparcimiento, siempre están en búsqueda de nuevas ideas o actividades que sirvan para mejorar su trabajo y liderazgo.

Si desea encontrar buenas ideas, debe buscarlas. Rara vez ella lo buscará a usted.

4. LOS LÍDERES DE EQUIPO NO DEJAN QUE SU PERSONALIDAD OPAQUE EL PROPÓSITO

Cuando alguien que a usted no le agrada o no respeta sugiere algo, ¿cuál es su primera reacción? Algo en usted quiere desecharla. De seguro escuchó la frase: «Considere la fuente». No es malo para hacerlo, pero si no es cuidadoso, puede que deseche lo bueno con lo malo.

No permita que la personalidad de alguien con quien trabaje haga que pierda de vista el propósito mayor, que consiste en añadirle valor al equipo y hacer avanzar a la organización. Si eso significa escuchar las ideas de las personas con quienes no tiene química o, peor aun, una historia complicada, hágalo igual. Deje a un lado su orgullo y escuche. En los casos en los que usted rechace más las ideas de otros, asegúrese de estar desechando únicamente las ideas y no a las personas.

5. Los líderes de equipo protegen a las personas creativas y a sus ideas

Las ideas son algo tan frágil, especialmente cuando recién salen a la luz. El director de publicidad Charlie Brower afirmó: «Una idea nueva es delicada. Puede ser aniquilada por una expresión de desprecio o por un bostezo; puede ser apuñalada hasta la muerte por una broma o por una mirada con el ceño fruncido».

Si desea que gane la mejor idea, conviértase en un defensor de las personas creativas y de sus contribuciones para la organización. Cuando descubra compañeros que son creativos, promuévalos, aliéntelos y protéjalos. Las personas de corte pragmático suelen censurar las ideas de las personas creativas. Los líderes que valoran la creatividad pueden ayudar a estas últimas para que se esmeren y se mantengan generando ideas que beneficien a la organización.

6. Los líderes de equipo no toman el rechazo personalmente

Cuando sus ideas no sean bien recibidas por otros, haga lo mejor para no tomarlo como algo personal. Cuando alguien en una reunión actúa de esa manera, puede inhibir el proceso de creatividad, ya que en una situación como esa la discusión se convierte en otra cosa distinta a brindar ideas que beneficien a la organización. Algo así como centrarse en la persona que está ofendida. En esos momentos, si usted puede dejar de competir para enfocar su energía en el proceso creativo, abrirá una puerta para que las personas alrededor suyo puedan llevar su creatividad al siguiente nivel.

Mel Newhoff es el vicepresidente ejecutivo de Bozell Worldwide, una agencia de publicidad reconocida. En su rubro, las ideas lo son todo. Newhoff tiene un buen consejo acerca del plano general en cuanto a las ideas y cómo abordar su interacción con otros en relación a ellos:

Sea apasionado con su trabajo y tenga la integridad para defender sus ideas, pero también sepa cuándo transigir.

Sin pasión no lo tomarán en serio. Si no defiende sus ideas, nadie lo hará. Cuando un principio esté en juego, no cambie de opinión.

También hay otro lado de esto. Existen muy pocos «absolutos» verdaderos en la vida. La mayoría están relacionados a cuestiones de gusto u opinión, no de principios. En esos casos reconozca que puede ceder. Si usted nunca corre riesgos, perderá oportunidades frente a los que si lo hacen.

Ser un líder alentador y liderar no consiste en que todo se haga a su manera. No se trata de ganar a cualquier costo. Se trata de ganar el respeto e influenciar a sus compañeros para hacer que todo el equipo gane. ¿Debería ser apasionado y determinado, creyendo en usted mismo y su habilidad para contribuir? Definitivamente. ¿Debería aferrarse a sus valores más preciados y afirmarse e insistir en los principios cuando estos estén en juego? Absolutamente. Pero nunca olvide que tener un espíritu colaborador beneficia a la organización. Cuando usted piensa en términos de *nuestra idea* en vez de *mi* idea o *su* idea, está probablemente en camino a ayudar a su equipo a obtener la victoria. Esa debe ser su motivación, no solo tratar de ganar amigos e influenciar personas. Sin embargo, creo que descubrirá que si deja que la mejor idea gane, usted ganará amigos e influenciará a las personas.

CAPACITACIÓN 101

LO QUE TODO LÍDER NECESITA SABER

CONTENIDO

PARTE I

CAPACITANDO PARA EL ÉXITO

I

¿POR QUÉ NECESITO CAPACITAR A OTROS?

Uno es una cifra demasiado pequeña
para alcanzar la grandeza.

¿Quiénes son sus héroes personales? Está bien, quizás usted no precisamente tenga héroes. Entonces déjeme hacerle esta otra pregunta: ¿a quiénes admira más? ¿A quién le gustaría parecerse más? ¿Quiénes le entusiasman y le hacen sentirse motivado? ¿Admira usted a...

- Innovadores de negocios como Sam Walton, Fred Smith o Bill Gates?
- Grandes atletas como Michael Jordan, Tiger Woods o Mark McGwire?
- Genios creativos como Pablo Picasso, Buckminster Fuller o Wolfgang Amadeus Mozart?
- Ídolos de la cultura pop como Marilyn Monroe, Andy Warhol o Elvis Presley?
- Líderes espirituales como John Wesley, Billy Graham o la Madre Teresa?
- Líderes políticos como Alejandro Magno, Carlomagno o Winston Churchill?

- Gigantes de la industria del cine como D. W. Griffith, Charlie Chaplin o Steven Spielberg?
- Arquitectos e ingenieros como Frank Lloyd Wright, los hermanos Starret o Joseph Strauss?
- Pensadores revolucionarios como Marie Curie, Thomas Edison o Albert Einstein?

O quizás su lista incluya a personas de algún campo que no he mencionado.

Podemos afirmar sin temor a equivocarnos que todos admiramos a los que han logrado sus propósitos. Y los norteamericanos adoramos especialmente a los pioneros e individualistas audaces, gente que ha luchado sola, a pesar de las probabilidades y la oposición: el colono que labra un sitio para sí en la frontera hostil, el sheriff del Viejo Oeste que se enfrenta resueltamente a un enemigo en un tiroteo, el aviador valiente que vuela solitario a través del Océano Atlántico, y el científico que cambia el mundo por medio del poder de su mente.

El mito del Llanero Solitario

Por más que admiremos los triunfos solitarios, lo cierto es que ningún individuo ha hecho, por sí solo, algo que tenga valor. La creencia de que una sola persona puede hacer algo grandioso no es más que un mito. En realidad, no existen Rambos capaces de enfrentarse solos a un ejército enemigo. Ni siquiera el Llanero Solitario estaba realmente solo ¡Dondequiera que él iba le seguía su compañero, el indio Tonto!

Nunca nada de importancia fue logrado por un individuo que actuara solo. Mire más allá de la superficie y encontrará que todos los actos aparentemente solitarios fueron en realidad esfuerzos de equipo. Daniel Boone, explorador de las fronteras de las 13 colonias norteamericanas, tuvo ayudantes de la Compañía Transylvania mientras abría un camino en comarcas inexploradas. El sheriff Wyatt Earp tenía a sus dos hermanos y a Doc Holliday para que lo cuidaran. El aviador Charles Lindbergh contó con el apoyo de nueve empresarios de San Luis y los servicios de la Compañía Aeronáutica Ryan, que fue la que construyó su aeroplano. Ni siquiera Albert Einstein, el científico que revolucionó al mundo con su teoría de la relatividad, trabajaba en el vacío absoluto. Refiriéndose a lo que le debía a otros por su trabajo, Einstein dijo una vez: «Muchas veces al día me doy cuenta hasta qué punto mi vida exterior e interior se fundamenta en el trabajo de mis semejantes, tanto los que están vivos como los ya muertos, y de todo lo que debo esforzarme para poder aportar tanto como he recibido». Es cierto que la historia de Estados Unidos está marcada por los triunfos de muchos líderes fuertes e individuos innovadores que corrieron riesgos considerables. Pero estas personas siempre formaron parte de equipos.

El economista Lester C. Thurow ha comentado lo siguiente sobre el particular:

En la historia, la cultura o la tradición estadounidenses, no hay nada antitético al trabajo en equipo. Los equipos fueron importantes en la historia de Estados Unidos. Largos trenes conquistaron el Oeste; los obreros de las líneas de montaje de la industria estadounidense conquistaron al mundo; una estrategia nacional exitosa y mucho trabajo en equipo pusieron a un estadounidense en la luna primero (y hasta ahora, ha sido lo último). Sin embargo la mitología del país ensalza solo al individuo... En Estados Unidos existen salones de la fama para casi cualquier actividad concebible, pero en ninguna parte los norteamericanos levantan monumentos al trabajo en equipo.

Debo decir que no estoy de acuerdo con todas las conclusiones de Thurow pues he visto el monumento conmemorativo a la Infantería de Marina de Estados Unidos en Washington D.C., que conmemora el levantamiento de la bandera en Iwo Jima. Mas Thurow sí tiene razón en algo. El trabajo en equipo es y siempre ha sido esencial para la edificación de este país. Y lo mismo se puede decir de cada nación alrededor del mundo.

Hay un proverbio chino que asevera: «Detrás de todo hombre capaz hay siempre otros hombres capaces». Y la verdad es que el trabajo en equipo se encuentra en el corazón de cualquier gran logro. No hay que preguntarse si los equipos tienen algún valor. Hay que preguntarse si reconocemos esa verdad y nos convertimos en mejores jugadores de equipo. Por eso digo que uno es una cifra demasiado pequeña para alcanzar la grandeza. Usted solo no puede hacer algo de valor auténtico. Si usted toma esto a conciencia, empezará a ver el valor que tiene el equipar y el desarrollar a los jugadores de su equipo.

«DETRÁS DE TODO HOMBRE CAPAZ HAY SIEMPRE OTROS HOMBRES CAPACES». —PROVERBIO CHINO

Le reto a que encuentre un acto significativo para la historia de la humanidad que haya sido realizado por un solo ser humano. Cualquiera que usted nombre, encontrará que en él estuvo involucrado un equipo de personas. Por eso el presidente Lyndon Johnson dijo: «No existe problema alguno que no podamos resolver juntos, y son muy pocos los problemas que podemos resolver por nosotros mismos».

C. Gene Wilkes, en su libro *Jesús acerca del liderazgo*, observó que el poder de los equipos no es solo evidente en el mundo moderno de los negocios de hoy, sino que tiene una larga historia que es evidente incluso en los tiempos bíblicos. Wilkes señala:

- Los equipos involucran a más personas, así que pueden tener más recursos, ideas y energías que las que aportaría un individuo.
- Los equipos optimizan el potencial de un líder y minimizan sus debilidades. Las fuerzas y las debilidades están más expuestas en los individuos.
- Los equipos proveen perspectivas múltiples sobre cómo cubrir una necesidad o alcanzar una meta, ideando así varias alternativas para cada situación.
- Los equipos comparten el mérito por las victorias y la culpa por las derrotas. Esto fomenta una humildad genuina y una comunidad auténtica.
- Los equipos piden cuentas a los líderes acerca de las metas.
- Los equipos sencillamente pueden hacer más que un individuo.

Si usted desea realizar su potencial o luchar por lo que parece imposible —tal como comunicar su mensaje al mundo 2.000 años después de haber fallecido— necesitará convertirse en un jugador de equipo. Puede ser un cliché, pero sin embargo es verdad: Los individuos juegan el partido, pero los equipos ganan los campeonatos.

¿POR QUÉ QUEREMOS HACERLO TODO SOLOS?

Conociendo todo lo que sabemos sobre el potencial de los equipos, ¿por qué algunos aún se empeñan en hacer las cosas solos? Creo que hay varias razones:

1. EGO

Pocas personas admiten de buena gana que no pueden hacerlo todo, aunque ésta sea una realidad de la vida. No existen superhombres ni supermujeres. De modo que la pregunta no es si usted puede hacerlo todo por sí solo; sino cuánto se tardará en comprender que no puede.

El filántropo Andrew Carnegie declaró: «Representa un gran paso en su desarrollo llegar a comprender que otras personas pueden ayudarle a hacer un trabajo mejor que el que usted es capaz de hacer solo». Para lograr algo grande de verdad, despójese de su ego, y prepárese a formar parte de un equipo.

2. INSEGURIDAD

En mi trabajo con líderes he encontrado que algunos individuos no promueven la colaboración en equipo ni equipan a los miembros de su equipo para el liderazgo, debido a que se sienten amenazados por otros. El politólogo florentino del siglo XVI Nicolás Maquiavelo probablemente observó algo similar, lo cual le motivó a escribir: «El primer método para evaluar la inteligencia de un líder es observar a los hombres que le rodean».

Creo que es la inseguridad, y no un juicio pobre ni una falta de inteligencia, lo que generalmente hace que los líderes se rodeen de personas débiles. Solo los líderes seguros de sí mismos delegan poder a otros. Por el contrario, los líderes inseguros no acostumbran crear equipos, lo cual se debe a dos razones: o bien desean mantener el control sobre todo aquello de lo cual son responsables, o temen ser reemplazados por alguien más capaz. En ambos casos, los líderes que no promueven el trabajo en equipo socavan su propio potencial y erosionan los mejores esfuerzos de quienes trabajan con ellos. Bien podrían aprovechar el consejo del presidente Woodrow Wilson: «No solo debemos emplear toda la inteligencia que tenemos; sino también toda la que podamos pedir prestada».

«EL PRIMER MÉTODO PARA EVALUAR LA INTELIGENCIA DE UN LÍDER ES OBSERVAR A LOS HOMBRES QUE LE RODEAN». —NICOLÁS MAQUIAVELO

---

3. INGENUIDAD

El consultor John Ghegan mantiene sobre su escritorio un letrero que dice: «Si tuviera que empezar de nuevo, pediría ayuda». Esa idea representa con precisión los sentimientos del tercer tipo de personas que no son capaces de convertirse en formadores de equipos. Ingenuamente subestiman las dificultades que existen para lograr grandes metas. Como resultado, intentan hacerlo todo por sí solos.

Sin embargo, algunas de las personas que comienzan en este grupo acaban bien. Descubren que sus sueños son más grandes que sus capacidades, se dan cuenta de que solos no lograrán sus objetivos, y se adaptan. Entonces hacen que la formación de un equipo sea la manera utilizada para llegar al logro. Sin embargo otros aprenden la verdad demasiado tarde, y como consecuencia nunca logran sus metas, lo cual es una pena.

4. TEMPERAMENTO

Algunas personas no son muy sociables y simplemente no piensan en términos de formación y preparación de equipos. Al enfrentar retos, nunca se les ocurre recurrir a otros para lograr algo.

Me cuesta trabajo identificarme con eso, pues yo soy muy sociable. Siempre que enfrento cualquier reto, lo primero que hago es pensar a quiénes quiero en mi equipo para que me ayuden. He sido así desde que era un niño. Siempre he pensado: *¿Por qué hacer este viaje solo si puedo invitar a otros para que me acompañen?*

Entiendo que no todo el mundo opera de esta manera, pero que usted esté o no naturalmente inclinado a ser parte de un equipo carece de relevancia. Si lo hace todo solo y nunca se asocia con otros, está creándole barreras enormes a su propio potencial. El doctor Allan Fromme dijo sarcásticamente: «Se sabe que la gente logra más cuando trabaja con otros que cuando está en contra de ellos». ¡Se quedó corto! Para hacer cualquier cosa de valor perdurable se necesita un equipo. Además, hasta la persona más introvertida del mundo puede aprender a disfrutar de los beneficios que ofrece el formar parte de un equipo. (Eso es verdad incluso aún cuando no estamos tratando de lograr algo grandioso).

Hace algunos años, mi amigo Chuck Swindoll escribió una parte en *The Finishing Touch* [El toque final] que resume la importancia del trabajo en equipo. Decía así:

> Nadie por sí solo es un equipo completo... Nos necesitamos unos a otros. Usted necesita a alguien y ese alguien le necesita a usted. No somos islotes aislados. Para hacer que esto que llamamos vida funcione, tenemos que apoyarnos y apoyar; tenemos que relacionarnos y responder; tenemos que dar y tomar; tenemos que confesar y perdonar. Y extender la mano, y abrazar y confiar... Como ninguno de nosotros es una eminencia completa, independiente, autosuficiente, muy capaz y todopoderosa, conviene que dejemos de actuar como si lo fuéramos. La vida ya es bastante solitaria sin que tengamos que interpretar ese papel tonto. Se acabó el juego. Unámonos.

Para la persona que está tratando de hacerlo todo solo, en verdad se acabó el juego. Si usted quiere hacer algo grande, debe unirse a los demás. Uno es una cifra muy pequeña para alcanzar la grandeza.

2

¿CÓMO PUEDO ADOPTAR UNA MENTALIDAD DE EQUIPO?

Invertir en un equipo es casi como garantizar ganancias
considerables por la gestión, debido a que un equipo
puede hacer mucho más que un individuo.

Él es uno de los grandes preparadores de equipos en el mundo deportivo, pero quizás usted nunca ha oído hablar de él. He aquí una lista de sus logros impresionantes:

- Cuarenta temporadas consecutivas en el baloncesto con por lo menos veinte victorias en cada una
- Cinco campeonatos nacionales
- De los últimos treinta y tres años, veinte años ha sido número uno en el *ranking* de su región
- Porcentaje de victorias a lo largo de su vida deportiva: 0,870

Su nombre es Morgan Wootten. ¿Y por qué la mayoría de la gente nunca ha escuchado hablar de él? ¡Porque es entrenador de basquetbol en escuelas secundarias!

Cuando se le pide a la gente que nombre al mejor entrenador de baloncesto de todos los tiempos, la mayoría de los aficionados estadounidenses mencionan uno de estos dos nombres: Red Auerbach o John Wooden, pero ¿sabe usted lo que dice John Wooden de Morgan Wootten (John Wooden es el entrenador de la Universidad de California en Los Angeles, a quien apodan el Mago de Westwood)? Wooden dijo esta valoración con énfasis: «Dicen que Morgan Wootten es el mejor entrenador que existe en las preparatorias de todo el país. Yo no estoy de acuerdo, pues yo no conozco ningún otro entrenador que sea mejor que Wootten y esto a cualquier nivel, sea preparatorio, universitario o profesional. Ya lo he dicho en otras ocasiones y lo volveré a decir: estoy maravillado por lo que él hace».[1]

Esta es una recomendación bastante poderosa viniendo de quien ha ganado diez campeonatos nacionales de baloncesto, de la Asociación Nacional Atlética Universitaria (NCAA) y quien ha sido entrenador de algunos de los jugadores más talentosos de este deporte, incluyendo a Kareem Abdul Jabar (por cierto, que cuando Kareem cursaba la preparatoria en Power Memorial Academy, su equipo solo perdió un partido, ¡y fue cuando jugaron contra el equipo de Morgan Wootten!).

NUNCA SE PROPUSO SER PREPARADOR DE EQUIPOS

Morgan Wootten nunca planeó ser entrenador. En la preparatoria fue un buen atleta, pero nada especial. Sin embargo, él era un conversador excelente. De niño su ambición era ser abogado, pero a los diecinueve años y ya en la universidad, un amigo le convenció para que aceptara ser entrenador de béisbol —un juego del que sabía muy poco— de los niños de un orfanato. El grupo no contaba con uniformes ni equipo. Y aunque se esforzaron, los chicos perdieron todos los diecisiete partidos.

Durante aquella primera temporada, Wootten se enamoró de esos pequeñuelos. Cuando ellos le pidieron que regresara para que los entrenara para jugar fútbol americano, no pudo negarse. Además, él había jugado ese deporte en la preparatoria, así que sabía un poco del mismo. El equipo del orfanato no sufrió ningún revés, adjudicándose el campeonato de la CYO (Organización de la Juventud Católica) en Washington, D.C. Pero, más importante aún, Wootten empezó a darse cuenta de que quería invertir su tiempo con los niños, y no en defender casos en los tribunales.

Incluso, durante aquel primer año pudo ayudar a cambiar la vida de sus pupilos. El recuerda particularmente a uno que empezó a robar, y la policía lo regresaba al orfanato constantemente. Usando la terminología del béisbol, decía que el muchacho «ya tenía cantado dos *strikes* y medio». Wootten le advirtió que iba en camino de tener problemas serios, pero también le acogió bajo su cuidado. Wootten recuerda:

Empezamos a pasar algún tiempo juntos. Lo llevé a mi casa y le encantó la comida que preparaba mi mamá. Pasó semanas con nosotros. Se hizo amigo de mi hermano y de mis hermanas. Todavía reside en Washington y le va bastante bien, mucha gente lo conoce. Cualquiera se sentiría orgulloso de tener un hijo así. Sin embargo, iba en camino a una vida de delincuencia y prisiones, y quizás hasta algo peor, hasta que alguien le regaló lo mejor que un padre puede regalar a su hijo: su tiempo.

Dar de sí mismo a los miembros de sus equipos es algo que Wootten ha hecho cada año desde entonces. El entrenador de baloncesto de la NCAA Marty Fletcher, un exjugador y hoy auxiliar de Wootten, resume así el talento de éste: «Su secreto consiste en hacer que cualquiera que esté junto a él se sienta la persona más importante del mundo».[2]

CREANDO UNA DINASTÍA

No pasó mucho tiempo cuando Wootten fue invitado a trabajar como entrenador auxiliar en uno de los mejores equipos locales a nivel de escuelas preparatorias. Luego, ya con un par de años de experiencia, se convirtió en el entrenador principal de la preparatoria DeMatha.

Cuando asumió ese puesto en 1956, se estaba haciendo cargo de muchos equipos perdedores. Convocó a todos los alumnos del plantel que quisieran practicar deportes y les dijo:

Amigos, las cosas van a cambiar. Sé que los equipos de DeMatha se han estado desempeñando muy mal en los últimos años, pero eso se acabó. DeMatha va a ganar y vamos a crear una tradición de victoria, desde ahora mismo... Pero déjenme explicarles cómo lo vamos a hacer. Vamos a trabajar más que cualquier otro equipo con el que juguemos... Con mucho trabajo, y disciplina, y dedicación, la gente va a saber de nosotros y nos va a respetar, porque DeMatha va a ser una escuela triunfadora.[3]

Ese año, el equipo de fútbol americano ganó la mitad de sus partidos, lo que ya era un gran logro. Fueron campeones de su división en baloncesto y en béisbol. Los equipos de la escuela han continuado ganando desde entonces. DeMatha ha sido considerada una dinastía desde hace mucho tiempo.

El 13 de octubre del 2000, Wootten fue admitido en el Salón de la Fama del Baloncesto Neismith, en Springfield, estado de Massachusetts. Para entonces, sus equipos habían acumulado un registro de 1.210 victorias y solo 183 derrotas. A lo largo de los años, más de 250 de sus jugadores han ganado becas universitarias. Doce atletas de sus equipos de preparatoria han jugado luego como profesionales de la Asociación Nacional de Baloncesto (NBA).[4]

No se trata de baloncesto

Pero lo que más entusiasma a Wootten no son las victorias y honores, sino invertir tiempo en sus muchachos. Él señala:

> Los entrenadores, a cualquier nivel, a veces tienen la tendencia de perder de vista su propósito, especialmente después de que el éxito les sonríe. Empiezan a poner la carreta delante de los bueyes para trabajar más y más y así desarrollar sus equipos utilizando a sus muchachos con ese fin, olvidando poco a poco que su verdadero propósito debe ser desarrollar a estos muchachos, utilizando sus equipos para lograrlo.[5]

La actitud de Wootten permite cosechar recompensas no solo para el equipo, sino también para los individuos que lo integran. Por ejemplo, durante un período de veintiséis años, todos los atletas de Wootten que terminaron la preparatoria ganaron becas universitarias, y no solo los jugadores regulares, sino también los jugadores del banco.

Equipar a los miembros de su equipo compensa con el tiempo. Morgan Wootten capacita a sus jugadores porque eso es lo que hay que hacer, porque ellos le importan. Esta práctica ha hecho de sus jugadores unos buenos jugadores, de sus equipos, unos equipos triunfadores y de su carrera, una carrera notoria. Es el primer entrenador de baloncesto que ha ganado 1.200 partidos a cualquier nivel. Desarrollar a los individuos rinde ganancias de todo tipo.

Cómo invertir en su equipo

Creo que la mayoría reconoce que invertir en un equipo reporta beneficios para todos sus miembros. Para la mayoría de la gente, la pregunta no es por qué, sino cómo. Permítame compartir con usted diez pasos a seguir para invertir en su equipo.

He aquí como empezar:

1. Tome la decisión de formar un equipo: aquí empieza su inversión

Se dice que todo viaje comienza con el primer paso. Decidir que vale la pena equipar y desarrollar a los miembros de su equipo es el primer paso para formar un mejor equipo. Ello demanda un compromiso.

2. Reúna la mejor selección posible: esto eleva el potencial de su equipo

A mayor calidad de los integrantes, mayor potencial del equipo. Solo existe una clase de equipo en el que usted no debería buscar a los mejores jugadores, y del cual usted podría ser parte, y ése es su familia. Con esos compañeros de equipo usted tendrá que cohabitar en las buenas y en las malas, pero cualquier otro tipo de equipo se puede beneficiar del reclutamiento de las mejores personas disponibles.

3. Pague el precio de desarrollar su equipo: esto garantiza su crecimiento

Cuando Morgan Wootten se ofreció a beneficiar al joven que tenía dos *strikes* y medio en su contra, él y su familia tuvieron que pagar un precio por ayudarle. No era conveniente ni cómodo. Les costó energía, dinero y tiempo.

Desarrollar su equipo también le va a costar. Tendrá que dedicarle tiempo que podría ser empleado en su productividad personal. Tendrá que gastar dinero que podría usar para beneficio personal. Y a veces tendrá que poner a un lado sus intereses personales.

4. Hagan cosas juntos como equipo: esto da al equipo un sentido de comunidad

Una vez leí lo siguiente: «Aún si usted ha jugado el partido de su vida, es la sensación de haber trabajado en equipo lo que recordará. Olvidará las jugadas, los tiros, la anotación, pero nunca olvidará a sus compañeros de equipo». Esto describe el sentido de comunidad que se desarrolla entre los miembros de un equipo que pasan tiempo haciendo cosas juntos.

DECIDIR QUE VALE LA PENA CAPACITAR Y DESARROLLAR A LOS MIEMBROS DE SU EQUIPO ES EL PRIMER PASO PARA FORMAR UN MEJOR EQUIPO.

La única manera de desarrollar un sentido de comunidad y cohesión entre los miembros de un equipo es reunidos, no solo en un ambiente profesional, sino también en otros ambientes más íntimos. Existen muchas formas de estrechar lazos con sus compañeros de equipo, y de estrechar lazos entre ellos mismos. Muchas familias que desean mejorar sus relaciones se han dado cuenta de que ir a acampar es lo que los ayuda a obtener este propósito. Los colegas de trabajo pueden socializar fuera del marco de su ocupación (en una forma apropiada). El dónde y el cuándo no son tan importantes como el hecho de que los miembros del equipo compartan experiencias comunes.

5. Dele poder a los miembros de su equipo delegando responsabilidades y autoridad: esto ayuda a formar líderes para el equipo

El mayor crecimiento de un individuo suele venir de su experiencia personal en el proceso de experimentación. Cualquier equipo que desee que sus miembros asciendan a un nivel superior de rendimiento —y a niveles superiores de liderazgo— debe delegar responsabilidades y autoridad sobre ellos. Si usted es líder del equipo, no proteja su posición ni acapare su poder. Entréguelos. Es la única forma de dotar de poder a su equipo.

6. Dé el mérito a su equipo por el éxito obtenido: esto le levantará la moral al equipo

Mark Twain dijo: «Puedo vivir dos meses al obtener un buen elogio». Así se siente la mayoría de la gente. Están dispuestos a trabajar duro si reciben un reconocimiento por sus esfuerzos. Elogie a los miembros de su equipo. Dele mérito a sus logros. Y si usted es el líder, asuma la responsabilidad, pero nunca el mérito. Haga esto y su equipo siempre luchará por usted.

> «Puedo vivir dos meses al obtener un elogio». —Mark Twain

7. Observe si la inversión en su equipo deja ganancias: esto hace que el equipo rinda cuentas

Si usted pone dinero en una inversión, esperará una ganancia, quizás no inmediata, pero sí eventual. ¿Cómo sabrá si está ganando o perdiendo terreno en su inversión? Usted debe prestarle atención y evaluar su progreso.

Lo mismo es verdad cuando se invierte en las personas. Usted necesita observar si obtiene alguna ganancia por el tiempo, la energía y los recursos que está invirtiendo en ellos. Algunas personas se desarrollan rápidamente. Otras reaccionan más lentamente, y eso está bien. El resultado principal que usted desea es ver algún avance.

8. Deje de invertir en jugadores que no se desarrollan: esto librará al equipo de pérdidas mayores.

Una de las experiencias más difíciles para cualquier miembro de un equipo es sacar del equipo a otro miembro. Y sin embargo es lo que hay que hacer si alguien rehúsa desarrollarse o cambiar para beneficio del grupo. Eso no quiere decir que usted quiera menos a esa persona. Solo significa que usted no seguirá perdiendo su tiempo invirtiendo en alguien que no puede o no quiere hacer que el equipo sea mejor.

9. CREE NUEVAS OPORTUNIDADES PARA EL EQUIPO: ESTO PERMITIRÁ QUE EL EQUIPO EXPANDA SUS ESFUERZOS

No hay mayor inversión que usted pueda hacer en un equipo que el proporcionarle nuevas oportunidades. Cuando un equipo se encuentra con la posibilidad de conquistar nuevos territorios o enfrentar nuevos retos, tiene que expandir sus esfuerzos para conseguirlo. Ese proceso no solo brinda al equipo la oportunidad de desarrollo, sino que beneficia a todos los individuos. Cada quien tiene oportunidad de avanzar hacia la realización de su potencial.

10. PROPORCIONE A SU EQUIPO LA MEJOR OPORTUNIDAD POSIBLE PARA TRIUNFAR: ESTO GARANTIZA QUE RINDA GRANDES DIVIDENDOS

James E. Hunton dice: «Unirse es un comienzo. Mantenerse unidos, es progreso. Trabajar unidos, es éxito». Una de las tareas más esenciales que usted puede emprender es despejar los obstáculos para que su equipo cuente con la mejor oportunidad posible para trabajar con vistas al éxito. Si usted es un miembro del equipo, eso puede significar que tiene que hacer un sacrificio personal o ayudar a otros a trabajar mejor juntos. Si usted es un líder, eso significa que tiene que crear un ambiente cargado de energía para su gente, y tiene que equipar a cada persona con lo que necesita en cada momento para asegurar el éxito.

Invertir en un equipo casi siempre garantiza altos dividendos por el esfuerzo, porque un grupo de personas siempre puede hacer mucho más que un individuo aislado. O como me dijo Rex Murphy, quien asistió a una de mis conferencias: «Cuando hay voluntad, hay camino; cuando hay un equipo, hay más de un camino».

MI INVERSIÓN Y GANANCIA PERSONAL

Una vez que usted ha experimentado lo que significa invertir en su equipo, no podrá dejar de hacerlo nunca. Meditar acerca de mi equipo —sobre cómo ellos aportan valor a mi persona mientras yo aporto valor a su persona— me llena de un gozo abundante. Y mi gozo continúa incrementándose, tal como mi inversión y las ganancias que ellos reportan.

En esta etapa de mi vida, todo lo que hago equivale a un esfuerzo en equipo. Cuando empecé a dar seminarios, hacía de todo. Claro que había otros ayudándome, pero así como hacía mi presentación así también envolvía y enviaba un paquete. Ahora llego y doy mis conferencias. Mi magnífico equipo se ocupa de todo lo demás. Hasta el libro que usted está leyendo fue un esfuerzo de equipo. Yo haría cualquier cosa por los integrantes de mi equipo, porque ellos hacen cualquier cosa por mí:

> Mi equipo me hace una persona mejor de la que soy.
> Mi equipo multiplica mi valor para otros.
> Mi equipo me capacita para hacer mejor lo que hago.
> Mi equipo me permite disponer de más tiempo.
> Mi equipo me representa donde no puedo estar.
> Mi equipo provee la sensación de comunidad para nuestro disfrute.
> Mi equipo cumple los deseos de mi corazón.

Si sus experiencias presentes trabajando en equipo no son tan positivas como desearía, entonces es hora de incrementar su nivel de inversión. Formar y equipar a un equipo para el futuro es como desarrollar ahorros financieros. Puede que empiece despacio, pero lo que usted invierta le reportará grandes ganancias, tal como funcionan los intereses acumulados en las finanzas. Inténtelo y se percatará de que invertir en el equipo paga sus dividendos con el tiempo.

PARTE II

CAPACITANDO A LAS PERSONAS IDÓNEAS

3

¿A QUIÉNES DEBO CAPACITAR?

Los más cercanos al líder determinarán el nivel de éxito de dicho líder.

U na noche, después de haber estado trabajando hasta tarde, tomé un ejemplar de *Sports Illustrated,* esperando que su lectura me diera sueño, pero sucedió lo contrario. Un anuncio en la contraportada captó mi atención, y me aceleró el pulso. Incluía una foto de John Wooden, el entrenador que condujo durante muchos años a los Bruins de la Universidad de California en Los Angeles (UCLA). El subtítulo de la foto decía: «El que mete el balón en el aro tiene diez manos».

John Wooden fue un gran entrenador de baloncesto. Apodado el Mago de Westwood, guió a UCLA a la conquista de diez campeonatos nacionales en un período de doce años. Dos campeonatos consecutivos son casi inusitados en el mundo del deporte competitivo, pero él condujo a los Bruins a ganar *siete títulos seguidos.* Para lograrlo se requirió un nivel consistente de juego superior, buen entrenamiento y práctica exigente, pero la clave del éxito de los Bruins fue la dedicación inquebrantable del entrenador Wooden a su concepto del trabajo en equipo.

Él sabía que si usted tiene gente a su cargo y desea desarrollar líderes, usted es responsable de: (1) apreciarlos por quienes son; (2) creer que harán lo mejor que puedan; (3) elogiar sus triunfos; y (4) aceptar ante ellos la responsabilidad personal que usted tiene como su líder.

El entrenador de fútbol americano Bear Bryant expresó este mismo sentir cuando declaró: «No soy más que un labriego de Arkansas, pero he aprendido a mantener unido a un equipo, a levantar la moral de un hombre, a tranquilizar a los otros, hasta que al final sus corazones latían al unísono como equipo. Hay solo tres cosas que siempre digo: "Si algo sale mal, fue mi culpa. Si todo sale regular, fue culpa de todos. Si todo sale realmente bien, el mérito es de ellos". Es todo lo que la gente necesita para que salga a ganar». Bear Bryant ganó partidos, pero ganó también corazones. Hasta hace unos años, conservaba el título de entrenador que más ganaba en la historia del fútbol americano universitario, con 323 victorias.

Los grandes líderes —los que realmente son exitosos y quienes figuran en el uno por ciento que representa a lo mejor de lo mejor— tienen todos una cosa en común: saben que reclutar y conservar gente capaz es la tarea más importante de un líder. Ninguna entidad puede incrementar su productividad ¡pero sus miembros sí pueden! El activo que verdaderamente adquiere valor en una empresa es su personal. Los sistemas se hacen obsoletos. Los inmuebles se deterioran. La maquinaria se desgasta. Sin embargo la gente puede crecer, desarrollarse y tornarse más eficaz si cuenta con un líder que comprenda su valor potencial.

Si usted de veras desea ser un líder de éxito, debe desarrollar y equipar a otros líderes a su alrededor. Debe encontrar la manera en que compartan su visión, la implementen y hagan que el equipo contribuya a ella. Un líder ve el panorama completo, pero necesita que otros líderes le ayuden a convertir esa imagen mental en una realidad.

La mayoría de los líderes tienen seguidores a su alrededor. Creen que la clave del liderazgo es ganar más *seguidores*. Pocos líderes se rodean de otros *líderes,* pero aquéllos que lo hacen aportan considerable valor a su empresa. Y no solo aligeran su propia carga, sino que su visión es enriquecida y llevada a la práctica.

Importa mucho a quién va usted a equipar

La clave para rodearse de otros líderes es reclutar a la gente más capaz que pueda encontrar, y equiparlos para que se conviertan en los mejores líderes posibles. Los grandes líderes producen a otros líderes. Déjeme explicarle por qué:

Los más cercanos al líder determinarán el nivel de éxito que éste tenga

El principio más grandioso del liderazgo que he aprendido en más de treinta años de práctica, es que aquellos más cercanos al líder determinarán el nivel de éxito de éste. También es una realidad la lectura negativa: los más cercanos al líder determinarán su nivel de fracaso. En otras palabras, la gente más cercana a mí o me salva, o me hunde. Lo que va a determinar un resultado positivo o negativo en mi liderazgo depende de mi capacidad como líder para desarrollar y equipar a aquéllos más cercanos a mí. También depende de mi pericia para reconocer el valor que otros aportan a mi empresa. Mi objetivo no es atraer seguidores que resulten en una multitud pasiva. Mi meta es desarrollar líderes que se conviertan en un movimiento.

Deténgase un momento y piense en las cinco o seis personas más cercanas a usted en su empresa ¿Está usted desarrollándolas? ¿Tiene un plan para su crecimiento personal? ¿Les está equipando adecuadamente para el liderazgo? ¿Han podido ayudarle con su carga?

En mi organización enfatizamos constantemente el desarrollo del liderazgo. En la primera sesión de entrenamiento, inculco este principio a los nuevos líderes: *como líder potencial usted es o bien una ganancia o una pérdida para la organización.* Ilustro esta verdad explicándola: «Cuando hay un problema, un "incendio" en la empresa, ustedes como líderes suelen ser los primeros en llegar. Llevan consigo dos baldes. Uno contiene agua y el otro gasolina. La "chispa" que está ante ustedes se convertirá en un problema aún más grave si le vacían encima el balde de gasolina, o se extinguirá si le vierten el balde de agua».

Cada persona en su organización lleva asimismo dos baldes consigo. La pregunta que un líder necesita hacerse es: «¿Les estoy entrenando para que usen el agua o para que usen la gasolina?»

El potencial de crecimiento de una empresa está directamente relacionado con el potencial de su personal

Cuando daba conferencias sobre liderazgo, solía hacer este comentario: «Cultive a un líder, y estará cultivando su organización». Una compañía no puede crecer sin un crecimiento interior de sus líderes.

A menudo me sorprende la cantidad de dinero, energías y esfuerzos de mercadeo que las empresas invierten en áreas que no producen crecimiento.

¿Para qué anunciar que el cliente es lo más importante cuando el personal no ha sido entrenado para darle servicio? Cuando los clientes vienen a usted, ellos notarán la diferencia entre un empleado que ha sido entrenado para darle servicio y otro que no lo ha sido. Folletos flamantes y lemas pegajosos nunca podrán compensar un liderazgo incompetente.

En 1981 me convertí en Pastor Principal de la iglesia Skyline Wesleyan en San Diego, California. De 1969 a 1981 esta congregación tuvo un promedio de asistencia de mil personas, y obviamente se había estabilizado ahí. Cuando asumí su dirección, la primera pregunta que hice fue: «¿Por qué hemos dejado de crecer?». Necesitaba hallar una respuesta, así que cité la primera reunión del personal y di una conferencia titulada *La línea del liderazgo*. Mi tesis era: «Los líderes determinan el nivel de una organización». Tracé una línea en una pizarra y escribí al lado el número 1.000. Compartí con los asistentes que durante trece años la asistencia promedio en Skyline había sido de 1.000 personas. Yo sabía que ellos podían guiar eficazmente a ese número de creyentes. Lo que no sabía era si podrían guiar a 2.000. Así que tracé en la parte superior una línea de puntos, escribí al lado el número 2.000, y coloqué un signo de interrogación entre las dos líneas. Entonces dibujé una flecha ascendente entre las cifras 1.000 y 2.000 y escribí la palabra «cambio».

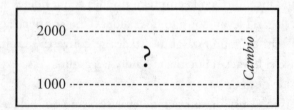

Mi responsabilidad sería equiparlos y ayudarlos a hacer los cambios necesarios para alcanzar nuestra nueva meta. Yo sabía que el crecimiento ocurriría automáticamente cuando los líderes dieran un cambio positivo, pero tenía que ayudarles a cambiar, o de lo contrario tendría que cambiarles literalmente, reemplazándoles.

Entre 1981 y 1995 repetí tres veces la misma conferencia en Skyline. La última vez, la cifra que escribí en la línea superior fue 4.000. Como pude comprobar, las cifras cambiaban, pero no la conferencia. La fuerza de cualquier organización es el resultado directo de la fuerza de sus líderes.

Líderes débiles equivalen a organizaciones débiles; líderes fuertes, equivalen a organizaciones fuertes. Todo triunfa y fracasa según el liderazgo.

LOS LÍDERES POTENCIALES AYUDAN A LLEVAR LA CARGA

El empresario Rolland Young dijo: «Soy un hombre que se ha hecho a sí mismo, pero creo que si tuviera que hacerme de nuevo ¡llamaría a alguien!». Es común que los ejecutivos no desarrollen a otros líderes, ya sea porque les falta entrenamiento o porque tienen una actitud recelosa en torno a permitir y alentar a otros para que trabajen junto a ellos. Con frecuencia, los directivos creen erróneamente que deben competir, en lugar de trabajar, con las personas cercanas a ellos. La mentalidad de los grandes líderes es otra: en *Profiles in Courage* [Perfiles de Valor], el Presidente John F. Kennedy escribió: «La mejor manera de avanzar es llevarse bien con los demás». Este tipo de interacción positiva solo ocurre si el líder tiene una actitud de interdependencia hacia los otros y está comprometido a mantener relaciones en las que todos sus miembros son ganadores.

TODO TRIUNFA Y FRACASA SEGÚN EL LIDERAZGO.

Eche un vistazo a las diferencias entre las dos perspectivas que los líderes poseen acerca de la gente:

GANANDO CON COMPETENCIA	GANANDO CON COOPERACIÓN
Ve a las otras personas como tus enemigos	Ve a las otras personas como tus amigos
Concéntrate en ti mismo	Concéntrate en otros
Vuélvete desconfiado de las personas	Apoya a otros
Gana solo si eres bueno	Gana si tú o los otros son buenos
El ganar será determinado por tus habilidades	El ganar será determinado por las habilidades de muchos
Un triunfo pequeño	Un triunfo grande
Poco regocijo	Gran regocijo
Hay ganadores y perdedores	Solo existen ganadores

Peter Drucker estaba en lo cierto cuando dijo: «Nunca ningún ejecutivo ha sufrido por tener subordinados fuertes y eficaces». Los líderes que me rodean llevan mi carga de muchas maneras. He aquí dos de las más importantes:

1. *Se convierten en un portavoz para mí.* Como líder, a veces escucho consejos que no quiero escuchar pero que necesito escuchar. Esa es la ventaja de tener líderes en derredor: poder contar con personas que saben cómo tomar decisiones. Los seguidores le dirán lo que usted *desea* escuchar; los líderes, lo que usted *necesita* escuchar.

Siempre he exhortado a aquellos más cercanos a mí a que me aconsejen durante la fase inicial de un proyecto. En otras palabras, una opinión antes de tomar una decisión tiene un valor potencial; una opinión después que la decisión ha sido tomada no tiene valor alguno. Alex Agase, entrenador de fútbol americano en la liga universitaria, dijo una vez: «Si de veras me quieren dar un consejo, háganlo el sábado por la tarde, entre la una y las cuatro, cuando tienen veinticinco segundos para hacerlo, entre una jugada y la próxima. No me den consejos el lunes. El lunes yo sé lo que tengo que hacer».

«Nunca ningún ejecutivo ha sufrido por tener empleados fuertes y eficaces». —Peter Drucker

2. *Tienen mentalidad de liderazgo.* Compañeros que son líderes, hacen más que trabajar con el líder: piensan como él. Esto les da el poder para aligerar la carga, y resultan inestimables en áreas como la de tomar decisiones, el intercambio de ideas y la dirección y seguridad para otros.

La mayor parte de mi tiempo me la paso fuera de la oficina, hablando en conferencias y eventos. Por lo tanto es esencial que en mi organización haya líderes capaces de realizar el trabajo de una forma efectiva, cuando no estoy presente. Y así lo hacen. Esto ocurre porque he dedicado mi vida a encontrar y desarrollar líderes potenciales. Los resultados son muy gratificantes.

Los líderes atraen a líderes potenciales

Los pájaros de un mismo plumaje vuelan juntos. Realmente creo que hace falta un líder para identificar a otro y cultivarlo. También me he dado cuenta de que se necesita un líder para atraer a otro.

La atracción mutua es el primer paso obvio para equipar a otros; sin embargo, encuentro muchas personas en posiciones de liderazgo que son incapaces de hacer esto. Un buen líder debe ser capaz de atraer a un líder potencial porque:

- Los líderes piensan como él
- Los líderes expresan sentimientos que otros líderes perciben
- Los líderes crean un ambiente que atrae a los líderes en potencia
- Los líderes no se sienten amenazados por personas con un gran potencial

Por ejemplo, una persona en un puesto de liderazgo que es un «5» en una escala del 1 al 10, no atraerá a un líder que es un «9» ¿Por qué? Porque los líderes evalúan naturalmente a cualquiera y emigran hacia otros líderes que tengan un nivel igual o superior al de ellos.

Cualquier líder que solo tenga a su alrededor seguidores, se verá en la situación de tener que depender constantemente de sus propios recursos para hacer las cosas. Sin otros líderes que lleven la carga, se cansará y se agotará. ¿Se ha preguntado usted alguna vez si está cansado? Si su respuesta es afirmativa, puede que tenga una buena razón para estarlo, como ilustra esta historia humorística:

En algún lugar del mundo hay un país con una población de 220 millones de habitantes. Ochenta y cuatro millones tienen más de 60 años, por lo cual quedan 136 millones para trabajar. Los menores de 20 años suman 95 millones, de modo que quedan 41 millones para trabajar.

Hay 22 millones que son empleados del gobierno, así que solo 19 millones pueden trabajar. En las Fuerzas Armadas hay cuatro millones, por tanto solo 15 millones son aptos para el trabajo. Reste 14.800.000 empleados de las oficinas estatales y municipales, y le quedarán 200.000 habitantes para trabajar. Hay 188.000 en los hospitales y manicomios, así que tiene usted para trabajar solo 12.000.

Es interesante notar que en este país hay 11.998 personas en la cárcel, por lo cual quedan solo dos para llevar la carga. Esos dos somos usted y yo y, mi hermano, ¡ya me cansé de hacerlo todo yo solo!

Usted necesita desarrollar y equipar a otros líderes a menos de que quiera llevar la carga solo.

LÍDERES BIEN EQUIPADOS EXPANDEN Y ENRIQUECEN EL FUTURO DE UNA ORGANIZACIÓN

Una de las cosas que mi padre me enseñó fue la importancia que tiene el elemento humano en una organización, por encima de todo lo demás. Él fue presidente de una universidad durante dieciséis años. Un día, sentados en un banco del área universitaria, me dijo que los trabajadores que más le costaban a la escuela no eran los mejor pagados, sino los que no producían. Me explicó que desarrollar líderes tomaba tiempo y costaba dinero. Generalmente había que pagarles más, pero constituían un valor inestimable. Atraían a personas de calidad superior; eran más productivos; y continuaban añadiendo valor a la organización. Terminó la conversación diciéndome: «La mayoría de la gente produce solo cuando tiene ganas. Los líderes producen aún si no tienen ganas».

> «LA MAYORÍA DE LA GENTE PRODUCE SOLO CUANDO TIENE GANAS. LOS LÍDERES PRODUCEN AUN SI NO TIENEN GANAS». —MELVIN MAXWELL

MIENTRAS MÁS PERSONAS DIRIGE, MÁS LÍDERES NECESITA

Zig Ziglar, famoso por sus conferencias sobre el éxito, ha dicho: «El éxito consiste en la utilización máxima de la capacidad que usted tiene». Creo que el éxito de un líder puede definirse como *la utilización máxima de las capacidades de sus subalternos*. El empresario y filántropo Andrew Carnegie lo explicó así: «Quisiera que mi epitafio dijera: "Aquí yace un hombre que fue lo bastante sabio como para poner a su servicio a hombres que sabían más que él"». Ese es un objetivo valioso para cualquier líder.

4

¿CÓMO RECONOCER A UN LÍDER EN POTENCIA?

Los grandes líderes buscan y encuentran a líderes en potencia, y los transforman en buenos líderes.

Hay algo que es mucho más importante y escaso que la capacidad, y esto es la capacidad para reconocer la capacidad. Una de las responsabilidades primarias de un líder de éxito es identificar a líderes en potencia. Estos, son personas en quienes usted deseará invertir de su tiempo para capacitarlos. Identificarlos no es siempre una tarea fácil, pero sí es primordial.

Andrew Carnegie era un experto identificando a líderes potenciales. Una vez un reportero le preguntó cómo se las había arreglado para contratar a cuarenta y tres millonarios. Carnegie respondió que estos empleados no eran millonarios cuando empezaron a trabajar para él, sino que se habían hecho millonarios como resultado de ello. Entonces el reportero quiso saber cómo había desarrollado a estos hombres para que se convirtieran en líderes tan valiosos. Carnegie respondió: «A los hombres se les desarrolla de la misma manera en que se explota una mina de oro. Hay que remover toneladas de tierra para obtener una onza de oro. Aunque usted no entra en la mina en busca de la tierra», añadió, «usted va buscando el oro». Esa es exactamente la manera de desarrollar a personas positivas y exitosas.

Busque el oro, no la tierra; lo bueno, no lo malo. Mientras más positivas sean las cualidades que busque, más encontrará.

Cómo seleccionar a los jugadores idóneos

Las organizaciones del deporte profesional reconocen la importancia de seleccionar a los jugadores idóneos. Cada año, entrenadores y propietarios de equipos profesionales de béisbol, baloncesto y fútbol americano esperan con ansias el reclutamiento. Afín de prepararse para éste, las franquicias deportivas invierten mucho tiempo y energía evaluando a los nuevos prospectos. Por ejemplo, los *scouts* (exploradores) de las organizaciones del fútbol americano profesional asisten a los partidos universitarios regulares, a los finales y a los campamentos de entrenamiento para conocer mejor a los jugadores que están considerando reclutar. Todo esto permite a los *scouts* llevarles bastante información a los propietarios de equipos o entrenadores principales, de modo que cuando llegue el día del reclutamiento los equipos puedan contratar a los atletas más prometedores. Propietarios y entrenadores saben que el éxito futuro de sus equipos depende en gran medida de su capacidad para realizar un reclutamiento efectivo.

Lo mismo sucede en los negocios. Usted debe seleccionar a los jugadores idóneos en su organización. Si escoge bien, los beneficios se multiplican y parecen ser casi infinitos. Si hace una selección pobre, serán los problemas los que se multiplicarán y parecerán no tener fin.

La clave de una selección acertada consiste en dos cosas: (1) Su capacidad para ver el panorama completo y (2) su capacidad para juzgar a sus empleados potenciales durante el proceso de selección.

Es conveniente empezar con un inventario. Yo utilizo éste porque siempre me gusta buscar a mis candidatos tanto dentro como fuera de mi empresa:

Evaluación de necesidades	*¿Qué se necesita?*
Disponibilidad	*¿Quién está disponible en mi organización?*
Capacidad de los candidatos	*¿Quién es capaz?*
Actitud de los candidatos	*¿Quién tiene la disposición?*
Logros de los candidatos	*¿Quién hace el trabajo?*

Note que el inventario comienza con una evaluación de las necesidades. El líder de la organización debe basar esa apreciación en la vista panorámica. Cuentan que cuando Charlie Grimm dirigía a los Cachorros de Chicago, recibió una llamada telefónica de uno de sus *scouts*. El hombre estaba entusiasmado y empezó a gritar en el teléfono: «¡Charlie, he conseguido al mejor lanzador joven del país! ¡Ponchó a todos los bateadores! ¡Veintisiete consecutivos! ¡Nadie bateó ni siquiera un *foul* hasta la novena entrada! Está aquí conmigo, ¿qué hago?». Charlie replicó: «Contrata al que le pegó el *foul*. Estamos buscando bateadores». Charlie sabía lo que necesitaba su equipo.

Hay una situación que puede imponerse al análisis de las necesidades. Cuando una persona verdaderamente excepcional está disponible, pero no necesariamente se ajusta a las necesidades actuales, aun así haga lo posible por contratarle. A largo plazo, ejercerá un impacto positivo en la institución. Este tipo de decisiones lo vemos en los deportes. Los entrenadores de fútbol americano generalmente reclutan a jugadores que cubren necesidades específicas. Si no tienen un defensa fuerte, contratan al mejor disponible. Pero a veces se les presenta la oportunidad de contratar a un «jugador de impacto», una superestrella que puede cambiar instantáneamente la complexión del equipo. Casualmente los jugadores de impacto suelen poseer no solo capacidad atlética, sino también habilidad de liderazgo. Aun cuando son novatos, cuentan con todas las cualidades para ser capitanes de equipo. Cuando tengo la oportunidad de contratar a alguien excepcional, a una superestrella, no dudo en hacerlo. Luego le busco un lugar. Los individuos capaces son difíciles de encontrar, y siempre hay espacio en una organización para una persona que sea más productiva.

CUALIDADES A BUSCAR EN UN LÍDER

Para encontrar líderes a quienes equipar, usted primero debe saber cómo reconocerlos. He aquí diez cualidades de liderazgo a buscar en cualquier persona que usted contrate:

1. CARÁCTER

Lo primero a buscar en cualquier clase de líder o líder en potencia es la fortaleza de carácter. Me he dado cuenta de que no conozco nada más importante que esta cualidad. Los defectos graves del carácter no pueden pasarse por alto. A la larga siempre hacen ineficaz a un líder.

No se deben confundir los defectos del carácter con las debilidades. Todos tenemos debilidades pero éstas se pueden superar con el entrenamiento o la experiencia. Los defectos de carácter no se pueden cambiar de la noche a la mañana. Cambiarlos suele tomar un largo período de tiempo, y demanda dedicación por parte del líder y una inversión significativa con respecto a las relaciones. Cualquier persona que usted contrate con defectos de carácter será el eslabón más débil de su organización. Dependiendo de la naturaleza de estas fallas, la persona puede tener el potencial para destruir a la organización.

Algunas de las cualidades que constituyen un buen carácter son: honestidad, integridad, autodisciplina, capacidad de aprendizaje, confiabilidad, perseverancia, conciencia y una ética laboral firme. Lo que una persona de carácter ideóneo dice corresponde con lo que hace. Su reputación es sólida. Su estilo, directo.

Evaluar el carácter puede ser difícil. Entre las señales de advertencia a vigilar, se encuentran las siguientes:

- La persona no asume responsabilidad por sus actos o circunstancias
- Promesas u obligaciones no cumplidas
- Incapacidad para cumplir con los plazos

Usted puede inferir mucho sobre la capacidad de alguien para dirigir a otros por la forma en que conduce su vida. Fíjese también en su interacción con los demás. Se puede conocer mucho del carácter de una persona por sus relaciones. Examine cómo se relaciona con sus superiores, colegas y subordinados. Hable con sus empleados para averiguar cómo les trata el líder potencial. Esto le brindará información adicional.

EL LIDERAZGO ES INFLUENCIA.

---

2. INFLUENCIA

El liderazgo es influencia. Todo líder tiene estas dos características: (A) sabe adónde va; y (B) es capaz de persuadir a otros para que le acompañen en el viaje. La influencia en sí misma no basta. Esta debe ser evaluada para determinar su *calidad*. Cuando estudie la influencia de un líder potencial examine lo siguiente:

¿Cuál es su nivel de influencia? ¿Tiene seguidores esa persona debido a su puesto (utiliza el poder de su posición), a su permisividad (ha desarrollado relaciones motivadoras), a su producción (él y sus seguidores producen resultados de manera consistente), al desarrollo del personal (ha desarrollado a quienes le rodean) o a su preocupación por las personas (trasciende la organización y desarrolla a sus empleados a una escala mundial)?

¿Quién influye en él? ¿A quién sigue? Las personas imitan a sus modelos ¿Es ético el modelo de este líder potencial? ¿Contempla su modelo las prioridades correctas?

¿En quiénes influye? De la misma manera, la calidad del seguidor indicará la calidad del líder. ¿Son sus seguidores productores positivos o un grupo de mediocres incondicionales?

En *Discipleship for Ordinary People* [Discipulado para la gente común], Stuart Briscoe cuenta que un joven clérigo oficiaba en el funeral de un veterano de guerra. Unos amigos militares del finado querían participar en el servicio para honrar a su camarada, así que le pidieron al joven pastor que les llevara hasta el féretro para tener allí un momento de recuerdos, y que luego les escoltara a una salida lateral. Sin embargo, el plan no tuvo el efecto deseado porque el oficiante les hizo salir por la puerta equivocada. A la vista de los demás dolientes los hombres marcharon con precisión militar hacia dentro de un armario donde había útiles de limpieza, tras lo cual emprendieron una presurosa y confusa retirada. Todo líder debe saber adónde va. Y todo seguidor debería asegurarse de que sigue a un líder que sabe lo que está haciendo.

3. ACTITUD POSITIVA

Una actitud positiva es una de las cualidades más valiosas que una persona puede tener en su vida. Mi convicción acerca de esto es tan fuerte que he escrito un libro entero al respecto, *Actitud de vencedor*. Con mucha frecuencia, lo que la gente dice que es su problema, en realidad no lo es. Su verdadero problema es la actitud que les hace manejar los obstáculos de la vida tan mal.

El individuo cuya actitud le permite enfrentarse a la vida desde una perspectiva totalmente positiva, es alguien a quien podríamos definir como una persona sin límites. En otras palabras, esta persona no acepta las limitaciones normales de la vida como lo hace la mayoría de la gente. Al contrario, está decidida a llegar hasta el límite mismo de su potencial, o el de su productividad, antes de aceptar una derrota. La gente con actitud positiva es capaz de ir a lugares a donde otros no van, hacer cosas que otros no pueden hacer y no dejarse restringir por límites autoimpuestos.

Una persona con una actitud positiva es como un abejorro. El abejorro no debería poder volar, porque el tamaño, el peso y la forma de su cuerpo en relación con la envergadura de sus alas hacen que volar sea aerodinámicamente imposible. Aun así esta criatura, siendo ignorante de las teorías científicas, vuela y fabrica su miel todos los días.

Esta mentalidad sin límites permite que uno comience cada día con una disposición positiva, como un operador de un ascensor sobre el cual leí una vez. Un lunes por la mañana, en un ascensor lleno, el hombre comenzó a tararear una melodía. Un pasajero irritado por su aparente contento inquirió: «¿Por qué está tan alegre?». «¿Sabe, señor?», respondió el operador del ascensor sin cambiar su tono jovial, «nunca había vivido el día de hoy». Cuando tenemos la actitud apropiada, no solo el futuro luce resplandeciente sino que también disfrutamos más el presente. La persona positiva comprende que podemos disfrutar tanto del viaje como del destino.

Considere la actitud de esta manera:

Es la «promotora» de nuestro verdadero yo.

Sus raíces son internas pero su fruto es externo.

Es nuestra mejor amiga o nuestra peor enemiga.

Es más honesta y más consecuente que nuestras palabras.

Es una apariencia exterior basada en nuestras experiencias pasadas.

Es algo que atrae o repele a la gente de nosotros.

No está satisfecha hasta que no se expresa.

Es la bibliotecaria de nuestro pasado.

Es la oradora de nuestro presente.

Es la profetiza de nuestro futuro.[1]

La actitud fija el tono, no solo para el líder que la tiene, sino también para aquéllos que le siguen.

4. EXCELENTE HABILIDAD PARA TRATAR CON LAS PERSONAS

Un líder sin habilidad para tratar con las personas pronto se quedará sin seguidores. Cuentan que el líder fantástico Andrew Carnegie, pagaba a Charles Schwab un salario de un millón de dólares al año solo por su excelente capacidad para tratar con la gente. Carnegie contaba con otros líderes que comprendían mejor el trabajo y cuya experiencia y entrenamiento eran más idóneos para el mismo; pero les faltaba la calidad humana esencial de ser capaces de lograr que otros les ayudaran, mientras que Schwab sacaba lo mejor de sus colegas. Puede que la gente admire a alguien que solo tiene talento y habilidad, pero no lo seguirán, y si lo hacen no será por mucho tiempo.

Una habilidad excelente para tratar con las personas debe incluir una preocupación genuina por los demás, una capacidad para comprenderlos, y la decisión de hacer de la interacción positiva con otros, un objetivo primario. Nuestra conducta hacia los demás determina la conducta de ellos hacia nosotros. Y eso es algo que un líder de éxito sabe.

5. DONES EVIDENTES

Todos los seres humanos creados por Dios tienen dones. Una de nuestras obligaciones como líderes es hacer una evaluación de esos dones cuando consideramos a alguien para emplearle o equiparle. Para mí cada candidato es como un aspirante a líder. He observado que existen cuatro tipos de aspirantes:

Nunca será. Algunas personas sencillamente carecen de la capacidad para hacer un trabajo dado. Ellos simplemente no tienen el don para esa tarea en particular. Cuando se envía a un *nunca será* a un área para la cual no fue dotado, se frustra, a menudo culpa a otros por su fracaso y termina agotado. Si se le reorienta, tendrá la oportunidad de realizar su potencial.

Podría ser. Un *podría ser* es una persona con capacidades y dones adecuados, pero carece de autodisciplina. Hasta podría poseer capacidades superestelares, pero no es capaz de obligarse a ejecutar. Este tipo de persona necesita desarrollar su autodisciplina para «simplemente hacerlo».

Debe ser. Un *debe ser* es alguien con talento nato (dones), pero con poca habilidad para aprovechar su capacidad. Necesita un entrenamiento. Una vez que se le ayuda a desarrollar esas habilidades, comienza a convertirse en la persona que debe ser.

Tiene que ser. Lo único que le falta a un *tiene que ser* es la oportunidad. Tiene las habilidades y los dones necesarios, así como la actitud idónea. Posee el impulso para ser la persona que debe ser. A usted le corresponde convertirse en el líder que le dé esa oportunidad. Y si usted no lo hace, ella misma encontrará quien le dé esa oportunidad.

Dios crea a todos los seres humanos con dones naturales, pero también los fabrica con dos extremos: uno para sentarse y otro para pensar. El éxito en la vida depende de cuál de ellos usamos más, y es como echar suertes con una moneda: ¡la cabeza gana! ¡La cola pierde!

6. UNA TRAYECTORIA VERIFICABLE

El poeta Archibald MacLeish dijo una vez: «Solo hay una cosa más dolorosa que aprender de la experiencia, y es no aprender de ella». Los líderes que aprenden de este axioma con el tiempo desarrollan una trayectoria de éxitos. Todo el que se aventura en terreno inexplorado, o se esfuerza por lograr algo, comete errores. Las personas sin una trayectoria verificable o bien, no han aprendido de sus errores o ni siquiera han intentado.

He trabajado con muchas personas talentosas que han establecido magníficas trayectorias. Cuando fundé mi empresa, Dick Peterson descolló como un lider de primera, capaz de un liderazgo de la mejor calidad. El había trabajado varios años con IBM, y pronto demostró que no había desperdiciado esa experiencia. Dick tenía una trayectoria verificable cuando le pedí que se uniera a mí en 1985 para fundar INJOY, una de mis compañías. Al principio nos sobraba potencial y nos faltaban recursos. El arduo trabajo, la planificación y los conocimientos de Dick convirtieron un pequeño negocio, alojado en un garaje, en una empresa que cada año produce materiales e influye sobre decenas de miles de líderes a nivel nacional e internacional. Dick fue presidente de INJOY durante quince años y cómo contribuyó al despegue de la compañía.

El experto en administración de empresas Robert Townsend apunta: «Los líderes vienen en todo tamaño, edad, forma y condición. Algunos son malos administradores, otros no son muy brillantes, pero hay una clave para identificarlos. Como la mayoría de la gente es mediocre *per se,* es posible reconocer al verdadero líder, porque de uno u otro modo sus subordinados entregan, de manera consistente, un rendimiento superior». Siempre verifique el desempeño anterior de un candidato. Un líder comprobado, siempre tiene una trayectoria verificable.

7. CONFIANZA

La gente no sigue a un líder que no tiene confianza en sí mismo. De hecho, la gente se siente naturalmente atraída por las personas que inspiran confianza. Un ejemplo excelente de esto lo podemos ver en un incidente que ocurrió en Rusia durante un intento de golpe de estado. Los tanques del ejército habían rodeado el edificio del gobierno donde se encontraban el presidente Boris Yeltsin y sus simpatizantes a favor de la democracia. Jefes militares de alto rango habían ordenado al comandante de los blindados que abriera fuego contra Yeltsin. Mientras las unidades del ejército tomaban posiciones, el presidente salió del edificio, se subió a un tanque, miró cara a cara al comandante y le dio las gracias por pasarse al bando de la democracia. Más tarde el oficial admitió que ellos no habían tenido ninguna intención de hacer tal cosa. Yeltsin se había mostrado tan confiado e imponente que cuando se marchó los soldados hablaron al respecto y decidieron unirse a él.

La confianza es característica de una actitud positiva. Los grandes triunfadores y grandes líderes mantienen la autoconfianza sin importar las circunstancias. La confianza no es solo para exhibirla, sino que nos da poder. Un *buen* líder tiene la capacidad de infundir a su gente la confianza que él tiene en sí mismo. Un *gran* líder tiene la capacidad de infundir a su gente confianza en sí mismos.

8. AUTODISCIPLINA

Los grandes líderes siempre son autodisciplinados, sin excepción. Desafortunadamente, nuestra sociedad procura una gratificación instantánea en lugar de la autodisciplina. Queremos desayuno instantáneo, comidas rápidas, películas a la orden y efectivo al momento en los cajeros automáticos, pero el éxito nunca es instantáneo. Ni tampoco la capacidad para dirigir. Como dijera el general Dwight D. Eisenhower: «No existen victorias a precio de liquidación».

Debido a que vivimos en una sociedad orientada a la gratificación instantánea, no podemos suponer que los líderes en potencia que entrevistamos, tendrán autodisciplina, que estarán dispuestos a pagar el precio de un gran liderazgo. En lo que respecta a la autodisciplina, la gente elige una de estas dos opciones: la pena de una disciplina conquistada con sacrificio y cultivo, o la pena del arrepentimiento que resulta por tomar el camino más fácil y desperdiciar oportunidades. Cada persona hace sus elecciones en la vida. En *Adventures of Achievement* (Aventuras de triunfo), E. James Rohn señala que las penas de la disciplina pesan unos gramos, mientras que las penas del arrepentimiento pesan toneladas.

Existen dos áreas en la autodisciplina que debemos buscar en los líderes potenciales a quienes consideramos equipar. La primera tiene que ver con las emociones. Los líderes eficaces reconocen que sus reacciones emotivas son responsabilidad suya. Un líder que decide no permitir que los actos de otros dicten sus reacciones, experimenta una libertad que se traduce en poder. Como dijera el filósofo griego Epícteto: «Ninguno es libre si no es amo de sí mismo».

La segunda área se relaciona con el tiempo. Cada ser humano del planeta cuenta con el mismo número de minutos cada día, pero el nivel de autodisciplina de cada uno determina con cuánta efectividad se utilizan esos minutos. Las personas disciplinadas siempre están en crecimiento, siempre están esforzándose por mejorar, y optimizan el uso de su tiempo. He encontrado tres características de los líderes disciplinados:

- Tienen metas personales específicas y bien definidas a corto y largo plazo.
- Tienen un plan para lograr esas metas
- Tienen un deseo que les motiva a continuar trabajando para conseguir esas metas

El progreso personal tiene un precio. Cuando entreviste a un líder potencial, determine si éste está dispuesto a pagar. El autor de la popular tira cómica *Ziggy* lo reconoció cuando dibujó la siguiente escena:

Mientras va manejando su pequeño automóvil, nuestro amigo Ziggy se encuentra en el camino dos señalamientos de tránsito. El primero, escrito en negritas, dice: «CAMINO AL ÉXITO». Más adelante aparece el segundo señalamiento, que advierte: «PREPÁRESE A PAGAR PEAJE».

9. Capacidades de comunicación efectivas

Nunca subestime la importancia de la comunicación. Esta consume una enorme cantidad de nuestro tiempo. Un estudio citado por D. K. Burlow en *The Process of Communication* [El proceso de la comunicación] concluye que el estadounidense promedio invierte cada día setenta por ciento de sus horas activas comunicándose verbalmente; un líder no puede presentar su visión de manera efectiva, ni instar a sus subordinados a realizarla, si éste no tiene la capacidad de poder comunicarse.

Las capacidades de un líder para inspirar confianza y para comunicarse efectivamente son semejantes. Ambas requieren acción de su parte y reacción de quienes le siguen. La comunicación es una *interacción* positiva, y puede ser cómica cuando solo una parte se está comunicando. Quizás usted conoce el cuento del juez frustrado que se prepara a juzgar un caso de divorcio:

«¿Por qué quiere divorciarse?», pregunta el juez. «¿En qué se basa?».

«Tenemos cuatro hectáreas de terreno», responde la mujer.

«No, no», dice el juez. «Pregunto si tiene usted alguna queja?».

«Sí, su señoría, caben dos autos».

«Necesito una razón para el divorcio», replica impaciente el juez. «¿El le maltrata?».

«Oh, no, yo me levanto a las seis y me voy a hacer mis ejercicios. Él se levanta más tarde».

«¡Por favor!», dice el juez exasperado, «¿Cuál es la razón por la que quiere divorciarse?».

«Oh», contesta ella. «Parece que no nos podemos comunicar».

Cuando examino la capacidad que tiene un líder potencial para comunicarse, busco lo siguiente:

Un interés genuino en la persona con quien está hablando. Cuando alguien percibe que usted se interesa por él, él a su vez se muestra dispuesto a escuchar lo que usted tiene que decir. El tener simpatía por la gente es el principio de la capacidad de comunicación.

Capacidad para concentrarse en el interlocutor. Los malos comunicadores se concentran en sí mismos y en sus propias opiniones. Los buenos comunicadores se concentran en la reacción de su interlocutor. Además, saben interpretar el lenguaje de los gestos.

Capacidad para comunicarse con cualquier tipo de persona. Un buen comunicador tiene la capacidad para hacer sentir cómoda a una persona. Puede hallar la manera de identificarse con casi cualquiera, independientemente de su historial.

Contacto visual con su interlocutor. La mayoría de las personas que le dicen la verdad están dispuestas a mirarle cara a cara.

Sonrisa cálida. La vía más rápida para abrir las líneas de comunicación es sonreír. Una sonrisa puede superar innumerables barreras en la comunicación, cruzando las fronteras de cultura, raza, edad, clase, género, educación y estatus económico.

Si espero que una persona pueda dirigir, también debo esperar que sea capaz de comunicarse.

10. DESCONTENTO CON EL STATU QUO

Suelo decir a mi personal que *statu quo* significa en latín «el lío en que estamos metidos». Los líderes ven lo que es, pero, lo que es más importante, ven lo que puede ser. Nunca se contentan con las cosas como están. Liderar significa por definición estar a la vanguardia, aventurarse en terreno virgen, conquistar nuevos mundos, alejarse del *statu quo.* Donna Harrison señala: «Los grandes líderes nunca están satisfechos con los niveles de rendimiento actuales. Constantemente se esfuerzan por alcanzar niveles más y más altos». Ellos trascienden el *statu quo,* y exigen lo mismo de quienes les rodean.

El no estar satisfecho con el *statu quo* no significa que se tiene una actitud negativa ni que se anda refunfuñando sino que tiene que ver con la disposición a ser diferente y a correr riesgos. Quien rehúsa arriesgarse a cambiar no se desarrolla. Un líder que ama el *statu quo* pronto se convierte en un seguidor. Raymond Smith, ex ejecutivo principal y presidente de la junta directiva de la corporación Bell Atlantic, dijo una vez: «Puede que tomar el camino seguro, cumplir con su trabajo y no hacer olas evite que lo despidan (al menos por un tiempo) pero seguro que a la larga esto no hará mucho por su carrera o su compañía. No somos tan tontos. Sabemos que es fácil encontrar administradores, y que sale barato conservarlos, pero los líderes —los que corren riesgos— escasean. Y los que tienen una visión, son oro puro».

Para las personas que se sienten más cómodas con los problemas viejos que con las soluciones nuevas, el riesgo les parece peligroso. La diferencia entre la energía y el tiempo que consume lidiar con los problemas viejos y la energía y el tiempo que toma hallar soluciones nuevas, es sorprendentemente pequeña. Estriba en la actitud. Al buscar líderes potenciales busque a personas dispuestas a hallar soluciones.

Los buenos líderes buscan deliberadamente, y encuentran, a líderes en potencia. Los grandes líderes no solo los encuentran, sino que los convierten en otros grandes líderes. Tienen capacidad para reconocer la capacidad, y la estrategia para encontrar líderes que hagan que las cosas sucedan. Eso es lo que lleva a sus organizaciones a ascender al siguiente nivel.

¿QUÉ SE NECESITA PARA CAPACITAR A UN LÍDER?

Equipar, como criar, es un proceso paulatino.

Equipar es similar a entrenar, pero prefiero el término «equipar» porque describe más exactamente el proceso por el cual deben pasar los líderes potenciales. El entrenamiento se centra generalmente en tareas específicas de un trabajo; por ejemplo, usted entrena a una persona para que use una copiadora o para que conteste el teléfono de una forma específica. El entrenamiento es solo una parte del proceso de equipamiento que prepara a alguien para el liderazgo.

Cuando pienso en equipar a un líder potencial, estoy pensando en preparar a un inexperto para que escale la cumbre de una montaña alta. Su preparación es un proceso. Ciertamente, necesita ir equipado con indumentaria para clima frío, cuerdas, piquetas y zapatos especiales. También necesita que le entrenen para saber cómo usar ese equipo.

Sin embargo, la preparación de un alpinista, implica aún mucho más que el simple hecho de llevar el equipo correcto y saber usarlo. La persona debe estar físicamente en forma, a fin de estar lista para la difícil subida. Se le debe entrenar para formar parte de un equipo. Y lo que es más importante, debe enseñársele a *pensar* como escalador. Necesita poder mirar una cumbre y *visualizar* cómo la debe conquistar. Sin haber pasado por el proceso completo de equipamiento, no solo no llegará a la cima, sino que podría encontrarse varado en una ladera, congelándose hasta morir.

El equipar como el criar es un proceso paulatino. Usted no equipa a una persona en unas horas ni en un día. Y tampoco puede hacerse usando una fórmula ni una videocinta. El equipamiento hay que hacerlo a la medida de cada líder potencial.

EQUIPAR ES UN PROCESO PAULATINO.

SU PAPEL COMO LA PERSONA QUE EQUIPA

La persona ideal para equipar es una que puede impartir la visión del trabajo, evaluar al líder potencial, darle las herramientas que necesita y luego ayudarle sobre la marcha al principio de su viaje.

La persona que equipa es un *modelo;* un líder que hace el trabajo, lo hace bien, lo hace correctamente y lo hace con consistencia.

La persona que equipa es un *mentor,* un asesor que tiene la visión de la organización y puede comunicársela a otros. Tiene experiencia de la cual se puede aprender.

La persona que equipa *imparte poder,* puede infundir al líder potencial el deseo y la capacidad de hacer el trabajo. Es capaz de dirigir, enseñar y evaluar el progreso de la persona que es equipada.

Los siguientes pasos le llevarán a través del proceso completo. Se empieza por establecer una relación con sus líderes potenciales. Sobre ese cimiento, usted puede erigir un programa para el desarrollo de estos, supervisar su progreso, darles poder para hacer el trabajo, y por último asegurar que transmitan el legado.

DESARROLLE UNA RELACIÓN PERSONAL CON AQUÉLLOS A QUIENES EQUIPA

Toda buena relación entre un mentor y sus discípulos comienza con una relación personal. En la medida en que su gente aprenda a conocerle y a quererle, su deseo de seguir su guía y aprender de usted se incrementará. Si no les agrada, no querrán aprender de usted, y el proceso de equipamiento se hará lento o se detendrá.

Para estrechar relaciones, comience por escuchar los relatos de la vida de las personas, cómo ha sido su jornada hasta el momento. Un interés genuino de su parte significará mucho para ellos. Y también le ayudará a usted a conocer los puntos personales fuertes y débiles de ellos. Pregúnteles sobre sus metas y lo que les motiva. Determine qué tipo de temperamento tienen. Si usted primero encuentra sus corazones, ellos le darán gustosos sus manos.

TODA BUENA RELACIÓN ENTRE UN MENTOR Y SUS DISCÍPULOS COMIENZA CON UNA RELACIÓN PERSONAL.

COMPARTA SU SUEÑO

Mientras empieza a conocer a sus discípulos, comparta su sueño. Esto les ayudará a conocerle y a saber hacia dónde va. No existe ningún otro acto que les muestre mejor a ellos su corazón y sus motivaciones.

El presidente Woodrow Wilson dijo una vez: «Crecemos por sueños. Todos los grandes individuos son soñadores. Ven cosas en la suave bruma de un día primaveral, o en el fuego crepitante de una larga noche de invierno. Algunos de nosotros dejamos morir esos grandes sueños, pero otros los amamantan y los protegen: los mantienen vivos en tiempos difíciles hasta que los revelan a la luz del sol que siempre llega para quienes esperan sinceramente que sus sueños se hagan realidad». A menudo me he preguntado «¿Es la persona quien hace al sueño o es el sueño el que hace a la persona?». Mi conclusión es que ambas cosas son igualmente ciertas.

Todo *buen* líder tiene un sueño. Todo *gran* líder comparte su sueño con otros que pueden ayudarle a hacerlo realidad. Como sugiere Florence Littauer, debemos:

Atrevernos a soñar:	Tener el deseo de hacer algo mayor que nosotros.
Preparar el sueño:	Haga su tarea, esté listo para cuando llegue la oportunidad.
Vestirnos con el sueño:	Hágalo.
Compartir el sueño:	Haga a otros parte de su sueño y se volverá mayor de lo que esperaba.

PIDA QUE SE COMPROMETAN

En su libro *El manager al minuto*, Ken Blanchard dice: «Hay una diferencia entre interés y compromiso. Cuando usted está interesado en hacer algo, lo hace solo cuando le conviene. Cuando está comprometido con algo, no acepta excusas». No equipe a personas que solo están interesadas. Equipe a las que están comprometidas.

Para determinar si su gente está comprometida, primero debe estar seguro de que ellos saben lo que les costará convertirse en líderes. Esto significa que usted debe cuidarse de no subestimar el trabajo. Hágales saber lo que será necesario que hagan. Si no se comprometen, no continúe con el proceso de equipamiento. No pierda su tiempo.

FIJE METAS PARA EL CRECIMIENTO

Para que la gente logre algo de valor, necesita ver objetivos claramente establecidos. El éxito nunca llega de manera instantánea. Llega al cabo de dar muchos pasos pequeños. Un conjunto de metas se convierte en un mapa que un líder potencial puede seguir con el propósito de crecer. Como dice Shad Helmsetter en *You Can Excel in Times of Change* [Usted puede lograr la excelencia en tiempos de cambio] «es la meta lo que da forma al plan; es el plan el que determina la acción; es la acción la que logra el resultado; y es el resultado el que trae el éxito. Y todo comienza con la sencilla palabra *meta*». Nosotros como líderes que equipamos, debemos familiarizar a nuestra gente con la práctica de fijarse metas y lograrlas.

Cuando ayude a su gente a trazarse metas, utilice las siguientes pautas:

Fije metas apropiadas. Tenga siempre presente la tarea que quiere que sus discípulos hagan, y el resultado deseado: el desarrollo de ellos como líderes eficaces. Identifique metas que contribuyan al objetivo mayor.

Fije metas alcanzables. Nada hará a la gente querer renunciar más rápido que el enfrentar metas imposibles. Me gusta el comentario de Ian MacGregor, expresidente de la junta directiva de la corporación AMAX: «Yo trabajo con los mismos principios de quienes entrenan a los caballos (para equitación). Se empieza con vallas bajas, objetivos que se consiguen fácilmente, y luego va dificultándose. En la administración de empresas es importante no exigir nunca a la gente metas que no puedan aceptar».

Fije metas mensurables. Sus líderes en potencia nunca sabrán si han cumplido sus metas si éstas no pueden medirse. Cuando son mensurables, el saber que han sido alcanzadas les dará una sensación de misión cumplida. También les dará libertad para poder reemplazarlas con metas nuevas.

Defina las metas claramente. Cuando las metas no tienen un enfoque definido, tampoco lo tendrán las acciones de quienes están encargados de cumplirlas.

Haga que las metas demanden un «extra». Como he mencionado antes, las metas tienen que ser alcanzables. Por otra parte, cuando no exigen un esfuerzo extra, quienes las cumplen no crecerán. El líder debe conocer a sus subordinados lo bastante bien como para identificar objetivos alcanzables que requieran un «extra».

Ponga las metas por escrito. Cuando la gente escribe sus metas son más responsables por ellas. Un estudio que hicieron los graduados de una clase de la Universidad de Yale mostró que el pequeño porcentaje de graduados que había puesto por escrito sus metas, logró más que todos los demás graduados juntos. Escribir las metas funciona.

COMUNIQUE LOS FUNDAMENTOS

Para que sus subordinados sean productivos y se sientan profesionalmente satisfechos, tienen que saber cuáles son sus responsabilidades fundamentales. Parece sencillo, pero Peter Drucker señala, que uno de los problemas críticos en los centros de trabajo actuales es la falta de entendimiento entre empleador y empleado en cuanto a lo que se supone que éste último debe hacer. Con frecuencia se hace sentir a los empleados que ellos son vagamente responsables de todo. Esto los paraliza. En vez de esto, necesitamos aclararles de qué *son* y de qué *no son* responsables. Solo entonces podrán concentrar sus esfuerzos en lo que queremos, y ellos tendrán éxito.

Volvamos a la mecánica de un equipo de baloncesto. Cada uno de los cinco jugadores tiene una tarea específica. Hay un escolta atacante cuya misión es anotar. El trabajo del otro escolta es pasar el balón a quienes están en posición de anotar. Uno de los jugadores está encargado de agarrar los rebotes; el otro, de anotar. Y se supone que el pivot captura rebotes, bloquea tiros y anota. Cada miembro sabe cuál es su función, cuál debe ser su contribución particular al equipo. Cuando cada uno se concentra en sus responsabilidades específicas, el equipo puede ganar.

Por último, un líder debe comunicar a su gente que su trabajo es valioso para la organización y para el líder individual. Para el empleado éste suele ser el más importante de todos los fundamentos.

PONGA EN PRÁCTICA LOS CINCO PASOS DEL ENTRENAMIENTO

Parte del proceso de equipamiento incluye enseñar a los subordinados a hacer las tareas específicas de los trabajos que van a realizar. El enfoque que el líder adopte hacia el entrenamiento determinará en gran medida el éxito o el fracaso del personal. Si su enfoque es seco y académico, los líderes potenciales recordarán poco de lo que se les enseñe.

El mejor tipo de adiestramiento es el que aprovecha la manera en que la gente aprende. Los investigadores nos dicen que recordamos diez por ciento de lo que oímos, cincuenta por ciento de lo que vemos, setenta por ciento de lo que decimos y noventa por ciento de lo que oímos, vemos, decimos y hacemos. Sabiendo esto, tenemos que desarrollar un enfoque en cuanto a cómo impartiremos el entrenamiento. Yo me he dado cuenta de que el mejor método consiste en un proceso de cinco pasos:

Paso 1: Yo modelo. El proceso se inicia conmigo efectuando las tareas mientras las personas que reciben el entrenamiento observan. Cuando hago esto, trato de proporcionarles la oportunidad de que me vean a través de todo el proceso.

Paso 2: Yo instruyo. Durante este siguiente paso, continúo ejecutando la tarea, pero esta vez la persona a quien estoy entrenando me ayuda en el proceso. También me doy algún tiempo para explicar no solo el *cómo*, sino el *porqué* de cada paso.

Paso 3: Yo superviso. Esta vez cambiamos de lugar. El aprendiz realiza la tarea y yo le ayudo y le corrijo. Es especialmente importante ser positivo y estimular al alumno durante esta fase. Eso le obliga a seguir intentándolo y le lleva a desear mejorar en lugar de rendirse. Trabaje con él hasta que desarrolle una consistencia. Una vez que ha asimilado el proceso, pídale que se lo explique. Esto le ayudará a entenderlo y recordarlo.

Paso 4: Yo motivo. En este punto me retiro de la tarea y dejo que el aprendiz la continúe. Mi función es asegurarme de que sabe hacerla sin ayuda y seguir alentándole para que continúe mejorando. Es importante que esté con él hasta que perciba que ya lo sabe hacer. Esto proporciona una gran motivación. En este punto el aprendiz tal vez desee hacer mejoras al proceso, ínstele a que lo haga, y al mismo tiempo, aprenda de él.

Paso 5: Yo multiplico. De todo el proceso, esta es mi parte favorita. Una vez que los nuevos líderes hacen bien el trabajo, es su turno para enseñar a otros a hacerlo. Como bien saben los maestros, la mejor manera de aprender algo es enseñándolo. Y lo hermoso de esto es que me da libertad para emprender más tareas de desarrollo importantes mientras otros llevan a cabo el entrenamiento.

Otórgueles las «tres grandes»

Todo el entrenamiento del mundo tendrá un éxito limitado si usted no da a sus hombres libertad para hacer el trabajo. Creo que si puedo conseguir a la mejor gente, impartirle mi visión, entrenarle en los fundamentos y luego dejarle que vuele sola, obtendré de ella grandes dividendos. Como lo comentó una vez el general George S. Patton: «Nunca le diga a la gente cómo hacer las cosas. Dígale lo que hay que hacer y le sorprenderán con su ingenuidad».

Usted no puede darle libertad a su gente sin que haya una estructura, pero desea darles suficiente libertad para que sean creativos. La manera de hacerlo es otorgándoles las «tres grandes»: responsabilidad, autoridad y rendición de cuentas.

A algunos líderes se les hace difícil permitir que sus subalternos conserven la responsabilidad una vez que ya se la han dado. Los malos gerentes desean controlar cada detalle del trabajo de su gente. Cuando eso sucede, los líderes potenciales que trabajan para ellos se frustran y no se desarrollan. En vez de desear más responsabilidad, se vuelven indiferentes o la evitan. Si quiere que sus empleados asuman responsabilidad, deléguela en ellos de verdad.

La responsabilidad debe ir acompañada por la autoridad. No habrá progreso a menos que las dos vayan de la mano. Winston Churchill dijo, mientras se dirigía a la Cámara de los Comunes durante la Segunda Guerra Mundial: «Yo soy su siervo. Ustedes tienen derecho a despedirme cuando lo deseen. A lo que no tienen derecho es a pedirme que cargue con la responsabilidad sin el poder de la acción». Cuando la responsabilidad y la autoridad van juntas, la gente recibe un poder genuino.

Hay un aspecto importante de la autoridad en el que debemos reparar. Cuando otorgamos por primera vez autoridad a líderes nuevos, en realidad les estamos *dando permiso para tener autoridad,* no *dándoles la autoridad misma.* La verdadera autoridad hay que ganársela.

Debemos dar a nuestros subordinados permiso para que desarrollen la autoridad. Esa es nuestra responsabilidad. Ellos, a su vez, deben asumir responsabilidad por habérsela ganado.

Me he dado cuenta de que existen niveles distintos de autoridad:

Posición. El tipo de autoridad más elemental proviene de la posición de una persona en la jerarquía de la organización. Esta clase de autoridad no se extiende más allá de los parámetros del contenido de trabajo. Es aquí donde comienzan todos los nuevos líderes. A partir de aquí pueden o bien ganar mayor autoridad, o minimizar la poca que han recibido. Depende de ellos.

Competencia. Este tipo de autoridad se basa en las habilidades profesionales de la persona, en su capacidad para realizar un trabajo. Los seguidores dan a los líderes competentes autoridad dentro de su área de pericia.

Personalidad. Los seguidores también otorgarán autoridad a partir de características personales, tales como personalidad, apariencia y carisma. Una autoridad basada en la personalidad es un poco más amplia que la basada en la competencia, pero realmente no es más avanzada, pues tiende a ser superficial.

Integridad. La autoridad basada en la integridad proviene de lo más profundo del individuo. Se basa en el carácter. Cuando los nuevos líderes adquieren autoridad basada en su integridad, han pasado a una etapa nueva de su desarrollo.

Espiritualidad. En los círculos seculares, pocas veces se considera el poder de la autoridad basada en la espiritualidad. Este tipo de autoridad proviene de las experiencias individuales de las personas con Dios y de su poder obrando a través de ellos. Es la forma de autoridad más elevada.

Los líderes deben ganarse la autoridad con cada nuevo grupo de personas. Sin embargo, me he dado cuenta de que una vez que los líderes han adquirido autoridad en un nivel específico, tardan muy poco en establecer ese nivel de autoridad con otro grupo de personas. Esto sucederá más rápidamente mientras más alto el nivel de autoridad.

Una vez que se ha otorgado a una persona responsabilidad y autoridad, ésta cuenta con el poder para hacer que las cosas sucedan, pero también necesitamos asegurarnos de que están haciendo que ocurran las cosas correctas. Es entonces cuando entra en escena la rendición de cuentas. Si les proveemos el clima apropiado, nuestro personal no temerá rendir cuentas. Admitirá los errores y los verá como parte del proceso de aprendizaje.

El papel del líder en la rendición de cuentas comprende dedicar el tiempo necesario para revisar el trabajo del nuevo líder, y hacerle una crítica honesta y constructiva. Es crucial que el líder muestre respaldo pero que sea honesto. Cuentan que cuando Harry Truman se vio en la responsabilidad de tomar la presidencia cuando murió el presidente Franklin D. Roosevelt, el entonces presidente de la Cámara de Representantes, Sam Rayburn, le dio un consejo paternal: «De aquí en adelante un montón de gente te estará rodeando. Tratarán de levantar un muro a tu alrededor, de aislarte de cualquier idea menos las suyas. Van a decirte qué gran hombre eres, Harry, pero tú y yo sabemos que no lo eres». Rayburn estaba recordándole al presidente Truman que debería rendir cuentas.

Deles las herramientas que necesitan

Otorgar responsabilidad sin recursos es ridículo; limita increíblemente. Abraham Maslow dijo: «Si la única herramienta que usted tiene es un martillo, tenderá a ver cada problema como si fuera un clavo». Si queremos que nuestro personal sea creativo e innovador, tenemos que proveer recursos.

Obviamente, las herramientas más elementales son equipos como máquinas copiadoras, computadoras y cualquier otra cosa que simplifique el trabajo. Debemos asegurarnos no solo de proveer todo lo necesario para que un trabajo sea hecho, sino también proveer equipo que permita que cada tarea, especialmente las prioridades «B», se realicen más rápida y eficientemente. Procure esforzarse siempre con el fin de que el tiempo de sus subordinados quede libre para las cosas importantes.

Sin embargo, las herramientas incluyen mucho más que equipos. Es importante también proveer herramientas para el desarrollo. Dedique tiempo asesorando a la gente en áreas específicas en donde exista alguna necesidad. Esté dispuesto a invertir dinero en libros, casetes, seminarios y conferencias profesionales. Hay un tesoro de buena información a su alcance, y las ideas frescas externas a la organización pueden estimular el crecimiento. Sea creativo al proporcionar herramientas. Esto mantendrá a su gente creciendo y le equipará para hacer un buen trabajo.

Verifíquelos sistemáticamente

Creo que es importante el reunirme frecuentemente con cada uno de mis empleados. Me gusta hacer minievaluaciones todo el tiempo. Los líderes que ofrecen retroalimentación solo durante las evaluaciones anuales formales se están buscando problemas. La gente necesita el estímulo de que se le diga asiduamente que está trabajando bien. También, cuando no está trabajando bien, necesita saberlo lo antes posible. Esto evita muchos problemas a la organización, y fortalece al líder.

Varios factores determinan con qué frecuencia debo verificar a mis empleados:

La importancia de la tarea. Cuando algo es clave para el éxito de la organización, me reúno con ellos a menudo.

Las exigencias del trabajo. Me he dado cuenta de que si el trabajo es muy exigente, la persona que lo realiza necesita estímulo con más frecuencia.

La novedad del trabajo. Algunos líderes no tienen problemas acometiendo una nueva tarea, sin importar cuan diferente ésta sea de la anterior. Para otros es más difícil adaptarse. Acostumbro reunirme más con los que son menos creativos o flexibles.

La experiencia del empleado. Me interesa darles a los nuevos líderes todas las oportunidades posibles para que triunfen. Así que me reúno más a menudo con la gente nueva. De esa manera puedo ayudarles a anticipar problemas y puedo asegurarme de que tengan una serie de éxitos. Eso les hace ganar confianza.

La responsabilidad del empleado. Cuando sé que puedo darle a una persona una tarea y que siempre la va a cumplir, puede que no me reúna con él o ella hasta que haya terminado. Sin embargo, con personas menos responsables no me puedo dar ese lujo.

Mi enfoque en cuanto a verificar a mis empleados también varía de persona a persona. Por ejemplo, los novatos y los veteranos deben ser tratados de manera diferente, pero hay ciertas cosas que siempre hago, independientemente de cuánto tiempo lleve alguien trabajando conmigo: hablo sobre cómo se sienten; evalúo el progreso; ofrezco retroalimentación; y los estimulo.

Aunque no es muy frecuente, ocasionalmente me encuentro con un empleado cuyo progreso es escaso una y otra vez. Cuando esto ocurre, trato de determinar qué estuvo mal. Un rendimiento pobre es generalmente resultado de una de estas tres cosas: (1) no se ha asignado a la persona idónea para el trabajo; (2) entrenamiento o liderazgo inadecuado; o (3) deficiencias de la persona asignada. Antes de actuar, siempre trato de determinar cuál es el problema. Compruebo mis datos para estar seguro de que realmente hay una deficiencia de ejecución y no solo un problema con mi percepción. Luego defino con toda la precisión posible cuál es la deficiencia. Por último, me reúno con la persona que no está rindiendo para escuchar la otra parte de la historia.

Una vez que he hecho mis averiguaciones, trato de determinar dónde está la deficiencia. Si es un problema de idoneidad, le explico a la persona el problema, le traslado a donde sí pueda rendir, y le reitero mi confianza.

Si el problema implica aspectos del entrenamiento o de dirección, retrocedo y vuelvo a reformular cualquier paso que no se haya llevado a cabo adecuadamente. Una vez más, le informo al empleado cuál era el problema y le infundo bastante aliento.

Cuando el problema es la persona, me siento con él o ella y se lo hago saber. Aclaro muy bien donde están sus fallos y lo que debe hacer para superarlos. Entonces le doy otra oportunidad, pero también comienzo el proceso de documentación por si acaso tengo que prescindir de sus servicios. Deseo que él o ella triunfe, pero no espero demasiado antes de despedirle si no hace lo que tiene que hacer para mejorar.

Lleve a cabo reuniones periódicas de equipamiento

Aún después de haber completado la mayor parte del entrenamiento de su personal, cuando ya les esté preparando para llevarles a la próxima fase de crecimiento —el desarrollo continúe teniendo reuniones periódicas de equipamiento. Estas reuniones ayudan a su gente a mantener el rumbo y a seguir creciendo, y les motivan a empezar a asumir la responsabilidad de equiparse a sí mismos.

Cuando preparo una reunión de equipamiento incluyo lo siguiente:

Buenas noticias. Siempre comienzo con una nota positiva. Paso revista a lo bueno que ha estado ocurriendo en la organización y dedico atención particular a sus áreas de interés y responsabilidad.

Visión. La gente puede involucrarse tanto en sus responsabilidades cotidianas que pierde de vista la visión que impulsa a la empresa. Aproveche la oportunidad de una reunión de equipamiento para volver a plantear dicha visión.

Contenido. El contenido dependerá de las necesidades de su gente. Trate de concentrar el entrenamiento en las habilidades que ayudarán a las personas con las áreas prioritarias, y oriente este entrenamiento hacia ellas, no hacia la lección.

Administración. Cubra los aspectos de la organización que brindan a la gente una sensación de seguridad y elogie a los líderes de estos aspectos.

Poder. Dedique tiempo para relacionarse con aquellos a quienes está equipando. Estimúleles a nivel personal. Y demuéstreles cómo la sesión de equipamiento les confiere poder para desempeñar mejor sus trabajos. Se marcharán de la reunión con espíritu positivo y listos para el trabajo.

El proceso total de equipamiento toma mucho tiempo y atención. Demanda más tiempo y dedicación del líder que equipa que si se diera un mero entrenamiento, pero el enfoque de este proceso es a largo plazo, no a corto plazo. En lugar de crear seguidores o incluso agregar nuevos líderes, multiplica a los líderes. Como he explicado antes, este proceso no termina hasta que la persona que equipa y el nuevo líder seleccionan a alguien más para que el nuevo líder lo entrene. Es solo entonces cuando el proceso de equipamiento ha completado su ciclo. Sin un sucesor no puede haber éxito.

Parte III

Capacitando para el siguiente nivel

6

¿CÓMO PUEDE UN LÍDER INSPIRAR
A OTROS A LA EXCELENCIA?

*La esencia de equipar a los demás
es en realidad agregarles valor.*

En 1296 el rey Eduardo I de Inglaterra reunió a un gran ejército y cruzó el límite de su propia nación rumbo a Escocia. Eduardo era un líder experimentado y un guerrero fiero. Siendo alto y fuerte, había adquirido su primera experiencia en combate a los veinticinco años de edad. En los años siguientes, se convirtió en un veterano curtido combatiendo en las Cruzadas en Tierra Santa.

A los cincuenta y siete años, recién había conquistado victorias en Gales, aplastando a los galeses y anexándose sus tierras. Durante ese conflicto, su propósito había sido claro: dijo que se proponía «contener la imprudencia vigorosa de los galeses, castigar su presunción y hacerles la guerra hasta exterminarlos».[1]

Al invadir Escocia Eduardo intentaba doblegar de una vez por todas la voluntad de los escoceses. Anteriormente, se las había arreglado para convertirse en jefe supremo del territorio e instaurar allí a un rey débil, al que la gente de Escocia llamaba Toom Tabard, o «saco vacío». Eduardo entonces presionó al rey de paja hasta que éste se rebeló, dando al monarca inglés una razón para invadir el país. Los escoceses se desplomaron.

Surge un líder audaz

Eduardo saqueó el castillo de Berwick y masacró a sus habitantes. Otros castillos se rindieron en rápida sucesión. El rey de Escocia fue despojado de su poder, y muchos creían que el destino de los escoceses sería el mismo de los galeses. Mas no tenían en cuenta los esfuerzos de un hombre: Sir William Wallace, a quien aún hoy se venera como un héroe nacional en Escocia, pese a que falleció hace casi 700 años.

Si usted vio la película *Corazón valiente* tendrá una imagen de William Wallace como un luchador fiero y decidido que valoraba la libertad por encima de todo. Se esperaba que su hermano mayor, Malcolm, como primogénito que era, siguiera los pasos de guerrero de su padre. William, como muchos segundones en esa época, había sido criado para ingresar al clero. Le enseñaron a valorar las ideas, incluyendo las de libertad. Sin embargo, Wallace se resintió contra el dominio opresivo inglés, después de que su padre fuera muerto en una emboscada y su madre obligada a vivir en el exilio. A los diecinueve años de edad, se convirtió en un combatiente cuando un grupo de ingleses trató de intimidarlo. Poco después de cumplir los veinte, William Wallace ya era un guerrero experimentado.

El pueblo asciende a un nivel superior

En los tiempos de William Wallace y Eduardo I, la guerra era generalmente menester de caballeros entrenados, de soldados profesionales y a veces de mercenarios a sueldo. Mientras mayor y más experimentado el ejército, mayor era su poder. Cuando Eduardo se enfrentó al ejército gales, que era menos numeroso, éstos tenían la batalla perdida de antemano. Y lo mismo se esperaba de los escoceses, pero Wallace tenía una cualidad inusitada. Galvanizó en torno a él a la gente común de Escocia, los hizo creer en la causa de la libertad y los inspiró y equipó para luchar contra la máquina de guerra inglesa profesional. Él engrandeció la visión de ellos y también sus capacidades.

William Wallace no pudo derrotar a los ingleses y ganar la independencia para Escocia. A los treinta y tres años fue brutalmente ejecutado (se le trató mucho peor que como se describe en la película *Corazón valiente*) pero su legado de engrandecimiento continuó. Al año siguiente e inspirado por el ejemplo de Wallace, el noble Robert Bruce reclamó el trono de Escocia y juntó no solo a los campesinos, sino también a la nobleza. En 1314 Escocia por fin conquistó la independencia por la que tanto había luchado.

CARACTERÍSTICAS DE LOS LÍDERES QUE ENGRANDECEN

Los miembros de un equipo deportivo siempre aprecian y admiran a un jugador que sea capaz de ayudarles a ascender a un nivel superior, alguien que les engrandezca y les confiera poder para triunfar. Tales atletas son con como el pívot Bill Rusell, de los Boston Celtics y miembro del Salón de la Fama, quien dijo: «La medida más importante de lo bien que he jugado un partido es saber cuánto mejor hice jugar a mis compañeros».

Los líderes que engrandecen a los demás miembros de su equipo tienen varias cosas en común:

VALORAN A SUS COMPAÑEROS DE EQUIPO

El industrial Charles Schwab dijo: «No he encontrado aún a un hombre, por más elevado que fuese su puesto, que no haya hecho un mejor trabajo y aportado un mayor esfuerzo donde hay un espíritu de aprobación que donde hay un espíritu de crítica». Sus compañeros de equipo saben si usted cree en ellos. El rendimiento de una persona suele reflejar las esperanzas de aquellos a quienes respeta.

«LA MEDIDA MÁS IMPORTANTE DE LO BIEN QUE
HE JUGADO UN PARTIDO ES SABER CUÁNTO MEJOR
HICE JUGAR A MIS COMPAÑEROS».
—BILL RUSSELL

VALORAN LO QUE VALORAN SUS COMPAÑEROS DE EQUIPO

Los jugadores que engrandecen a otros hacen más que valorar a sus compañeros de equipo; entienden lo que éstos valoran. Aprenden a descubrir de qué hablan y observan para ver en qué gastan su dinero. Esa clase de conocimiento, junto con un deseo de relacionarse con los demás jugadores, crea un fuerte vínculo entre ellos, y hace posible la siguiente característica del que engrandece.

Agregan valor a sus compañeros de equipo

Agregar valor es en verdad la esencia de engrandecer a otros. Es hallar formas de ayudar a los demás a mejorar sus habilidades y actitudes. Un líder que equipa y engrandece a otros, identifica los dones, talentos y singularidades de otras personas, y entonces les ayuda a incrementar esas habilidades para su beneficio y para el beneficio de todo el equipo. Un líder que engrandece es capaz de llevar a los demás a un nivel totalmente nuevo.

Se hacen más valiosos a sí mismos

Los que engrandecen trabajan para mejorarse a sí mismos, no solo porque esto les beneficia personalmente, sino también porque les ayuda a ayudar a otros. Usted no puede dar lo que no tiene. Si desea incrementar la capacidad de sus compañeros, mejórese a sí mismo.

Cómo convertirse en alguien que engrandece

Si usted desea ser el líder que engrandece un equipo, haga lo siguiente:

1. Crea en otros antes de que ellos crean en usted

Si desea ayudar a los demás a que mejoren, tendrá que convertirse en un iniciador. No puede replegarse. Pregúntese: ¿qué tiene de especial, singular y maravilloso este jugador? Entonces comparta sus observaciones con la persona y con otros. Si usted cree en los demás y les presenta una reputación positiva que cuidar, podrá ayudarles a ser mejores de lo que creen que son.

2. Sirva a otros antes de que ellos le sirvan

Uno de los servicios más benéficos que usted puede realizar es ayudar a otros seres humanos a realizar su potencial. En su familia, sirva a su esposa. En los negocios, ayude a brillar a sus colegas. Y siempre que sea posible, conceda el mérito a otros por el triunfo del equipo.

3. Agregue valor a otros antes de que ellos le agreguen valor a usted

Una regla básica de la vida es que la gente siempre se acercará a cualquiera que le haga crecer y se alejará de quienes le restan valor. Usted puede engrandecer a otros señalando sus puntos fuertes y ayudándoles a concentrarse en mejorar.

Desde que tenía uso de razón, un muchacho llamado Chris Greicius soñaba con ser policía algún día, pero un obstáculo grave se interponía entre él y su sueño. Tenía leucemia, y no se esperaba que llegara a adulto. Cuando tenía siete años, la batalla de Chris contra la enfermedad dio un giro hacia el empeoramiento, y fue entonces que un amigo de su familia, que era inspector de aduanas, procuró que el chico llegara a casi realizar su sueño. Este amigo llamó al oficial Ron Cox en Phoenix, Arizona, y acordaron que Chris pasaría un día con los oficiales del Departamento de Seguridad Pública de Arizona.

> UNA REGLA BÁSICA DE LA VIDA ES QUE LA GENTE SIEMPRE SE ACERCARÁ A CUALQUIERA QUE LE HAGA CRECER Y SE ALEJARÁ DE QUIENES LE RESTAN VALOR.

Cuando llegó el día, tres autos del escuadrón y una motocicleta de la policía conducida por Frank Shankwitz dieron la bienvenida a Chris. Luego le invitaron a dar un paseo en un helicóptero del departamento. Concluyeron la jornada invistiendo a Chris bajo juramento como el primer —y único— patrullero estatal honorario. Al día siguiente, Cox gestionó la ayuda de la compañía que fabricaba los uniformes para la Patrulla de Caminos de Arizona, y en veinticuatro horas la empresa le entregó a Chris un uniforme oficial de policía. El estaba extasiado.

Dos días más tarde el chico falleció en el hospital, con su uniforme cerca de su cama. Al oficial Shankwitz le entristeció la muerte de su pequeño amigo, pero se sentía agradecido por haber tenido la oportunidad de ayudarle. Y también comprendió que había muchos niños en circunstancias similares. Eso llevó a Shankwitz a crear la fundación Make-A-Wish [Pide un deseo]. En los veinte años que transcurrieron desde entonces, él y su organización han engrandecido las experiencias de más de 80.000 niños.

No hay nada tan valioso —ni gratificante— como agregar valor a la vida de otros. Cuando usted ayuda a los demás a ascender a un nuevo nivel, también usted asciende.

¿CÓMO PUEDO AYUDAR A OTROS A REALIZAR SU POTENCIAL?

Tener a las personas idóneas en los puestos adecuados es esencial para el éxito individual y colectivo.

Si usted consigue desarrollar al personal de su organización y equiparle para dirigir, será un líder de éxito. Si usted los engrandece y motiva a obtener buenos resultados, le estarán agradecidos de tenerlo como líder. Y, para ser franco, usted habrá hecho más de lo que hacen muchos otros directivos. No obstante, todavía puede dar un paso más para ayudar a alguien a quien usted ha equipado, a realizar su potencial. Puede ayudarle a encontrar su lugar en la vida. Es muy bueno que un jugador pueda ocupar la plaza donde es capaz de agregar su máximo valor, pero es mejor si todos los jugadores de un equipo desempeñan los papeles que optimizan sus puntos fuertes: sus talentos, habilidades y experiencias. Esta última situación lleva a cada individuo —y a todo el equipo— a un nivel totalmente nuevo.

CUANDO LA GENTE ESTÁ EN EL LUGAR EQUIVOCADO

Casi todo el mundo ha experimentado el estar en algún tipo de equipo en el que había que desempeñar papeles que no se ajustaban al perfil de uno: un contador obligado a trabajar con el público todo el día; un jugador de baloncesto forzado a jugar como pivot; un guitarrista cubriendo al de los teclados; un maestro haciendo papeleo; un esposo que odia la cocina asumiendo el papel de cocinero.

¿Qué le sucede a un equipo cuando uno o más de sus miembros juegan constantemente «fuera de posición»? Primero, la moral decae, porque el equipo no está jugando al nivel de su capacidad. Además, sus miembros se resienten. Quienes trabajan en su área de debilidad resienten que no se exploten sus mejores capacidades. Y otros integrantes que saben que podrían estar cubriendo una plaza que ha sido mal asignada en el equipo, resienten que sus habilidades estén siendo ignoradas. Así, los individuos no tardan en perder el deseo de trabajar como equipo; la confianza de todos empieza a erosionarse, y la situación solo sigue empeorando. El equipo deja de progresar, y la competencia se aprovecha de sus obvias debilidades. Como resultado, el equipo nunca llega a realizar su potencial. Cuando un trabajador no está en el lugar en donde puede hacer las cosas mejor, éstas no salen bien, ni para el individuo ni para el equipo.

Tener a las personas idóneas en las posiciones adecuadas es esencial para el éxito individual y colectivo. Fíjese cómo cambia la dinámica de un equipo en relación con la ubicación de sus miembros:

La persona equivocada en la posición equivocada = Regresión

La persona equivocada en el lugar adecuado = Frustración

La persona idónea en el lugar equivocado = Confusión

La persona idónea en el lugar adecuado = Progresión

Las personas idóneas en los lugares adecuados = Multiplicación

No importa con qué tipo de equipo esté usted tratando: los principios son los mismos. David Ogilvy acertó cuando dijo: «Un restaurante bien administrado es como un equipo de béisbol ganador. Saca el máximo partido del talento de cada jugador y aprovecha hasta las oportunidades de décimas de segundo para acelerar el servicio».

Hace unos años, me pidieron que escribiera un capítulo para un libro llamado *Destiny and Deliverance* [Destino y liberación], relacionado con la película de dibujos animados de la compañía Dreamworks, *El príncipe de Egipto*. Fue una experiencia maravillosa y que disfruté mucho. Durante el proceso de redacción, me invitaron a ir a California y ver partes de la cinta, que todavía estaba en producción. Eso me hizo desear hacer algo que nunca había hecho: asistir al estreno de una película en Hollywood.

Mi editor se las arregló para conseguirme un par de invitaciones para el estreno, y cuando llegó la hora, mi esposa, Margaret, y yo, salimos hacia el evento. Nos la pasamos muy bien. Fue un evento lleno de energía, estrellas de cine y cineastas. Margaret y yo disfrutamos inmensamente de la película y de toda la experiencia.

Ahora bien, cualquiera que haya asistido conmigo a un evento cinematográfico, teatral o deportivo conoce mi costumbre. Tan pronto estoy seguro del resultado de un partido de béisbol, corro a buscar la salida para adelantarme a la multitud. Cuando el público de Broadway está ovacionando al elenco, yo ya me fui. Y tan pronto comienzan a aparecer los créditos de una película, me levanto de mi asiento. Cuando la película *El príncipe de Egipto* estaba llegando al final, empecé a prepararme para levantarme, pero en la sala no se movió ni una persona. Y entonces algo sorprendente sucedió. Mientras aparecían los créditos, el público empezó a aplaudir a los individuos menos conocidos, cuyos nombres iban surgiendo en la pantalla: el diseñador de vestuario, el jefe de escena, el tramoyista principal, el asistente de dirección. Fue un momento que nunca olvidaré, y un gran recordatorio de que todos los jugadores tienen un lugar en el que agregan su máximo valor. Esto no solo ayuda a las personas a alcanzar su potencial, sino que fortalece al equipo. Cuando cada uno hace la tarea que mejor sabe hacer, todos ganan.

Poner a cada uno en su lugar

El entrenador Vince Lombardi, un campeón de la Liga Nacional de Fútbol Americano (NFL), dijo: «Los logros de una organización, son el resultado del esfuerzo combinado de cada individuo». Eso es cierto, pero para crear un equipo ganador no basta con tener a los individuos idóneos. Aún en el caso de que usted cuente con un gran grupo de individuos talentosos, si cada persona no está haciendo aquello que agrega su máximo valor al equipo, éste no alcanzará su potencial como equipo. Ahí radica el arte de dirigir un equipo. Usted tiene que poner al personal en su lugar, ¡y lo digo en el sentido más positivo!

Sin embargo, para llevar a su gente al siguiente nivel, ubicándoles en las plazas donde van a utilizar sus talentos y optimizar el potencial del equipo, se necesitan tres cosas. Usted deberá...

1. CONOCER AL EQUIPO

Usted no puede conformar una organización o equipo ganador si no conoce su visión, propósito, cultura o historia. Si usted no sabe adónde se dirige el equipo —y por qué está tratando de llegar allí— no podrá elevarlo hasta la altura de su potencial. Tiene que empezar por dónde se encuentra el equipo en realidad, y solo entonces podrá conducirlo a algún destino.

2. CONOCER LA SITUACIÓN

Aunque la visión o el propósito de una organización pueden ser bastante estables, su situación cambia constantemente. Los buenos formadores de equipos saben dónde se encuentra su equipo y qué demanda su situación. Por ejemplo, cuando un equipo es joven y está comenzando, la prioridad número uno suele ser el conseguir la mejor gente; pero en la medida en que éste madura y el nivel de talento se incrementa, lograr una mejor coordinación se torna más importante. Es en ese momento que un líder debe dedicar más de su tiempo a incorporar a cada persona en su posición.

3. CONOZCA AL JUGADOR

Parece obvio, pero usted debe conocer a la persona a quien está tratando de ubicar en la posición adecuada. Lo menciono porque los líderes tienden a querer que todos los demás se conformen a su imagen, y que enfrenten su trabajo con las mismas habilidades y métodos de solución de problemas que ellos. Mas formar un equipo no es lo mismo que trabajar en una cadena de montaje.

La Madre Teresa de Calcuta, que trabajó toda su vida con la gente, dijo: «Yo puedo hacer lo que usted no puede, y usted puede hacer lo que yo no puedo: juntos podemos hacer grandes cosas». Mientras usted trabaja en la formación de un equipo, fíjese en la experiencia, las habilidades, el temperamento, la actitud, la pasión, la capacidad para relacionarse, la disciplina, la fortaleza emocional y el potencial de cada persona. Solo entonces estará listo para ayudar a uno de los integrantes a encontrar su lugar ideal.

«YO PUEDO HACER LO QUE USTED NO PUEDE, Y USTED PUEDE HACER LO QUE YO NO PUEDO: JUNTOS PODEMOS HACER GRANDES COSAS». —MADRE TERESA

COMIENCE POR BUSCAR EL LUGAR IDEAL PARA USTED

Puede que ahora mismo usted no se encuentre en posición de ubicar a otros en su equipo. De hecho, podría estar pensando para sí: *¿Cómo encuentro mi propio lugar?* Si ése es el caso, siga estas pautas:

- SEA SEGURO: Mi amigo Wayne Schmidt dice: «La competencia personal no compensa en ninguna medida la inseguridad personal». Si permite que sus inseguridades le roben lo mejor de usted, será inflexible y renuente al cambio. Y no podrá crecer con el cambio.

- APRENDA A CONOCERSE: Usted no podrá encontrar su lugar si no conoce sus puntos fuertes y débiles. Dedique tiempo a reflexionar sobre sus dones y a explorarlos. Pídale a otros retroalimentación. Haga lo que se necesite para erradicar los puntos ciegos de su personalidad.

- CONFÍE EN SU LÍDER: Un buen líder le ayudará a empezar a avanzar en la dirección correcta. Si no confía en su líder, busque la ayuda de otro mentor. O cámbiese de equipo.

- FÍJESE EN LA VISTA PANORÁMICA: Su lugar en el equipo solo tiene sentido en el contexto de la vista panorámica. Si su única motivación para encontrar su lugar es la ganancia personal, sus motivos pobres podrían impedirle descubrir lo que desea.

- APÓYESE EN SU EXPERIENCIA: La única manera de saber si usted ha descubierto su lugar, es intentando hacer lo que parece correcto y aprender de sus fracasos y sus éxitos. Cuando descubra para qué fue creado, su corazón cantará: «No hay lugar como este lugar en ninguna parte cerca de aquí, ¡así que éste debe ser mi lugar!».

UN LUGAR PARA TODOS Y TODOS EN SU LUGAR

Una organización que se esfuerza por ubicar a su gente en la posición idónea para cada uno, son las Fuerzas Armadas de Estados Unidos. Esto es verdad particularmente ahora que emplean a un personal absolutamente voluntario. Si cada una de las diversas funciones de un mando militar no se ejecutan con la mayor eficiencia (e interactúan bien con las demás partes) entonces ocurren problemas terribles.

CUANDO DESCUBRA SU LUGAR, SU CORAZÓN CANTARÁ: «NO HAY LUGAR COMO ESTE LUGAR EN NINGUNA PARTE CERCA DE AQUÍ, ¡ASÍ QUE ÉSTE DEBE SER MI LUGAR!».

Nadie está más consciente de eso que un piloto de combate. Por ejemplo, Charlie Plumb, quien se retiró con el grado de capitán de la Marina de Estados Unidos. Tras graduarse en la Academia Militar de Annapolis, Maryland, prestó servicio en Vietnam a mediados de los años 60, y voló 75 misiones desde el portaaviones USS *Kitty Hawk*.

Un portaaviones es un lugar donde usted puede observar bien cómo las piezas del «rompecabezas» militar caen en su lugar para respaldarse mutuamente. Se le suele describir como una ciudad flotante. Lleva una tripulación de 5.500 personas, una población mayor que la de algunos de los pueblos donde se criaron sus tripulantes. Este portaaviones debe bastarse a sí mismo, y cada uno de sus diecisiete departamentos debe funcionar como un equipo que cumple con su misión. Al mismo tiempo, esos equipos deben trabajar coordinadamente como un solo equipo.

Cada piloto está muy consciente del esfuerzo colectivo que se necesita para hacer que un jet vuele. Se requieren cientos de personas encargadas de decenas de especialidades técnicas para lanzar, monitorear, apoyar, aterrizar y mantener a una aeronave. Y aún más son los que participan si el avión está armado para el combate. Sin duda, Charlie Plumb estaba consciente de que muchos trabajaban incansablemente para mantenerle volando. Mas a pesar de los esfuerzos del equipo de apoyo aéreo, que era el mejor entrenado del mundo, Plumb fue a dar en una prisión norvietnamita como prisionero de guerra luego que su F-4 Phantom fuera derribado el 19 de mayo de 1967, durante su 75va misión.

Siguió preso durante seis años abrumadores, en los cuales pasó parte de ese tiempo en el infame Hanoi Hilton. Durante esos años él y sus compañeros de cautiverio fueron humillados, torturados, mal alimentados y obligados a vivir en condiciones escuálidas, pero él no permitió que la experiencia le doblegara. Ahora él dice: «Nuestra unidad mediante la fe en Dios y el amor por la patria fue la fuerza principal que nos mantuvo con vida a lo largo de un período muy difícil».

MOMENTO CRUCIAL

Plumb fue liberado el 18 de febrero de 1973, y continuó su carrera en la Marina, pero años después de su regreso a Estados Unidos un incidente marcaría su vida tanto como su cautiverio. Un día él y su esposa, Cabby, estaban cenando en un restaurante cuando un hombre se acercó a la mesa y dijo: «Usted es Plumb. Usted volaba aviones de caza en Vietnam».

«Sí señor», respondió Plumb, «es cierto».

«Era el escuadrón 114 de caza, que iba en el *Kitty Hawk*. Le derribaron y se lanzó en paracaídas. Cayó en manos del enemigo», continuó diciendo el hombre. «Pasó seis años como prisionero de guerra».

El expiloto estaba perplejo. Escudriñó al hombre tratando de identificarle, pero no lo logró. «¿Y cómo sabe usted todo eso?», finalmente preguntó Plumb.

«Yo empaqué su paracaídas».

Plumb estaba asombrado. A duras penas atinó a ponerse en pie y estrechar la mano del hombre. «Déjeme decirle», expresó, «muchas veces he orado dando gracias por la agilidad de sus dedos, pero nunca pensé que tendría la oportunidad de agradecerle personalmente».[1]

¿Qué habría ocurrido si la Marina hubiese ubicado a la persona equivocada en la posición de empacador de paracaídas, ese anónimo y rara vez reconocido trabajo que aquel hombre había desempeñado durante la Guerra de Vietnam? Charlie Plumb no lo habría sabido hasta que fuera demasiado tarde. Y ni siquiera hubiese sabido dónde había tenido lugar el fallo, pues Plumb no hubiera vivido para contarlo.

Hoy, Charlie Plumb es un orador motivacional ante las compañías del grupo bursátil Fortune 500, organismos del gobierno y otras entidades. A menudo cuenta la historia del hombre que empacó su paracaídas, y la utiliza para comunicar un mensaje sobre el trabajo en equipo: «En un mundo donde las reducciones nos obligan a hacer más con menos, debemos dotar de poder al equipo. "Empacar los paracaídas de otros" puede hacer un cambio en la sobrevivencia, ¡la de nosotros y la de nuestros equipos!».[2]

Si después de haber equipado a sus subordinados desea empacar sus paracaídas, encuentre el lugar correcto en el que ellos van a prosperar. Esta es la mejor forma de dotarlos de poder. Entonces crecerán hasta su potencial, y su equipo terminará ascendiendo a un nivel totalmente nuevo.

MENTOR 101

LO QUE TODO LÍDER NECESITA SABER

www.lidere.org

Contenido

PARTE I

PREPARARSE PARA SER MENTOR DE OTROS

I

¿QUÉ NECESITO SABER ANTES DE EMPEZAR?

Si quiere tener éxito como mentor, primero busque entenderse usted mismo y a los demás.

La mayoría de las personas que quieren tener éxito se enfocan completamente en ellas, no en los demás, cuando inician el proceso. Por lo general piensan solo en lo que pueden obtener: en posición, poder, prestigio, dinero, y extras. Pero esa no es realmente la manera de volverse exitoso. Para eso, tiene que dar a los demás. Como dijo Douglas M. Lawson: «Existimos temporalmente a través de lo que recibimos, pero vivimos para siempre de lo que damos».

Por eso es esencial enfocarse en llevar a los demás a un nivel más alto. Y podemos hacer eso con la gente cercana a nosotros en cualquier área de nuestras vidas: en la casa y en el trabajo, en la iglesia y en el club. Es evidente lo que el diputado de Texas, Wright Patman hizo, de acuerdo a la historia contada por el senador Paul Simon. Él dijo que Patman murió a los ochenta y dos años de edad mientras servía a la Cámara de Representantes de Estados Unidos. En su funeral se escuchó decir a una mujer de edad avanzada, que vivía en su distrito: «Él llegó hasta lo más alto, pero nos llevó a todos con él».

¿POR QUÉ MUCHAS PERSONAS NO QUIEREN
SER EL MENTOR DE OTRAS?

Si ser el mentor de otros es una vocación llena de recompensas, ¿por qué no lo hacen todos? Una de las razones es porque cuesta trabajo, pero también hay muchas otras; aquí están algunas de las más comunes:

LA INSEGURIDAD

Virginia Arcastle comentó: «Cuando las personas están hechas para sentirse seguras, importantes y apreciadas, no les es necesario hacer sentir menos a los demás para percibirse superiores». Eso es lo que la gente insegura tiende a hacer: sentirse mejor a expensas de otros.

Por otra parte, las personas verdaderamente exitosas, levantan a los demás. Y no se sienten amenazadas creyendo que ellas serán más exitosas y llegarán a un nivel más alto. Están creciendo y luchando por su potencial; sin preocuparse porque alguien las reemplace. No son como el ejecutivo que mandó un memorándum al director de personal que citaba: «Busca en la compañía a un joven agresivo que me pueda reemplazar y cuando lo encuentres, despídelo». Levantar a los demás es una dicha para una persona exitosa.

EL EGO

El ego de algunas personas es tan grande que quieren ser la novia de la boda o el cadáver del funeral. Creen que las demás personas existen solo para servirles de una manera u otra. Así era Adolf Hitler. Según Robert Waite, cuando Hitler buscaba un chofer entrevistó a treinta candidatos para el trabajo. Escogió al hombre con la estatura más baja del grupo para que fuera su chofer personal por el resto de su vida, sin importar que el hombre necesitara bloques especiales debajo del asiento del conductor para poder ver por encima del volante.[1] Hitler utilizó a otros para verse más grande y mejor de lo que realmente era. Una persona que solo se preocupa por sí misma no considera necesario gastar tiempo en elevar a otros.

LA INCAPACIDAD PARA DISTINGUIRLAS «SEMILLAS DEL ÉXITO» DE LAS PERSONAS

Creo que todas las personas tienen la semilla del éxito dentro de ellas. Muchas personas no pueden encontrar las suyas y mucho menos las de los demás, como resultado, no alcanzan su potencial. Pero muchos encuentran esa semilla, y existe la posibilidad que usted sea uno de ellos. La buena noticia es que una vez que ha encontrado la suya es más probable encontrar las de otros. Cuando lo hace, beneficia a ambos, ya que usted y la persona a la cual ayudó, serán capaces de cumplir los propósitos para los cuales nacieron cada uno.

La habilidad de encontrar la semilla del éxito de otra persona cuesta, implica comprometerse, ser diligente y tener un verdadero deseo de enfocarse en los demás. Tiene que ver los talentos, el temperamento, las pasiones, los éxitos, las alegrías y las oportunidades de la persona. Y una vez encontrada la semilla, la tiene que fertilizar con ánimo y regarla con oportunidad. Si lo hace, la persona florecerá ante sus ojos.

EL CONCEPTO ERRÓNEO DEL ÉXITO

El verdadero éxito es conocer su propósito, crecer para alcanzar su máximo potencial y sembrar semillas para beneficiar a otros. La persona promedio no lo sabe, él o ella compite por llegar al destino o adquiere más posesiones que sus vecinos.

Fred Smith dijo: «Algunos tendemos a pensar, *pude haber sido un éxito, pero nunca tuve la oportunidad. No nací en la familia adecuada o no tuve el dinero para ir a una mejor escuela.* No obstante, cuando medimos el éxito por la proporción en que estamos usando lo que recibimos, eso elimina la frustración». Y uno de los aspectos más esenciales sobre cómo estamos usando lo que recibimos se encuentra en el área de cómo ayudamos a los demás. Como Cullen Hightower comentó: «Una medida verdadera de su valor incluye todos los beneficios que otros han obtenido de su éxito».

FALTA DE ENTRENAMIENTO

La razón final por la cual mucha gente no levanta a aquellos a su alrededor es porque no sabe cómo hacerlo. Ser el mentor de otros no es algo que la mayoría de las personas aprenda en la escuela. Aunque usted haya ido a la universidad para convertirse en maestro, probablemente fue entrenado para diseminar la información en un grupo, y no para ir al lado de una sola persona, influir en su vida, y llevarla a un nivel más alto.

QUÉ NECESITA SABER AL INICIAR

Llevar a las personas a un nivel más alto y ayudarlas a ser más exitosas, no solo consiste en darles información o técnicas. Si ese fuera el caso, cualquier empleado nuevo de ser aprendiz pasaría directamente a ser exitoso en cuanto aprendiera cómo hacer su trabajo; cualquier niño sería exitoso siempre que aprendiera algo nuevo en la escuela. Pero el éxito no viene automáticamente después del conocimiento. El proceso es complicado porque se está trabajando con personas. Sin embargo, entender algunos conceptos básicos sobre ellas facilita la habilidad de mejorar a otros. Por ejemplo, recuerde que:

TODOS QUIEREN SENTIRSE VALIOSOS

Donald Laird dijo: «Ayudar a la gente siempre aumenta su autoestima. Desarrolle su habilidad haciendo que otras personas se sientan importantes. No hay mejor manera de halagar a alguien que ayudarle a ser útil y a encontrar satisfacción en su utilidad». Cuando una persona no se siente bien consigo misma, nunca creerá que es exitosa, sin importar lo que logre. Pero una persona que se siente valiosa está lista para el éxito.

TODOS NECESITAN Y RESPONDEN AL ESTÍMULO

Una de mis citas favoritas es del empresario Charles Schwab, quien dijo: «Aún tengo que encontrar al hombre, no obstante exalto su condición, quien no hizo un mejor trabajo e hizo un gran esfuerzo bajo un espíritu de aprobación que bajo uno de crítica». Si lo que quiere es levantar a otra persona, entonces tiene que convertirse en uno de sus partidarios incondicionales. Las personas se pueden dar cuenta cuando usted no cree en ellas.

LAS PERSONAS ESTÁN MOTIVADAS POR NATURALEZA

Me he dado cuenta de que las personas están motivadas por naturaleza. Si lo duda, solo observe a los niños pequeños en cuanto aprenden a caminar. Están en todo, tienen una curiosidad natural, y no puede mantenerlos quietos. Creo que ese sentido innato de motivación existe todavía en los adultos, pero para demasiadas personas esto ha sido derrotado por la falta de apoyo, diversas ocupaciones, estrés, malas actitudes, falta de apreciación, escasos recursos, poco entrenamiento o falta de comunicación. Para conseguir que se interesen por su potencial, necesita volver a motivarlos. Una vez que los ayude a apoderarse de las cosas que en el pasado los derribaron, a menudo se motivan a sí mismos.

LA GENTE CREE EN LA PERSONA ANTES DE CREER ES SU LIDERAZGO

Muchas personas sin éxito que tratan de dirigir a otros tienen la idea errónea de que la gente los seguirá si su causa es buena. No es así como funciona el liderazgo. La gente lo seguirá solo cuando crea en usted. Ese principio aplica aún cuando esté ofreciendo mejorar a los demás y llevarlos a un nivel más alto.

Entre más entienda a la gente, mayor será su oportunidad de tener éxito siendo mentor. Si usted ha desarrollado en gran manera las habilidades de relacionarse con las personas y realmente se interesa en otros, probablemente el proceso le vendrá naturalmente.

2

¿CÓMO ADOPTO LA MENTALIDAD
DE UN MENTOR?

Ser mentor es quién es usted al igual que es lo que hace.

Si tiene un don natural para interactuar positivamente con la gente o ha trabajado mucho en ello, es capaz de ser mentor de otros y llevarlos a un nivel más alto. Los puede ayudar a desarrollar un mapa hacia el éxito y seguir el viaje con ellos mientras usted sigue creciendo como persona y líder.

PIENSE COMO UN MENTOR

Aquí están los pasos que necesitará seguir para convertirse en la clase de mentor que es capaz de ser:

1. HAGA QUE EL DESARROLLO DE LA GENTE SEA SU PRIORIDAD PRINCIPAL

Si quiere tener éxito al desarrollar a las personas, tiene que hacerlo su prioridad principal. Siempre es más fácil desechar a las personas que desarrollarlas. Si no lo cree, pregúntele a cualquier empleador o abogado de divorcios. Pero mucha gente no se da cuenta de que aunque desechar a la gente es fácil, tiene un precio muy alto. En los negocios, el precio viene desde la baja en la productividad, los costos de administración causados al despedir y contratar, hasta la moral baja. En el matrimonio generalmente se paga con las vidas destruidas.

Aprendí esta lección cuando estaba en mi primer labor pastoral. Yo deseaba edificar una gran iglesia. Pensé que sería un éxito si lo hacía. Y cumplí mi objetivo. Llevé a esa pequeña congregación de tres personas a más de 250, y lo hice en una pequeña comunidad rural. Pero hice la mayoría de las cosas yo mismo; con la ayuda de mi esposa Margaret. No desarrollé a nadie más. Como resultado solo obtuvimos éxito en los lugares que toqué; tuvimos quejas en todos los lugares que no toqué; y muchas cosas se vinieron abajo después de que me fui.

Aprendí mucho de esa experiencia y en mi segunda posición, mi prioridad fue hacer crecer a los demás. Por un periodo de más de ocho años, ayudé a treinta y cinco personas a crecer y ellos edificaron esa iglesia y la hicieron exitosa. Después de que me fui, la iglesia era tan exitosa como cuando estaba ahí ya que esos líderes fueron capaces de seguir sin mí. Si quiere cambiar la vida de los demás, haga lo mismo. Comprométase a desarrollar a las personas.

2. Limite la cantidad de personas que llevará consigo

Al empezar a desarrollar a las personas, véalo como si fuera un viaje en un pequeño avión privado. Si trata de llevar a mucha gente consigo, nunca logrará elevarse, además, su tiempo es limitado.

Cuando imparto seminarios de liderazgo, siempre enseño lo que es conocido como el Principio de Pareto (80/20): en pocas palabras, dice que si concentra la atención en el primer veinte por ciento de cualquier cosa que hace, obtendrá un ochenta por ciento del beneficio. Cuando se trata de desarrollar a las personas, debe emplear el ochenta por ciento de su tiempo mejorando solo al primer veinte por ciento de la gente a su alrededor. Eso debe incluir a la gente más importante de su vida, como su familia y las personas que tienen mayor potencial. Si trata de ser mentor de más personas que esas, quedará muy poco de usted.

3. Mejorar las relaciones antes de iniciar

Los mejores líderes entienden la importante regla de las relaciones cuando se trata del éxito. Por ejemplo, Lee Iacocca una vez le preguntó al legendario entrenador de los Packers de Green Bay, Vince Lombardi, cómo creó a un equipo ganador. Aquí esta lo que Lombardi respondió:

Hay muchos entrenadores con buenos equipos de fútbol americano que saben los fundamentos y tienen mucha disciplina pero aun
así no ganan el juego. Después usted llega con el tercer ingrediente:
si van a jugar juntos como un equipo, deben de cuidarse unos a
otros. Tienen que quererse unos a otros. Cada jugador debe de
estar pensando en el otro y decirse a sí mismo: «Si no bloqueo a ese
hombre, va a fracturar las piernas de Paul. Tengo que hacer bien mi
trabajo para que él pueda hacer el suyo».

La diferencia entre mediocridad y grandeza, es el aprecio que
estos jugadores se tienen.[1]

El concepto no solo aplica para el fútbol americano. Es también para
personas que viajan juntas por una temporada como mentor y discípulo.
Si no hay una buena relación desde el inicio, no llegarán muy lejos juntos.

Mientras se prepara para desarrollar a otras personas, tómese el tiempo
para que se conozcan. Pídales que compartan su historia con usted, hasta
donde han llegado en ese momento. Averigüe lo que les motiva, sus fortalezas y debilidades, sus temperamentos. Y pase algún tiempo con ellos fuera
del ambiente en que regularmente los ve. Si trabajan juntos, entonces prac-
tiquen juntos algún deporte. Si se conocen de la iglesia, encuéntrese con
ellos en su trabajo. Si van juntos a la escuela, entonces pasen algún tiempo
en casa. También puede usar ese principio con su familia. Por ejemplo, si
pasa tiempo con sus hijos fuera del lugar donde generalmente se encuentran, conocerá más de ellos. Mejorará su relación y será como nunca antes
había sido, y esto le ayudara a crecer.

Otra ventaja de relacionarse con la gente antes de empezar juntos el
viaje es descubrir qué tipo de «compañeros de viaje» va a tener. Mientras
reúne a otros para el viaje al éxito, elija personas que cree que le agradarán.
Después conózcalas para verificar su elección. Es la mejor manera de que
sea efectivo, y disfrute el viaje.

4. AYUDE INCONDICIONALMENTE

Cuando empieza a desarrollar a las personas, nunca debería tener en
mente que obtendrá algo a cambio. Esa actitud seguramente lo hará fracasar. Si espera obtener algo a cambio y eso no sucede, se amargará la vida. Y
si obtiene menos de lo que espera, resentirá el tiempo que gastó. No, usted

debe entrar en el proceso sin esperar nada más que la satisfacción personal. Dé por el gusto de dar, solo por la dicha de ver que otra persona aprende a volar. Cuando se acerca de esa manera, su actitud siempre será positiva, y las ocasiones en que reciba algo a cambio, serán un momento con todas las de ganar.

5. Déjelos volar con usted por un tiempo

Quiero compartirle un secreto. Le garantiza el éxito al ser mentor. ¿Está listo? Este es: nunca trabaje solo. Sé que suena muy fácil, pero es el verdadero secreto para desarrollar a los demás. Siempre que haga algo que quiera enseñarles a otros, lleve a alguien con usted.

Para muchos de nosotros esto no es una práctica innata. En Estados Unidos la técnica de aprendizaje usada por muchas personas para enseñar, nos fue heredada de los griegos. Es una aproximación de lo que sería un «salón de clases» cognitivo, como el usado por Sócrates para enseñarle a Platón, y Platón a Aristóteles. El líder se pone de pie y habla, hace preguntas o sermonea. El seguidor se sienta a sus pies, escuchando. Su meta es comprender las ideas del instructor.

Pero ese no es el único modelo disponible para ayudar a los demás a crecer. Tenemos otro usado por otra antigua cultura: los hebreos. Su método era más bien la formación en el trabajo. Se basaba en relaciones y experiencias en común. Es lo que los artesanos han hecho durante siglos. Toman aprendices que trabajan con ellos hasta que dominan el arte y son capaces de pasarlo a otros. Su método es similar a éste:

- *Yo lo hago.* Primero aprendo a hacer el trabajo. Tengo que entender el porqué y el cómo y tratar de perfeccionar mi oficio.
- *Yo lo hago y usted ve.* Lo demuestro mientras usted observa y durante el proceso, explico lo que estoy haciendo y el porqué.
- *Usted lo hace y yo lo veo.* Tan pronto como sea posible, cambiamos papeles. Le doy permiso y autoridad para realizar el trabajo, pero me quedo con usted para ofrecerle consejos, corregirlo y animarlo.
- *Usted lo hace.* Una vez que usted es muy competente, doy un paso atrás y lo dejo trabajar solo. El principiante es elevado a un nivel más alto. En cuanto se encuentra en ese nivel más alto, el maestro está libre para seguir con algo más alto todavía.

En todos los años que he estado preparando y desarrollando a otros, nunca he encontrado una mejor manera de hacerlo que esta. Por mucho tiempo, cada vez que estoy listo para hacer alguno de mis deberes, hago una práctica para la persona a quien quiero preparar para la tarea. Antes de que lo hagamos, hablamos de lo que va a pasar, y después discutimos lo que hicimos.

Tal vez usted ha hecho esto con las personas. Si no, trátelo ya que realmente funciona. Pero no olvide incluir a otros, es parte del procedimiento de plantación. No quiere encontrarse solo, ni seleccionar a una persona únicamente porque está disponible. Su meta es pasar tiempo con aquellos a los que ha escogido para desarrollar. Siempre seleccione personas y deles tareas que tengan que ver con sus fortalezas. Cualquiera que pase la mayor parte de su tiempo trabajando en un área de debilidad por un periodo prolongado se frustrará y agotará. Sin embargo, una persona desarrollada en su área de fortaleza será impulsada hacia su potencial.

6. LLÉNELES SU TANQUE DE COMBUSTIBLE

La gente no llegará lejos sin combustible, y eso significa recursos para su continuo crecimiento personal. Cualquier mentor puede darle ese valioso regalo a alguien que está desarrollando. Mucha gente no sabe en dónde encontrar buenos recursos o qué tipo de materiales seleccionar, especialmente cuando apenas está empezando.

Regularmente comparto libros, discos compactos y DVD con la gente a la que estoy ayudando a crecer. También me gusta mandarlos a seminarios. Mi meta es siempre aportar algo de beneficio cuando paso tiempo con alguien, ya sea un empleado, un colega o un amigo. Usted puede hacer lo mismo por los demás. Hay pocas satisfacciones como la de poner en manos de otros un recurso que los pueda llevar al siguiente nivel.

7. QUÉDESE CON ELLOS HASTA QUE PUEDAN HACERLO SOLOS DE MANERA SATISFACTORIA

Me han dicho que todo estudiante para piloto, espera su primer vuelo con expectación, y una cierta cantidad de miedo. Pero un buen instructor de vuelo no le permitiría hacerlo solo hasta no estar listo, ni dejaría que el estudiante evitara el vuelo solo una vez que lo estuviera.

Creo que sabe que esa es la diferencia entre un buen mentor y un intento de mentor. Es como la diferencia entre el instructor de vuelo y el agente de viajes. Uno se queda con usted, guiándolo durante todo el proceso hasta que está listo para viajar. El otro le da un boleto y le dice: «Espero que tenga un buen viaje».

Al desarrollar a las personas, recuerde que las está llevando con usted en el viaje hacia el éxito, no las está mandando. Quédese con ellas hasta que estén listas para volar, y cuando lo estén, llévelas a su camino.

8. DESPEJE LA TRAYECTORIA DEL VUELO

Incluso después de enseñarles a las personas a volar, de proveerles con combustible y darles permiso para tomar los controles, algunos mentores no dan el último paso requerido para hacer que su gente sea exitosa.

No les dan una trayectoria de vuelo libre de trabas. Regularmente no limitan a las personas que están desarrollando intencionalmente, pero aun así pasa.

Aquí están algunos de los obstáculos comunes que los mentores crean para los líderes potenciales:

- *Falta de una dirección clara:* Muchas veces un líder potencial tiene un mentor y aprende a hacer el trabajo, aunque después se le deja a la deriva, sin más dirección de su líder.
- *Burocracia:* O aprende como su líder trabaja y piensa y después se le coloca en un sistema burocrático que sofoca al espíritu innovador que el mentor acaba de engendrar.
- *Aislamiento:* Todos necesitan una comunidad de personas con quien compartir o de quien obtener apoyo. Generalmente si el mentor no lo da el nuevo líder no lo tendrá.
- *Trabajo sin resultado:* El trabajo sin un valor percibido desmoraliza y desmotiva a las personas.
- *Comunicación:* Poca y deshonesta: una orden que no se comunica honestamente a una persona a la que se le está desarrollando dificulta la relación y confunde al potencial líder.

Una vez que empiece a desarrollar a los demás, verifique que no les esté dejando obstáculos en la trayectoria. Deles direcciones claras, apoyo positivo, la libertad de volar. Lo que usted haga puede marcar la diferencia entre su fracaso o su éxito. Y cuando ellos tienen éxito, usted también.

9. AYÚDELOS A REPETIR EL PROCESO

Después de que ha hecho todo lo que puede para ayudar a su gente, las personas ya han tomado el vuelo y están volando alto, tal vez piense que ha terminado, pero no es así. Todavía hay un paso que debe dar para completar el proceso. Debe ayudarlos a aprender a repetir y desarrollar el proceso y ser mentores de otros. Como ve, no hay éxito sin sucesor.

La mayor dicha de mi vida ha sido ver como los líderes que ayudé a crecer y preparé han dado la vuelta y han repetido el proceso con otros. Debe ser similar a la dicha que siente un tatarabuelo al ver a las generaciones que han surgido en su familia. Con cada generación consecutiva el éxito continúa.

Este proceso de reproducción se ha convertido en patrón en mi vida. Por ejemplo cuando llegué a San Diego en 1981, contraté a una asistente llamada Barbara Brumagin. La entrené, enseñándole todo lo que necesitaba saber para maximizar mi tiempo y mis talentos. Se quedó conmigo por once años, pero antes de irse, ella capacitó a Linda Eggers, quien es mi actual asistente.

Tal vez el ejemplo más extraordinario de desarrollo ha sido Dan Reiland, quien fue mi pastor ejecutivo por muchos años. Durante los primeros ocho años que trabajó para mí, pasé mucho tiempo desarrollándolo. Después, durante los siguientes seis años, asumió la responsabilidad de ser mentor y preparó a todo mi personal. Además él ha desarrollado personalmente a más de cien personas. Muchas de ellas han continuado el proceso, creando una nueva generación de líderes exitosos. Ahora Dan ayuda a crecer al personal en la Iglesia 12Stone en Georgia.

LEVANTE MÁS ALTO A LOS DEMÁS

Los efectos positivos de desarrollar a los demás son notables. Pero usted no tiene que ser una persona notable o excepcionalmente talentosa para ser mentor de otros. Puede ayudar a las personas a su alrededor y enseñarles a volar. El proceso requiere deseo y compromiso, sin embargo es la parte más gratificante del éxito. Ayudar a otros es la mayor dicha del mundo. Como ve, una vez que las personas aprenden a volar, son capaces de ir casi a cualquier lugar. Y en ocasiones cuando están volando alto le ayudan a avanzar a usted también.

Lleve a otros consigo y ayúdelos a cambiar sus vidas para bien. No hay nada más divertido en la vida o que tenga una mejor recompensa. Nunca se arrepentirá del tiempo que invirtió en la gente.

PARTE II

DEDICARSE AL PROCESO DE SER MENTOR

3

¿DE QUIÉN DEBO SER MENTOR?

*Invierta su tiempo en las personas
que darán el mejor resultado.*

Con el tiempo aprendí esta importante lección: las personas que están más cerca de mí, determinan mi nivel de éxito o fracaso. Entre mejores sean, mejor soy yo. Y si quiero llegar al nivel más alto, solo puedo lograrlo con la ayuda de otras personas. Tenemos que levantarnos unos a otros.

Descubrí esto hace alrededor de quince años, mientras llegaba a los cuarenta años de edad. En ese tiempo ya me sentía muy exitoso, era el líder de la iglesia más grande de mi denominación, ya había publicado cinco libros, era conocido como una autoridad en liderazgo y enseñaba en persona sobre el tema en conferencias y a través de lecciones grabadas en casetes de audio cada mes; había realizado el propósito por el cual fui creado, todos los días iba aumentando mi potencial y sembrando semillas que beneficiaban a otros. No obstante, mi deseo era crear un impacto aún más grande en los demás. Quería llegar a un nuevo nivel.

Mi problema era que me había topado con un obstáculo. Dirigía una gran organización que tomaba la mayor parte de mi tiempo, tenía una familia, continuamente escribía libros, lecciones de liderazgo y sermones. Y además de eso, mi agenda de viajes estaba llena, no podía meter nada más a mi agenda diaria ni con un calzador y un pomo de grasa. Fue cuando hice un asombroso descubrimiento. Los únicos lugares en los que mi influencia y productividad estaban creciendo eran aquellos en donde había identificado líderes potenciales y los había ayudado a crecer.

Mi intención al crear líderes había sido ayudarlos a que mejoraran, pero descubrí que también me había beneficiado; invertir tiempo con ellos había sido como invertir dinero: habían crecido y al mismo tiempo yo había cosechado increíbles beneficios. Fue cuando me di cuenta que si quería llegar al siguiente nivel, tenía que expandirme por medio de otros. Encontraría líderes y vertería mi vida en ellos, haciendo lo más que pudiera para llevarlos a un nuevo nivel, y al mismo tiempo que ellos crecieran yo lo haría.

ENCONTRAR A LAS PERSONAS ADECUADAS PARA EL VIAJE

Con el paso de los años he disminuido lo que busco en un líder potencial, del que quiero ser mentor, a solo diez cosas y quiero compartirlas con usted. Aquí están por orden de importancia. La gente de la cual quiero ser mentor...

1. HACE QUE LAS COSAS SUCEDAN

El millonario filántropo Andrew Carnegie dijo: «Entre más envejezco, menos atención pongo a lo que la gente dice. Solo observo lo que hace». Lo considero como un consejo. Y mientras he observado lo que hace, he descubierto que las personas que quiero conmigo son aquellas que hacen que las cosas sucedan. Ellos descubren recursos en lugares que usted creía que estaban áridos. Encuentran prospectos en donde creía que no había. Crean oportunidades en donde creía que no las había. Hacen que algo común sea excepcional, nunca ponen excusas; siempre encuentran la manera para que las cosas pasen.

Hace aproximadamente veinte años vi un artículo en una revista y lo recorté, ya que es un gran ejemplo de cómo alguien con un gran potencial realmente sabe como hacer que las cosas sucedan. Se llamaba «Benda no escriva». Decía que un vendedor recién contratado, escribió su primer reporte de ventas a la oficina central después de haber trabajado en su área la primera semana. Impacto al gerente de ventas ya que de repente se dio cuenta de que había contratado a un analfabeta. Esto es lo que el reporte decía: «fui con esas jentes que nunca compran nada de nosotros y les bendi un resto de cosas y ora me boi a nueba llore».

El gerente se asustó, pero antes de que se pudiera comunicar con el vendedor para despedirlo, recibió un segundo reporte. Decía: «Con solo estar dos dias ya les bendi medio miyon».

Para entonces el gerente estaba muy confundido, no podía tener a un vendedor analfabeta, pero tampoco podía despedir a alguien que había vendido más que cualquier otro del personal de ventas. Así que hizo lo que cualquier gerente de mando intermedio haría: dejó el problema en manos del presidente de la compañía.

A la siguiente mañana todos en el departamento de ventas estaban sorprendidos de ver las dos cartas del vendedor en el tablero con el siguiente mensaje del presidente: «Emos pasado mucho tiempo escriviendo vien enbes destar hendiendo, tratemos de elebar nuestras bentas. Lea estas dos cartas de nuestro mejor bendedor. El aze un buen trabajo y ustedes deverian aserio como el».

Incluso en las peores circunstancias (o con las peores discapacidades), la gente con potencial hace que las cosas sucedan. El doctor George W. Crane comentó: «No hay futuro en cualquier empleo. El futuro está en la persona que tiene el empleo». Si quiere llegar lejos en el viaje al éxito, únase a personas que sepan lo que hacen para que las cosas se cumplan.

2. VE Y APROVECHA LAS OPORTUNIDADES

Mucha gente es capaz de aprovechar las oportunidades en cuanto se le presentan. Pero verlas venir es otra cosa porque rara vez están etiquetadas, es por eso que tiene que aprender a reconocerlas y aprovecharlas.

Es mejor ser mentor de las personas que no se sientan a esperar a que las oportunidades se presenten, de quienes asumen como su responsabilidad ir a buscarlas. Es similar a las dos maneras en las que usted puede ir a recoger a alguien que no conoce al aeropuerto. Una es hacer un letrero con el nombre de la persona a la que espera, pararse a un lado del área en la que se recoge el equipaje, levantar el letrero y esperar a que ella lo encuentre. Si lo ve será bueno, si no, sigue esperando. La otra manera es averiguar cómo es la persona, ubicarse estratégicamente en la puerta adecuada y buscarla hasta encontrarla. Hay un mundo de diferencia entre los dos enfoques.

Ellen Metcalf dijo: «Me gustaría enmendar la idea de estar en el lugar indicado a la hora indicada. Hay muchas personas que estuvieron en el lugar indicado a la hora indicada pero no lo supieron. Tiene que reconocer cuando el lugar indicado y el momento indicado se presentan y aprovechar la oportunidad. Hay muchas oportunidades allá afuera. No se puede sentar a esperarlas». Los líderes con buen potencial lo saben y tampoco se confían de su suerte. Según Walter P. Chrysler, fundador de la compañía de automóviles que lleva su apellido: «La razón por la que mucha gente no consigue nada en su vida es porque cuando una oportunidad toca a su puerta, ellos están en su jardín buscando un trébol de cuatro hojas».

Pregúntese: ¿quién de las personas a su alrededor siempre parece reconocer las oportunidades y se aferra a ellas? Las personas con estas cualidades son con las que probablemente querrá pasar tiempo sirviéndoles de mentor.

3. INFLUYE EN LOS DEMÁS

Todo surge o se desploma por el liderazgo. Eso es verdad ya que la habilidad de la persona para hacer que las cosas sucedan en, y por medio de otros, depende completamente de su habilidad para guiarlas. Sin liderazgo no hay trabajo en equipo y las personas van por su propio camino. Si su sueño es grande y requerirá de trabajo en equipo de un grupo de personas, entonces cualquier líder potencial que seleccione para ir con usted en su viaje deberá tener influencia. Después de todo, eso es lo que es el liderazgo: influencia. Y cuando usted piensa en ella, todos los líderes tienen dos cosas en común: van a alguna parte y son capaces de persuadir a otros para que vayan con ellos.

Mientras ve a las personas a su alrededor, considere lo siguiente:

- *¿Quién los influencia?* Se puede saber mucho acerca de a quién van a influenciar y cómo van a hacerlo sabiendo quiénes son sus héroes y mentores.
- *¿A quién van a influenciar?* Será capaz de juzgar su nivel actual de efectividad para el liderazgo por quienes influencian.
- *Su influencia, ¿crece o disminuye?* Puede distinguir cuando una persona es un líder del pasado o un líder potencial examinando en qué nivel de influencia va.

Para ser un buen juez de líderes potenciales, no solo vea a la persona, vea a todas las personas a las que influencia. Entre mejor influencie, mejor es su potencial de liderazgo y su habilidad para hacer que otros trabajen juntos.

4. Añade valor

Todas las personas a su alrededor tienen un efecto en usted y su habilidad para cumplir su visión. Probablemente lo habrá notado con anterioridad. Algunas parecieran dificultarle las cosas, siempre tomando más de lo que dan a cambio; otras le añaden valor, mejorando todo lo que hace. Cuando van a su lado, se desarrolla sinergia que los lleva a todos a un nuevo nivel.

Con el paso del tiempo muchas personas maravillosas me han añadido valor. Algunas de ellas han hecho su principal meta en la vida en ayudarme, complementan mis debilidades y alientan mis fortalezas; su compañía en el viaje realmente expande mi visión. Solo, tal vez pude haber obtenido algunos éxitos, pero realmente me han hecho mucho mejor de lo que podía haber sido sin ellos. Y como agradecimiento, siempre les he dado lo mejor de mí, he confiado en ellos incondicionalmente, les he dado oportunidades para hacer una diferencia y he añadido valor a sus vidas.

Probablemente hay personas en su vida con las que experimenta sinergia. Inspírelos y llévelos a niveles más altos. ¿Cree qué haya alguien mejor con quien ir en el viaje al éxito? No solo lo ayudarán a llegar más lejos, sino que también harán el viaje de la vida más divertido.

5. Atrae a otros líderes

Mientras busca líderes potenciales a quienes desarrollar, tiene que saber que realmente hay dos clases de líderes: los que atraen seguidores y aquellos que atraen a otros líderes. Las personas que atraen y hacen equipo solo con seguidores nunca serán capaces de hacer nada más allá de lo que puedan supervisar personalmente o tocar. Por cada persona con la que interactúan, solo influencian a una persona, un seguidor. Pero las personas que atraen a líderes influencian a más gente mediante su interacción. Su equipo puede ser increíble, especialmente si los líderes a quienes recluían también atraen a otros líderes.

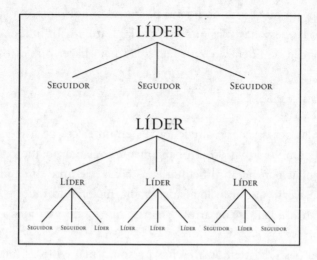

Además del factor obvio de la influencia, hay otras diferencias importantes entre la gente que atrae seguidores y la que atrae líderes. Aquí hay unas:

LÍDERES QUE ATRAEN SEGUIDORES...	LÍDERES QUE ATRAEN LÍDERES...
Necesitan que se les necesite.	Quieren ser exitosos.
Quieren reconocimiento.	Se quieren reproducir.
Se enfocan en las debilidades de los demás.	Se enfocan en las fortalezas de otros.
Se quieren aferrar al poder.	Quieren compartir el poder.
Gastan tiempo con otros.	Invierten tiempo en otros.
Son buenos líderes.	Son grandes líderes.
Tienen algo de éxito.	Tienen un éxito increíble.

Conforme busca personas para que se le unan en el viaje hacia el éxito, busque líderes que atraigan a otros. Ellos serán capaces de multiplicar su éxito. Pero también sepa que a la larga, solo puede guiar a aquellos cuya habilidad de liderazgo es menor o igual a la suya. Para seguir atrayendo a mejores y mejores líderes, tendrá que continuar mejorando su habilidad de liderazgo. De esa manera usted y su equipo seguirán creciendo no solo en potencial, sino también en efectividad.

6. PREPARA A OTROS

Una cosa es atraer a otras personas hacia usted y dejarlos unirse en su viaje al éxito, y otra es prepararlos con un mapa para la jornada. Las mejores personas siempre dan a los demás más que una invitación, les dan los medios para llegar ahí.

Tome en cuenta esto conforme busca a líderes potenciales: una persona con carisma puede arrastrar sola a otros, aun así no será capaz de persuadirlos para que se unan a ella en la realización de un sueño. Sin embargo, un líder que provee puede otorgar poderes a un ejército de gente exitosa capaz de ir a donde sea y lograr casi todo. Como Harvey Firestone dijo: «Solo cuando mejoramos a los demás tenemos éxito permanente».

7. APORTA IDEAS INSPIRADORAS

El autor dramaturgo del siglo diecinueve Víctor Hugo dijo: «No hay nada más poderoso que una idea cuyo tiempo ha llegado». Las ideas son el mejor recurso que podrá tener una persona exitosa, y cuando se rodea de personas creativas, nunca se quedará sin ideas inspiradoras.

Si usted y las personas que están a su alrededor continuamente generan nuevas ideas, todos tienen una mejor oportunidad de alcanzar su potencial. Según Arthur W. Cornwell, autor de *Freeing the Corporate Mind: How to Spur Innovation in Business* [La liberación de la mente corporativa: cómo estimular la innovación en los negocios], el pensamiento creativo es lo que genera ideas. Y entre más entienda cómo generarlas, mejor estará. Él sugiere:

- Las únicas ideas realmente malas son aquellas que mueren sin dejar otras.
- Si quiere buenas ideas, necesita muchas ideas.
- No importa si «no se rompió», lo más seguro es que necesite ser arreglado.
- Las buenas ideas no son más que la restructuración de lo que usted ya sabía.
- Cuando todas sus ideas se juntan, la suma debe representar un gran avance.[1]

Usted es capaz de generar buenas ideas, probablemente más de lo que piensa, pero nunca puede tener demasiadas ideas. Eso sería como decir que tiene demasiado dinero o demasiados recursos cuando está trabajando en un proyecto. Es por ello que haría bien en reunir a gente a su alrededor que lo siga inspirando con sus ideas; y cuando encuentre a alguien con quien tenga química natural, del tipo que inspira a cada uno de ustedes a la grandeza, se dará cuenta de que siempre tendrán más ideas que tiempo para llevarlas a cabo.

8. POSEE ACTITUDES EXTRAORDINARIAMENTE POSITIVAS

Una buena actitud es importante para el éxito. Generalmente determina qué tan lejos será capaz de llegar; pero no subestime tampoco la importancia de una actitud positiva en las personas que lo rodean. Cuando viaja con otros, solo puede ir tan rápido como la persona más lenta y tan lejos como el más débil puede viajar. Tener personas a su alrededor con actitudes negativas, es como correr en un maratón con peso extra en su tobillo, puede que sea capaz de correr por un tiempo, pero se va a cansar rápido y definitivamente no será capaz de correr tan lejos como quisiera.

9. ESTÁ A LA ALTURA DE SUS COMPROMISOS

Se ha dicho que otra manera de llamar al éxito es compromiso, y es realmente cierto. El periodista Walter Cronkite declaró: «No me puedo imaginar a una persona volviéndose exitosa si no le entrega a este juego de la vida todo lo que tiene».

El compromiso lleva a la persona a un nuevo nivel cuando se trata de éxito. Vea las ventajas del compromiso como las describe el orador motivador Joe Griffith:

No puede privar a una persona comprometida de alcanzar el éxito. Ponga obstáculos en su camino y los tomará como escalones para avanzar y los usará para llegar a la grandeza. Quítele su dinero y usará su pobreza para crecer. La persona que tiene éxito tiene un programa; prepara su recorrido y se adhiere a él; hace sus planes y los lleva a cabo; va directo a su objetivo. No se tambalea cada vez que una dificultad se cruza en su camino; si no puede pasarla por encima, pasa a través de ella.[2]

Cuando las personas de su equipo comparten su nivel de compromiso, el éxito es inevitable. El compromiso lo ayuda a vencer obstáculos y continuar avanzando en el viaje hacia el éxito sin importar qué tan difícil se torne el camino. Es la clave del éxito en cualquier aspecto de la vida: matrimonio, negocios, crecimiento personal, pasatiempos, deportes, lo que se le ocurra. El compromiso puede llevarle muy lejos.

10. TIENE LEALTAD

La última cualidad que debe buscar en las personas que se unirán a su viaje es la lealtad. Aunque esto solo no asegura el éxito en otra persona, la falta de lealtad seguramente arruinará su relación con ella. Piénselo de esta manera: cuando usted busca a líderes potenciales, si alguien a quien está considerando le falta lealtad, está descalificado. Ni siquiera trate de ayudarlo a crecer ya que al final él lo lastimará en lugar de ayudarlo.

¿Qué significa que los demás le sean leales?

- *Lo aman incondicionalmente.* Lo aceptan con sus fortalezas y debilidades intactas. Usted realmente les importa, no solo por lo que puede hacer por ellos. No están tratando de convertirlo en alguien que no es, ni de ponerlo en un pedestal.
- *Hablan bien de usted ante los demás.* La gente leal siempre lo describe ante otros de una manera positiva. Podrían reprenderlo en privado o hacerlo responsable, pero nunca lo criticarán ante otras personas.
- *Son capaces de reír y llorar con usted mientras viajan juntos.* La gente leal está dispuesta a compartir alegrías y penas. Hacen el viaje menos solitario.
- *Le hacen soñar lo que ellos sueñan.* Algunos, sin dudar, compartirán el viaje con usted solo por poco tiempo. Se ayudan mutuamente y después se van por caminos separados. Pero pocas personas especiales querrán permanecer a su lado y ayudarlo durante todo el viaje, esos individuos hacen que su sueño también sea el de ellos. Serán leales hasta la muerte y cuando combinan esa lealtad con otros talentos y habilidades, pueden ser algunos de sus más valiosos recursos. Si encuentra a gente así, cuídela mucho.

Lo curioso de la lealtad es que entre más exitoso se vuelve, más se hace un problema.

TRANSMÍTALO

He sido muy exitoso mientras he viajado por la vida; no solo tuve a personas maravillosas que han estado a mi lado y han realizado el viaje conmigo, sino que también otros me han llevado cuando no podía hacerlo solo. Y de eso se trata la vida, de personas que ayudan y les añaden valor a los demás.

Mientras elige a las personas a quienes servirá como mentor, enróquese en las que no solo aprovecharán al máximo lo que usted les da y lo ayudarán; elija a quienes lo transmitirán a otros. Ser mentor significa compartir.

4

¿CÓMO PUEDO PREPARARLOS
PARA EL ÉXITO?

Como mentor, vea a cada persona como un «10».

Quiero hacerle una pregunta: ¿quién ha sido su maestro favorito? Piense en todos sus años de escuela, desde el jardín de niños hasta su último grado de estudios, ¿quién es? ¿Hay algún maestro que haya cambiado su vida? La mayoría tenemos uno, de hecho, el mío era un maestro de la escuela dominical llamado Glen Leatherwood. ¿Quién fue el suyo?

¿Qué era lo que lo hacía diferente a los demás? ¿Era la materia, la técnica de enseñanza? Aunque su maestro haya tenido mucho conocimiento y dominara la técnica de manera admirable, podría apostar que lo que lo distinguía de los demás era la manera en que creía en usted. Probablemente ese maestro lo vio como su «10», porque el que lo intimida y le dice qué tan ignorante e indisciplinado es, no es el que lo inspira a aprender y crecer; es aquel que piensa que usted es maravilloso y se lo dice.

Ahora me gustaría que pensara en su vida laboral y los líderes para los que ha trabajado durante años. Mientras piensa en ellos, hágase las siguientes preguntas:

- *¿Quién obtiene mi mejor esfuerzo?* ¿El líder que cree que soy un 10 o el que cree que soy un 2?

- *¿Con quién disfruto trabajar más?* ¿Con el líder que cree que soy un 10 o con el que cree que soy un 2?
- *¿A quién se me facilita acercarme?* ¿Al líder que cree que soy un 10 o al que cree que soy un 2?
- *¿Quién espera lo mejor de mí?* ¿El líder que cree que soy un 10 o el que cree que soy un 2?
- *¿De quién voy a aprender más?* ¿Del líder que cree que soy un 10 o del que cree que soy un 2?

Los líderes mentores obtienen más de la gente ya que piensan mejor de ella. Los respetan, los valoran y como resultado, la gente los quiere seguir. La actitud positiva eficiente que tienen hacia el liderazgo crea un ambiente laboral positivo, en donde cada persona del equipo tiene un lugar y propósito, en donde todos comparten al ganar.

Para algunos líderes, esto es fácil y natural, especialmente si tienen personalidades positivas. Creo que las personas que fueron motivadas y valoradas cuando eran niños fortalecen a los demás casi instintivamente; sin embargo, es una habilidad que puede ser aprendida por cualquiera y es una necesidad para quien quiera convertirse en una persona exitosa.

CÓMO TRATAR A LOS DEMÁS COMO UN «10»

Si realmente quiere brillar en esa área, siga las siguientes sugerencias cuando trabaje con su gente.

1. VÉALOS COMO EN QUIENES SE PUEDEN CONVERTIR

El autor Bennett Cerf escribió que J. William Stanton, quien sirvió muchos años como diputado del estado Ohio ante el Congreso de Estados Unidos, atesoró una carta que recibió de la Cámara de Comercio de Pensilvania, Ohio, fechada en 1949. La carta era la negativa a la oferta de Staton de tener a un nuevo miembro del Congreso como orador de una cena para recaudar fondos; la misiva decía: «Creemos que este año necesitamos a un orador renombrado que ejerza una gran atracción, así que esperamos contar con la colaboración del entrenador principal de fútbol en la Universidad John Carroll. De todas maneras, gracias por sugerir al diputado

John F. Kennedy».[1] ¿Tiene idea de quién pudo haber sido ese entrenador? Definitivamente yo no.

¿Tiene a algún potencial JFK entre los suyos, o a un Jack Welch, o a una Madre Teresa? Es fácil reconocer un buen liderazgo y buen talento una vez que las personas ya han florecido, ¿pero qué tal antes de que se vuelvan quiénes son?

Busque el mejor potencial que hay dentro de cada persona a la que guía, cuando lo encuentre, haga todo lo posible por sacarlo. Algunos líderes son tan inseguros que cuando ven a alguien extraordinario en potencia, tratan de reducirlo porque les preocupa que su alto rendimiento los haga verse mal. No obstante, los líderes exitosos se bajan para impulsar a esas personas, saben que las que cuentan con gran potencial de todas maneras serán triunfadoras. El mejor papel que pueden asumir es el de un innovador y animador; de esa manera les añaden valor, y llegan a ser una parte positiva en el proceso de su surgimiento como líderes.

2. «PRÉSTELES» SU FE EN ELLOS

En 1989, Kevin Myers se mudó de Grand Rapids, Michigan, a Lawrenceville, Georgia, para plantar una iglesia. Kevin era un líder listo y joven cuyo futuro se veía brillante; y la iglesia de la comunidad de Kentwood, quien era su patrocinadora, estaba feliz de apoyar sus éxitos.

Kevin hizo lo correcto preparándose para el primer oficio religioso de la iglesia de la comunidad de Crossroads, pasó semanas hablando con las personas de la comunidad, seleccionó una buena ubicación y alistó a sus voluntarios. Cuando abrió las puertas por primera vez, sus esperanzas se vieron aplastadas ya que solo se presentaron alrededor de diecinueve personas, un tercio de lo que esperaba. Fue una gran desilusión, ya que Kevin había sido parte del personal en una iglesia en crecimiento, grande y dinámica; guiar a una pequeña congregación no lo satisfacía completamente. No obstante, estaba determinado a perseverar imaginándose que en un año o dos cruzaría la montaña y construiría el tipo de iglesia que se ajustara a su visión.

Después de tres años de lucha y poco crecimiento, Kevin estaba listo para rendirse. Viajó a Michigan para encontrarse con Wayne Schmidt, su antiguo jefe en Kentwood y patrocinador original de la iglesia que intentó plantar, sintiéndose un fracasado. Kevin le dijo a Wayne que necesitaba un trabajo, ya que tenía planeado cerrar la iglesia de Georgia. La respuesta de Wayne cambio la vida de Kevin. Él dijo: «Kevin, si has perdido la fe, te presto la mía».

Sin estar seguro de su futuro, pero agradecido con Wayne por la fe que le tenía, Kevin regresó a Georgia y no se dio por vencido. Lentamente incrementó su liderazgo y también su congregación. Mientras yo escribo esto, Kevin guía a 3.400 personas cada semana, lo que coloca a su congregación entre el uno por ciento de mayor importancia en Estados Unidos.

Cuando la gente a la que guía no cree en sí misma, usted la puede ayudar a creer en ella misma, como Wayne lo hizo con Kevin. Véalo como un préstamo, algo que da libremente pero que después regresará con dividendos cuando la persona tenga éxito.

3. Atrápelos haciendo algo bueno

Si desea ver a todos como un «10» y ayudarlos a creer en ellos mismos, necesita animarlos, atraparlos haciendo algo bueno. Y eso es algo contracultural. Toda nuestra vida nos han entrenado para atrapar a las personas haciendo algo malo; si nuestros padres o maestros nos atraparon haciendo algo, puede apostar que fue algo malo. Por eso tendemos a pensar de la misma manera.

Cuando se enfoca en lo negativo y atrapa a las personas haciendo algo malo, verdaderamente no tiene poder para ayudarles a mejorar. Cuando descubre a las personas haciendo algo malo, se ponen a la defensiva, ponen excusas, lo evaden. Por otra parte, si atrapa a las personas haciendo algo bueno, esto les da un refuerzo positivo, los ayuda a sacar provecho de su potencial. Los hace querer hacerlo mejor.

Haga parte de su agenda diaria tratar de que las cosas salgan bien. No tienen que ser cosas grandes, aunque desde luego también quiere elogiar esas cosas. Puede ser cualquier cosa, siempre y cuando sea sincero en sus elogios.

4. Crea lo mejor, deles a los demás el beneficio de la duda

Cuando nos examinamos, nos damos naturalmente el beneficio de la duda. ¿Por qué? Porque nos vemos a la luz de nuestras intenciones. Por otra parte, cuando vemos a los demás, generalmente los juzgamos por sus acciones. Piense cuánto más positiva sería nuestra intención con otros si creyésemos lo mejor de ellos y les diésemos el beneficio de la duda, tal como lo hacemos con nosotros.

Mucha gente es renuente a tomar esta actitud porque temen que los vayan a considerar ingenuos o se aprovecharan de ellos. La verdad es que las personas confiadas no son más débiles que las personas desconfiadas, de hecho son más fuertes. Como evidencia, ofrezco las siguientes falacias de la confianza y los hechos que las refutan investigadas por el profesor de sociología Morton Hunt.

Falacia: Las personas más confiadas son más crédulas.

Hecho: Es más probable que las personas desconfiadas sean engañadas más que las confiadas.

Falacia: La personas confiadas son menos perceptivas que las desconfiadas de lo que los demás sienten realmente.

Hecho: En realidad las personas confiadas perciben mejor a las personas.

Falacia: Las personas que opinan mal de ellas mismas son más confiables que las que tienen una buena opinión de si.

Hecho: Lo contrario es verdadero. Las personas con alta autoestima son más dadas a tomar riesgos emocionales.

Falacia: La gente tonta es confiada; la gente lista es desconfiada.

Hecho: La gente con gran aptitud o nivel académico no es más desconfiada o escéptica que las personas juzgadas de ser menos inteligentes.

Falacia: Las personas confiadas dejan que otros dirijan su vida por ellos. Las personas desconfiadas, confían en sí mismas.

Hecho: Lo contrario es verdadero. La gente que se siente controlada por otras personas y fuerzas son menos confiadas, mientras que las que se sienten a cargo son más confiadas.

Falacia: Las personas confiadas no son más dignas de confianza que las personas desconfiadas.

Hecho: Las personas desconfiadas son menos dignas de confianza. Las investigaciones validan lo que los antiguos griegos solían decir: «Se debe de confiar menos en aquel que es más desconfiado».[2]

No me refiero a que usted deba comportarse como avestruz y meter la cabeza en la arena. Lo único que sugiero es que dé a los demás la misma consideración que se da a sí mismo. No es mucho pedir y los dividendos que se le pagarán en relación serán enormes.

5. DESE CUENTA DE QUE EL «10» TIENE MUCHOS SIGNIFICADOS

¿Qué significa ser un «10»? Al inicio de este capítulo, cuando le sugerí que viera a todos como un «10», ¿vino a su mente la imagen de un «10»? ¿Empezó inmediatamente a comparar a la gente que trabaja para usted con esa imagen y descubrió que estaban muy abajo? No me sorprendería que fuera el caso, ya que la mayoría de nosotros tenemos una imagen muy escasa de lo que un «10» constituye.

Cuando se trata de mejorar habilidades, creo que la mayoría de la gente no mejora su habilidad más de dos puntos en una escala del 1 al 10. Entonces, por ejemplo, si sacó un 4 en matemáticas, no importa qué tan duro trabaje, probablemente nunca sacará más de 6. Pero hay buenas noticias. Todas las personas son excepcionales en algo y un «10» no siempre se ve de la misma manera.

En su libro *Ahora, descubra sus fortalezas* (Editorial Norma, 2001), Marcus Buckingham y Donald O. Clifton identificaron treinta y cuatro áreas de fortalezas que creen que la gente presenta, cualquier cosa desde responsabilidad hasta la capacidad de persuadir a otros. Los autores afirman que cualquiera tiene al menos una habilidad que puede hacer mejor que las otras diez mil. Lo que quiere decir que cualquiera puede ser un diez en algún área. Siempre se puede enfocar en ella cuando alienta a uno de sus trabajadores.

Digamos que contrata a alguien que no tiene ninguna habilidad de 10, o que pueda aumentar a 10. ¿Quiere decir que lo considera sin esperanzas? No. Verá, hay otras áreas no calificadas en las que una persona puede obtener 10 sin importar su punto de partida, áreas como actitud, deseo, disciplina y perseverancia. Si no ve un 10 potencial en ningún otro lugar, búsquelo ahí.

6. COLOQUE A LA GENTE EN SUS ÁREAS DE FORTALEZA

Si está en sus manos, ayude a las personas a encontrar el mejor lugar en sus carreras. Mientras piensa en las personas de las que será mentor, trate de hacer lo siguiente para cada uno:

- *Descubrir sus verdaderas fortalezas.* La mayoría de la gente no descubre sus fortalezas por sí misma. Seguido se hunden en la rutina viviendo el día a día y manteniéndose sencillamente ocupados. Rara vez exploran sus fortalezas o reflexionan en sus éxitos y fracasos. Por eso les es tan importante tener un líder que esté verdaderamente interesado en ellos, que les ayude a reconocer sus fortalezas.

  Hay muchos instrumentos útiles disponibles que puede utilizar para ayudarles en el proceso del descubrimiento propio, pero generalmente la ayuda más valiosa que puede dar se basará en sus observaciones personales.

- *Darles el trabajo correcto.* Cambiar a alguien del trabajo que odia, al trabajo indicado puede cambiar su vida. Un ejecutivo que entrevisté dijo que cambió a un integrante de su personal a cuatro lugares distintos de la compañía, tratando de encontrar el indicado. Estaba a punto de rendirse, ya que la había ubicado mal muchas veces, pero sabía que tenía buen potencial y era buena para la compañía. Finalmente, después de encontrarle el trabajo adecuado, ¡ella era exitosa!

  Tratar de colocar a la persona indicada en el trabajo indicado puede tomar mucho tiempo y energía. Afrontémoslo. ¿No es más fácil para un líder ubicar solamente a la gente en donde es más conveniente y seguir con el trabajo? Una vez más, esta es un área en donde el deseo de acción de los líderes trabaja en contra de ellos. Luche contra su tendencia natural de tomar una decisión y seguir adelante. No tema cambiar a la gente si no está respondiendo de la manera en que cree que podría.

- *Identificar las destrezas que van a necesitar y darles un entrenamiento de primerísima clase.* Todo trabajo requiere un conjunto de habilidades particulares que los empleados deben tener para ser verdaderamente exitosos, incluso alguien con grandes fortalezas personales y con grandes capacidades no estará trabajando realmente en su área de fortaleza si no tiene estas destrezas. Como líder mentor, su trabajo es asegurarse de que su gente adquiera lo que necesita para ganar.

En el libro *Las 17 leyes incuestionables del trabajo en equipo*, la Ley de la Especialización dice: «Cada jugador tiene un lugar donde dar lo mejor de sí». Dondequiera que sea ese lugar, determina el papel que la persona debe asumir en su equipo, y eso realmente hace la diferencia. Cuando los líderes lo entienden, el equipo al que guían se desempeña en un nivel increíble y se refleja positivamente en ellos. No creo que sea una exageración decir que el éxito de un líder se determina más por poner a las personas en sus zonas de fortaleza, que por cualquier otra cosa.

7. Deles un trato de «10»

La mayoría de los líderes tratan a las personas de acuerdo con el número en que los consideran. Si los empleados se desempeñan a un nivel medio, digamos que como un 5, entonces el jefe los trata como a un «5». Pero creo que los individuos siempre merecen lo mejor de sus líderes, incluso cuando ellos no lo estén dando; lo digo porque creo que cada persona tiene valor como ser humano y merece que se le trate con respeto y dignidad. Eso no quiere decir que recompense el mal desempeño, solo significa que trate bien a las personas y haga lo correcto por ellas, aunque no hagan lo mismo por usted.

He observado que la gente generalmente aumenta las expectativas del líder, si este le agrada. Si ha construido relaciones sólidas con sus empleados y realmente les agrada y lo respetan, trabajarán duro y darán su mejor esfuerzo.

Prepare siempre a las personas para el éxito

He aprendido muchas cosas del liderazgo de muchos líderes durante años, pero al que aún admiro más es a mi padre, Melvin Maxwell. En diciembre de 2004 visité a mis padres en el área de Orlando; mientras me encontraba ahí, tenía programado participar en una conferencia vía telefónica. Mi padre gentilmente me dejó usar su oficina, ya que necesitaba un lugar tranquilo para hacerla.

Cuando me senté en el escritorio, vi una tarjeta a un lado del teléfono con las siguientes palabras escritas con su letra:

#1 Fortalezca a las personas mediante el estímulo.
#2 Deles crédito a las personas mediante el reconocimiento.
#3 Deles reconocimiento a las personas por medio de su gratitud.

En ese instante supe por qué estaba ahí. Mi padre lo había escrito para recordar cómo tenía que tratar a las personas cuando les hablaba por teléfono. Y en ese momento me acordé que mi papá, más que nadie, me enseñó a ver a todos como un «10».

Comience a ver y guiar a las personas como pueden ser, no como son y se sorprenderá de cómo le responden. No solo su relación con ellos mejorará y su productividad se incrementará, sino que también los ayudará a alcanzar su potencial y a convertirse en quienes fueron creados para ser.

5

¿CÓMO LOS AYUDO A REALIZAR UN MEJOR TRABAJO?

Como mentor, prepare a las personas
para un éxito profesional.

A estas alturas ya sabe cómo identificar a los líderes potenciales, cómo desarrollar relaciones con ellos, cómo construir un ambiente en el que crezcan, y animarlos. Es tiempo de ver específicamente cómo prepararlos para el liderazgo en su trabajo; a ese proceso de preparación se le llama capacitar.

Recuerde que todas las relaciones buenas como mentor comienzan con una relación personal. Conforme su gente lo conoce y usted le agrada, aumentará su deseo de seguirlo y aprender más por medio de usted; si no les agrada no querrán aprender de usted y el proceso de capacitación disminuirá o incluso parará.

PREPARAR PARA LA EXCELENCIA

Una vez que ha llegado a conocer a la persona a quien decidió servir como mentor, es tiempo de empezar el proceso de capacitación. Así es como se debe de proseguir:

COMPARTA SU SUEÑO

Compartir su sueño les ayuda a las personas a conocerlo y saber a dónde va. No hay mejor manera de demostrarles su corazón y su motivación. Woodrow Wilson una vez dijo:

Crecemos por medio de sueños. Todas las personas grandiosas son soñadoras. Ven cosas en la suave neblina de un día de primavera o en el fuego rojo de una larga tarde de invierno. Algunos de nosotros dejamos morir esos grandes sueños, pero otros los alimentan y protegen; los nutren durante los días malos hasta que los traen a la luz del sol y a la luz que siempre viene a aquellos que tienen la sincera esperanza de que sus sueños se cumplirán.

Con frecuencia me pregunto: «¿La persona hace al sueño o el sueño hace a la persona?». Mi conclusión es que las dos cosas son verdad. Todos los buenos líderes tienen un sueño. Todos los grandes líderes comparten su sueño con otros que puedan ayudarlos a cumplirlo. Como Florence Littauer sugirió, debemos:

Atrevernos a soñar: Tenga el deseo de hacer algo que sea más grande que usted.
Prepare el sueño: Haga su tarea; esté listo cuando llegue la oportunidad.
Lleve a cabo el sueño: Hágalo.
Comparta el sueño: Haga a otros parte del sueño, y se volverá mejor de lo que había esperado.

PIDA COMPROMISO

En el libro *El manager al minuto,* Ken Blanchard dice: «Hay una diferencia entre el interés y el compromiso. Cuando está interesado en hacer algo, lo hace solo cuando le es conveniente. Cuando está comprometido con algo, no acepta excusas». No capacite a personas que solamente están interesadas, capacite a las que están comprometidas.

El compromiso es una cualidad por encima de todas las demás que le permite a un líder potencial convertirse en un líder exitoso. Sin compromiso, no puede haber éxito. El entrenador de fútbol americano Lou Holtz, reconocía la diferencia entre solo estar involucrado y estar verdaderamente comprometido. Señaló: «El piloto kamikaze que había sido capaz de realizar cincuenta misiones estaba involucrado, pero nunca comprometido».

Para determinar si su gente está comprometida, primero debe asegurarse que sepan lo que les costará ser líderes; lo que significa que debe estar seguro de no abaratar el trabajo, dígales lo que va a costar. Solo entonces sabrán a qué están comprometidos. Si no se comprometen, no siga con el proceso de capacitación. No desperdicie su tiempo.

ESTABLEZCA METAS PARA CRECER

La gente necesita que le ponga objetivos claros si va a lograr cualquier cosa de valor. El éxito nunca aparece instantáneamente. Viene al tomar varios pasos cortos; un conjunto de metas se vuelve un mapa que un líder potencial puede seguir para crecer. Como Shad Helmstetter plantea en *You Can Excel in Times of Change* [Puede sobresalir en tiempos de cambio]: «Es la meta la que le da forma al plan; es el plan el que pone la acción; es la acción la que logra el resultado y es el resultado el que trae el éxito. Y todo empieza con la simple palabra *meta*». Nosotros, al preparar líderes debemos enseñarle a nuestra gente a poner y lograr metas.

La actriz y cómica Lily Tomlin una vez dijo: «Siempre quise ser alguien, pero debí de haber sido más específica». Hoy en día mucha gente se encuentra en la misma situación, tiene una vaga idea de lo que es el éxito y sabe que lo quiere conseguir, pero no ha elaborado ningún plan para llegar allí. He descubierto que las personas que desarrollan al máximo su potencial son aquellas que se ponen metas a sí mismas y después trabajan mucho para lograrlas. Lo que *obtienen* al alcanzar sus metas no es tan importante como aquello en lo que se *convierten* al lograrlas.

Cuando le ayude a su gente a ponerse metas, use las siguientes pautas:

Haga las metas apropiadas. Siempre tenga en mente el trabajo que quiere que las personas hagan y el resultado deseado: el desarrollo de sus líderes para convertirse en líderes efectivos. Identifique las metas que contribuirán a esa meta mayor.

Haga que las metas sean alcanzables. Nada hará que las personas se rindan más rápido que ponerles metas imposibles. Me agrada lo que dijo Ian MacGregor, antiguo presidente del Consejo de Administración de la compañía AMAX: «Trabaje con el mismo principio de la gente que entrena caballos. Empiece con rejas no muy altas, objetivos fáciles de alcanzar y llévelos a cabo. Cuando se dirige es importante nunca pedirle a la gente que trate de alcanzar metas que no puede aceptar».

Haga que sus metas se puedan apreciar. Sus líderes potenciales nunca sabrán cuando hayan alcanzado sus metas si no se pueden evaluar. Cuando se pueden medir, el conocimiento que han sido logradas les dará la sensación de cumplimiento. También les dará la libertad de poner otras nuevas en lugar de las antiguas.

Ponga metas claras. Cuando las metas no están bien enfocadas, tampoco lo estarán las acciones de la gente que trata de alcanzarlas.

Haga que las metas requieran un «estiramiento». Como lo mencioné anteriormente, las metas tienen que ser alcanzables. Por otra parte, cuando no requieren un estiramiento, las personas que las están alcanzando no crecerán. El líder tiene que conocer muy bien a su gente para identificar metas alcanzables que requieran un estiramiento.

Ponga las metas por escrito. Cuando la gente anota sus metas, se hace más responsable de ellas. Un estudio de una generación de graduados de la Universidad de Yale demostró que el pequeño porcentaje de graduados que escribió sus metas logró más que todos los demás graduados, pusieron sus metas en acciones escritas.

También es importante pedirles a sus líderes potenciales que analicen sus metas y las mejoren con frecuencia. Ben Franklin se daba tiempo todos los días para analizar dos preguntas; por la mañana se preguntaba: «¿Qué bien debo de hacer hoy?». Por la tarde se preguntaba: «¿Qué bien he hecho hoy?».

COMUNIQUE LOS FUNDAMENTOS

Para que la gente sea productiva y esté satisfecha profesionalmente, tiene que saber cuáles son sus responsabilidades fundamentales. Suena muy fácil, pero Peter Drucker dijo que uno de los problemas críticos en el lugar de trabajo es que hay una falta de entendimiento entre el empleado y el jefe sobre qué es lo que el empleado debe de hacer. Frecuentemente, a los empleados se le hace sentir que son vagamente responsables de todo, esto los paraliza. En lugar de eso, tenemos que aclararles de *qué son* y de *qué no son* responsables. Entonces serán capaces de enfocar sus esfuerzos en lo que queremos y tendrán éxito.

Vea cómo trabaja un equipo de basquetbol: cada uno de los cinco jugadores tiene un trabajo en particular, hay un ala cuyo trabajo es generar puntos; el otro es el botador, su trabajo es pasar la pelota a alguien que pueda anotar. Otro es un poste de quien se espera obtener rebotes; el trabajo del alero es anotar; el poste tiene que botar la pelota, bloquear tiros y anotar. Cada persona del equipo sabe cuál es su trabajo, cuál debe de ser su pequeña contribución para el grupo. Cuando cada uno se concentra en sus responsabilidades particulares, el equipo puede ganar.

Una de las mejores maneras de aclarar expectativas es describirle el trabajo a la gente. En la descripción, identifique cuatro a seis de las principales funciones que quiera que la persona haga; evite las listas largas de responsabilidades. Si la descripción del trabajo no se puede resumir, probablemente este es muy extenso. También trate de aclarar qué autoridad tienen, los parámetros de trabajo de cada función que tienen que desempeñar y cuál es la cadena de autoridad dentro de la organización.

Finalmente, un líder debe hacerle saber a su gente que su trabajo tiene valor para la organización y para el líder individual. Para el empleado, la mayoría de las veces este es el fundamento más importante de todos.

SIGA LOS CINCO PASOS PARA ENTRENAR A LAS PERSONAS

Parte del proceso de preparación incluye entrenar a la gente para desempeñar las tareas específicas del trabajo que van a realizar. El enfoque que tome el líder para entrenar va a determinar en gran parte el éxito o fracaso de su gente. Si elige un enfoque académico, aburrido, los líderes potenciales recordarán poco de lo que se les enseñó. Si solo manda a la gente a hacer el trabajo sin ninguna dirección, es muy probable que se sientan abrumados e inseguros sobre qué hacer.

La mejor forma de capacitación es aprovechar la manera en que la gente aprende, los investigadores nos dicen que recordamos el diez por ciento de lo que escuchamos, el cincuenta por ciento de lo que vemos, el setenta por ciento de lo que decimos y el noventa por ciento de lo que escuchamos, vemos, decimos y hacemos. Sabiendo eso tenemos que desarrollar un enfoque de cómo trabajamos. Me he dado cuenta de que el mejor método de capacitación es el proceso de cinco pasos:

Paso 1: Sirvo como modelo. El proceso se inicia conmigo desempeñando las tareas mientras la persona que está siendo entrenada observa; cuando hago esto, trato de darle a la persona una oportunidad de verme avanzar durante todo el proceso. Muchas veces cuando los líderes capacitan, inician a la mitad de la tarea y confunden a la gente a la que están tratando de enseñar. Cuando la gente ve la tarea realizada correctamente y por completo, los ayuda a querer duplicarla.

Paso 2: Soy mentor. Durante el siguiente paso, sigo desempeñando la tarea, pero esta vez la persona a la que estoy capacitando viene a mi lado y me ayuda en el proceso. También me tomo el tiempo para explicar no solo el *cómo* sino también el *por qué* de cada paso.

Paso 3: Monitoreo. Esta vez cambiamos lugares. La persona que es entrenada hace la tarea, yo la ayudo y corrijo. Es de especial importancia durante esta fase ser positivo y animar a la persona entrenada. Eso la anima a seguir tratando y la hace querer mejorar en lugar de darse por vencida. Trabaje con ella hasta que desarrolle una coherencia. Una vez entendido el proceso, pídale que se lo explique, esto le ayudará a entenderlo y recordarlo.

Paso 4: Motivo. En este punto me considero fuera de la tarea y dejo que siga la persona entrenada. Mi tarea es asegurarme de que sabe cómo hacerlo sin ayuda y seguirle motivando para que continúe mejorando. Es importante que me quede ahí con ella hasta que sienta el éxito; es una buena motivación. Tal vez en esta ocasión la persona entrenada quiera mejorar el proceso, anímela a hacerlo y al mismo tiempo aprenda de ella.

Paso 5: Multiplico. De todo el proceso, esta es mi parte favorita. Una vez que los nuevos líderes hacen bien el trabajo, ahora ellos le deben enseñar a los demás cómo hacerlo. Como saben los maestros, la mejor manera de aprender algo es enseñándolo. Y lo bueno de esto es que me libera para hacer otras tareas importantes de desarrollo mientras otros se encargan del entrenamiento.

DÉ LAS «TRES GRANDES»

Todo el entrenamiento del mundo tendrá éxito limitado si no deja libre a su gente para hacer el trabajo. Creo que si saco lo mejor de la gente, les doy mi visón, los entreno en lo básico y los dejo ir, tendré un mejor rendimiento de ellos; como el general George S. Patton dijo una vez: «Nunca le diga a las personas cómo hacer las cosas. Dígales qué hacer y lo sorprenderán con su ingeniosidad».

No puede liberar a las personas sin estructura alguna, pero también querrá darles la suficiente libertad para que sean creativas. Una manera de hacerlo es darles las tres grandes: responsabilidad, autoridad y compromiso de rendir cuentas.

Para alguna gente, la más fácil de las tres es la responsabilidad. Todos queremos que las personas a nuestro alrededor sean responsables. Sabemos qué tan importante es. Como el autor y editor, Michael Korda dijo: «El éxito en cualquier escala mayor requiere de usted para que acepte la responsabilidad... En el análisis final, la cualidad que todas las personas exitosas tienen... es la habilidad para asumir la responsabilidad».

Lo que es más difícil para muchos líderes, es permitir que su gente mantenga la responsabilidad después de que les ha sido dada. Los malos directores quieren controlar cualquier detalle del trabajo de su gente, cuando eso pasa los líderes potenciales que trabajan para ellos se frustran y no crecen. En lugar de querer más responsabilidad, se vuelven indiferentes o la evaden por completo; si quiere que su gente tome la responsabilidad realmente, désela.

Con la responsabilidad debe de ir la autoridad. El progreso no se da a menos que las dos sean dadas juntas. Cuando Winston Churchill, se dirigía a la Cámara de Comunes durante la Segunda Guerra Mundial, dijo: «Soy su sirviente. Tienen el derecho de despedirme cuando quieran. Lo que no tienen derecho a hacer es pedirme que tome la responsabilidad sin el poder de la acción». Cuando la responsabilidad y autoridad están juntas la gente realmente es poderosa.

Hay un aspecto importante de la responsabilidad que necesita ser notado. Cuando les damos autoridad por primera vez a líderes nuevos, en realidad les *estamos dando permiso* para tener autoridad en lugar de *darles la autoridad* en sí misma. La verdadera autoridad se tiene que ganar.

Los líderes deben de ganar autoridad con cada grupo nuevo de gente. Sin embargo, he descubierto que una vez que han ganado autoridad en un nivel en particular, les toma poco tiempo establecer ese nivel de autoridad con otro grupo de personas. Entre más alto sea el nivel de autoridad, más rápido se da.

Una vez que se les ha dado responsabilidad y autoridad a las personas, tienen el poder y la facultad para hacer que las cosas sucedan. Pero también tenemos que estar seguros que estén haciendo que sucedan las cosas correctas. Es cuando se da el compromiso de rendir cuentas. La verdadera responsabilidad por parte de los líderes nuevos incluye el deseo de comprometerse a dar cuentas. Si les otorgamos el ambiente perfecto, nuestra gente no le tendrá miedo a este compromiso. Admitirán sus errores y los verán como parte del proceso de aprendizaje.

La parte que los líderes desempeñan dentro del compromiso de rendir cuentas consiste en tomar el tiempo para revisar el trabajo de los líderes nuevos, ser honestos y hacer una crítica constructiva; es crucial que el líder anime, pero que sea honesto. Se ha dicho que cuando a Harry Truman se le confió la presidencia, después de la muerte del presidente Franklin D. Roosevelt, el presidente de la Cámara de Representantes Sam Rayburn le dio un consejo paternal: «De ahora en adelante tendrás a muchas personas a tu alrededor. Tratarán de poner un muro a tu alrededor y de separarte de cualquier idea, menos de las suyas. Te dirán que eres un gran hombre, pero tú y yo sabemos que no es verdad». Rayburn estaba comprometiendo al presidente Truman a que rindiera cuentas.

SUPERVÍSELOS SISTEMÁTICAMENTE

Creo en actualizar la información con las personas con frecuencia. Me gusta hacerles pequeñas evaluaciones todo el tiempo. Los líderes que esperan para dar retroalimentación hasta las evaluaciones anuales se arriesgan a tener problemas. La gente necesita el estímulo que le estén diciendo que lo está haciendo bien. También necesita escuchar tan pronto como sea posible cuando no lo está haciendo bien. Esto evita muchos problemas en la organización y mejora al líder.

Qué tan seguido superviso a las personas se determina por varios factores:

La importancia de la tarea. Cuando algo es muy importante para el éxito de la organización, lo hago seguido.

Las demandas del trabajo. Creo que si el trabajo es muy demandante, la persona que lo desempeña necesita que la animen más seguido. Puede que necesite que le aclaren sus dudas o necesite ayuda resolviendo problemas difíciles. Ocasionalmente, cuando es muy pesado, les pido a las personas que se tomen un descanso, el trabajo muy demandante puede hacer que la persona se desgaste.

La novedad del trabajo. Algunos líderes no tienen problemas enfrentando una nueva tarea sin importar qué tan diferente sea de un trabajo anterior, a otros les cuesta mucho trabajo adaptarse. Superviso más seguido a las personas que son menos flexibles y creativas.

La novedad del trabajador. Les quiero dar a los líderes nuevos todas las oportunidades posibles para tener éxito, así que superviso a la gente nueva más seguido. De esa manera los puedo ayudar a anticipar problemas y puedo asegurarme de que tengan una serie de éxitos ya que así obtienen confianza.

La responsabilidad del trabajador. Cuando sé que le puedo dar a una persona una tarea y siempre la hará, puede que no la supervise hasta que la tarea éste terminada. Con gente menos responsable no me puedo dar el lujo de hacerlo.

Mi enfoque de supervisar a las personas también varía de una persona a otra. Por ejemplo, los novatos y veteranos deben ser tratados de diferente manera. Pero sin importar que tanto tiempo hayan estado conmigo, hay algunas cosas que siempre hago:

Discuto los sentimientos. Siempre le doy a mi gente una oportunidad de decirme cómo se sienten, también les digo como me siento. Eso desvanece las dudas y confusiones y nos hace posible volver al trabajo.

Mido el progreso. Juntos, tratamos de determinar su progreso. Generalmente hago preguntas para averiguar lo que necesito saber; si la gente está enfrentando obstáculos, quito los que me sean posible.

Doy retroalimentación. Esta es una parte del progreso muy importante, siempre les doy algún tipo de evaluación; soy honesto y hago mi tarea para estar seguro de que estoy en lo correcto. Doy críticas constructivas. Esto les ayuda a saber cómo lo están haciendo, corrige los problemas, fomenta mejoras y hace que el trabajo se haga más rápido.

Doy ánimo. Ya sea que la persona lo esté haciendo bien o mal, siempre les doy ánimo. Animo a las personas que lo hacen mal a hacerlo mejor; animo a quienes lo hacen muy bien; alabo a los que son realmente sobresalientes. Trato de dar esperanza y ánimo cuando la gente tiene problemas personales. El ánimo ayuda a las personas a seguir.

REALICE PERIÓDICAMENTE REUNIONES DE PREPARACIÓN

Incluso después de que haya terminado la mayoría de la capacitación de su gente y se esté preparando para llevarla a la siguiente fase de crecimiento, continúe llevando a cabo reuniones periódicas de capacitación. Eso les ayuda a seguir en el camino, les ayuda a seguir creciendo y los anima a empezar a tomar la responsabilidad de prepararse ellos mismos.

Cuando preparo una reunión de capacitación, incluyo lo siguiente:

Buenas noticias. Siempre inicio con una nota positiva. Digo las cosas buenas que están pasando en la organización y pongo mucha más atención en sus áreas de interés y responsabilidad.

Visión. La gente se puede involucrar en sus responsabilidades diarias y perder de vista la visión que tiene la organización. Aproveche una reunión de capacitación para reestructurar esa visión. También les dará el contexto apropiado para la capacitación que está por impartir.

Contenido. El contenido dependerá de sus necesidades. Trate de enfocarse en entrenarlos en las áreas que los ayudarán en las áreas con prioridad «A» y oriente la capacitación a las personas, no a la lección.

Administración. Abarque todos los temas de la organización, eso le da a la gente seguridad y anima su liderazgo.

Otorgamiento de poder. Tómese el tiempo para conectarse con las personas que está preparando, anímelas personalmente y demuéstreles cómo las sesiones de preparación les otorgan poder para realizar mejor su trabajo. Se irán de la reunión sintiéndose de manera positiva y listas para trabajar.

MEJORAR A UN LÍDER MEJORA LA ORGANIZACIÓN

Todo el proceso de preparación toma mucho tiempo y atención, pero su enfoque es de largo alcance, no de corto. Más que crear seguidores o incluso añadir nuevos líderes, multiplica líderes. Como lo expliqué en la sección del proceso de los cinco pasos de preparación, no está completo hasta que la persona que prepara y el nuevo líder elijan a alguien para que el nuevo líder lo entrene. Hasta ese momento es cuando todo el proceso ha completado el círculo. Sin un sucesor no puede haber éxito.

Los líderes que están preparando a otros tienen mejor posibilidad de éxito, sin importar en qué tipo de organización estén. Cuando un líder mentor se dedica al proceso de preparación, todo el nivel de desempeño dentro de la organización aumenta drásticamente. Todos están mejor preparados para hacer el trabajo, más importante aún, la gente mejor preparada estará lista para la última etapa de crecimiento que crea a los mejores líderes, el desarrollo. Como Fred A. Manske, Jr. dijo: «El mejor líder desea entrenar a la gente y ayudarlos a crecer hasta el punto en que ellos lo superen en conocimiento y habilidad».

6

¿CÓMO CREO EL AMBIENTE ADECUADO?

Los líderes mentores saben que se necesita uno para
conocer a uno, mostrar a uno y volverse uno.

Hoy en día muchas organizaciones fracasan en aprovechar su potencial. ¿Por qué? Porque la única recompensa que les dan a sus empleados es su cheque de pago. Las organizaciones exitosas tienen líderes que hacen más que solo darles su cheque de pago. Ellos crean un ambiente de ánimo que tiene la capacidad de transformar la vida de las personas.

Una vez que haya identificado a los líderes en potencia, tiene que iniciar el proceso de convertirlos en los líderes que pueden llegar a ser. Para hacer esto necesita una estrategia. Recuerdo estas cuatro cosas que las personas necesitan cuando se inician en mi organización, ellos necesitan que yo:

Crea en ellos.
Los anime.
Comparta con ellos.
Confíe en ellos.

Los líderes mentores que siguen esto animan a los demás.

Animar a los demás beneficia a todos. ¿Quién no estaría más seguro y motivado cuando su líder *cree en él lo anima, comparte con él y confía en él?*

580

La gente es más productiva cuando la motivan. Algo aún más importante, darles ánimo crea cimientos emocionales y profesionales en los trabajadores que tienen potencial de liderazgo; después, usando la preparación y la formación, un líder se puede desarrollar sobre ese fundamento.

El proceso de desarrollar líderes es más que solo dar ánimo, también incluye dar el ejemplo. De hecho la mayor responsabilidad del líder al animar a los que están a su alrededor es dar el ejemplo de liderazgo, una fuerte ética de trabajo, responsabilidad, carácter, franqueza, consecuencia, comunicación, y creencia en las personas. Como el escritor del siglo XVIII, Oliver Goldsmith una vez dijo: «La gente rara vez mejora cuando no tiene otro modelo que ella misma para copiar». Nosotros los líderes debemos darnos como ejemplos para ser imitados.

Mark Twain una vez bromeó: «Hacer el bien es maravilloso, enseñar a los demás a hacer el bien es más maravilloso... y mucho más fácil». Tengo una conclusión para la idea de Twain: «Guiar a los demás para hacer el bien es maravilloso. Hacer el bien y después guiarlos es más maravilloso... y más difícil»; como Twain, reconozco que la naturaleza humana hace difícil las autodisciplinas de hacer el bien y después enseñar a otros a hacer el bien. Todos pueden encontrar excusas para no darles a los que están a su alrededor. Los grandes líderes conocen las dificultades y de todas maneras animan a su gente, saben que hay quien responderá positivamente a lo que dan y se enfocan en esos resultados positivos.

CREAR UN AMBIENTE DE CRECIMIENTO

Aquí están las cosas que me he dado cuenta que un líder mentor debe hacer para animar a los líderes potenciales que están a su alrededor:

ELIJA UN MODELO DE LIDERAZGO PARA USTED

Como mentores, usted y yo somos los primeros responsables en encontrar buenos modelos para nosotros mismos; piense cuidadosamente a qué líderes usted seguirá, ya que ellos determinarán su curso. Desarrollé seis preguntas para que se plantee antes de escoger un modelo a seguir:

La vida de mi modelo, ¿es digna de ser seguida? Esta pregunta se relaciona con la calidad del carácter. Si la respuesta es un sí no muy claro, debo tener mucho cuidado. Me convertiré en la persona a la que siga y no quiero modelos con una personalidad dañada.

La vida de mi modelo, ¿tiene seguidores? Esta pregunta le da un vistazo a la credibilidad; es posible que sea la primera persona que descubre a un líder al que valga la pena seguirse, pero no sucede muy a menudo. Si la persona no tiene seguidores, puede que no valga la pena seguirla.

Si mi respuesta a cualquiera de las dos primeras preguntas es no, no me tengo que preocupar por las otras cuatro. Necesito buscar a otro modelo.

¿Cuál es la fortaleza principal que influencia a los demás para seguir a mi modelo? ¿Qué es lo que el modelo tiene para ofrecerme?, ¿qué es lo mejor de él? Dese cuenta que los líderes fuertes tienen debilidades como también fortalezas; no quiero, involuntariamente, emular las debilidades.

Mi modelo, ¿produce otros líderes? La respuesta a esta pregunta me dirá si las prioridades de liderazgo del modelo se parecen a las mías respecto a desarrollar nuevos líderes.

¿Se puede reproducir en mi vida la fortaleza de mi modelo? Si no puedo reproducir su fortaleza en mi vida, su modelo no me beneficiará. Por ejemplo, si usted admira la habilidad de Shaquille O'Neil como jugador de basquetbol, pero no tiene la estatura ni el peso adecuado no será capaz de reproducir sus fortalezas en la cancha. Encuentre modelos apropiados... no obstante, esfuércese por mejorar. No diga tan rápido que una fortaleza no se puede reproducir. La mayoría lo es. No limite su potencial.

Si la fortaleza de mi modelo se puede reproducir en mi vida, ¿qué pasos debo seguir para desarrollar y demostrar esa fortaleza? Debe desarrollar un plan de acción. Si solo contesta las preguntas y no implementa un plan para desarrollar esas fortalezas en usted mismo, solo estará realizando un ejercicio intelectual.

El modelo que escogemos puede o no ser accesible para nosotros de una manera personal. Algunos pueden ser personajes nacionales, como un presidente, o pueden ser personas de la historia. Seguramente lo pueden beneficiar, pero no de la manera en que un mentor personal puede hacerlo.

EDIFIQUE LA CONFIANZA

He aprendido que la confianza es el hecho más importante para edificar las relaciones personales o profesionales. Warren Bennis y Burt Nanus llaman a la confianza «el pegamento que une a seguidores y líderes». La confianza significa compromiso de rendir cuentas, previsibilidad y fiabilidad. Más que cualquier cosa, los seguidores quieren creer y confiar en sus líderes, quieren ser capaces de decir: «Algún día quiero ser como él o ella». Si no confían en usted, no lo pueden decir. La gente debe de creer primero en usted antes de que sigan su liderazgo.

La confianza debe ser creada día a día, requiere coherencia. Algunas de las maneras en las que un líder puede traicionar la confianza son: no cumpliendo las promesas, chismorreando, ocultando información y siendo falso. Estas acciones destruyen el ambiente de confianza necesario para el crecimiento de posibles líderes. Y cuando un líder destruye la confianza, debe de trabajar doble para ganársela otra vez. Como el líder cristiano Cheryl Biehl dijo una vez: «Una de las verdades de la vida es que si no se puede confiar en una persona en todos los aspectos, no se le pude confiar en ninguno».

La gente no seguirá a un líder en el que no confía. Es la responsabilidad del líder desarrollar activamente esa confianza hacia él de parte de la gente que le rodea. La confianza se construye en muchas cosas:

Tiempo. Tómese el tiempo para escuchar y dar retroalimentación en la ejecución.

Respeto. Respete al líder en potencia y él confiará en usted.

Respeto positivo incondicional. Muestre aceptación de la persona.

Sensibilidad. Anticipe los sentimientos y necesidades del líder potencial.

Tacto. De estímulos: un apretón de manos o una palmada en la espalda.

Una vez que las personas confían en su líder como persona, empiezan a confiar en su liderazgo.

DEMUESTRE TRANSPARENCIA

Todos los líderes cometen errores, eso es simplemente parte de la vida. Los líderes exitosos reconocen sus errores, aprenden de ellos y trabajan para corregirlos. Un estudio de 105 ejecutivos determinó muchas de las características compartidas por ejecutivos exitosos. Un rasgo particular fue identificado como el más valioso: ellos admitieron sus errores y aceptaron las consecuencias en lugar de tratar de culpar a otros.

Vivimos entre gente que trata de hacer responsable a alguien más por sus acciones o circunstancias y que no quiere cosechar las consecuencias de sus acciones. Puede ver esta actitud en todos lados. Los anuncios de televisión, por lo menos en Estados Unidos, nos invitan diariamente a demandar «incluso si usted tuvo la culpa en un accidente» o a «declararse en bancarrota» para evadir a sus acreedores. Un líder que quiere asumir la responsabilidad de sus acciones, ser honesto y transparente con su gente es alguien a quien admirarán, respetarán y en quien confiarán. Es también alguien de quien pueden aprender.

OFREZCA SU TIEMPO

La gente no puede ser animada a distancia o con poca frecuencia y poca atención; necesitan que usted pase tiempo con ellos, tiempo planificado, no solo unas palabras en el camino a una reunión. Para mí es una prioridad mantenerme en contacto con los líderes que estoy mejorando en mi organización; planeo y realizo sesiones de entrenamiento para mi personal, programo de uno en uno el tiempo para ser mentor y programo reuniones en las que los miembros del equipo puedan compartir información. Con frecuencia llevo a un líder en potencia a desayunar, superviso frecuentemente a mi gente para ver cómo están progresando sus áreas de responsabilidad y la ayudo si es necesario.

Vivimos en un mundo acelerado, exigente, en el que es difícil dar tiempo, y esa es la cosa más preciada de un líder. Peter Drucker escribió: «Tal vez nada distingue más a los eficaces ejecutivos como su delicado y amoroso cuidado del tiempo». El tiempo es valioso, pero el que se ha pasado con un líder potencial es una inversión. Cuando da de sí mismo, eso lo beneficia a usted, a la organización y al que lo recibe.

CREA EN LAS PERSONAS

Cuando cree en las personas, las motiva y libera su potencial. La gente puede intuir cuando una persona verdaderamente cree en ellos. Cualquiera puede ver a las personas tal y como son; se necesita un líder para ver en lo que se pueden convertir, animarles a que crezcan en esa dirección y creer que lo lograrán. La gente siempre crece hasta las expectativas del líder, no debido a sus críticas e interrogatorios, ya que estos simplemente *calculan* el progreso, mas las expectativas lo *fomentan*. Puede contratar a personas que trabajen para usted, pero debe ganarse sus corazones al creer en ellas para que trabajen con usted.

ANIME

Muchos líderes esperan que su gente se anime sin ayuda, pero la mayoría requiere ánimo de otros para propulsarlos hacia delante. Es vital para su crecimiento. El médico George Adams cree que el ánimo es tan vital para la existencia de una persona que lo llama «el oxígeno para el alma».

Se tiene que animar especialmente a los nuevos líderes. Cuando llegan y se presentan ante una nueva situación, encuentran muchos cambios y los sufren ellos mismos. El ánimo los ayuda a alcanzar su potencial; los faculta, dándoles la energía para continuar cuando cometen errores.

Use muchos refuerzos positivos con su gente. No dé por sentado el trabajo aceptable; agradézcaselo a la gente, elogie a una persona cada vez que vea una mejoría, y personalice su ánimo cada vez que pueda. Recuerde que lo que motiva una persona puede dejar fría a otra o incluso molesta, descubra qué es lo que funciona con cada una de sus personas y úselo.

El entrenador de basquetbol de la UCLA John Wooden les dijo a los jugadores que metieran una canasta, que sonrieran, guiñaran el ojo o que saludaran con la cabeza al jugador que les diera un buen pase. «¿Pero y si no está viendo?», preguntó un miembro del equipo. Wooden respondió: «Les garantizo que lo harán». Todos valoran el ánimo y lo buscan.

DEMUESTRE COHERENCIA

La coherencia es parte crucial al desarrollar a los líderes en potencia. Cuando somos coherentes, nuestra gente aprende a confiar en nosotros. Son capaces de crecer y desarrollarse porque saben qué pueden esperar de nosotros. Pueden responder a la pregunta: «¿Qué haría mi líder en esta situación?» cuando afrontan decisiones difíciles. Se sienten seguros porque saben cuál sería nuestra respuesta, sin importar las circunstancias.

MANTENGA EN ALTO LA ESPERANZA

La esperanza es uno de los mejores regalos que un mentor puede dar a los que están a su alrededor. Su poder nunca debe de subestimarse. Se necesita un buen líder para darle esperanza a la gente cuando no la pueden encontrar dentro de ellos. Winston Churchill reconoció el valor de la esperanza, fue el Primer Ministro de Inglaterra durante algunos de los momentos más obscuros de la Segunda Guerra Mundial; una vez un reportero le preguntó cuál había sido su mejor arma para atacar al régimen nazi de Hitler. Al instante respondió: «Fue la mejor arma que Inglaterra siempre ha tenido, la esperanza».

La gente seguirá trabajando, luchando y tratando si tienen esperanza. La esperanza levanta el ánimo, mejora la imagen de uno mismo, da energía a la gente, eleva sus expectativas. El trabajo de un líder es mantener en alto la esperanza, para inculcarla en las personas a las que guía. Nuestra gente tendrá esperanza únicamente si se la damos, y tendremos esperanza para dar si mantenemos una actitud correcta. Clare Boothe Luce, en el libro *Europe in the Spring* [Europa en primavera], cita que el héroe de la batalla de Verdún, Marshal Foch dijo: «No hay situaciones desesperadas: solo hay hombres que se han desesperado con ellas».

AÑADA TRASCENDENCIA

Nadie quiere pasarse el tiempo haciendo un trabajo que no es importante. La gente quiere hacer un trabajo que importe. Los trabajadores dicen seguido cosas como: «Quiero sentir que he tenido éxito, que he cumplido, que cambié algo, quiero la excelencia, quiero que lo que hago sea un trabajo importante, quiero causar un impacto». La gente quiere tener trascendencia.

Es trabajo de los líderes mentores añadirle trascendencia a la vida de la gente a quien guían: una de las maneras en que podemos hacer esto es hacerla parte de algo que valga la pena. Demasiada gente simplemente cae en una posición cómoda en la vida y se queda ahí en lugar de perseguir metas importantes. Los líderes no se pueden dar el lujo de hacer eso, cada líder debe de preguntarse: «¿Quiero supervivencia, éxito o trascendencia?»; los mejores líderes eligen la trascendencia e invierten su tiempo y energía en perseguir sus sueños. Como la antigua directora general del diario *Washington Post*, Katharine Graham dijo: «¿Qué podría ser más divertido que amar lo que hace y sentir que importa?».

Una manera de añadirle trascendencia a la vida de las personas a las que guía es mostrarles el panorama completo y hacerles saber cómo contribuyen en él. Mucha gente se involucra tanto en la tarea del momento que no ven la importancia de lo que hacen.

Un miembro de mi personal, que una vez fue el decano de un colegio vocacional, me contó que un día le estaba enseñando los alrededores a un nuevo empleado; mientras presentaba a cada persona y describía su puesto, la recepcionista lo escuchó decir que el puesto de ella era muy importante, por lo que comentó: «No soy importante. Lo más importante que hago cada día es llenar un reporte».

«Sin usted», contestó el decano, «esta escuela no existiría. Cada alumno nuevo que entra habla primero con usted, si no les agrada, la escuela no les agradará. Si no les agrada la escuela no se inscribirían y pronto nos quedaríamos sin estudiantes. Tendríamos que cerrar la escuela».

«¡Vaya! Nunca lo había visto de esa manera», contestó. El decano inmediatamente vio que se le veía más confiada, se sentó derecha detrás de su escritorio y contestó el teléfono. El jefe de su departamento nunca le había explicado la trascendencia de su trabajo, ni su valor para la organización. Al ver el panorama completo, la trascendencia le fue añadida a su vida.

DÉ SEGURIDAD

Norman Cousins dijo: «La gente es más insegura cuando se obsesiona con sus miedos a expensas de sus sueños». La gente que se enfoca en sus miedos no crece, se paraliza. Los líderes están en posición de proveer a sus seguidores un ambiente seguro en el cual puedan crecer y mejorar. Es más fácil que un líder en potencia se arriesgue, trate de destacar, innove y tenga éxito; los líderes mentores hacen que sus seguidores se sientan más grandes de lo que son. Pronto los seguidores empiezan a pensar, actuar y producir más de lo que son. Finalmente se vuelven lo que creen que son.

Una vez Henry Ford dijo: «Uno de los grandes descubrimientos que el hombre hace, una de sus mayores sorpresas, es descubrir que puede hacer lo que temía no poder». Un líder mentor da la seguridad que un líder potencial necesita para hacer ese descubrimiento.

RECOMPENSE LA PRODUCCIÓN

La gente se eleva a nuestros niveles de expectativa. Tratan de darnos lo que recompensamos. Si quiere que su gente produzca entonces recompense la producción.

Thomas J. Watson padre, fundador de IBM, era famoso por cargar una chequera cuando caminaba en las oficinas o plantas; cada vez que veía que alguien hacía un trabajo excepcional le daba un cheque a esa persona. Podían haber sido de $5, $10 o $25. Eran pequeñas cantidades, pero el impacto de su acción era enorme. En muchos casos, la gente no cobraba los cheques, los enmarcaban y colgaban en la pared; encontraban el premio no en el dinero, sino en el reconocimiento personal de su producción. Eso es lo que da la trascendencia y guía a una persona a dar lo mejor de sí.

Debemos dar reconocimiento personal y ánimo a los productores, pero debemos ser cuidadosos de no recompensar al holgazán. Revise muy bien su organización, ¿qué está recompensado?

ESTABLEZCA UN SISTEMA DE APOYO

Desarrolle un sistema de apoyo para los empleados. Nada daña más la moral que pedirle a una persona que haga algo y no darle los recursos para cumplirlo. Creo que todos los líderes potenciales necesitan apoyo en cinco áreas:

Apoyo emocional. Cree una atmósfera de «sí, tú puedes». Aunque el apoyo falte en otras áreas, una persona puede avanzar cuando le dan apoyo emocional. Cuesta muy poco y da un increíble rendimiento.

Entrenamiento de habilidades. Una de las maneras más rápidas para fortalecer a las personas es entrenarlas. Las personas que reciben entrenamiento perciben que la organización cree en ellas. Y son más productivas, ya que tienen más habilidades.

Dinero. Para la gente es difícil dar de sí misma cuando sus líderes y mentores no dan de ellos mismos. Si paga con cacahuates, espere obtener monos. Invierta dinero en la gente; siempre produce el mejor resultado de su inversión.

Equipo. Para hacer bien el trabajo, necesita las herramientas indicadas; muy a menudo un mal líder ve las cosas desde una perspectiva a corto plazo. Invertir en el equipo indicado le dará a su gente el tiempo para ser más productivos y les levantará la moral.

Personal. Si tiene la oportunidad de hacerlo, provea la gente necesaria para hacer el trabajo, y provea a buenas personas. Los problemas del personal pueden consumir el tiempo y la energía de un líder en potencia, dejando poco tiempo para la producción.

Forme un sistema de apoyo para toda la gente a su alrededor. Mejórelo para cualquier individuo solo mientras crece y se hace exitoso. Me he dado cuenta de que el principio familiar de 80/20 es verdadero, especialmente aquí. El principal veinte por ciento de las personas en la organización ejecutarán el ochenta por ciento de su producción. Por lo tanto, cuando esté estructurando su sistema de apoyo, dé al principal veinte por ciento de los productores un ochenta por ciento del total del apoyo.

Nunca subestime el poder de un gran ambiente

Es más fácil para las personas que viven en un ambiente de apoyo y ánimo tener éxito. Tom Geddie, de Central and Southwest Services, da una excelente ilustración de lo que puede pasar en un ambiente en donde todos desean tener éxito:

Dibuje una línea imaginaria en el piso y ponga a una persona en cada lado. El propósito es hacer que una persona convenza a la otra, sin forzarla, a que cruce la línea. Los estadounidenses nunca se convencen unos a otros, dice Geddie, pero los trabajadores japoneses sí lo logran. Ellos simplemente dicen: «Si cruzas la línea yo también lo haré». Intercambian lugares y ambos ganan.

Reconocen la importancia de la cooperación y la ayuda mutua. Esa ha sido una clave de su éxito en los últimos cincuenta años. También puede serlo para el suyo y para el de los líderes de quien sea mentor.

PARTE III

LLEVAR A LAS PERSONAS MÁS ALTO

7

¿Cómo ayudo a las personas a ser mejores?

Enfóquese en mejorar a la persona, no solo el trabajo que hace.

Cuando capacita a las personas, les enseña cómo hacer un trabajo. El desarrollo es diferente. Cuando usted desarrolla a las personas les está ayudando a mejorar como individuos, les está ayudando a adquirir cualidades personales que los beneficiarán en muchas áreas de la vida, no solo en sus trabajos. Cuando ayuda a alguien a cultivar la disciplina o una actitud positiva, eso es desarrollo. Cuando le enseña a alguien a dirigir su tiempo más efectivamente o a mejorar sus habilidades para relacionarse con la gente, eso es desarrollo. Cuando enseña liderazgo, eso es desarrollo. Lo que he descubierto es que muchos líderes no tienen un concepto de desarrollo, esperan que sus empleados se encarguen de sus necesidades de desarrollo por sí mismos. Sin embargo, lo que no se dan cuenta es que el desarrollo siempre paga dividendos más altos que los que la preparación, ya que ayuda a la persona en su totalidad y la eleva a un nivel más alto.

Dedíquese a desarrollar a los demás

El desarrollo personal de su gente es una de las cosas más importantes que un líder mentor hará. Aunque desarrollar es más difícil que preparar, bien vale su precio. Esto es lo que debe de saber cuando empieza:

1. VEA EL DESARROLLO COMO UN PROCESO A LARGO PLAZO

Por lo general, la preparación es un proceso bastante rápido y sencillo. La mayoría de la gente puede aprender el mecanismo de su trabajo muy rápido, en cuestión de horas, días o meses, dependiendo del tipo de trabajo. Pero el desarrollo siempre toma tiempo. ¿Por qué?, porque requiere un cambio de parte de la persona que se está desarrollando, y eso no se puede apurar. Como cita el viejo dicho: toma nueve meses producir un bebé, sin importar a cuánta gente ponga a trabajar.

Al enfocar el desarrollo de su gente, véalo como un proceso continuo, no como algo que se pueda hacer una vez y luego ya esté listo. Cuando dirigí la Iglesia Skyline en el área de San Diego, puse como principal prioridad el desarrollo de mi personal. Algo de eso lo hice de manera individualizada; pero también programé tiempo para enseñar a todo el personal cada mes con temas que los ayudarían a crecer como líderes. Es algo que hice constantemente por una década.

Recomiendo que planee desarrollar a las personas que trabajan para usted, haga que sea una actividad programada consecuente y regularmente. Les puede pedir que lean un libro o dos cada mes y discútanlo juntos, les puede enseñar una lección, los puede llevar a conferencias o seminarios; aborde la tarea con su toque propio y único. Pero sepa esto: no puede dar lo que no tiene. Para desarrollar a su personal, debe de seguir creciendo usted.

2. DESCUBRA LOS SUEÑOS Y DESEOS DE CADA PERSONA

Cuando prepara personas, basa lo que hace en sus necesidades o en las de la organización. Les enseña lo que quiere que sepan para que puedan hacer un trabajo para usted. Por otra parte, el desarrollo se basa en las necesidades de ellas. Les da lo que necesitan para que se conviertan en mejores personas. Para hacer bien eso, necesita saber los sueños y deseos que tienen.

Walter Lippmann, fundador de *The New Republic,* dijo: «Si ignora los deseos de un hombre, está ignorando la fuente de su poder». Los sueños son los generadores de energía en su gente. Si tienen gran pasión por sus sueños, tienen mucha energía. Si conoce cuáles son esos sueños y los desarrolla de una manera que se puedan alcanzar, no solo aprovecha esa energía sino que la alimenta.

Desafortunadamente, a algunos líderes no les gusta ver a los demás alcanzando sus sueños, ya que les recuerda lo lejos que están de vivir los suyos. Como resultado este tipo de líderes tratan de convencerlos de no alcanzarlos y lo hacen usando las mismas excusas y racionalizaciones que se dan ellos mismos.

Si se ha ofendido por los sueños de otros y ha tratado de convencerlos para que no los sigan, entonces necesita reavivar el fuego que tiene por los suyos y empezar a perseguirlos nuevamente. Cuando un líder está aprendiendo, creciendo y persiguiendo sus propios sueños, es más fácil que ayude a los demás a que persigan los suyos.

3. Guíe a cada quién de diferente manera

Uno de los errores que los líderes novatos cometen es que tratan de guiar a todos de la misma manera; pero afrontémoslo, no todos responden al mismo tipo de liderazgo. Debería tratar de ser consecuente con todos, debería tratar a todos con amabilidad y respeto, sin embargo no espere utilizar las mismas estrategias y métodos con todos.

Tiene que averiguar qué botones de liderazgo necesita presionar con cada persona por separado en su equipo. Una responderá bien al ser desafiada, otra querrá ser cuidada, una necesitará que le den el plan del juego por escrito, otra se apasionará más si puede crear el plan del juego ella misma. Uno requerirá un seguimiento frecuente y constante, otro querrá que lo dejen solo. Si desea ser una persona exitosa, necesita ser responsable de conformar su estilo de liderazgo a lo que su gente necesita, no esperar que ellos se adapten a usted.

4. Use metas organizativas para el desarrollo individual

Si tiene que construir un mecanismo que esté completamente separado del trabajo actual que necesita realizarse con el fin de ayudar a su gente a desarrollarse, probablemente eso lo desgaste y lo frustre. La manera de evitarlo es usando metas organizativas lo más que se pueda para el desarrollo individual de las personas. Es la mejor manera de hacerlo.

- Cuando es malo para la persona y malo para la organización: todos pierden.
- Cuando es bueno para la persona pero malo para la organización: la organización pierde.
- Cuando es malo para la persona pero bueno para la organización: la persona pierde.

- Cuando es bueno para la persona y bueno para la organización: todos ganan.

Sé que esto se puede ver un poco simplista, pero quiero que se dé cuenta de una cosa: el único escenario en donde no hay pérdida es cuando es bueno para la organización y para la persona. Esa es una receta para éxito a largo plazo.

La manera de crear este tipo de ganancia es enlazar tres cosas:

- *Una meta:* Encuentre una necesidad o función dentro de la organización que le traería valor.
- *Una fortaleza:* Encuentre una persona en su equipo con una fortaleza que necesite desarrollarse, que lo ayudará a alcanzar esa meta organizativa.
- *Una oportunidad*: Dé el tiempo, dinero y recursos que la persona necesita para alcanzar la meta.

Entre más seguido pueda crear alineaciones como estas, más seguido creará ganancias para todos: la organización, la persona a desarrollar y usted.

5. AYÚDELOS A CONOCERSE A SÍ MISMOS

Siempre manejo el principio básico de que las personas no se conocen a sí mismas. Una persona no puede ser realista sobre su potencial hasta que sea realista sobre su posición. En otras palabras, tiene que saber en dónde está antes de que pueda descubrir cómo llegar a otro lugar.

Max DePree, presidente emérito de Herman Miller, Inc. y miembro del salón de la fama de los negocios de la revista *Fortune*, dijo que la primera responsabilidad de un líder es definir la realidad. Creo que es la primera responsabilidad de un líder que desarrolla a los demás es ayudarlos a definir la realidad de quiénes son. Los líderes les ayudan a reconocer sus fortalezas y debilidades, lo cual es crucial si queremos ayudarlos.

6. ESTÉ LISTO PARA TENER UNA CONVERSACIÓN DIFÍCIL

No hay desarrollo sin lecciones fuertes. La mayoría del crecimiento viene cuando tenemos respuestas positivas a cosas negativas. Entre más difícil sea tratar con algo, más necesitamos presionar para crecer. Con frecuencia el proceso no es muy placentero, pero siempre tiene que pagar un precio para crecer.

Los buenos líderes están dispuestos a tener conversaciones difíciles para empezar el proceso de crecimiento de la gente bajo su cuidado. Un amigo me contó la historia de un antiguo oficial de la armada de Estados Unidos, que estaba trabajando en una compañía de Fortune 500. Repetidamente, el hombre había sido pasado por alto cuando los líderes de la organización buscaban y reclutaban empleados con potencial de liderazgo para crecer en la organización y no podía entender por qué. Su expediente de rendimiento era bueno, su actitud positiva y tenía experiencia; entonces, ¿cuál era el problema?

El antiguo oficial tenía peculiares hábitos personales que hacían sentir incómodos a los demás cuando estaban a su alrededor: cuando se estresaba, tarareaba; cuando se agitaba mucho, se sentaba sobre sus manos; no se daba cuenta de que hacía estas cosas y nadie le había hecho notar estos hábitos que distraían y eran poco profesionales. La gente simplemente lo tomó como alguien raro.

Afortunadamente, el hombre trabajó finalmente para un líder que estaba dispuesto a tener una conversación difícil con él. El líder le hizo saber el problema, dejó el hábito y ahora tiene un puesto superior en la organización.

Cuando no quiere tener una conversación difícil, necesita preguntarse: *¿Es porque los va a herir o me va a herir?* Si es porque lo va a herir, entonces está siendo egoísta; los buenos líderes dejan pasar esta incomodidad de tener conversaciones difíciles por el bien de las personas a las que guían y de la organización. Lo que usted necesita recordar es que la gente superará las cosas difíciles si creen que quiere trabajar con ellos.

7. CELEBRE LOS TRIUNFOS INDICADOS

Los líderes que desarrollan a los demás siempre quieren ayudarle a su gente para que obtenga triunfos, especialmente cuando está empezando; pero un triunfo estratégico siempre tiene el mejor valor. Trate de dirigir los triunfos basándose en qué áreas quiere que la gente crezca y cómo quiere que lo haga. Esto les dará incentivo y ánimo extras para perseguir las cosas que los ayudarán a mejorar.

Es realmente importante la manera como establece los triunfos. Un buen triunfo es uno que no solo es logrado, sino que también está enfocado en la dirección correcta. Si alguien a quien guía emprende mal una actividad, pero de alguna manera obtiene los resultados correctos y usted lo celebra, está tendiéndole una trampa a esa persona para que fracase. La experiencia por sí sola no es buena maestra; en cambio la experiencia evaluada, sí lo es. Como líder, necesita evaluar lo que se ve como un triunfo, para asegurarse de que realmente esté enseñando lo que su empleado necesita aprender para crecer y desarrollarse.

8. Prepárelos para el liderazgo

En el contexto de la organización, ningún proceso de desarrollo estará completo sin la inclusión del desarrollo del liderazgo. Entre mejor sea su gente para guiar, mayor será el impacto potencial que tendrá en y para la organización; pero eso significa más que solo enseñar lecciones de liderazgo o pedirle a la gente que lea libros sobre el tema. Significa llevarlos a través de un proceso que los prepare para intervenir y guiar.

Véalos volar más alto

Si se dedica al desarrollo de la gente y se compromete a ello como un proceso a largo plazo, notará un cambio en su relación con las personas con quienes trabaja. Desarrollarán una fuerte lealtad hacia usted, ya que saben que tiene el mejor interés de corazón en ellas y lo ha demostrado con sus acciones. Entre más les ayude a crecer, más querrán estar a su lado.

Sabiendo esto, no se aferre mucho a ellas. Algunas veces la mejor cosa que puede hacer por una persona es dejarla que abra sus alas y vuele. Pero si se ha esmerado en el proceso de desarrollo, y les ha ayudado a transmitir lo que han aprendido, alguien más subirá y tomará el lugar de ellos. Cuando desarrolla continuamente a la gente, nunca faltarán líderes que edifiquen la organización y le ayuden a cargar el peso.

8

¿Qué debo hacer si me superan?

*¡No hay mejor logro para los mentores que cuando la
gente a la que ayudaron a crecer los supera!*

Desde el principio de mi carrera fui muy afortunado. A los cuatro años de edad ya sabía lo que quería hacer en la vida; y crecí en un hogar con un padre que tenía experiencia y éxito en la profesión en la que lo seguiría. Es la misma situación de la familia Manning en el fútbol americano. Peyton y Eli Manning, exitosos mariscales de campo de la NFL crecieron en la casa de Archie Manning, quien jugó para los Santos de Nueva Orleans; como resultado, tenían un arranque en el fútbol americano que el noventa y nueve por ciento de los otros niños no tenían.

Además de la experiencia y orientación que recibí con solo estar cerca de mi padre, me beneficié con su fuerte liderazgo y su manera de ser mentor. Era muy estratégico en mi desarrollo, identificando y animando mis fortalezas desde temprano. Me envió a muchos seminarios de Dale Carnegie antes de que me graduara de la preparatoria, dirigió mi crecimiento con mucha lectura y me llevó a ver y conocer a algunos de los mejores predicadores de la época. Las ventajas que recibí son bastantes como para mencionarlas todas, y estoy muy agradecido por ellas.

El resultado de mi educación fue que vi el éxito desde el inicio en mi carrera. Fui el primero en alcanzar muchas cosas dentro de mi denominación: fui la persona más joven que fue electa para una oficina nacional, fui el primer pastor en cambiar el nombre de la iglesia para alcanzar mejor a la comunidad, fui el más joven en escribir su primer libro, y tuve la primera iglesia con una asistencia promedio de más de mil personas cada domingo.

Desafortunadamente durante esos años, seguramente fui el pastor más solitario en mi denominación. La buena noticia fue que cuando fracasé, mucha gente estaba dispuesta a compadecerse de mí; pero cuando tuve éxito, pocos celebraron. Pensé que mis colegas y yo estábamos en el mismo equipo, pero evidentemente no lo vieron de esa manera, muchas veces Margaret y yo celebramos solos.

LOS BUENOS MENTORES APRENDEN EL PRINCIPIO DE LA CELEBRACIÓN

Esas experiencias tempranas nos enseñaron mucho. De ellos aprendimos el Principio de la Celebración: la verdadera prueba de las relaciones no solo es qué tan leales somos con los amigos cuando fracasan, sino qué tan felices estamos cuando tienen éxito. También aprendimos algunas cosas que posiblemente encontrará valiosas:

LA GRAN ALEGRÍA DEL LOGRO SE DISMINUYE CUANDO NADIE CELEBRA CON USTED

Cuando fui a la conferencia de mi denominación en mi primer año como pastor, estaba feliz de las cosas que pasaban en mi iglesia. Estaba ayudando a las personas, y pensé que realmente estaba cambiando las cosas en mi comunidad, mi entusiasmo era infinito. Pero para mi sorpresa, ¡nadie compartía mi felicidad! La gente me veía con escepticismo o desdén, esto realmente desinfló mis emociones. Las palabras del dramaturgo Oscar Wilde fueron verdad: «Cualquiera puede simpatizar con el sufrimiento de un amigo, pero se requiere de una muy fina naturaleza para simpatizar con el éxito de un amigo».

Después de que Margaret y yo lo habláramos, decidimos que nunca dejaríamos que la carencia de entusiasmo de los demás disminuyera el nuestro, y también determinamos que celebraríamos con los amigos cuando tuvieran éxito, ¡y ser aun más entusiastas con ellos cuando nos superaran!

Esa es una de las razones por las que me encanta dar conferencias a líderes jóvenes, me da la oportunidad de celebrar con ellos y abanderar su éxito. Quiero que se sientan animados y que persigan sus sueños. No se sabe lo que puedan lograr sabiendo que los demás quieren que triunfen.

MUCHA GENTE SE IDENTIFICA CON EL FRACASO, POCA GENTE SE IDENTIFICA CON EL ÉXITO

Muchos años atrás escribí un libro llamado *El lado positivo del fracaso*. Mientras trabajaba en él, daba conferencias del tema por todo el país, y me di cuenta que *todos* nos identificamos con el fracaso. De hecho, cuando le dije a la gente que tenía que aprender a usar sus errores como escalones para el éxito *fracasando de manera positiva,* la reacción del público fue audible, pues querían aprender como fracasar de esa manera.

Lo que descubrí con el paso de los años de trabajar con la gente es lo siguiente: uno puede ser capaz de impresionarla con su éxito, pero si quiere influenciarla, comparta sus fracasos. Todos tienen fracasos, así que es una buena manera de conectarse.

El problema es que como la gente inmediatamente se identifica con el fracaso, algunas veces les cuesta mucho trabajo conectarse con el éxito. Y si no se identifican con el éxito, puede que lo resientan.

LO QUE DIFICULTA QUE LAS PERSONAS TENGAN ÉXITO, A MENUDO LES IMPIDE CELEBRAR EL ÉXITO DE LOS DEMÁS

Con frecuencia las mismas características que impiden que la gente obtenga el éxito: seguridad emocional, la escasez de perspectiva, mucha envidia, etc., son las que les impiden celebrar el éxito de otros. Constantemente se comparan con los demás y se encuentran en desventaja; como resultado, les cuesta trabajo superarse.

El orador profesional Joe Larson una vez dijo: «Mis amigos no creían que me pudiera convertir en un orador exitoso, así que hice algo al respecto: ¡salí a buscarme nuevos amigos!». Es triste pero en ocasiones eso es lo que hace falta.

LA GENTE QUE CELEBRA CON USTED SE VUELVE AMIGA DE TODA LA VIDA

Años atrás, durante los primeros años de mi carrera, dos personas fuera de mi familia que celebraban con nosotros cuando teníamos éxito fueron

Dave y Mary Vaughn. Dave estaba unos años adelante de mí en la carrera y siempre estaba listo para animarme cuando lograba una meta o superaba algún problema. Incluso cuando mi iglesia creció más que la suya y gané más notoriedad, nunca se hizo para atrás. ¡Y treinta y cinco años después él y Mary todavía celebran con nosotros!

TENGA CUIDADO CON EL MONSTRUO DE LOS OJOS VERDES

En octubre de 2003, en *Catalyst,* una conferencia para líderes jóvenes presentada por Máximo Impacto, habló Andy Stanley. Andy es un comunicador efectivo y auténtico, él dirige la iglesia Northpoint Community, una de las principales en el país con una asistencia de más de quince mil personas cada fin de semana (solo por si acaso no está familiarizado con el mundo de las iglesias, eso fue lo que puso a la asistencia de Northpoint en el uno por ciento de mayor importancia de todas las iglesias en Estados Unidos).

La segunda sesión de Andy se trató de cuatro características negativas que pueden hacer que un líder tropiece: culpabilidad, enojo, codicia y envidia. Andy confesó que él en ocasiones experimenta momentos de envidia profesional cuando escucha hablar a otra persona exitosa. Él dijo: «Tengo que hacer un esfuerzo por celebrar el éxito de una persona que hace lo que yo hago».

Ese potencial de envidia se extiende incluso a los amigos más cercanos de Andy, incluyendo a Louie Giglio, quien dirige Choice Resources. Andy explicó:

> Louie y yo hemos sido amigos desde el sexto grado... nos conocimos en un campamento para jóvenes bajo una litera mientras unos estudiantes del último grado se peleaban encima de nuestras cabezas... Louie es un comunicador fenomenal, cuando anuncié en nuestra iglesia que Giglio iba a hablar la siguiente semana, todos empezaron a aplaudir y tuvimos una gran asistencia ese domingo. Y después por cuatro o cinco días el resto de la semana todos mencionaban «Louie esto, Louie lo otro».

Andy continuó diciendo como Louie enseña siempre con un lleno total en sus eventos y presenta material sobresaliente; cada vez que Andy lo escucha hablar, pequeñas punzadas de envidia amenazan con levantar sus horribles cabezas.

Esos sentimientos podrían destruir la relación de Andy y Louie, y esa relación es muy fuerte. No solo trabajan juntos en ocasiones sino que también sus familias son unidas, incluso van juntos de vacaciones. ¿Cómo hace Andy para manejar su envidia? Celebrando los logros de Louie. Cuando Louie da un buen mensaje, Andy va a elogiarlo y a celebrar con él, y Louie también hace lo mismo. Andy dijo: «No es suficiente pensarlo. Tengo que decirlo porque así limpio mi corazón, celebrando es como se derrota a la envidia».

Conviértase en un iniciador de fiestas

Andy no está solo. Si la mayoría de la gente fuera honesta, admitiría sus sentimientos de celos o envidia cuando ve el éxito de otras personas, incluso cuando quienes lo están teniendo sean amigos cercanos o individuos de los que fueron mentores. Sé que he tenido sentimientos de envidia ¿Usted los ha tenido?, ¿cómo hacer para celebrar con los demás en lugar de ignorarlos o debilitarlos? Inicie con estas cuatro cosas:

1. Dese cuenta de que no es una competencia

Es imposible hacer algo por usted mismo que tenga una trascendencia verdadera. Es muy difícil alcanzar el éxito sin ayuda, y aunque se vuelva exitoso, no lo disfrutará sin amigos. La vida es mejor en una comunidad de personas que ama y que también lo aman.

Cuando reflexiono en el valor de la comunidad, muchas cosas vienen a mi mente.

Mi éxito puede ser alcanzado solamente con los demás.
Mis lecciones pueden ser aprendidas solo con la ayuda de los demás.
Mis debilidades pueden ser fortalecidas únicamente por los demás.
Mi servicio puede ser examinado solo siendo líder de los demás.
Mi influencia puede ser compuesta solo a través de los demás.
Mi liderazgo puede ser enfocado solamente en los demás.
Mis mejores cosas pueden serles dadas únicamente a los demás.
Mi legado puede ser dejado solo a los demás.
¡Así que me debería comprometer a celebrar con los demás!

Cada persona tiene un impacto en cada aspecto de la vida. La mayoría del tiempo, elijo con mi actitud si ese impacto es positivo o negativo.

El animador Bette Midler dijo: «La peor parte del éxito es tratar de encontrar a alguien que esté feliz por usted». No vea como competencia a sus amigos, familia y compañeros de equipo, sea del tipo raro de personas que se alegran con el éxito de los demás.

2. CELEBRE CUANDO LOS DEMÁS VEAN EL ÉXITO

Nadie ve el éxito de la manera en que usted lo ve. Cuando se trata del Principio de la Celebración, debe estar dispuesto a ver las cosas desde el punto de vista de otros. ¿Cuáles son sus sueños?, ¿qué metas se han puesto?, ¿en qué batallas están peleando? Cuando alcanzan algo que es importante para *ellos*. ¡Celébrelo! Tenga especial cuidado cuando un amigo logra algo que usted ya ha alcanzado, y tal vez lo encuentra algo anticuado. Asegúrese de celebrarlo con entusiasmo. Nunca le robe el estrellato a otra persona.

3. CELEBRE EL ÉXITO QUE LOS DEMÁS AÚN NO HAN OBTENIDO

Algunas veces las personas hacen grandes progresos pero no se dan cuenta de ello. ¿Alguna vez ha iniciado alguna dieta o ejercicio y después de un tiempo siente que ha estado luchando mucho, para que solo un amigo le haya dicho lo bien que se veía?, o ¿alguna vez ha trabajado en un proyecto y se sintió desanimado por su progreso, pero otra persona se ha maravillado de él? Es inspirador y lo hace querer trabajar más duro. Si *no ha tenido* a un amigo que haga eso por usted, entonces puede que necesite amigos nuevos, gente que practique el Principio de la Celebración. Y definitivamente debe de celebrar el éxito de las personas de las cuales es mentor, que pueden no haber sido vistas por los demás.

4. CELEBRE MÁS CON AQUELLOS QUE ESTÁN MÁS CERCA DE USTED

Entre más cercana sea la gente y entre más importante sea su relación, más tienen que celebrar. Celebre pronto y seguido con aquellos que están cerca suyo, en especial con su pareja e hijos, si tiene familia. En general es fácil celebrar las victorias en el trabajo, en un pasatiempo o deporte. Sin embargo las mayores victorias en la vida son las que ocurren en el hogar.

Mi amigo Dan Reiland dice: «Un amigo genuino nos anima y desafía a hacer realidad nuestros mejores pensamientos, a honrar nuestros motivos más puros y alcanzar nuestros sueños más significativos». Eso es lo que debemos hacer con las personas importantes de nuestras vidas.

Tengo que confesar algo, no siempre he sido practicante del Principio de la Celebración en el trabajo. Siempre he celebrado en casa, pero en los primeros años de mi carrera, era muy competitivo. Estaba orientado al logro, y muy consciente de donde me clasificaba en comparación a mis colegas. Secretamente disfrutaba ver mi progreso mientras crecía en esos rangos; pero mientras iba directo a la cima, algo sucedió, el éxito de mis metas no era tan gratificante como yo esperaba que fuera. Sentí que algo me faltaba.

A finales de los años ochenta e inicios de los noventa finalmente empecé a cambiar; cuando cumplí cuarenta me di cuenta de que para alcanzar mis metas necesitaría la ayuda de los demás, así que empecé a desarrollar más agresivamente a mi empleados para que guiaran. Al inicio, mis intenciones eran un tanto egoístas, pero cuando ayudé a otros a tener éxito, descubrí que eso me traía una gran dicha, sin importar si me beneficiaba personalmente.

Lo que descubrí fue que el viaje es mucho más divertido si lleva a alguien con usted; es difícil tener esa perspectiva si solo celebra su propio éxito. Si quiere que las personas lo obtengan a su lado, entonces necesita animarlas, servirles de mentor y celebrar sus éxitos. No solo les da el incentivo de seguir esforzándose por sus sueños, sino que también les ayuda a disfrutar del viaje a lo largo del camino. Cuando empecé a extenderles la mano y a celebrar su éxito, me di cuenta de que eso me traía más dicha que mis propios éxitos.

Ahora trato de celebrar con toda la gente que puedo, no solo con mi familia, amigos y colegas más cercanos, sino también con la gente que está más lejos de mi círculo. Entre más gente animo y ayudo a obtener éxito, más me agrada. Si usted ayuda a mucha gente, la fiesta nunca termina.

NOTAS

ACTITUD 101

Capítulo 1
1. John C. Maxwell, *Actitud de vencedor* (Nashville: Grupo Nelson, 2008), p. 16.
2. Denis Waitley, *The Winner's Edge* (Nueva York: Berkley Publishing Group, 1994).
3. Pat Riley, *The Winner Within* (Nueva York: Berkley Publishing Group, 1994), pp. 41, 52.

Capítulo 2
1. Gálatas 6.7.
2. J. Sidlow Baxter, *Awake, My Heart* (Grand Rapids, MI: Kregal, 1996).
3. Véase Lucas 15.29–30.

Capítulo 4
1. Proverbios 23.7.
2. Filipenses 4.8.

Capítulo 5
1. David Bayles y Ted Orland, *Art and Fear: Observations on the Perils (And Rewards) of Artmaking* (Santa Barbara: Captra Press, 1993), p. 29.
2. Patricia Sellers, «Now Bounce Back!», *Fortune,* 1 mayo 1995, p. 49.
3. Lloyd Ogilvie, *Falling into Greatness* (Nashville: Thomas Nelson, 1984) [*Caer en la grandeza* (Miami: Vida, 1985)].
4. Génesis 40.14–15.

Capítulo 6
1. Andy Andrews, ed., «Erma Bombeck» en *Storms of Perfection 2* (Nashville: Lightning Crown, 1994), p. 51.
2. Brodin, «The Key to Bouncing Back», *Discipleship Journal,* no. 109 (1999): p. 67.
3. «Where Failures Get Fixed», *Fortune,* 1 mayo 1995, p. 64.

Capítulo 8
1. David Wallechinsky, *The Twentieth Century* (Boston: Little, Brown, 1995), p. 155.

AUTOSUPERACIÓN 101

Capítulo 1
1. John C. Maxwell, *Breakthrough Parenting* (Colorado Springs: Focus on the Family, 1996), p. 116.
2. Denis E. Waitley y Robert B. Tucker, *Winning the Innovation Game* (Grand Rapids: Revell, 1986).

Capítulo 2

1. Warren Bennis y Bert Nanus, *Leaders: The Strategies for Taking Charge* (Nueva York: Harper Business, 2003), p. 56 [*Líderes: Estrategias para un liderazgo eficaz* (Barcelona: Paidos Ibérica, 2008)].
2. Henry Wadsworth Longfellow, http://www.blupete.com/Literature/Poetry/Psalm.htm.
3. Jack Welch con Suzy Welch, *Winning* (Nueva York: Harper Business, 2005), p. 61 [*Ganar* (Barcelona: Ediciones B., 2006)].

Capítulo 4

1. Philip B. Crosby, *Quality Is Free: The Art of Making Quality Certain* (Nueva York: Mentor Books, 1992), p. 68 [*La calidad no cuesta* (México: CECSA, 1987)].

Capítulo 5

1. Marcus Buckingham y Donald O. Clifton, *Now Discover Your Strengths* (Nueva York: The Free Press, 2001), p. 6 [*Ahora, descubra sus fortalezas* (Colombia: Norma, 2008)].

Capítulo 6

1. Harry Golden, *The Right Time: An Autobiography* (Nueva York: Putnam, 1969).

LIDERAZGO 101

Capítulo 1

1. John F. Love, *McDonald's: Behind the Arches* (Nueva York: Bantam Books, 1986).

Capítulo 2

1. «The Champ», en *Reader's Digest,* enero 1972, p. 109.

Capítulo 4

1. R. Earl Allen, *Let It Begin in Me* (Nashville: Broadman Press, 1985).

Capítulo 5

1. E. M. Swift, «Odd Man Out», *Sports Illustrated,* 13 octubre 1997, pp. 92–96.
2. Robert Shaw, «Tough Trust», *Leader to Leader* (invierno 1997), pp. 46–54.

Capítulo 7

1. Citado en www.abcnews.com, 4 febrero 1998.
2. Thomas A. Stewart, «Brain Power: Who Owns It... How They Profit from It», *Fortune,* 17 marzo 1997, pp. 105–106.

Capítulo 8

1. Robert Dilenschneider, *Power and Influence: Mastering the Art of Persuasion* (Nueva York: Prentice Hall, 1990).
2. E. C. McKenzie, *Quips and Quotes* (Grand Rapids: Baker, 1980).
3. Fred Smith, *Learning to Lead* (Waco: Word, 1986), p. 117.
4. John C. Maxwell, *Be a People Person* (Wheaton: Victor, 1989).

Capítulo 10

1. Mickey H. Graining, *Atlanta Constitution,* 10 noviembre 1997.

Relaciones 101

Capítulo 1
1. Michael K. Deaver, «The Ronald Reagan I Knew», *Parade,* 22 abril 2001, p. 12.
2. Ibíd., p. 10.
3. «Thirty Years with Reagan: A Chat with Author, Former Reagan Aide Michael Deaver», 20 abril 2001, www.abcnews.com.
4. Ibíd.

Capítulo 2
1. Art Mortell, «How to Master the Inner Game of Selling», vol. 10, no. 7.
2. Eclesiastés 4.9–12.

Capítulo 3
1. 1 Samuel 17.33–37.

Capítulo 4
1. H. Norman Schwarzkopf, «Lessons in Leadership», vol. 12, no. 5.
2. Kevin y Jackie Freiberg, *Nuts! Southwest Airlines' Crazy Recipe for Business* (Nueva York: Broadway Books, 1996), p. 224 [*Chiflados: La extravagante receta de Southwest Airlines para el éxito empresarial y personal* (México: Continental, 1999)].

Capítulo 6
1. Stephen R. Covey, *The Seven Habits of Highly Effective People: Restoring the Character Ethic* (Nueva York: Simon and Schuster, 1989) [*Los 7 hábitos de la gente altamente efectiva: La revolución ética en la vida cotidiana y en la empresa* (Barcelona: Paidós, 1997)].
2. Proverbios 22.1.
3. Donald T. Phillips, *Lincoln on Leadership: Executive Strategies for Tough Times* (Nueva York: Warner Books, 1992), pp. 66–67 [*Lincoln y el liderazgo: Estrategias ejecutivas para tiempos difíciles* (Barcelona: Deusto, 1993)].

Capítulo 7
1. Gary Bauer, «American Family Life», revista *Focus on the Family,* julio 1994, p. 2.
2. William Kirkpatrick, *Why Johnny Can't Tell Right from Wrong* (Nueva York: Simon and Schuster, 1992).
3. Citado en *Christianity Today,* 4 octubre 1993.

Éxito 101

Capítulo 3
1. Robert M. McMath y Thom Forbes, *What Were They Thinking?* (Nueva York: Random House, 1998).
2. Patricia Sellers, «Now Bounce Back!», *Fortune* (1 mayo 1995): pp. 50–51.

Capítulo 4
1. Tommy Franks y Malcolm McConnell, *American Soldier* (Nueva York: Regan Books, 2004), p. 99.
2. Jim Collins, *Good to Great* (Nueva York: Harper Business, 2001), p. 139 [*Empresas que sobresalen* (Bogotá: Norma, 2002)].

Capítulo 5

1. Ella Wheeler Wilcox, «Which Are You?», *Custer, and Other Poems* (Chicago: W. B. Conkey, 1896), p. 134.
2. Anónimo.

Capítulo 10

1. John C. Maxwell, *Desarrolle el líder que está en usted* (Nashville: Grupo Nelson, 1996), pp. 83–84.

EQUIPO 101

Capítulo 2

1. La descripción del teniente comandante Smith era tan compleja y detallada que le pedí que me la mandara por email para describirla con exactitud en este libro.
2. Michael Jordan y Mark Vancil, *I Can't Accept Not Trying* (San Francisco: Harper, 1994).

Capítulo 3

1. «Mount Everest History/Facts», http://www.mnteverest.net/history.html.
2. James Ramsey Ullman, *Man of Everest: The Autobiography of Tenzing* (Londres: George G. Harrap and Co., 1955), p. 250.
3. Ibíd., p. 255.

Capítulo 4

1. Tommy Franks y Malcolm McConnell, *American Soldier* (Nueva York: Regan Books, 2004), p. 99.

Capítulo 6

1. Peter N. Davies, *The Man Behind the Bridge: Colonel Toosey and the River Kwai* (Londres: Athlone, 1991), p. 56.
2. Ibíd., pp. 107–108.
3. Ibíd., p. 99.
4. «A Tale of Two Rivers», *Electronic Recorder,* marzo 1998.

Capítulo 8

1. Danny Cox con John Hoover, *Leadership When the Heat's On* (Nueva York: McGrawHill, 1992), pp. 69–70.

CAPACITACIÓN 101

Capítulo 2

1. Don Banks, «Teacher First, Seldom Second, Wootten Has Built Monument to Excellence at Maryland's DeMatha High», *St. Petersburg Times,* 3 abril 1987, www.dematha.org.
2. John Feinstein, «A Down-to-Earth Coach Brings DeMatha to New Heights», *Washington Post,* 27 febrero 1984, www.dematha.org.
3. Morgan Wootten y Bill Gilbert, *From Orphans to Champions: The Story of DeMatha's Morgan Wootten* (Nueva York: Atheneum, 1979), pp. 24–25.
4. William Plummer, «Wootten's Way», *People,* 20 noviembre 2000, p. 66.
5. Wootten y Gilbert, *From Orphans to Champions,* pp. 12–13.

Capítulo 4
1. John C. Maxwell, *Actitud de vencedor* (Nashville: Grupo Nelson, 2008), p. 16.

Capítulo 6
1. «Edwardian Conquest», 14 junio 2001, www.britannia.com/wales.

Capítulo 7
1. «Packing Parachutes», extracto de casete, www.charlieplumb.com.
2. «Charlie Plumb›s Speech Content», www.charlieplumb.com.

MENTOR 101

Capítulo 1
1. Robert G. C. Waite, *The Psychopathic God: Adolph Hitler* (Nueva York: Basic Books, 1977), pp. 244–45.

Capítulo 2
1. Lee Iacocca y William Novak, *Iacocca* (Nueva York: Bantam, 1986) *[Iacocca: autobiografía de un triunfador* (Barcelona: Grijalbo, 1992)].

Capítulo 3
1. Citado en Ted J. Rakstis, «Creativity at Work», *Kiwanis Magazine*.
2. Joe Griffith, *Speaker's Library of Business* (Englewood Cliffs: Prentice-Hall, 1990), p. 55.

Capítulo 4
1. Bennet Cerf, *The Sound of Laughter* (Garden City, NY: Doubleday and Company, 1970), p. 54.
2. Morton Hunt, «Are You Mistrustful?», *Parade,* 6 marzo 1988.

Acerca del autor

John C. Maxwell es un experto en liderazgo reconocido a nivel internacional, orador y autor que ha vendido más de 22 millones de libros. Es el fundador de tres organizaciones que juntos han capacitado a más de 5 millones de líderes en 185 países. Anualmente habla a diversas compañías de las listas Fortune 500 y 100, líderes de gobiernos internacionales y organizaciones tales como la Academia Militar de Estados Unidos en West Point, la Liga Nacional de Fútbol Americano y las Naciones Unidas. Un autor de gran éxito de ventas del *New York Times*, *Wall Street Journal* y *Business Week*, el libro de Maxwell, *Las 21 leyes irrefutables del liderazgo*, ha vendido más de 2 millones de ejemplares en inglés. *Desarrolle el líder que está en usted* y *Las 21 cualidades indispensables de un líder* han vendido cada uno más de un millón de ejemplares en inglés. Se puede seguirlo en Twitter @JohnCMaxwell y leer su blog en JohnMaxwellOnLeadership.com.